Zivilprozeßordnung

für das Deutsche Reich

vom 30. Januar 1877.

In der Fassung der Bekanntmachung vom 20. Mai 1898
mit den Abänderungen der RG. vom 5. Juni 1905,
1. Juni 1909 und 22. Mai 1910

mit 16 Nebengesetzen.

Textausgabe mit Verweisungen und ausführl. Sachregister.

2. verbesserte Auflage.

1910
München und **Berlin**
J. Schweitzer Verlag (Arthur Sellier)

Vorbemerkung zur 2. Auflage.

Alle Gesetze sind in der neuesten Fassung vollständig abgedruckt. Bei der Zivilprozeßordnung sind die Paragraphen der älteren Fassung in Klammern am linken unteren Rande angegeben. Ebenda ist bei allen Gesetzen ersichtlich gemacht, durch welche Novellen die einzelnen Paragraphen geändert, ergänzt oder eingefügt wurden.[1]) Die mit Zahlen bezeichneten Fußnoten sollen das Nachschlagen erleichtern, sie sind in der 2. Auflage wesentlich vermehrt worden. Das Register ist vollständig umgearbeitet und bedeutend erweitert.

---

[1]) Es bedeutet:

Nov. 98: Gesetz vom 17. Mai 1898, betr. Aenderungen des Gerichtsverfassungsgesetzes 2c., Gesetz vom 17. Mai 1898, betr. Aenderungen der Zivilprozeßordnung, Einführungsgesetz zu dem Gesetz betr. Aenderungen der Zivilprozeßordnung vom 17. Mai 1898.

Nov. 05: Gesetz vom 5. Juni 1905, betr. Aenderungen der Zivilprozeßordnung.

Nov. 09: Gesetz vom 1. Juni 1909, betr. Aenderungen des Gerichtsverfassungsgesetzes, der Zivilprozeßordnung, des Gerichtskostengesetzes und der Gebührenordnung für Rechtsanwälte.

Nov. 10: Gesetz vom 22. Mai 1910, betr. die Zuständigkeit des Reichsgerichts.

Nov. 81: Gesetz vom 29. Juni 1881, betr. Abänderung von Bestimmungen des Gerichtskostengesetzes und der Gebührenordnung für Gerichtsvollzieher.

Inhalts-Uebersicht.

I. Zivilprozeßordnung.

Erstes Buch.

Allgemeine Bestimmungen.

I. Zivilprozeßordnung

vom 30. Januar 1877.

Erstes Buch.

Allgemeine Bestimmungen.

Erster Abschnitt.

Gerichte.

Erster Titel.

Sachliche Zuständigkeit der Gerichte.

§ 1. Die sachliche Zuständigkeit der Gerichte wird durch das Gesetz über die Gerichtsverfassung[1]) bestimmt.

[1]) GVG. §§ 23, 70, § 123 Nr. 1 u. 4, § 135.

§ 2. Insoweit nach dem Gesetze über die Gerichtsverfassung die Zuständigkeit der Gerichte von dem Werte des Streitgegenstandes abhängt,[1]) kommen die nachfolgenden Vorschriften zur Anwendung.

[1]) GVG. § 23 Nr. 1, Ausnahmen § 70 Abs. 2, 3.

§ 3. Der Wert des Streitgegenstandes wird von dem Gerichte nach freiem Ermessen festgesetzt; dasselbe kann eine beantragte Beweisaufnahme sowie von Amts wegen die Einnahme des Augenscheins und die Begutachtung durch Sachverständige anordnen.[1])

[1]) § 144 Abs. 2, §§ 355 ff.

§ 4. Für die Wertberechnung ist der Zeitpunkt der Erhebung der Klage[1]) entscheidend; Früchte, Nutzungen, Zinsen, Schäden und Kosten bleiben unberücksichtigt, wenn sie als Nebenforderungen geltend gemacht werden.

Bei Ansprüchen aus Wechseln im Sinne der Wechselordnung sind Zinsen, Kosten und Provision, welche außer der Wechselsumme gefordert werden, als Nebenforderungen anzusehen.

Abs. 2 Nov. 98. [1]) § 253 Abs. 1, § 281, § 498 Abs. 2, § 500 Abs. 2, § 693 Abs. 2, § 696 Abs. 1, § 697 Abs. 2.

§ 5. Mehrere in einer Klage geltend gemachte Ansprüche werden zusammengerechnet; eine Zusammenrechnung des Gegenstandes der Klage und der Widerklage [1]) findet nicht statt.

[1]) § 33.

§ 6. Der Wert des Streitgegenstandes wird bestimmt: durch den Wert einer Sache, wenn deren Besitz, und durch den Betrag einer Forderung, wenn deren Sicherstellung oder ein Pfandrecht Gegenstand des Streits ist. Hat der Gegenstand des Pfandrechts einen geringeren Wert, so ist dieser maßgebend.

§ 7. Der Wert einer Grunddienstbarkeit wird durch den Wert, welchen dieselbe für das herrschende Grundstück hat, und wenn der Betrag, um welchen sich der Wert des dienenden Grundstücks durch die Dienstbarkeit mindert, größer ist, durch diesen Betrag bestimmt.

§ 8. Ist das Bestehen oder die Dauer eines Pacht- oder Mietverhältnisses streitig, so ist der Betrag des auf die gesamte streitige Zeit fallenden Zinses und, wenn der fünfundzwanzigfache Betrag des einjährigen Zinses geringer ist, dieser Betrag für die Wertsberechnung entscheidend.

§ 9. Der Wert des Rechts auf wiederkehrende Nutzungen oder Leistungen wird nach dem Werte des einjährigen Bezugs berechnet und zwar:

auf den zwölfundeinhalbfachen Betrag, wenn der künftige Wegfall des Bezugsrechts gewiß, die Zeit des Wegfalls aber ungewiß ist;

auf den fünfundzwanzigfachen Betrag, bei unbeschränkter oder bestimmter Dauer des Bezugsrechts. Bei bestimmter Dauer des Bezugsrechts ist der Gesamtbetrag der künftigen Bezüge maßgebend, wenn er der geringere ist.

§ 10. Das Urteil eines Landgerichts kann nicht aus dem Grunde angefochten werden, weil die Zuständigkeit des Amtsgerichts begründet gewesen sei.

§ 11. Ist die Unzuständigkeit eines Gerichts auf Grund der Bestimmungen über die sachliche Zuständigkeit der Gerichte[1]) rechtskräftig ausgesprochen, so ist diese Entscheidung für das Gericht bindend, bei welchem die Sache später anhängig wird.

[1]) Anm. 1 zu § 1.

Zweiter Titel.

Gerichtsstand.

§ 12. Das Gericht, bei welchem eine Person ihren allgemeinen Gerichtsstand[1]) hat, ist für alle gegen dieselbe zu erhebenden Klagen zuständig, sofern nicht für eine Klage ein ausschließlicher Gerichtsstand[2]) begründet ist.

[1]) §§ 13—19. [2]) §§ 24, 584, § 606 Abs. 1, § 665, § 676 Abs. 1, §§ 685, 802.

§ 13. Der allgemeine Gerichtsstand einer Person wird durch den Wohnsitz[1]) bestimmt.

[1]) BGB. §§ 7—11.

§ 14. Ist der für den Wohnsitz einer Militärperson maßgebende Garnisonort[1]) in mehrere Gerichtsbezirke geteilt, so wird der als Wohnsitz geltende Bezirk von der Landesjustizverwaltung durch allgemeine Anordnung bestimmt.

Nov. 98.

[1]) BGB. § 9.

§ 15. Deutsche, welche das Recht der Exterritorialität genießen,[1]) sowie die im Auslande angestellten Beamten des Reichs oder eines Bundesstaates behalten in Ansehung des Gerichtsstandes den Wohnsitz, welchen sie in dem Heimatstaate hatten. In Ermangelung eines solchen Wohnsitzes gilt die Hauptstadt des Heimatstaates als ihr Wohnsitz; ist die Hauptstadt in mehrere Gerichtsbezirke geteilt, so wird der als Wohnsitz geltende Bezirk von der Landesjustizverwaltung durch allgemeine Anordnung bestimmt. Gehört ein Deutscher einem Bundesstaate nicht an, so gilt als sein Wohnsitz die Stadt Berlin; ist die Stadt Berlin in mehrere Gerichtsbezirke geteilt, so wird der als Wohnsitz geltende Bezirk von dem Reichskanzler durch allgemeine Anordnung bestimmt.

Auf Wahlkonsuln finden diese Bestimmungen keine Anwendung.

(§ 16). Abs. 1 Satz 2 u. 3 Nov. 98. [1]) GVG. §§ 18—21.

§ 16. Der allgemeine Gerichtsstand einer Person, welche keinen Wohnsitz hat, wird durch den Aufenthaltsort im Deutschen Reich und, wenn ein solcher nicht bekannt ist, durch den letzten Wohnsitz bestimmt.
(§ 18).

§ 17. Der allgemeine Gerichtsstand der Gemeinden, der Korporationen, sowie derjenigen Gesellschaften, Genossenschaften oder anderen Vereine und derjenigen Stiftungen, Anstalten und Vermögensmassen, welche als solche verklagt werden können,[1]) wird durch den Sitz derselben bestimmt. Als Sitz gilt, wenn nicht ein Anderes erhellt, der Ort, wo die Verwaltung geführt wird.

Gewerkschaften haben den allgemeinen Gerichtsstand bei dem Gerichte, in dessen Bezirke das Bergwerk liegt, Behörden, wenn sie als solche verklagt werden können, bei dem Gerichte ihres Amtssitzes.

Neben dem durch die Vorschriften dieses Paragraphen bestimmten Gerichtsstande ist ein durch Statut oder in anderer Weise besonders geregelter Gerichtsstand zulässig.

(§ 19). [1]) § 50 Abs. 2.

§ 18. Der allgemeine Gerichtsstand des Fiskus wird durch den Sitz der Behörde bestimmt, welche berufen ist, den Fiskus in dem Rechtsstreite zu vertreten.
(§ 20).

§ 19. Ist der Ort, an welchem eine Behörde ihren Sitz hat, in mehrere Gerichtsbezirke geteilt, so wird der Bezirk, welcher im Sinne der §§ 17, 18 als Sitz der Behörde gilt, für die Reichsbehörden von dem Reichskanzler, im übrigen von der Landesjustizverwaltung durch allgemeine Anordnung bestimmt.
Nov. 98.

§ 20. Wenn Personen an einem Orte unter Verhältnissen, welche ihrer Natur nach auf einen Aufenthalt von längerer Dauer hinweisen, insbesondere als Dienstboten, Hand- und Fabrikarbeiter, Gewerbegehilfen, Studierende, Schüler oder Lehrlinge sich aufhalten, so ist das Gericht des Aufenthaltsorts für alle Klagen zuständig, welche gegen diese Personen wegen vermögensrechtlicher Ansprüche erhoben werden.

Diese Bestimmung findet auf Militärpersonen, welche nur zur Erfüllung der Wehrpflicht dienen oder welche selbständig einen Wohnsitz nicht begründen können,[1]) in der Art Anwendung, daß an die Stelle des Gerichts des Aufenthaltsorts das Gericht des Garnisonorts tritt. Die Vorschrift des § 14 findet entsprechende Anwendung.
(§ 21). Abs. 2 Satz 2 Nov. 98. [1]) BGB. § 8.

§ 21. Hat Jemand zum Betriebe einer Fabrik, einer Handlung oder eines anderen Gewerbes eine Niederlassung, von welcher aus unmittelbar Geschäfte geschlossen werden, so können gegen ihn alle Klagen, welche auf den Geschäftsbetrieb der Niederlassung Bezug haben, bei dem Gerichte des Orts erhoben werden, wo die Niederlassung sich befindet.

Der Gerichtsstand der Niederlassung ist auch für Klagen gegen Personen begründet, welche ein mit Wohn- und Wirtschaftsgebäuden versehenes Gut als Eigentümer, Nutznießer oder Pächter bewirtschaften, soweit diese Klagen die auf die Bewirtschaftung des Guts sich beziehenden Rechtsverhältnisse betreffen.
(§ 22).

§ 22. Das Gericht, bei welchem Gemeinden, Korporationen, Gesellschaften, Genossenschaften oder andere

Vereine den allgemeinen Gerichtsstand haben,[1]) ist für die Klagen zuständig, welche von denselben gegen ihre Mitglieder als solche oder von den Mitgliedern in dieser Eigenschaft gegen einander erhoben werden.

(§ 23). Nov. 98. [1]) § 17.

§ 23. Für Klagen wegen vermögensrechtlicher Ansprüche gegen eine Person, welche im Deutschen Reich keinen Wohnsitz hat, ist das Gericht zuständig, in dessen Bezirke sich Vermögen derselben oder der mit der Klage in Anspruch genommene Gegenstand befindet. Bei Forderungen gilt als der Ort, wo das Vermögen sich befindet, der Wohnsitz des Schuldners und, wenn für die Forderung eine Sache zur Sicherheit haftet, auch der Ort, wo die Sache sich befindet.

(§ 24).

§ 24. Für Klagen, durch welche das Eigentum, eine dingliche Belastung oder die Freiheit von einer solchen geltend gemacht wird, für Grenzscheidungs-, Teilungs- und Besitzklagen ist, sofern es sich um unbewegliche Sachen handelt, das Gericht ausschließlich zuständig, in dessen Bezirke die Sache belegen ist.

Bei den eine Grunddienstbarkeit, eine Reallast oder ein Vorkaufsrecht betreffenden Klagen ist die Lage des dienenden oder belasteten Grundstücks entscheidend.

(§ 25). Abs. 2 Nov. 98.

§ 25. In dem dinglichen Gerichtsstande[1]) kann mit der Klage aus einer Hypothek, Grundschuld oder Rentenschuld die Schuldklage, mit der Klage auf Umschreibung oder Löschung einer Hypothek, Grundschuld oder Rentenschuld die Klage auf Befreiung von der persönlichen Verbindlichkeit, mit der Klage auf Anerkennung einer Reallast die Klage auf rückständige Leistungen erhoben werden, wenn die verbundenen Klagen gegen denselben Beklagten gerichtet sind.

(§ 26). Nov. 98. [1]) § 24.

§ 26. In dem dinglichen Gerichtsstande[1]) können persönliche Klagen, welche gegen den Eigentümer oder

Besitzer einer unbeweglichen Sache als solchen gerichtet werden, sowie Klagen wegen Beschädigung eines Grundstücks oder in Betreff der Entschädigung wegen Enteignung eines Grundstücks erhoben werden.

(§ 27). ¹) § 24.

§ 27. Klagen, welche die Feststellung des Erbrechts, Ansprüche des Erben gegen einen Erbschaftsbesitzer, Ansprüche aus Vermächtnissen oder sonstigen Verfügungen von Todes wegen, Pflichtteilsansprüche oder die Teilung der Erbschaft zum Gegenstande haben, können vor dem Gericht erhoben werden, bei welchem der Erblasser zur Zeit seines Todes den allgemeinen Gerichtsstand[1]) gehabt hat.

Ist der Erblasser ein Deutscher und hatte er zur Zeit seines Todes im Inlande keinen allgemeinen Gerichtsstand, so können die im Abs. 1 bezeichneten Klagen vor dem Gericht erhoben werden, in dessen Bezirke der Erblasser seinen letzten inländischen Wohnsitz hatte; in Ermangelung eines solchen Wohnsitzes finden die Vorschriften des § 15 Abs. 1 Satz 2, 3 entsprechende Anwendung.

(§ 28). Nov. 98. ¹) §§ 13 bis 16.

§ 28. In dem Gerichtsstande der Erbschaft[1]) können auch Klagen wegen anderer Nachlaßverbindlichkeiten[2]) erhoben werden, solange sich der Nachlaß noch ganz oder teilweise im Bezirke des Gerichts befindet oder die vorhandenen mehreren Erben noch als Gesamtschuldner[3]) haften.

Nov. 98. ¹) § 27. ²) BGB. § 1967. ³) BGB. §§ 2058 ff.

§ 29. Für Klagen auf Feststellung des Bestehens oder Nichtbestehens eines Vertrags, auf Erfüllung oder Aufhebung eines solchen, sowie auf Entschädigung wegen Nichterfüllung oder nicht gehöriger Erfüllung ist das Gericht des Orts zuständig, wo die streitige Verpflichtung zu erfüllen ist.

§ 30. Für Klagen aus den auf Messen und Märkten, mit Ausnahme der Jahr- und der Wochenmärkte, geschlossenen Handelsgeschäften (Meß- und Marktsachen, ist das Gericht des Meß- oder Marktorts zuständig, wenn die Erhebung der Klage erfolgt, während der Beklagte oder ein zur Prozeßführung berechtigter Vertreter[1]) desselben am Orte oder im Bezirke des Gerichts sich aufhält.

[1]) § 51.

§ 31. Für Klagen, welche aus einer Vermögensverwaltung von dem Geschäftsherrn gegen den Verwalter oder von dem Verwalter gegen den Geschäftsherrn erhoben werden, ist das Gericht des Orts zuständig, wo die Verwaltung geführt ist.

§ 32. Für Klagen aus unerlaubten Handlungen ist das Gericht zuständig, in dessen Bezirke die Handlung begangen ist.

§ 33. Bei dem Gerichte der Klage kann eine Widerklage erhoben werden, wenn der Gegenanspruch mit dem in der Klage geltend gemachten Anspruche oder mit den gegen denselben vorgebrachten Verteidigungsmitteln in Zusammenhang steht.

Diese Bestimmung findet keine Anwendung, wenn die Zuständigkeit des Gerichts für eine Klage wegen des Gegenanspruchs auch durch Vereinbarung nicht würde begründet werden können.[1])

[1]) § 40 Abs. 2.

§ 34. Für Klagen der Prozeßbevollmächtigten,[1]) der Beistände,[2]) der Zustellungsbevollmächtigten[3]) und der Gerichtsvollzieher wegen Gebühren und Auslagen ist das Gericht des Hauptprozesses zuständig.

[1]) §§ 78, 79. [2]) § 90. [3]) § 174.

§ 35. Unter mehreren zuständigen Gerichten hat der Kläger die Wahl.

§ 36. Die Bestimmung des zuständigen Gerichts erfolgt durch das im Instanzenzuge zunächst höhere Gericht[1]):

1. wenn das an sich zuständige Gericht in einem einzelnen Falle an der Ausübung des Richteramts rechtlich oder tatsächlich verhindert ist;
2. wenn es mit Rücksicht auf die Grenzen verschie-

dener Gerichtsbezirke ungewiß ist, welches Gericht für den Rechtsstreit zuständig sei;

3. wenn mehrere Personen, welche bei verschiedenen Gerichten ihren allgemeinen Gerichtsstand haben, als Streitgenossen[2] im allgemeinen Gerichtsstande verklagt werden sollen und für den Rechtsstreit ein gemeinschaftlicher besonderer Gerichtsstand nicht begründet ist;
4. wenn die Klage in dem dinglichen[3] Gerichtsstande erhoben werden soll und die Sache in den Bezirken verschiedener Gerichte belegen ist;
5. wenn in einem Rechtsstreite verschiedene Gerichte sich rechtskräftig für zuständig erklärt haben;
6. wenn verschiedene Gerichte, von welchen eines für den Rechtsstreit zuständig ist, sich rechtskräftig für unzuständig erklärt haben.

[1]) Art. V des Gesetzes betr. die Zuständigkeit des Reichsgerichts vom 22. Mai 1910
[2]) §§ 59, 60. [3]) § 24

§ 37. Die Entscheidung über das Gesuch um Bestimmung des zuständigen Gerichts kann ohne vorgängige mündliche Verhandlung erfolgen.

Eine Anfechtung des Beschlusses, welcher das zuständige Gericht bestimmt, findet nicht statt.

Dritter Titel.

Vereinbarung über die Zuständigkeit der Gerichte.

§ 38. Ein an sich unzuständiges Gericht erster Instanz wird durch ausdrückliche oder stillschweigende Vereinbarung der Parteien zuständig.

§ 39. Stillschweigende Vereinbarung ist anzunehmen, wenn der Beklagte, ohne die Unzuständigkeit geltend zu machen, zur Hauptsache mündlich verhandelt hat.

§ 40. Die Vereinbarung hat keine rechtliche Wirkung, wenn sie nicht auf ein bestimmtes Rechtsverhältnis und die aus demselben entspringenden Rechtsstreitigkeiten sich bezieht.

Die Vereinbarung ist unzulässig, wenn der Rechtsstreit andere als vermögensrechtliche Ansprüche betrifft, oder wenn für die Klage ein ausschließlicher Gerichtsstand[1]) begründet ist.

[1]) Anm. 2 zu § 12.

Vierter Titel.

Ausschließung und Ablehnung der Gerichtspersonen.

§ 41. Ein Richter ist von der Ausübung des Richteramts kraft Gesetzes ausgeschlossen:

1. in Sachen, in welchen er selbst Partei ist, oder in Ansehung welcher er zu einer Partei in dem Verhältnisse eines Mitberechtigten, Mitverpflichteten oder Regreßpflichtigen steht;
2. in Sachen seiner Ehefrau, auch wenn die Ehe nicht mehr besteht;
3. in Sachen einer Person, mit welcher er in gerader Linie verwandt,[1]) verschwägert[2]) oder durch Adoption verbunden, in der Seitenlinie bis zum dritten Grade verwandt oder bis zum zweiten Grade verschwägert ist, auch wenn die Ehe, durch welche die Schwägerschaft begründet ist, nicht mehr besteht;
4. in Sachen, in welchen er als Prozeßbevollmächtigter[3]) oder Beistand[4]) einer Partei bestellt oder als gesetzlicher Vertreter[5]) einer Partei aufzutreten berechtigt ist oder gewesen ist;
5. in Sachen, in welchen er als Zeuge oder Sachverständiger vernommen ist;
6. in Sachen, in welchen er in einer früheren Instanz oder im schiedsrichterlichen Verfahren[6]) bei der Erlassung der angefochtenen Entscheidung mitgewirkt hat, sofern es sich nicht um die Tätigkeit eines beauftragten oder ersuchten Richters handelt.

[1]) BGB. § 1589. [2]) BGB. § 1590.
[3]) §§ 78, 79. [4]) § 90. [5]) § 51. [6]) §§ 1025 ff.

§ 42. Ein Richter kann sowohl in den Fällen, in welchen er von der Ausübung des Richteramts kraft

Gesetzes ausgeschlossen ist,[1]) als auch wegen Besorgnis der Befangenheit abgelehnt werden.

Wegen Besorgnis der Befangenheit findet die Ablehnung statt, wenn ein Grund vorliegt, welcher geeignet ist, Mißtrauen gegen die Unparteilichkeit eines Richters zu rechtfertigen.

Das Ablehnungsrecht steht in jedem Falle beiden Parteien zu.

[1]) § 41.

§ 43. Eine Partei kann einen Richter wegen Besorgnis der Befangenheit nicht mehr ablehnen, wenn sie bei demselben, ohne den ihr bekannten Ablehnungsgrund geltend zu machen, in eine Verhandlung sich eingelassen oder Anträge gestellt hat.

§ 44. Das Ablehnungsgesuch ist bei dem Gerichte, welchem der Richter angehört, anzubringen; es kann vor dem Gerichtsschreiber zu Protokoll erklärt werden.

Der Ablehnungsgrund ist glaubhaft zu machen;[1]) zur Versicherung an Eidesstatt darf die Partei nicht zugelassen werden. Zur Glaubhaftmachung kann auf das Zeugnis des abgelehnten Richters Bezug genommen werden.

Der abgelehnte Richter hat sich über den Ablehnungsgrund dienstlich zu äußern.

Wird ein Richter, bei welchem die Partei in eine Verhandlung sich eingelassen oder Anträge gestellt hat, wegen Besorgnis der Befangenheit abgelehnt, so ist glaubhaft zu machen, daß der Ablehnungsgrund erst später entstanden oder der Partei bekannt geworden sei.

Abs. 2 Nov. 98. [1]) § 294.

§ 45. Ueber das Ablehnungsgesuch entscheidet das Gericht, welchem der Abgelehnte angehört; wenn dasselbe durch Ausscheiden des abgelehnten Mitgliedes beschlußunfähig wird, das im Instanzenzuge zunächst höhere Gericht.

Wird ein Amtsrichter abgelehnt, so entscheidet das Landgericht. Einer Entscheidung bedarf es nicht, wenn der Amtsrichter das Ablehnungsgesuch für begründet hält.

§ 46. Die Entscheidung über das Ablehnungsgesuch kann ohne vorgängige mündliche Verhandlung erfolgen.

Gegen den Beschluß, durch welchen das Gesuch für begründet erklärt wird, findet **kein** Rechtsmittel; gegen den Beschluß, durch welchen das Gesuch für unbegründet erklärt wird, findet sofortige Beschwerde[1]) statt.

[1]) § 577.

§ 47. Ein abgelehnter Richter hat vor Erledigung des Ablehnungsgesuchs nur solche Handlungen vorzunehmen, welche keinen Aufschub gestatten.

§ 48. Das für die Erledigung eines Ablehnungsgesuchs zuständige Gericht[1]) hat auch dann zu entscheiden, wenn ein solches Gesuch nicht angebracht ist, ein Richter aber von einem Verhältnisse Anzeige macht, welches seine Ablehnung rechtfertigen könnte,[2]) oder wenn aus anderer Veranlassung Zweifel darüber entstehen, ob ein Richter kraft Gesetzes ausgeschlossen[3]) sei.

Die Entscheidung erfolgt ohne vorgängiges Gehör der Parteien.

[1]) § 45. [2]) § 42 Abs. 2. [3]) § 41.

§ 49. Die Bestimmungen dieses Titels finden auf den Gerichtsschreiber entsprechende Anwendung; die Entscheidung erfolgt durch das Gericht, bei welchem der Gerichtsschreiber angestellt ist.

Zweiter Abschnitt.

Parteien.

Erster Titel.

Parteifähigkeit. Prozeßfähigkeit.

§ 50. Parteifähig ist, wer rechtsfähig ist.

Ein Verein, der nicht rechtsfähig ist, kann verklagt werden; in dem Rechtsstreite hat der Verein die Stellung eines rechtsfähigen Vereins.

Nov. 98.

§ 51. Die Fähigkeit einer Partei, vor Gericht zu stehen, die Vertretung nicht prozeßfähiger Parteien durch andere Personen (gesetzliche Vertreter) und die Notwendigkeit einer besonderen Ermächtigung zur Prozeßführung bestimmt sich nach den Vorschriften des bürgerlichen Rechts, soweit nicht die nachfolgenden Paragraphen abweichende Bestimmungen enthalten.
(§ 50).

§ 52. Eine Person ist insoweit prozeßfähig, als sie sich durch Verträge verpflichten kann.[1])

Die Prozeßfähigkeit einer Frau wird dadurch, daß sie Ehefrau ist, nicht beschränkt.

(§ 51). Abs. 2 Nov. 98. [1]) BGB. §§ 104 ff.

§ 53. Wird in einem Rechtsstreit eine prozeßfähige Person durch einen Pfleger vertreten,[1]) so steht sie für den Rechtsstreit einer nicht prozeßfähigen Person gleich.

Nov. 98. [1]) BGB. §§ 1910, 1911, 1913, 1960, 1961.

§ 54. Einzelne Prozeßhandlungen, zu welchen nach den Vorschriften des bürgerlichen Rechts eine besondere Ermächtigung erforderlich ist, sind ohne dieselbe gültig, wenn die Ermächtigung zur Prozeßführung im allgemeinen erteilt oder die Prozeßführung auch ohne eine solche Ermächtigung im allgemeinen statthaft ist.
(§ 52).

§ 55. Ein Ausländer, welchem nach dem Rechte seines Landes die Prozeßfähigkeit mangelt, gilt als prozeßfähig, wenn ihm nach dem Rechte des Prozeßgerichts die Prozeßfähigkeit zusteht.
(§ 53).

§ 56. Das Gericht hat den Mangel der Parteifähigkeit,[1]) der Prozeßfähigkeit,[2]) der Legitimation eines gesetzlichen Vertreters und der erforderlichen Ermächtigung zur Prozeßführung von Amts wegen zu berücksichtigen.

Die Partei oder deren gesetzlicher Vertreter kann zur Prozeßführung mit Vorbehalt der Beseitigung des Mangels zugelassen werden, wenn mit dem Verzuge Gefahr für die Partei verbunden ist. Das Endurteil darf erst erlassen werden, nachdem die für die Beseitigung des Mangels zu bestimmende Frist abgelaufen ist.

(§ 54). Abs. 1 Nov. 98. [1] § 50. [2] § 52.

§ 57. Soll eine nicht prozeßfähige Partei verklagt werden, welche ohne gesetzlichen Vertreter ist, so hat der Vorsitzende des Prozeßgerichts derselben, falls mit dem Verzuge Gefahr verbunden ist, auf Antrag bis zu dem Eintritte des gesetzlichen Vertreters einen besonderen Vertreter zu bestellen.

Der Vorsitzende kann einen solchen Vertreter auch bestellen, wenn in den Fällen des § 20 eine nicht prozeßfähige Person bei dem Gericht ihres Aufenthaltsorts oder Garnisonorts verklagt werden soll.

(§ 55). Abs. 2 Nov. 98.

§ 58. Soll ein Recht an einem Grundstücke, das von dem bisherigen Eigentümer nach § 928 des Bürgerlichen Gesetzbuchs aufgegeben und von dem Aneignungsberechtigten noch nicht erworben worden ist, im Wege der Klage geltend gemacht werden, so hat der Vorsitzende des Prozeßgerichts auf Antrag einen Vertreter zu bestellen, welchem bis zur Eintragung eines neuen Eigentümers die Wahrnehmung der sich aus dem Eigentum ergebenden Rechte und Verpflichtungen im Rechtsstreit obliegt.

Nov. 98.

Zweiter Titel.

Streitgenossenschaft.

§ 59. Mehrere Personen können als Streitgenossen gemeinschaftlich klagen oder verklagt werden, wenn sie in Ansehung des Streitgegenstandes in Rechtsgemeinschaft stehen, oder wenn sie aus demselben tatsächlichen und rechtlichen Grunde berechtigt oder verpflichtet sind.

(§ 56).

§ 60. Mehrere Personen können auch dann als Streitgenossen gemeinschaftlich klagen oder verklagt werden, wenn gleichartige und auf einem im wesentlichen gleichartigen tatsächlichen und rechtlichen Grunde beruhende Ansprüche oder Verpflichtungen den Gegenstand des Rechtsstreits bilden.
(§ 57).

§ 61. Streitgenossen stehen, soweit nicht aus den Vorschriften des bürgerlichen Rechts oder dieses Gesetzes sich ein anderes ergibt, dem Gegner dergestalt als Einzelne gegenüber, daß die Handlungen des einen Streitgenossen dem anderen weder zum Vorteile noch zum Nachteile gereichen.
(§ 58).

§ 62. Kann das streitige Rechtsverhältnis allen Streitgenossen gegenüber nur einheitlich festgestellt werden, oder ist die Streitgenossenschaft aus einem sonstigen Grunde eine notwendige, so werden, wenn ein Termin oder eine Frist nur von einzelnen Streitgenossen versäumt wird, die säumigen Streitgenossen als durch die nicht säumigen vertreten angesehen.
Die säumigen Streitgenossen sind auch in dem späteren Verfahren zuzuziehen.
(§ 59).

§ 63. Das Recht zur Betreibung des Prozesses steht jedem Streitgenossen zu; er muß, wenn er den Gegner zu einem Termine ladet, auch die übrigen Streitgenossen laden.
(§ 60).

Dritter Titel.

Beteiligung Dritter am Rechtsstreite.

§ 64. Wer die Sache oder das Recht, worüber zwischen anderen Personen ein Rechtsstreit anhängig geworden ist, ganz oder teilweise für sich in Anspruch nimmt, ist bis zur rechtskräftigen Entscheidung dieses Rechtsstreits berechtigt, seinen Anspruch durch eine gegen beide Parteien gerichtete Klage bei demjenigen Gerichte

geltend zu machen, vor welchem der Rechtsstreit in erster Instanz anhängig wurde.
(§ 61).

§ 65. Der Hauptprozeß kann auf Antrag einer Partei bis zur rechtskräftigen Entscheidung über die Hauptintervention ausgesetzt werden.
(§ 62).

§ 66. Wer ein rechtliches Interesse daran hat, daß in einem zwischen anderen Personen anhängigen Rechtsstreite die eine Partei obsiege, kann dieser Partei zum Zwecke ihrer Unterstützung beitreten.

Die Nebenintervention kann in jeder Lage des Rechtsstreits bis zur rechtskräftigen Entscheidung desselben, auch in Verbindung mit der Einlegung eines Rechtsmittels erfolgen.
(§ 63).

§ 67. Der Nebenintervenient muß den Rechtsstreit in der Lage annehmen, in welcher sich dieser zur Zeit seines Beitritts befindet; er ist berechtigt, Angriffs- und Verteidigungsmittel geltend zu machen und alle Prozeßhandlungen wirksam vorzunehmen, insoweit nicht seine Erklärungen und Handlungen mit Erklärungen und Handlungen der Hauptpartei in Widerspruch stehen.
(§ 64).

§ 68. Der Nebenintervenient wird im Verhältnisse zu der Hauptpartei mit der Behauptung nicht gehört, daß der Rechtsstreit, wie derselbe dem Richter vorgelegen habe, unrichtig entschieden sei; er wird mit der Behauptung, daß die Hauptpartei den Rechtsstreit mangelhaft geführt habe, nur insoweit gehört, als er durch die Lage des Rechtsstreits zur Zeit seines Beitritts oder durch Erklärungen und Handlungen der Hauptpartei verhindert worden ist, Angriffs- oder Verteidigungsmittel geltend zu machen, oder als Angriffs- oder Verteidigungsmittel, welche ihm unbekannt waren, von der Hauptpartei absichtlich oder durch grobes Verschulden nicht geltend gemacht sind.
(§ 65).

§ 69. Insofern nach den Vorschriften des bürgerlichen Rechts die Rechtskraft der in dem Hauptprozesse erlassenen Entscheidung auf das Rechtsverhältnis des Nebenintervenienten zu dem Gegner von Wirksamkeit ist, gilt der Nebenintervenient im Sinne des § 61 als Streitgenosse der Hauptpartei.

(§ 66). Nov. 98.

§ 70. Der Beitritt des Nebenintervenienten erfolgt durch Zustellung eines Schriftsatzes. Derselbe muß enthalten:

1. die Bezeichnung der Parteien und des Rechtsstreits;
2. die bestimmte Angabe des Interesses, welches der Nebenintervenient hat;
3. die Erklärung des Beitritts.

Außerdem finden die allgemeinen Bestimmungen über die vorbereitenden Schriftsätze[1]) Anwendung.

(§ 67). [1]) §§ 130—133.

§ 71. Ueber den Antrag auf Zurückweisung einer Nebenintervention wird nach vorgängiger mündlicher Verhandlung unter den Parteien und dem Nebenintervenienten entschieden. Der Nebenintervenient ist zuzulassen, wenn er sein Interesse glaubhaft macht.[1])

Gegen das Zwischenurteil findet sofortige Beschwerde[2]) statt.

Solange nicht die Unzulässigkeit der Intervention rechtskräftig ausgesprochen ist, wird der Intervenient im Hauptverfahren zugezogen.

(§ 68). [1]) § 294. [2]) § 577.

§ 72. Eine Partei, welche für den Fall des ihr ungünstigen Ausganges des Rechtsstreits einen Anspruch auf Gewährleistung oder Schadloshaltung gegen einen Dritten erheben zu können glaubt oder den Anspruch eines Dritten besorgt, kann bis zur rechtskräftigen Entscheidung des Rechtsstreits dem Dritten gerichtlich den Streit verkünden.

Der Dritte ist zu einer weiteren Streitverkündung berechtigt.

(§ 69).

§ 73. Die Streitverkündung erfolgt durch Zustellung eines Schriftsatzes, in welchem der Grund der Streitverkündung und die Lage des Rechtsstreits anzugeben ist.

Abschrift des Schriftsatzes ist dem Gegner mitzuteilen.

(§ 70).

§ 74. Wenn der Dritte dem Streitverkünder beitritt, so bestimmt sich sein Verhältnis zu den Parteien nach den Grundsätzen über die Nebenintervention.[1])

Lehnt der Dritte den Beitritt ab, oder erklärt er sich nicht, so wird der Rechtsstreit ohne Rücksicht auf ihn fortgesetzt.

In allen Fällen dieses Paragraphen kommen gegen den Dritten die Vorschriften des § 68 mit der Abweichung zur Anwendung, daß statt der Zeit des Beitritts diejenige Zeit entscheidet, zu welcher der Beitritt in Folge der Streitverkündung möglich war.

(§ 71). Abs. 3 Nov. 98.

[1]) §§ 66 ff.

§ 75. Wird von dem verklagten Schuldner einem Dritten, welcher die geltend gemachte Forderung für sich in Anspruch nimmt, der Streit verkündet, und tritt der Dritte in den Streit ein, so ist der Beklagte, wenn er den Betrag der Forderung zu Gunsten der streitenden Gläubiger unter Verzicht auf das Recht zur Rücknahme hinterlegt,[1]) auf seinen Antrag aus dem Rechtsstreit unter Verurteilung in die durch seinen unbegründeten Widerspruch veranlaßten Kosten zu entlassen und der Rechtsstreit über die Berechtigung an der Forderung zwischen den streitenden Gläubigern allein fortzusetzen. Dem Obsiegenden ist der hinterlegte Betrag zuzusprechen und der Unterliegende auch zur Erstattung der dem Beklagten entstandenen, nicht durch dessen unbegründeten Widerspruch veranlaßten Kosten, einschließlich der Kosten der Hinterlegung, zu verurteilen.

(§ 72). Satz 1 Nov. 98.

[1]) BGB. § 376 Abs. 2 Nr. 1.

§ 76. Wer als Besitzer einer Sache verklagt ist, die er auf Grund eines Rechtsverhältnisses der im

§ 868 des Bürgerlichen Gesetzbuchs bezeichneten Art zu besitzen behauptet, kann, wenn er dem mittelbaren Besitzer vor der Verhandlung zur Hauptsache den Streit verkündet[1]) und ihn unter Benennung an den Kläger zur Erklärung ladet, bis zu dieser Erklärung oder bis zum Schlusse des Termins, in welchem sich der Benannte zu erklären hat, die Verhandlung zur Hauptsache verweigern.

Bestreitet der Benannte die Behauptung des Beklagten oder erklärt er sich nicht, so ist der Beklagte berechtigt, dem Klagantrage zu genügen.

Wird die Behauptung des Beklagten von dem Benannten als richtig anerkannt, so ist dieser berechtigt, mit Zustimmung des Beklagten an dessen Stelle den Prozeß zu übernehmen. Die Zustimmung des Klägers ist nur insoweit erforderlich, als derselbe Ansprüche geltend macht, welche unabhängig davon sind, daß der Beklagte auf Grund eines Rechtsverhältnisses der im Abs. 1 bezeichneten Art besitzt.

Hat der Benannte den Prozeß übernommen, so ist der Beklagte auf seinen Antrag von der Klage zu entbinden. Die Entscheidung ist in Ansehung der Sache selbst auch gegen den Beklagten wirksam und vollstreckbar.

(§ 73). Abs. 1 u. Abs. 3 Satz 2 Nov. 98. 1) § 72.

§ 77. Ist von dem Eigentümer einer Sache oder von demjenigen, dem ein Recht an einer Sache zusteht, wegen einer Beeinträchtigung des Eigentums oder seines Rechts Klage auf Beseitigung der Beeinträchtigung oder auf Unterlassung weiterer Beeinträchtigungen erhoben, so finden die Vorschriften des § 76 entsprechende Anwendung, sofern der Beklagte die Beeinträchtigung in Ausübung des Rechts eines Dritten vorgenommen zu haben behauptet.

Nov. 98.

Vierter Titel.

Prozeßbevollmächtigte und Beistände.

§ 78. Vor den Landgerichten und vor allen Gerichten höherer Instanz müssen die Parteien sich durch einen bei dem Prozeßgerichte zugelassenen Rechtsanwalt als Bevollmächtigten vertreten lassen (Anwaltsprozeß).

Diese Vorschrift findet auf das Verfahren vor einem beauftragten oder ersuchten Richter sowie auf Prozeßhandlungen, welche vor dem Gerichtsschreiber vorgenommen werden können, keine Anwendung.

Ein bei dem Prozeßgerichte zugelassener Rechtsanwalt kann sich selbst vertreten.

(§ 74).

§ 79. Insoweit eine Vertretung durch Anwälte nicht geboten ist,[1]) können die Parteien den Rechtsstreit selbst oder durch jede prozeßfähige[2]) Person als Bevollmächtigten führen.

(§ 75). [1]) § 78 Abs. 1, 2. [2]) § 52.

§ 80. Der Bevollmächtigte hat die Bevollmächtigung durch eine schriftliche Vollmacht nachzuweisen und diese zu den Gerichtsakten abzugeben.

Eine Privaturkunde muß auf Verlangen des Gegners gerichtlich oder notariell beglaubigt werden. Bei der Beglaubigung bedarf es weder der Zuziehung von Zeugen noch der Aufnahme eines Protokolls.

(§ 76).

§ 81. Die Prozeßvollmacht ermächtigt zu allen den Rechtsstreit betreffenden Prozeßhandlungen, einschließlich derjenigen, welche durch eine Widerklage,[1]) eine Wiederaufnahme des Verfahrens[2]) und die Zwangsvollstreckung veranlaßt werden; zur Bestellung eines Vertreters sowie eines Bevollmächtigten für die höheren Instanzen; zur Beseitigung des Rechtsstreits durch Vergleich,[3]) Verzichtleistung[4]) auf den Streitgegenstand oder Anerkennung des von dem Gegner geltend gemachten Anspruchs;[5]) zur Empfangnahme der von dem Gegner zu erstattenden Kosten.[6])

(§ 77). [1]) § 33. [2]) §§ 578 ff. [3]) BGB. § 779. [4]) § 306. [5]) § 307. [6]) § 91.

§ 82. Die Vollmacht für den Hauptprozeß umfaßt die Vollmacht für das eine Hauptintervention,[1]) einen

Arrest oder eine einstweilige Verfügung[2]) betreffende Verfahren.

(§ 78). [1]) § 64. [2]) §§ 916 ff.

§ 83. Eine Beschränkung des gesetzlichen Umfangs der Vollmacht[1]) hat dem Gegner gegenüber nur insoweit rechtliche Wirkung, als diese Beschränkung die Beseitigung des Rechtsstreits durch Vergleich,[2]) Verzichtleistung auf den Streitgegenstand[3]) oder Anerkennung des von dem Gegner geltend gemachten Anspruchs[4]) betrifft.

Insoweit eine Vertretung durch Anwälte nicht geboten ist,[5]) kann eine Vollmacht für einzelne Prozeßhandlungen erteilt werden.

(§ 79). [1]) §§ 81, 82. [2]) BGB. § 779. [3]) § 306. [4]) § 307. [5]) § 78 Abs. 1, 2.

§ 84. Mehrere Bevollmächtigte sind berechtigt, sowohl gemeinschaftlich als einzeln die Partei zu vertreten. Eine abweichende Bestimmung der Vollmacht hat dem Gegner gegenüber keine rechtliche Wirkung.

(§ 80).

§ 85. Die von dem Bevollmächtigten vorgenommenen Prozeßhandlungen sind für die Partei in gleicher Art verpflichtend, als wenn sie von der Partei selbst vorgenommen wären. Dies gilt von Geständnissen[1]) und anderen tatsächlichen Erklärungen, insoweit nicht dieselben von der miterschienenen Partei sofort widerrufen oder berichtigt werden.

(§ 81). [1]) §§ 288—290.

§ 86. Die Vollmacht wird weder durch den Tod des Vollmachtgebers, noch durch eine Veränderung in Betreff seiner Prozeßfähigkeit[1]) oder seiner gesetzlichen Vertretung aufgehoben; der Bevollmächtigte hat jedoch, wenn er nach Aussetzung des Rechtsstreits für den Nachfolger im Rechtsstreit auftritt,[2]) eine Vollmacht desselben beizubringen.

(§ 82). [1]) § 52. [2]) § 239.

§ 87. Dem Gegner gegenüber erlangt die Kündigung des Vollmachtvertrags erst durch die Anzeige des Erlöschens der Vollmacht, in Anwaltsprozessen[1]) erst durch die Anzeige der Bestellung eines anderen Anwalts rechtliche Wirksamkeit.

Der Bevollmächtigte wird durch die von seiner Seite erfolgte Kündigung nicht gehindert, für den Vollmachtgeber so lange zu handeln, bis dieser für Wahrnehmung seiner Rechte in anderer Weise gesorgt hat.

(§ 83). [1]) § 78 Abs. 1.

§ 88. Der Mangel der Vollmacht kann von dem Gegner in jeder Lage des Rechtsstreits gerügt werden.

Das Gericht hat den Mangel der Vollmacht von Amts wegen zu berücksichtigen, insoweit eine Vertretung durch Anwälte nicht geboten ist.[1])

(§ 84). [1]) § 78 Abs. 1, 2.

§ 89. Handelt Jemand für eine Partei als Geschäftsführer ohne Auftrag[1]) oder als Bevollmächtigter ohne Beibringung einer Vollmacht, so kann er gegen oder ohne Sicherheitsleistung für Kosten und Schäden zur Prozeßführung einstweilen zugelassen werden. Das Endurteil darf erst erlassen werden, nachdem die für die Beibringung der Genehmigung zu bestimmende Frist abgelaufen ist. Ist zu der Zeit, zu welcher das Endurteil erlassen wird, die Genehmigung nicht beigebracht, so ist der einstweilen zur Prozeßführung Zugelassene zum Ersatze der dem Gegner in Folge der Zulassung erwachsenen Kosten zu verurteilen; auch hat er dem Gegner die in Folge der Zulassung entstandenen Schäden zu ersetzen.

Die Partei muß die Prozeßführung gegen sich gelten lassen, wenn sie auch nur mündlich Vollmacht erteilt oder wenn sie die Prozeßführung ausdrücklich oder stillschweigend genehmigt hat.

(§ 85). Abs. 1 Satz 3 Nov. 98. [1]) BGB. § 677.

§ 90. Insoweit eine Vertretung durch Anwälte nicht geboten ist,[1]) kann eine Partei mit jeder prozeßfähigen[2]) Person als Beistand erscheinen.

Das von dem Beistande Vorgetragene gilt als

von der Partei vorgebracht, insoweit es nicht von dieser sofort widerrufen oder berichtigt wird.

(§ 86). [1]) § 78 Abs. 1, 2. [2]) § 52.

Fünfter Titel.

Prozeßkosten.

§ 91. Die unterliegende Partei hat die Kosten des Rechtsstreits zu tragen, insbesondere die dem Gegner erwachsenen Kosten zu erstatten, soweit dieselben zur zweckentsprechenden Rechtsverfolgung oder Rechtsverteidigung notwendig waren. Die Kostenerstattung umfaßt auch die Entschädigung des Gegners für die durch notwendige Reisen oder durch die notwendige Wahrnehmung von Terminen entstandene Zeitversäumnis; die für die Entschädigung von Zeugen geltenden Vorschriften finden entsprechende Anwendung.[1])

Die Gebühren und Auslagen des Rechtsanwalts der obsiegenden Partei sind in allen Prozessen zu erstatten, Reisekosten eines auswärtigen Rechtsanwalts jedoch nur insoweit, als die Zuziehung zur zweckentsprechenden Rechtsverfolgung oder Rechtsverteidigung notwendig war. Die Kosten mehrerer Rechtsanwälte sind nur insoweit zu erstatten, als sie die Kosten eines Rechtsanwalts nicht übersteigen, oder als in der Person des Rechtsanwalts ein Wechsel eintreten mußte.

(§ 87). Abs. 1 Satz 2 Nov. 98; Abs. 1 Satz 1 u. Abs. 2 Satz 2 Nov. 09. [1]) ZSGebO. §§ 2, 5.

§ 92. Wenn jede Partei teils obsiegt, teils unterliegt, so sind die Kosten gegen einander aufzuheben oder verhältnismäßig zu teilen. Sind die Kosten gegen einander aufgehoben, so fallen die Gerichtskosten jeder Partei zur Hälfte zur Last.

Das Gericht kann der einen Partei die gesamten Prozeßkosten auferlegen, wenn die Zuvielforderung der anderen Partei eine verhältnismäßig geringfügige war und keine besonderen Kosten veranlaßt hat, oder wenn der Betrag der Forderung der anderen Partei

von der Festsetzung durch richterliches Ermessen, von der Ausmittelung durch Sachverständige oder von einer gegenseitigen Berechnung abhängig war.
(§ 88). Abs. 1 Satz 2 Nov. 98.

§ 93. Hat der Beklagte nicht durch sein Verhalten zur Erhebung der Klage Veranlassung gegeben, so fallen dem Kläger die Prozeßkosten zur Last, wenn der Beklagte den Anspruch sofort anerkennt.[1])
(§ 89). [1]) § 307.

§ 94. Macht der Kläger einen auf ihn übergegangenen Anspruch geltend, ohne daß er vor der Erhebung der Klage dem Beklagten den Uebergang mitgeteilt und auf Verlangen nachgewiesen hat, so fallen ihm die Prozeßkosten insoweit zur Last, als sie dadurch entstanden sind, daß der Beklagte durch die Unterlassung der Mitteilung oder des Nachweises veranlaßt worden ist, den Anspruch zu bestreiten.
Nov. 98.

§ 95. Die Partei, welche einen Termin[1]) oder eine Frist versäumt, oder die Verlegung eines Termins, die Vertagung einer Verhandlung, die Anberaumung eines Termins zur Fortsetzung der Verhandlung[2]) oder die Verlängerung einer Frist[3]) durch ihr Verschulden veranlaßt, hat die dadurch verursachten Kosten zu tragen.
(§ 90). [1]) § 220 Abs. 2. [2]) § 227 Abs. 2, § 228. [3]) § 224 Abs. 2.

§ 96. Die Kosten eines ohne Erfolg gebliebenen Angriffs- oder Verteidigungsmittels können der Partei auferlegt werden, welche dasselbe geltend gemacht hat, auch wenn sie in der Hauptsache obsiegt.
(§ 91).

§ 97. Die Kosten eines ohne Erfolg eingelegten Rechtsmittels fallen der Partei zur Last, welche dasselbe eingelegt hat.

Die Kosten der Berufungsinstanz können der obsiegenden Partei ganz oder teilweise auferlegt werden, wenn sie auf Grund eines neuen Vorbringens[1]) obsiegt, welches sie nach freiem Ermessen des Gerichts in erster Instanz geltend zu machen imstande war.

Die Kosten der Revisionsinstanz in Rechtsstreitigkeiten über Ansprüche, für welche die Landgerichte ohne Rücksicht auf den Wert des Streitgegenstandes ausschließlich zuständig sind,[2] hat auch im Falle des Obsiegens die Reichs- oder die Staatskasse zu tragen, wenn der Wert des Streitgegenstandes die Summe von sechshundert Mark nicht übersteigt und der Vertreter des Reichs oder des Staates die Revision eingelegt hat.

(§ 92). Abs. 3 Nov. 10. [1]) § 529. [2]) GVG. § 70 Abs. 2, 3.

§ 98. Die Kosten eines abgeschlossenen Vergleichs[1]) sind als gegen einander aufgehoben anzusehen, wenn nicht die Parteien ein anderes vereinbart haben. Dasselbe gilt von den Kosten des durch Vergleich erledigten Rechtsstreits, soweit nicht über dieselben bereits rechtskräftig erkannt ist.

(§ 93). [1]) BGB. § 779.

§ 99. Die Anfechtung der Entscheidung über den Kostenpunkt ist unzulässig, wenn nicht gegen die Entscheidung in der Hauptsache ein Rechtsmittel eingelegt wird.

Ist die Hauptsache durch eine auf Grund eines Anerkenntnisses[1]) ausgesprochene Verurteilung erledigt, so kann die Entscheidung über den Kostenpunkt selbständig angefochten werden.

Ist eine Entscheidung in der Hauptsache nicht ergangen, so findet gegen die Entscheidung über den Kostenpunkt sofortige Beschwerde[2]) statt. Vor der Entscheidung über die Beschwerde ist der Gegner zu hören.

(§ 94). Abs. 2, 3 Nov. 98. [1]) § 307. [2]) § 577.

§ 100. Besteht der unterliegende Teil aus mehreren Personen, so haften dieselben für die Kostenerstattung nach Kopfteilen.

Bei einer erheblichen Verschiedenheit der Beteiligung am Rechtsstreite kann nach dem Ermessen des Gerichts die Beteiligung zum Maßstabe genommen werden.

Hat ein Streitgenosse[1]) ein besonderes Angriffs- oder Verteidigungsmittel geltend gemacht, so sind die übrigen Streitgenossen für die durch dasselbe veranlaßten Kosten nicht verhaftet.

Werden mehrere Beklagte als Gesamtschuldner verurteilt, so haften sie auch für die Kostenerstattung, unbeschadet der Vorschrift des Abs. 3, als Gesamtschuldner.[2]) Die Vorschriften des bürgerlichen Rechts, nach denen sich diese Haftung auf die im Abs. 3 bezeichneten Kosten erstreckt, bleiben unberührt.

(§ 95). Abs. 4 Nov. 98. [1]) §§ 59, 60. [2]) BGB. §§ 421 ff.

§ 101. Die durch eine Nebenintervention[1]) verursachten Kosten sind dem Gegner der Hauptpartei aufzuerlegen, soweit derselbe nach den Bestimmungen der §§ 91 bis 98 die Kosten des Rechtsstreits zu tragen hat; soweit dies nicht der Fall ist, sind sie dem Nebenintervenienten aufzuerlegen.

Gilt der Nebenintervenient als Streitgenosse der Hauptpartei (§ 69), so sind die Vorschriften des § 100 maßgebend.

(§ 96). Nov. 98. [1]) §. 66.

§ 102. Gerichtsschreiber, gesetzliche Vertreter, Rechtsanwälte und andere Bevollmächtigte sowie Gerichtsvollzieher können durch das Prozeßgericht auch von Amts wegen zur Tragung derjenigen Kosten verurteilt werden, welche sie durch grobes Verschulden veranlaßt haben.

Die Entscheidung kann ohne mündliche Verhandlung erfolgen. Vor der Entscheidung ist der Beteiligte zu hören.

Gegen die Entscheidung findet sofortige Beschwerde[1]) statt.

(§ 97). [1]) § 577.

§ 103. Der Anspruch auf Erstattung der Prozeßkosten kann nur auf Grund eines zur Zwangsvollstreckung geeigneten Titels[1]) geltend gemacht werden.

Das Gesuch um Festsetzung des zu erstattenden Betrags ist bei dem Gerichtsschreiber des Gerichts erster Instanz anzubringen. Die Kostenberechnung, die zur Mitteilung an den Gegner bestimmte Abschrift derselben und die zur Rechtfertigung der einzelnen Ansätze dienenden Belege sind beizufügen.

(§ 98). Nach Nov. 98 § 104; Nov. 09. [1]) §§ 704, 794.

§ 104. Die Entscheidung über das Festsetzungsgesuch erfolgt durch den Gerichtsschreiber. Sie ist den Parteien von Amts wegen zuzustellen,[1]) dem Gegner des Antragstellers unter Beifügung der Abschrift der Kostenberechnung.

Zur Berücksichtigung eines Ansatzes genügt, daß dieser glaubhaft gemacht ist.[2])

Ueber Erinnerungen gegen den Festsetzungsbeschluß entscheidet das Gericht, dessen Gerichtsschreiber den Beschluß erlassen hat. Die Erinnerungen sind binnen einer Notfrist[3]) von zwei Wochen, welche mit der Zustellung des Beschlusses beginnt, zu erheben. Die Entscheidung kann ohne vorgängige mündliche Verhandlung erfolgen. Das Gericht kann vor der Entscheidung anordnen, daß die Vollstreckung des Festsetzungsbeschlusses auszusetzen sei. Gegen die Entscheidung des Gerichts findet sofortige Beschwerde[4]) statt.

(§ 99). Nach Nov. 98 § 105; Nov. 09. [1]) §§ 208 ff. [2]) § 294. [3]) § 223 Abs. 2, § 224 Abs. 1, § 251 Abs. 1 Satz 2. [4]) § 577.

§ 105. Der Festsetzungsbeschluß kann auf das Urteil und die Ausfertigungen gesetzt werden, sofern bei der Anbringung des Gesuchs eine Ausfertigung des Urteils noch nicht erteilt ist und eine Verzögerung der Ausfertigung nicht eintritt. Eine besondere Ausfertigung und Zustellung des Festsetzungsbeschlusses findet in diesem Falle nicht statt. Den Parteien ist der festgesetzte Betrag mitzuteilen, dem Gegner des Antragstellers unter Beifügung der Abschrift der Kostenberechnung. Die Verbindung des Festsetzungsbeschlusses mit dem Urteile soll unterbleiben, sofern dem Festsetzungsgesuch auch nur teilweise nicht entsprochen wird.

Der Anbringung eines Festsetzungsgesuchs bedarf es nicht, wenn die Partei vor der Verkündung des Urteils die Berechnung ihrer Kosten eingereicht hat: in diesem Falle ist die dem Gegner mitzuteilende Abschrift der Kostenberechnung von Amts wegen anzufertigen.

Nov. 09.

§ 106. Sind die Prozeßkosten ganz oder teilweise nach Quoten verteilt,[1] so hat in den in erster Instanz vor einem Landgerichte verhandelten Sachen die Partei den Gegner vor Anbringung des Festsetzungsgesuchs aufzufordern, die Berechnung seiner Kosten binnen einer einwöchigen Frist bei dem Gerichtsschreiber einzureichen. In den in erster Instanz vor einem Amtsgerichte verhandelten Sachen ist die Aufforderung nach Anbringung eines Festsetzungsgesuchs von dem Gerichtsschreiber zu erlassen. Die Vorschriften des § 105 finden keine Anwendung.

Nach fruchtlosem Ablaufe der einwöchigen Frist erfolgt die Entscheidung ohne Rücksicht auf die Kosten des Gegners, unbeschadet des Rechtes des letzteren, den Anspruch auf Erstattung nachträglich geltend zu machen. Der Gegner haftet für die Mehrkosten, welche durch das nachträgliche Verfahren entstehen.

(§ 100). Nov. 09.

[1]) § 92 Abs. 1 Satz 1.

§ 107. Ergeht nach der Kostenfestsetzung eine Entscheidung, durch welche der Wert des Streitgegenstandes festgesetzt wird,[1]) so ist, falls diese Entscheidung von der Wertsberechnung abweicht, welche der Kostenfestsetzung zu Grunde liegt, auf Antrag die Kostenfestsetzung entsprechend abzuändern. Ueber den Antrag entscheidet der Gerichtsschreiber des Gerichts erster Instanz.

Der Antrag ist binnen der Frist von einem Monate bei dem Gerichtsschreiber anzubringen. Die Frist beginnt mit der Zustellung und, wenn es einer solchen nicht bedarf, mit der Verkündung des den Wert des Streitgegenstandes festsetzenden Beschlusses.

Die Vorschriften des § 104 Abs. 3 finden Anwendung.

Nov. 98; Abs. 1 Satz 2, Abs. 2 Satz 1. [1]) § 8. Abs. 3 Nov. 09.

Sechster Titel.

Sicherheitsleistung.

§ 108. Die Bestellung einer prozessualischen Sicherheit ist, sofern nicht die Parteien ein anderes vereinbart haben oder dieses Gesetz eine nach freiem Ermessen des Gerichts zu bestimmende Sicherheit zuläßt,[1]) durch Hinterlegung von Geld oder solchen Wertpapieren zu bewirken, welche nach § 234 Abs. 1, 3 des Bürgerlichen Gesetzbuchs zur Sicherheitsleistung geeignet sind oder nach richterlichem Ermessen eine genügende Deckung gewähren.

Die Vorschriften des § 234 Abs. 2 und des § 235 des Bürgerlichen Gesetzbuchs finden entsprechende Anwendung.

(§ 101). Nov. 98. [1]) § 921 Abs. 2, § 925 Abs. 2, § 927 Abs. 1, § 936.

§ 109. Ist die Veranlassung für eine Sicherheitsleistung weggefallen, so hat auf Antrag das Gericht, welches die Bestellung der Sicherheit angeordnet oder zugelassen hat, eine Frist zu bestimmen, binnen welcher ihm die Partei, zu deren Gunsten die Sicherheit geleistet ist, die Einwilligung in die Rückgabe der Sicherheit zu erklären oder die Erhebung der Klage wegen ihrer Ansprüche nachzuweisen hat.

Nach Ablauf der Frist hat das Gericht auf Antrag die Rückgabe der Sicherheit anzuordnen, wenn nicht inzwischen die Erhebung der Klage nachgewiesen ist.

Die Anträge und die Einwilligung in die Rückgabe der Sicherheit können vor dem Gerichtsschreiber zu Protokoll erklärt werden. Die Entscheidungen können ohne vorgängige mündliche Verhandlung erfolgen.

Gegen den Beschluß, durch welchen der im Abs. 1

vorgesehene Antrag abgelehnt wird, steht dem Antragsteller, gegen die im Abs. 2 bezeichnete Entscheidung steht beiden Teilen die sofortige Beschwerde[1]) zu.

Nov. 98. [1]) § 577.

§ 110. Ausländer, welche als Kläger auftreten, haben dem Beklagten auf dessen Verlangen wegen der Prozeßkosten Sicherheit zu leisten.

Diese Verpflichtung tritt nicht ein:

1. wenn nach den Gesetzen des Staates, welchem der Kläger angehört, ein Deutscher in gleichem Falle zur Sicherheitsleistung nicht verpflichtet ist;
2. im Urkunden- oder Wechselprozesse;[1])
3. bei Widerklagen;[2])
4. bei Klagen, welche in Folge einer öffentlichen Aufforderung angestellt werden;
5. bei Klagen aus Rechten, welche im Grundbuch eingetragen sind.

(§ 102). Abs. 2 Nr. 5 Nov. 98. [1]) §§ 592 ff. [2]) § 33.

§ 111. Der Beklagte kann auch dann Sicherheitsleistung verlangen, wenn im Laufe des Rechtsstreits der Kläger die Eigenschaft eines Deutschen verliert oder die Voraussetzung, unter welcher der Ausländer von der Sicherheitsleistung befreit war,[1]) wegfällt und nicht ein zur Deckung ausreichender Teil des erhobenen Anspruchs unbestritten ist.

(§ 103). [1]) § 110 Abs. 2.

§ 112. Die Höhe der zu leistenden Sicherheit wird von dem Gerichte nach freiem Ermessen festgesetzt.

Bei der Festsetzung ist derjenige Betrag der Prozeßkosten zu Grunde zu legen, welchen der Beklagte wahrscheinlich aufzuwenden haben wird. Die dem Beklagten durch eine Widerklage[1]) erwachsenden Kosten sind hierbei nicht zu berücksichtigen.

Ergibt sich im Laufe des Rechtsstreits, daß die geleistete Sicherheit nicht hinreicht, so kann der Beklagte die Leistung einer weiteren Sicherheit verlangen, sofern nicht ein zur Deckung ausreichender Teil des erhobenen Anspruchs unbestritten ist.

(§ 104). [1]) § 33.

§ 113. Das Gericht hat dem Kläger bei Anordnung der Sicherheitsleistung eine Frist zu bestimmen, binnen welcher die Sicherheit zu leisten sei. Nach Ablauf der Frist ist auf Antrag des Beklagten, wenn die Sicherheit bis zur Entscheidung nicht geleistet ist, die Klage für zurückgenommen zu erklären oder, wenn über ein Rechtsmittel des Klägers zu verhandeln ist, dasselbe zu verwerfen.

(§ 105).

Siebenter Titel.

Armenrecht.

§ 114. Wer außer Stande ist, ohne Beeinträchtigung des für ihn und seine Familie notwendigen Unterhalts die Kosten des Prozesses zu bestreiten, hat auf Bewilligung des Armenrechts Anspruch, wenn die beabsichtigte Rechtsverfolgung oder Rechtsverteidigung nicht mutwillig oder aussichtslos erscheint.

Ausländer haben auf das Armenrecht nur insoweit Anspruch, als die Gegenseitigkeit verbürgt ist.

(§ 106).

§ 115. Durch die Bewilligung des Armenrechts erlangt die Partei:

1. die einstweilige Befreiung von der Berichtigung der rückständigen und künftig erwachsenden Gerichtskosten, einschließlich der Gebühren der Beamten, der den Zeugen und den Sachverständigen zu gewährenden Vergütung und der sonstigen baren Auslagen, sowie der Stempelsteuer;
2. die Befreiung von der Sicherheitsleistung für die Prozeßkosten;[1])
3. das Recht, daß ihr zur vorläufig unentgeltlichen Bewirkung von Zustellungen und von Vollstreckungshandlungen ein Gerichtsvollzieher und, insoweit eine Vertretung durch Anwälte geboten

ist,[2]) zur vorläufig unentgeltlichen Wahrnehmung ihrer Rechte ein Rechtsanwalt beigeordnet werde.

(§ 107). [1]) § 110. [2]) § 78 Abs. 1.

§ 116. Insoweit nicht eine Vertretung durch Anwälte geboten[1]) oder ein Anwalt gemäß § 34 der Rechtsanwaltsordnung beigeordnet ist, kann einer armen Partei, welche nicht im Bezirke des Prozeßgerichts wohnt, zur unentgeltlichen Wahrnehmung ihrer Rechte in der mündlichen Verhandlung ein Justizbeamter, der nicht als Richter angestellt ist, oder ein Rechtskundiger, der die vorgeschriebene erste Prüfung für den Justizdienst bestanden hat,[2]) auf Antrag beigeordnet werden. Die infolgedessen erwachsenden baren Auslagen werden von der Staatskasse bestritten und als Gerichtskosten in Ansatz gebracht.

Nov. 98. [1]) § 78 Abs. 1. [2]) GVG. § 2.

§ 117. Die Bewilligung des Armenrechts hat auf die Verpflichtung zur Erstattung der dem Gegner erwachsenden Kosten[1]) keinen Einfluß.

(§ 108). [1]) § 91

§ 118. Das Gesuch um Bewilligung des Armenrechts ist bei dem Prozeßgericht anzubringen; es kann vor dem Gerichtsschreiber zu Protokoll erklärt werden.

Dem Gesuch ist ein von der obrigkeitlichen Behörde der Partei ausgestelltes Zeugnis beizufügen, in welchem unter Angabe des Standes oder Gewerbes, der Vermögens- und Familienverhältnisse der Partei sowie des Betrags der von dieser zu entrichtenden direkten Staatssteuern das Unvermögen zur Bestreitung der Prozeßkosten ausdrücklich bezeugt wird. Für Personen, welche unter Vormundschaft oder Kuratel stehen, kann das Zeugnis auch von der vormundschaftlichen Behörde ausgestellt werden.

In dem Gesuche ist das Streitverhältnis unter Angabe der Beweismittel darzulegen.

(§ 109).

§ 119. Die Bewilligung des Armenrechts erfolgt für jede Instanz besonders, für die erste Instanz einschließlich der Zwangsvollstreckung.

In der höheren Instanz bedarf es des Nachweises des Unvermögens nicht, wenn das Armenrecht in der vorherigen Instanz bewilligt war. Hat der Gegner das Rechtsmittel eingelegt, so ist in der höheren Instanz nicht zu prüfen, ob die Rechtsverfolgung oder Rechtsverteidigung der Partei mutwillig oder aussichtslos erscheint.

(§ 110).

§ 120. Die Bewilligung des Armenrechts für den Kläger, den Berufungskläger und den Revisionskläger hat zugleich für den Gegner die einstweilige Befreiung von den im § 115 Nr. 1 bezeichneten Kosten zur Folge.

(§ 111).

§ 121. Das Armenrecht kann zu jeder Zeit entzogen werden, wenn sich ergibt, daß eine Voraussetzung der Bewilligung[1]) nicht vorhanden war oder nicht mehr vorhanden ist.

(§ 112). [1]) § 114.

§ 122. Das Armenrecht erlischt mit dem Tode der Person, welcher es bewilligt ist.

(§ 113).

§ 123. Die Gerichtskosten, von deren Berichtigung die arme Partei einstweilen befreit ist,[1]) können von dem in die Prozeßkosten verurteilten Gegner nach Maßgabe der für die Beitreibung rückständiger Gerichtskosten geltenden Vorschriften eingezogen werden.

Die Gerichtskosten, von deren Berichtigung der Gegner der armen Partei einstweilen befreit ist,[2]) sind von demselben einzuziehen, soweit er in die Prozeßkosten verurteilt oder der Rechtsstreit ohne Urteil über die Kosten beendigt ist.

(§ 114). [1]) § 115 Nr. 1. [2]) § 120.

§ 124. Die für die arme Partei bestellten Gerichtsvollzieher und Rechtsanwälte[1]) sind berechtigt, ihre Gebühren und Auslagen von dem in die Prozeßkosten verurteilten Gegner beizutreiben.

Eine Einrede aus der Person der armen Partei ist nur insoweit zulässig, als die Aufrechnung von Kosten verlangt wird, welche nach der in demselben Rechtsstreite über die Kosten erlassenen Entscheidung von der armen Partei zu erstatten sind.

(§ 115). [1]) § 115 Nr. 3.

§ 125. Die zum Armenrechte zugelassene Partei ist zur Nachzahlung der Beträge, von deren Berichtigung sie einstweilen befreit war,[1]) verpflichtet, sobald sie ohne Beeinträchtigung des für sie und ihre Familie notwendigen Unterhalts dazu imstande ist.

Dasselbe gilt in Betreff derjenigen Beträge, von deren Berichtigung der Gegner einstweilen befreit war,[2]) soweit die arme Partei in die Prozeßkosten verurteilt ist.

(§ 116). [1]) § 115 Nr. 1, 3. [2]) § 120.

§ 126. Ueber das Gesuch um Bewilligung des Armenrechts,[1]) über die Entziehung[2]) desselben und über die Verpflichtung zur Nachzahlung der Beträge, von deren Berichtigung die zum Armenrechte zugelassene Partei oder der Gegner einstweilen befreit ist,[3]) kann ohne vorgängige mündliche Verhandlung entschieden werden.

(§ 117). [1]) § 118. [2]) § 121. [3]) § 125.

§ 127. Gegen den Beschluß, durch welchen das Armenrecht bewilligt wird, findet kein Rechtsmittel; gegen den Beschluß, durch welchen das Armenrecht verweigert oder entzogen[1]) oder die Nachzahlung von Kosten[2]) angeordnet wird, findet die Beschwerde[3]) statt.

(§ 118). [1]) § 121. [2]) § 125. [3]) §§ 567 ff.

Dritter Abschnitt.

Verfahren.

Erster Titel.

Mündliche Verhandlung.

§ 128. Die Verhandlung der Parteien über den Rechtsstreit vor dem erkennenden Gerichte ist eine mündliche.

(§ 119).

§ 129. In Anwaltsprozessen[1]) wird die mündliche Verhandlung durch Schriftsätze vorbereitet; die Nichtbeachtung dieser Vorschrift hat Rechtsnachteile in der Sache selbst nicht zur Folge.

In anderen Prozessen können vorbereitende Schriftsätze[2]) gewechselt werden.

(§ 120). [1]) § 78 Abs. 1. [2]) § 130.

§ 130. Die vorbereitenden Schriftsätze sollen enthalten:

1. die Bezeichnung der Parteien und ihrer gesetzlichen Vertreter nach Namen, Stand oder Gewerbe, Wohnort und Parteistellung; die Bezeichnung des Gerichts und des Streitgegenstandes; die Zahl der Anlagen;
2. die Anträge, welche die Partei in der Gerichtssitzung zu stellen beabsichtigt;
3. die Angabe der zur Begründung der Anträge dienenden tatsächlichen Verhältnisse;
4. die Erklärung über die tatsächlichen Behauptungen des Gegners;
5. die Bezeichnung der Beweismittel, welcher sich die Partei zum Nachweise oder zur Widerlegung tatsächlicher Behauptungen bedienen will, sowie die Erklärung über die von dem Gegner bezeichneten Beweismittel;
6. in Anwaltsprozessen[1]) die Unterschrift des Anwalts, in anderen Prozessen die Unterschrift der Partei selbst oder desjenigen, welcher für dieselbe als Bevollmächtigter[2]) oder als Geschäftsführer ohne Auftrag[3]) handelt.

(§ 121). [1]) § 78 Abs. 1. [2]) § 79. [3]) § 89, BGB. § 677.

§ 131. Dem vorbereitenden Schriftsatze sind die in den Händen der Partei befindlichen Urkunden, auf welche in dem Schriftsatze Bezug genommen wird, in Urschrift oder in Abschrift beizufügen.

Kommen nur einzelne Teile einer Urkunde in Betracht, so genügt die Beifügung eines Auszugs, welcher den Eingang, die zur Sache gehörende Stelle, den Schluß, das Datum und die Unterschrift enthält.

Sind die Urkunden dem Gegner bereits bekannt oder von bedeutendem Umfange, so genügt die genaue Bezeichnung derselben mit dem Erbieten, Einsicht zu gewähren.

(§ 122).

§ 132. Der vorbereitende Schriftsatz, welcher neue Tatsachen oder ein anderes neues Vorbringen enthält, ist mindestens eine Woche, wenn er einen Zwischenstreit betrifft, mindestens drei Tage vor der mündlichen Verhandlung zuzustellen.

Der vorbereitende Schriftsatz, welcher eine Gegenerklärung auf neues Vorbringen enthält, ist mindestens drei Tage vor der mündlichen Verhandlung zuzustellen. Die Zustellung einer schriftlichen Gegenerklärung ist nicht erforderlich, wenn es sich um einen Zwischenstreit handelt.

(§ 123).

§ 133. Die Parteien haben eine für das Prozeßgericht bestimmte Abschrift ihrer vorbereitenden Schriftsätze und der Anlagen auf der Gerichtsschreiberei niederzulegen.

Diese Niederlegung erfolgt zugleich mit der Ueberreichung der Urschrift, wenn eine Terminsbestimmung oder wenn die Zustellung unter Vermittelung des Gerichtsschreibers[1]) erwirkt werden soll, anderenfalls sofort nach erfolgter Zustellung des Schriftsatzes.

(§ 124).

[1]) § 166 Abs. 2.

§ 134. Die Partei ist, wenn sie rechtzeitig aufgefordert wird, verpflichtet, die in ihren Händen befindlichen Urkunden, auf welche sie in einem vorbereitenden Schriftsatze Bezug genommen hat, vor der mündlichen Verhandlung auf der Gerichtsschreiberei niederzulegen und den Gegner von der Niederlegung zu benachrichtigen.

Der Gegner hat zur Einsicht der Urkunden eine Frist von drei Tagen. Die Frist kann auf Antrag

von dem Vorsitzenden verlängert oder abgekürzt werden.
(§ 125).

§ 135. Den Rechtsanwälten steht es frei, die Mitteilung von Urkunden von Hand zu Hand gegen Empfangsbescheinigung zu bewirken.

Gibt ein Rechtsanwalt die ihm eingehändigte Urkunde nicht binnen der bestimmten Frist zurück, so ist er auf Antrag nach vorgängiger mündlicher Verhandlung zur unverzüglichen Zurückgabe zu verurteilen.

Gegen das Zwischenurteil findet sofortige Beschwerde[1]) statt.
(§ 126).

[1]) § 577.

§ 136. Der Vorsitzende eröffnet und leitet die mündliche Verhandlung.

Er erteilt das Wort und kann es demjenigen, welcher seinen Anordnungen nicht Folge leistet, entziehen.

Er hat Sorge zu tragen, daß die Sache erschöpfende Erörterung finde und die Verhandlung ohne Unterbrechung zu Ende geführt werde; erforderlichenfalls hat er die Sitzung zur Fortsetzung der Verhandlung sofort zu bestimmen.

Er schließt die Verhandlung, wenn nach Ansicht des Gerichts die Sache vollständig erörtert ist, und verkündet die Urteile und Beschlüsse des Gerichts.
(§ 127).

§ 137. Die mündliche Verhandlung wird dadurch eingeleitet, daß die Parteien ihre Anträge stellen.

Die Vorträge der Parteien sind in freier Rede zu halten; sie haben das Streitverhältnis in tatsächlicher und rechtlicher Beziehung zu umfassen.

Eine Bezugnahme auf Schriftstücke statt mündlicher Verhandlung ist unzulässig. Die Vorlesung von Schriftstücken findet nur insoweit statt, als es auf den wörtlichen Inhalt derselben ankommt.

In Anwaltsprozessen[1]) ist neben dem Anwalt

auch der Partei selbst auf Antrag das Wort zu gestatten.

(§ 128). [1]) § 78 Abs. 1.

§ 138. Jede Partei hat sich über die von dem Gegner behaupteten Tatsachen zu erklären.

Tatsachen, welche nicht ausdrücklich bestritten werden, sind als zugestanden[1]) anzusehen, wenn nicht die Absicht, sie bestreiten zu wollen, aus den übrigen Erklärungen der Partei hervorgeht.

Eine Erklärung mit Nichtwissen ist nur über Tatsachen zulässig, welche weder eigene Handlungen der Partei noch Gegenstand ihrer eigenen Wahrnehmung gewesen sind.

(§ 129). [1]) § 288 Abs. 1.

§ 139. Der Vorsitzende hat durch Fragen darauf hinzuwirken, daß unklare Anträge erläutert, ungenügende Angaben der geltend gemachten Tatsachen ergänzt und die Beweismittel bezeichnet, überhaupt alle für die Feststellung des Sachverhältnisses erheblichen Erklärungen abgegeben werden.

Der Vorsitzende hat auf die Bedenken aufmerksam zu machen, welche in Ansehung der von Amts wegen zu berücksichtigenden Punkte obwalten.

Er hat jedem Mitgliede des Gerichts auf Verlangen zu gestatten, Fragen zu stellen.

(§ 130).

§ 140. Wird eine auf die Sachleitung bezügliche Anordnung des Vorsitzenden oder eine von dem Vorsitzenden oder einem Gerichtsmitgliede gestellte Frage von einer bei der Verhandlung beteiligten Person als unzulässig beanstandet, so entscheidet das Gericht.

(§ 131).

§ 141. Das Gericht kann das persönliche Erscheinen einer Partei zur Aufklärung des Sachverhältnisses anordnen.

Wird das Erscheinen angeordnet, so ist die Partei von Amts wegen zu laden. Die Ladung ist der

Partei selbst zuzustellen, auch wenn sie einen Prozeßbevollmächtigten bestellt hat.
(§ 132). Abs. 2 Nov. 09.

§ 142. Das Gericht kann anordnen, daß eine Partei die in ihren Händen befindlichen Urkunden, auf welche sie sich bezogen hat, sowie Stammbäume, Pläne, Risse und sonstige Zeichnungen vorlege.

Das Gericht kann anordnen, daß die vorgelegten Schriftstücke während einer von ihm zu bestimmenden Zeit auf der Gerichtsschreiberei verbleiben.

Das Gericht kann anordnen, daß von den in fremder Sprache abgefaßten Urkunden eine durch einen beeidigten Dolmetscher angefertigte Uebersetzung beigebracht werde.
(§ 133).

§ 143. Das Gericht kann anordnen, daß die Parteien die in ihrem Besitze befindlichen Akten vorlegen, soweit dieselben aus Schriftstücken bestehen, welche die Verhandlung und Entscheidung der Sache betreffen.
(§ 134).

§ 144. Das Gericht kann die Einnahme des Augenscheins, sowie die Begutachtung durch Sachverständige anordnen.

Das Verfahren richtet sich nach den Vorschriften, welche eine auf Antrag angeordnete Einnahme des Augenscheins[1]) oder Begutachtung durch Sachverständige[2]) zum Gegenstande haben.
(§ 135). [1]) §§ 371 ff. [2]) §§ 402 ff.

§ 145. Das Gericht kann anordnen, daß mehrere in einer Klage erhobene Ansprüche[1]) in getrennten Prozessen verhandelt werden.

Dasselbe gilt, wenn der Beklagte eine Widerklage[2]) erhoben hat und der Gegenanspruch mit dem in der Klage geltend gemachten Anspruche nicht in rechtlichem Zusammenhange steht.

Macht der Beklagte die Aufrechnung einer Gegenforderung geltend, welche mit der in der Klage

geltend gemachten Forderung nicht in rechtlichem Zusammenhange steht, so kann das Gericht anordnen, daß über die Klage und über die Aufrechnung getrennt verhandelt werde; die Vorschriften des § 302 finden Anwendung.
(§ 136). Abs. 2, 3 Nov. 98. [1]) § 260. [2]) § 33.

§ 146. Das Gericht kann anordnen, daß bei mehreren auf denselben Anspruch sich beziehenden selbständigen Angriffs- oder Verteidigungsmitteln (Klagegründen, Einreden, Repliken 2c.) die Verhandlung zunächst auf eines oder einige dieser Angriffs- oder Verteidigungsmittel zu beschränken sei.
(§ 137).

§ 147. Das Gericht kann die Verbindung mehrerer bei ihm anhängiger Prozesse derselben oder verschiedener Parteien zum Zwecke der gleichzeitigen Verhandlung und Entscheidung anordnen,[1]) wenn die Ansprüche, welche den Gegenstand dieser Prozesse bilden, in rechtlichem Zusammenhange stehen oder in einer Klage hätten geltend gemacht werden können.[2])
(§ 138). [1]) § 959. [2]) § 260.

§ 148. Das Gericht kann, wenn die Entscheidung des Rechtsstreits ganz oder zum Teil von dem Bestehen oder Nichtbestehen eines Rechtsverhältnisses abhängt, welches den Gegenstand eines anderen anhängigen Rechtsstreits bildet oder von einer Verwaltungsbehörde festzustellen ist, anordnen, daß die Verhandlung bis zur Erledigung des anderen Rechtsstreits oder bis zur Entscheidung der Verwaltungsbehörde auszusetzen sei.
(§ 139).

§ 149. Das Gericht kann, wenn sich im Laufe eines Rechtsstreits der Verdacht einer strafbaren Handlung ergibt, deren Ermittelung auf die Entscheidung von Einfluß ist, die Aussetzung der Verhandlung bis zur Erledigung des Strafverfahrens anordnen.
(§ 140).

§ 150. Das Gericht kann die von ihm erlassenen, eine Trennung,[1]) Verbindung[2]) oder Aussetzung[3]) betreffenden Anordnungen wieder aufheben.

(§ 141). [1]) § 145. [2]) § 147. [3]) §§ 148, 149.

§ 151. Hängt die Entscheidung eines Rechtsstreits davon ab, ob eine Ehe nichtig ist, so hat das Gericht, wenn die Nichtigkeit nur im Wege der Nichtigkeitsklage geltend gemacht werden kann,[1]) auf Antrag das Verfahren auszusetzen und, falls die Nichtigkeitsklage noch nicht erhoben ist, eine Frist zur Erhebung der Klage zu bestimmen. Ist die Nichtigkeitsklage erledigt oder wird sie nicht vor dem Ablaufe der bestimmten Frist erhoben, so ist die Aufnahme des ausgesetzten Verfahrens zulässig.

Nov. 98. [1]) BGB. § 1329.

§ 152. Hängt die Entscheidung eines Rechtsstreits davon ab, ob eine im Wege der Anfechtungsklage[1]) angefochtene Ehe anfechtbar ist, so hat das Gericht auf Antrag das Verfahren auszusetzen. Ist der Rechtsstreit über die Anfechtungsklage erledigt, so findet die Aufnahme des ausgesetzten Verfahrens statt.

Nov. 98. [1]) BGB. § 1341.

§ 153. Hängt die Entscheidung eines Rechtsstreits davon ab, ob ein Kind, dessen Ehelichkeit im Wege der Anfechtungsklage angefochten worden ist,[1]) unehelich ist, so finden die Vorschriften des § 152 entsprechende Anwendung.

Nov. 98. [1]) BGB. § 1596.

§ 154. Wird im Laufe eines Rechtsstreits streitig, ob zwischen den Parteien eine Ehe bestehe oder nicht bestehe, und hängt von der Entscheidung dieser Frage die Entscheidung des Rechtsstreits ab, so hat das Gericht auf Antrag das Verfahren auszusetzen, bis der Streit über das Bestehen oder Nichtbestehen der Ehe im Wege der Feststellungsklage[1]) erledigt ist.

Diese Vorschrift findet entsprechende Anwendung, wenn im Laufe eines Rechtsstreits streitig wird, ob zwischen den Parteien ein Eltern- und Kindesverhältnis bestehe oder nicht bestehe oder ob der einen Partei die elterliche Gewalt über die andere zustehe oder nicht zustehe, und von der Entscheidung dieser Fragen die Entscheidung des Rechtsstreits abhängt.

Nov. 98. [1]) § 606 Abs. 1.

§ 155. In den Fällen der §§ 151 bis 153 kann das Gericht auf Antrag die Anordnung, durch welche das Verfahren ausgesetzt ist, aufheben, wenn die Betreibung des Rechtsstreits verzögert wird, welcher die Nichtigkeit oder die Anfechtung der Ehe oder die Anfechtung der Ehelichkeit zum Gegenstande hat.

Nov. 98.

§ 156. Das Gericht kann die Wiedereröffnung einer Verhandlung, welche geschlossen war,[1]) anordnen.

(§ 142). [1]) § 136 Abs. 4.

§ 157. Das Gericht kann Bevollmächtigte[1]) und Beistände,[2]) welche das mündliche Verhandeln vor Gericht geschäftsmäßig betreiben, zurückweisen.

Das Gericht kann Parteien, Bevollmächtigten und Beiständen, denen die Fähigkeit zum geeigneten Vortrage mangelt, den weiteren Vortrag untersagen. Einer Partei, welche einen ihr abgetretenen Anspruch geltend macht, kann der Vortrag auch untersagt werden, wenn die Partei das mündliche Verhandeln vor Gericht geschäftsmäßig betreibt und ihr nach der Ueberzeugung des Gerichts der Anspruch abgetreten ist, um eine Zurückweisung auf Grund der Vorschrift des Abs. 1 zu vermeiden.

Eine Anfechtung dieser Anordnungen findet nicht statt.

Die Vorschriften der Abs. 1, 2 finden auf Rechtsanwälte, die Vorschrift des Abs. 1 auf Personen, denen das mündliche Verhandeln vor Gericht durch eine seitens der Justizverwaltung getroffene Anordnung gestattet ist, keine Anwendung. Die Justizverwaltung soll für Gerichte, bei denen zur Vertretung der Parteien durch Rechtsanwälte ausreichende

Gelegenheit geboten ist, eine solche Anordnung nicht treffen.

(§ 143). Abs. 4 Nov. 98, Abs. 1, 2 u. 4 Nov. 09. [1]) § 79. [2]) § 90.

§ 158. Ist eine bei der Verhandlung beteiligte Person zur Aufrechthaltung der Ordnung von dem Orte der Verhandlung entfernt worden,[1]) so kann auf Antrag gegen sie in gleicher Weise verfahren werden, als wenn sie freiwillig sich entfernt hätte. Dasselbe gilt in den Fällen des vorhergehenden Paragraphen, sofern die Untersagung oder Zurückweisung bereits bei einer früheren Verhandlung geschehen war.

(§ 144). [1]) GVG. § 178.

§ 159. Ueber die mündliche Verhandlung vor dem Gerichte ist ein Protokoll aufzunehmen.

Das Protokoll enthält:

1. den Ort und den Tag der Verhandlung;
2. die Namen der Richter, des Gerichtsschreibers und des etwa zugezogenen Dolmetschers;
3. die Bezeichnung des Rechtsstreits;
4. die Namen der erschienenen Parteien, gesetzlichen Vertreter, Bevollmächtigten und Beistände;
5. die Angabe, daß öffentlich verhandelt oder die Oeffentlichkeit ausgeschlossen ist.

(§ 145).

§ 160. Der Gang der Verhandlung ist nur im allgemeinen anzugeben.

Durch Aufnahme in das Protokoll sind festzustellen:

1. die Anerkenntnisse,[1]) Verzichtleistungen[2]) und Vergleiche,[3]) durch welche der geltend gemachte Anspruch ganz oder teilweise erledigt wird;
2. die Anträge und Erklärungen, deren Feststellung vorgeschrieben ist;
3. die Aussagen der Zeugen und Sachverständigen, sofern dieselben früher nicht abgehört waren oder von ihrer früheren Aussage abweichen;

4. das Ergebnis eines Augenscheins;
5. die Entscheidungen (Urteile, Beschlüsse und Verfügungen) des Gerichts, sofern sie nicht dem Protokolle schriftlich beigefügt sind;
6. die Verkündung der Entscheidungen.

Der Aufnahme in das Protokoll steht die Aufnahme in eine Schrift gleich, welche dem Protokolle als Anlage beigefügt und als solche in demselben bezeichnet ist.

(§ 146). [1]) § 307. [2]) § 306. [3]) BGB. § 779.

§ 161. Die Feststellung der Aussagen der Zeugen und Sachverständigen kann unterbleiben, wenn die Vernehmung vor dem Prozeßgericht erfolgt und das Endurteil der Berufung nicht unterliegt.[1]) In diesem Falle ist in dem Protokolle nur zu bemerken, daß die Vernehmung stattgefunden habe.

(§ 147). [1]) § 511.

§ 162. Das Protokoll ist insoweit, als es die Nr. 1 bis 4 des § 160 betrifft, den Beteiligten vorzulesen oder zur Durchsicht vorzulegen. In dem Protokolle ist zu bemerken, daß dies geschehen und die Genehmigung erfolgt sei oder welche Einwendungen erhoben sind.

(§ 148).

§ 163. Das Protokoll ist von dem Vorsitzenden und dem Gerichtsschreiber zu unterschreiben.

Ist der Vorsitzende verhindert, so unterschreibt für ihn der älteste beisitzende Richter. Im Falle der Verhinderung des Amtsrichters genügt die Unterschrift des Gerichtsschreibers.

(§ 149).

§ 164. Die Beobachtung der für die mündliche Verhandlung vorgeschriebenen Förmlichkeiten kann nur durch das Protokoll bewiesen werden. Gegen den diese Förmlichkeiten betreffenden Inhalt desselben ist nur der Nachweis der Fälschung zulässig.

(§ 150).

§ 165. Zu den Verhandlungen, welche außerhalb der Sitzung vor Amtsrichtern oder vor beauftragten oder ersuchten Richtern stattfinden, ist der Gerichtsschreiber gleichfalls zuzuziehen.

(§ 151).

Zweiter Titel.

Zustellungen.

I. Zustellungen auf Betreiben der Parteien.

§ 166. Die von den Parteien zu betreibenden Zustellungen erfolgen durch Gerichtsvollzieher.

In dem Verfahren vor den Amtsgerichten kann die Partei den Gerichtsvollzieher unter Vermittelung des Gerichtsschreibers des Prozeßgerichts mit der Zustellung beauftragen. Das Gleiche gilt für Anwaltsprozesse[1]) in Ansehung der Zustellungen, durch welche eine Notfrist[2]) gewahrt werden soll.

(§ 152). Nov. 98 [1]) § 78 Abs. 1. [2]) Bem. 3 zu § 223.

§ 167. Die mündliche Erklärung einer Partei genügt, um den Gerichtsvollzieher zur Vornahme der Zustellung, den Gerichtsschreiber zur Beauftragung eines Gerichtsvollziehers mit der Zustellung[1]) zu ermächtigen.

Ist eine Zustellung durch einen Gerichtsvollzieher bewirkt, so wird bis zum Beweise des Gegenteils angenommen, daß dieselbe im Auftrage der Partei erfolgt sei.

(§ 153). [1]) § 166 Abs. 2.

§ 168. Insoweit eine Zustellung unter Vermittelung des Gerichtsschreibers zulässig ist,[1]) hat dieser einen Gerichtsvollzieher mit der erforderlichen Zustellung zu beauftragen, sofern nicht die Partei erklärt hat, daß sie selbst einen Gerichtsvollzieher beauftragen wolle; in Anwaltsprozessen[2]) ist die Erklärung nur zu berücksichtigen, wenn sie in dem zuzustellenden Schriftsatz enthalten ist.

(§ 154). Nov. 98. [1]) § 166 Abs. 2. [2]) § 78 Abs. 1

§ 169. Die Partei hat dem Gerichtsvollzieher und, wenn unter Vermittelung des Gerichtsschreibers zuzustellen ist,[1]) diesem neben der Urschrift des zuzustellenden Schriftstücks eine der Zahl der Personen, welchen zuzustellen ist, entsprechende Zahl von Abschriften zu übergeben.

Die Zeit der Uebergabe ist auf der Urschrift und den Abschriften zu vermerken und der Partei auf Verlangen zu bescheinigen.

(§ 155). [1]) § 168.

§ 170. Die Zustellung besteht, wenn eine Ausfertigung zugestellt werden soll, in deren Uebergabe, in den übrigen Fällen in der Uebergabe einer beglaubigten Abschrift des zuzustellenden Schriftstücks.

Die Beglaubigung geschieht durch den Gerichtsvollzieher, bei den auf Betreiben von Rechtsanwälten oder in Anwaltsprozessen[1]) zuzustellenden Schriftstücken durch den Anwalt.

(§ 156). Abs. 2 Nov. 98. [1]) § 78 Abs. 1.

§ 171. Die Zustellungen, welche an eine Partei bewirkt werden sollen, erfolgen für die nicht prozeßfähigen Personen[1]) an die gesetzlichen Vertreter derselben.

Bei Behörden, Gemeinden und Korporationen, sowie bei Vereinen, welche als solche klagen und verklagt werden können,[2]) genügt die Zustellung an die Vorsteher.

Bei mehreren gesetzlichen Vertretern, sowie bei mehreren Vorstehern genügt die Zustellung an einen derselben.

(§ 157). [1]) §§ 52, 53. [2]) § 50 Abs. 2.

§ 172. Die Zustellung für einen Unteroffizier oder einen Gemeinen des aktiven Heeres oder der aktiven Marine erfolgt an den Chef der zunächst vorgesetzten Kommandobehörde (Chef der Kompagnie, Eskadron, Batterie usw.).

(§ 158).

§ 173. Die Zustellung erfolgt an den Generalbevollmächtigten, sowie in den durch den Betrieb eines Handelsgewerbes hervorgerufenen Rechtsstreitigkeiten an den Prokuristen[1]) mit gleicher Wirkung, wie an die Partei selbst.

(§ 159).

[1]) HGB. § 48.

§ 174. Wohnt eine Partei weder am Orte des Prozeßgerichts noch innerhalb des Amtsgerichtsbezirks, in welchem das Prozeßgericht seinen Sitz hat, so kann das Gericht, falls sie nicht einen in diesem Orte oder Bezirke wohnhaften Prozeßbevollmächtigten bestellt hat, auf Antrag anordnen, daß sie eine daselbst wohnhafte Person zum Empfange der für sie bestimmten Schriftstücke bevollmächtige. Diese Anordnung kann ohne vorgängige mündliche Verhandlung erfolgen. Eine Anfechtung des Beschlusses findet nicht statt.

Wohnt die Partei nicht im Deutschen Reiche, so ist sie auch ohne vorgängige Anordnung des Gerichts zur Benennung eines Zustellungsbevollmächtigten verpflichtet, falls sie nicht einen in dem durch den ersten Absatz bezeichneten Orte oder Bezirke wohnhaften Prozeßbevollmächtigten bestellt hat.

(§ 160).

§ 175. Der Zustellungsbevollmächtigte ist bei der nächsten gerichtlichen Verhandlung oder, wenn die Partei vorher dem Gegner einen Schriftsatz zustellen läßt, in diesem zu benennen. Geschieht dies nicht, so können alle späteren Zustellungen bis zur nachträglichen Benennung in der Art bewirkt werden, daß der Gerichtsvollzieher das zu übergebende Schriftstück[1]) unter der Adresse der Partei nach ihrem Wohnorte zur Post gibt. Die Zustellung wird mit der Aufgabe zur Post als bewirkt angesehen, selbst wenn die Sendung als unbestellbar zurückkommt.

Die Postsendungen sind mit der Bezeichnung „Einschreiben" zu versehen, wenn die Partei es verlangt und zur Zahlung der Mehrkosten sich bereit erklärt.

(§ 161).

[1]) § 170 Abs. 1.

§ 176. Zustellungen, welche in einem anhängigen Rechtsstreite geschehen sollen, müssen an den für die Instanz bestellten Prozeßbevollmächtigten erfolgen.
(§ 162).

§ 177. Ist der Aufenthalt eines Prozeßbevollmächtigten unbekannt, so hat das Prozeßgericht auf Antrag die Zustellung an den Zustellungsbevollmächtigten,[1]) in Ermangelung eines solchen an den Gegner selbst zu bewilligen.

Die Entscheidung über den Antrag kann ohne vorgängige mündliche Verhandlung erlassen werden. Eine Anfechtung der die Zustellung bewilligenden Entscheidung findet nicht statt.
Nov. 98. [1]) § 174.

§ 178. Als zu der Instanz gehörig sind im Sinne des § 176 auch diejenigen Prozeßhandlungen anzusehen, welche das Verfahren vor dem Instanzgerichte infolge eines Einspruchs,[1]) einer Aufhebung des Urteils des Instanzgerichts, einer Wiederaufnahme des Verfahrens[2]) oder eines neuen Vorbringens in der Zwangsvollstreckungsinstanz zum Gegenstande haben. Das Verfahren vor dem Vollstreckungsgerichte ist als zur ersten Instanz gehörig anzusehen.
(§ 163). Satz 1 Nov. 98. [1]) § 338. [2]) §§ 578 ff.

§ 179. (§ 164). Gestrichen (Nov. 09).

§ 180. Die Zustellungen können an jedem Orte erfolgen, wo die Person, welcher zugestellt werden soll, angetroffen wird.

Hat die Person an diesem Orte eine Wohnung oder ein Geschäftslokal, so ist die außerhalb der Wohnung oder des Geschäftslokals an sie erfolgte Zustellung nur gültig, wenn die Annahme nicht verweigert ist.
(§ 165).

§ 181. Wird die Person, welcher zugestellt werden soll, in ihrer Wohnung nicht angetroffen, so kann die Zustellung in der Wohnung an einen zu der

Familie gehörenden erwachsenen Hausgenossen oder an eine in der Familie dienende erwachsene Person erfolgen.

Wird eine solche Person nicht angetroffen, so kann die Zustellung an den in demselben Hause wohnenden Hauswirt oder Vermieter erfolgen, wenn diese zur Annahme des Schriftstücks bereit sind.

(§ 166).

§ 182. Ist die Zustellung nach diesen Bestimmungen nicht ausführbar, so kann sie dadurch erfolgen, daß das zu übergebende Schriftstück[1]) auf der Gerichtsschreiberei des Amtsgerichts, in dessen Bezirke der Ort der Zustellung gelegen ist, oder an diesem Orte bei der Postanstalt oder dem Gemeindevorsteher oder dem Polizeivorsteher niedergelegt und die Niederlegung sowohl durch eine an der Tür der Wohnung zu befestigende schriftliche Anzeige, als auch, soweit tunlich, durch mündliche Mitteilung an zwei in der Nachbarschaft wohnende Personen bekannt gemacht wird.

(§ 167).

[1]) § 170 Abs. 1.

§ 183. Für Gewerbetreibende, welche ein besonderes Geschäftslokal haben, kann, wenn sie in dem Geschäftslokale nicht angetroffen werden, die Zustellung an einen darin anwesenden Gewerbegehilfen erfolgen.

Wird ein Rechtsanwalt, ein Notar oder ein Gerichtsvollzieher in seinem Geschäftslokale nicht angetroffen, so kann die Zustellung an einen darin anwesenden Gehilfen oder Schreiber erfolgen.

(§ 168). Abs. 2 Nov. 98.

§ 184. Wird der gesetzliche Vertreter oder der Vorsteher einer Behörde, einer Gemeinde, einer Korporation oder eines Vereins, welchem zugestellt werden soll,[1]) in dem Geschäftslokale während der gewöhnlichen Geschäftsstunden nicht angetroffen, oder ist er an der Annahme verhindert, so kann die Zustellung an einen anderen in dem Geschäftslokale anwesenden Beamten oder Bediensteten bewirkt werden.

Wird der gesetzliche Vertreter oder der Vorsteher in seiner Wohnung nicht angetroffen, so finden die Bestimmungen der §§ 181, 182 nur Anwendung, wenn ein besonderes Geschäftslokal nicht vorhanden ist.
(§ 169). Abs. 2 Nov. 98. [1]) § 171 Abs. 2, 3.

§ 185. Die Zustellung an eine der in den §§ 181, 183 und im § 184 Abs. 1 bezeichneten Personen hat zu unterbleiben, wenn die Person an dem Rechtsstreit als Gegner der Partei, an welche die Zustellung erfolgen soll, beteiligt ist.
Nov. 98.

§ 186. Wird die Annahme der Zustellung ohne gesetzlichen Grund verweigert, so ist das zu übergebende Schriftstück[1]) am Orte der Zustellung zurückzulassen.
(§ 170). [1]) § 170 Abs. 1.

§ 187. Ergibt sich aus den Erklärungen einer Partei, daß eine ihr unter Verletzung der Vorschriften der §§ 181 bis 186 zugestellte Ladung in ihre Hände gelangt ist, so ist die Zustellung als mit dem Zeitpunkte bewirkt anzusehen, in welchem die Partei nach ihren Erklärungen die Ladung erhalten hat.
Nov. 98.

§ 188. Zur Nachtzeit, sowie an Sonntagen und allgemeinen Feiertagen darf eine Zustellung, sofern sie nicht durch Aufgabe zur Post[1]) bewirkt wird, nur mit richterlicher Erlaubnis erfolgen. Die Nachtzeit umfaßt in dem Zeitraume vom 1. April bis 30. September die Stunden von neun Uhr Abends bis vier Uhr Morgens und in dem Zeitraume vom 1. Oktober bis 31. März die Stunden von neun Uhr Abends bis sechs Uhr Morgens.

Die Erlaubnis wird von dem Vorsitzenden des Prozeßgerichts erteilt; sie kann auch von dem Amtsrichter, in dessen Bezirke die Zustellung erfolgen soll, und in Angelegenheiten, welche durch einen beauftragten oder ersuchten Richter zu erledigen sind, von diesem erteilt werden.

Die Verfügung, durch welche die Erlaubnis erteilt wird, ist bei der Zustellung abschriftlich mitzuteilen.

Eine Zustellung, bei welcher die Bestimmungen dieses Paragraphen nicht beobachtet sind, ist gültig, wenn die Annahme nicht verweigert ist.

(§ 171). Abs. 1 Nov. 98. [1]) § 175, § 210, Abs. 2, § 244 Abs. 2 Satz 2.

§ 189. Ist bei einer Zustellung an den Vertreter mehrerer Beteiligter oder an einen von mehreren Vertretern die Uebergabe der Ausfertigung oder Abschrift eines Schriftstücks erforderlich,[1]) so genügt die Uebergabe nur einer Ausfertigung oder Abschrift.

Einem Zustellungsbevollmächtigten mehrerer Beteiligter sind so viele Ausfertigungen oder Abschriften zu übergeben, als Beteiligte vorhanden sind.

(§ 172). [1]) § 170 Abs. 1.

§ 190. Ueber die Zustellung ist eine Urkunde aufzunehmen.

Dieselbe ist auf die Urschrift des zuzustellenden Schriftstücks oder auf einen mit derselben zu verbindenden Bogen zu setzen.

Eine durch den Gerichtsvollzieher beglaubigte Abschrift der Zustellungsurkunde ist auf das bei der Zustellung zu übergebende Schriftstück oder auf einen mit demselben zu verbindenden Bogen zu setzen.

Die Zustellungsurkunde ist der Partei, für welche die Zustellung erfolgt, zu übermitteln.

(§ 173).

§ 191. Die Zustellungsurkunde muß enthalten:

1. Ort und Zeit der Zustellung;
2. die Bezeichnung der Person, für welche zugestellt werden soll;
3. die Bezeichnung der Person, an welche zugestellt werden soll;
4. die Bezeichnung der Person, welcher zugestellt ist; in den Fällen der §§ 181, 183, 184 die Angabe des Grundes, durch welchen die Zustellung

an die bezeichnete Person gerechtfertigt wird; wenn nach § 182 verfahren ist, die Bemerkung, wie die darin enthaltenen Vorschriften befolgt sind;
5. im Falle der Verweigerung der Annahme die Erwähnung, daß die Annahme verweigert und das zu übergebende Schriftstück am Orte der Zustellung zurückgelassen ist;
6. die Bemerkung, daß eine Ausfertigung oder eine beglaubigte Abschrift des zuzustellenden Schriftstücks und daß eine beglaubigte Abschrift der Zustellungsurkunde übergeben ist;
7. die Unterschrift des die Zustellung vollziehenden Beamten.

(§ 174). Nr. 4 u. Nr. 6 Nov. 98.

§ 192. Ist die Zustellung durch Aufgabe zur Post (§ 175) erfolgt, so muß die Zustellungsurkunde den Bestimmungen des vorstehenden Paragraphen unter Nr. 2, 3, 7 entsprechen und außerdem ergeben, zu welcher Zeit, unter welcher Adresse und bei welcher Postanstalt die Aufgabe geschehen ist.

(§ 175). Nov. 98.

§ 193. Zustellungen können auch durch die Post erfolgen.

(§ 176).

§ 194. Wird durch die Post zugestellt, so hat der Gerichtsvollzieher einen durch sein Dienstsiegel verschlossenen, mit der Adresse der Person, an welche zugestellt werden soll, versehenen und mit einer Geschäftsnummer bezeichneten Briefumschlag, in welchem die zuzustellende Ausfertigung oder die beglaubigte Abschrift des zuzustellenden Schriftstücks enthalten ist,[1]) der Post mit dem Ersuchen zu übergeben, die Zustellung einem Postboten des Bestimmungsorts aufzutragen.

Der Gerichtsvollzieher hat auf dem bei der Zustellung zu übergebenden Schriftstücke zu vermerken, für welche Person er dasselbe der Post übergibt,

und auf der Urschrift des zuzustellenden Schriftstücks oder auf einem mit derselben zu verbindenden Bogen zu bezeugen, daß die Uebergabe in der im Abs. 1 bezeichneten Art und für wen sie geschehen ist.
(§ 177). Nov. 98. [1]) § 170 Abs. 1.

§ 195. Die Zustellung durch den Postboten erfolgt in Gemäßheit der Bestimmungen der §§ 180 bis 186.

Ueber die Zustellung ist von dem Postboten eine Urkunde aufzunehmen, welche den Bestimmungen des § 191 Nr. 1, 3 bis 5, 7 entsprechen und außerdem die Uebergabe des seinem Verschlusse, seiner Adresse und seiner Geschäftsnummer nach bezeichneten Briefumschlags, sowie der Abschrift der Zustellungsurkunde bezeugen muß.

Die Urkunde ist von dem Postboten der Postanstalt und von dieser dem Gerichtsvollzieher zu überliefern, welcher mit derselben in Gemäßheit der Bestimmung des § 190 Abs. 4 zu verfahren hat.
(§ 178). Nov. 98.

§ 196. Insoweit eine Zustellung unter Vermittelung des Gerichtsschreibers zulässig ist,[1]) kann derselbe unmittelbar die Post um Bewirkung der Zustellung ersuchen. In diesem Falle finden die Vorschriften der §§ 194, 195 auf den Gerichtsschreiber entsprechende Anwendung; die erforderliche Beglaubigung erfolgt durch den Gerichtsschreiber.
(§ 179). [1]) § 166 Abs. 2.

§ 197. Ist eine Zustellung durch einen Gerichtsvollzieher bewirkt, obgleich sie durch die Post hätte erfolgen können, so hat die zur Erstattung der Prozeßkosten verurteilte Partei die Mehrkosten nicht zu tragen.
(§ 180).

§ 198. Sind die Parteien durch Anwälte vertreten, so kann die Zustellung von Anwalt zu Anwalt erfolgen.

Zum Nachweise der Zustellung genügt das mit Datum und Unterschrift versehene schriftliche Emp-

fangsbekenntnis des Anwalts, welchem zugestellt worden ist. Der Anwalt, welcher zustellt, hat dem anderen Anwalt auf Verlangen eine Bescheinigung über die Zustellung zu erteilen.
(§ 181). Abs. 2 Satz 2 Nov. 98.

§ 199. Eine im Auslande zu bewirkende Zustellung erfolgt mittels Ersuchens der zuständigen Behörde des fremden Staates oder des in diesem Staate residierenden Konsuls oder Gesandten des Reichs.
(§ 182).

§ 200. Zustellungen an Deutsche, welche das Recht der Exterritorialität genießen,[1]) erfolgen, wenn dieselben zur Mission des Reichs gehören, mittels Ersuchens des Reichskanzlers; wenn dieselben zur Mission eines Bundesstaates gehören, mittels Ersuchens des Ministers der auswärtigen Angelegenheiten dieses Bundesstaates.

Zustellungen an die Vorsteher der Reichskonsulate erfolgen mittels Ersuchens des Reichskanzlers.
(§ 183).

[1]) GVG. §§ 18—21.

§ 201. Zustellungen an Personen, welche zu einem im Auslande befindlichen oder zu einem mobilen Truppenteile oder zur Besatzung eines in Dienst gestellten Kriegsfahrzeuges gehören, können mittels Ersuchens der vorgesetzten Kommandobehörde erfolgen.
(§ 184).

§ 202. Die erforderlichen Ersuchungsschreiben werden von dem Vorsitzenden des Prozeßgerichts erlassen.

Die Zustellung wird durch das schriftliche Zeugnis der ersuchten Behörden oder Beamten, daß die Zustellung erfolgt sei, nachgewiesen.
(§ 185).

§ 203. Ist der Aufenthalt einer Partei unbekannt, so kann die Zustellung durch öffentliche Bekanntmachung erfolgen.

Die öffentliche Zustellung ist auch dann zulässig, wenn bei einer im Auslande zu bewirkenden Zustellung die Befolgung der für diese bestehenden Vorschriften[1]) unausführbar ist oder keinen Erfolg verspricht.

Das gleiche gilt, wenn die Zustellung aus dem Grunde nicht bewirkt werden kann, weil die Wohnung einer nach den §§ 18, 19 des Gerichtsverfassungsgesetzes der Gerichtsbarkeit nicht unterworfenen Person der Ort der Zustellung ist.

(§ 186). Abs. 3 Nov. 98. 1) §§ 199 ff.

§ 204. Die öffentliche Zustellung wird, nachdem sie auf ein Gesuch der Partei vom Prozeßgerichte bewilligt ist, durch den Gerichtsschreiber von Amts wegen besorgt. Die Entscheidung über das Gesuch kann ohne vorgängige mündliche Verhandlung erlassen werden.

Die öffentliche Zustellung erfolgt durch Anheftung der zuzustellenden Ausfertigung oder einer beglaubigten Abschrift des zuzustellenden Schriftstücks[1]) an die Gerichtstafel. Enthält das Schriftstück eine Ladung, so ist außerdem die zweimalige Einrückung eines Auszugs des Schriftstücks in dasjenige Blatt, welches für den Sitz des Prozeßgerichts zur Veröffentlichung der amtlichen Bekanntmachungen bestimmt ist, sowie die einmalige Einrückung des Auszugs in den Deutschen Reichsanzeiger erforderlich.

Das Prozeßgericht kann anordnen, daß der Auszug noch in andere Blätter und zu mehreren Malen eingerückt werde.

(§ 187). Abs. 2 Satz 1 Nov. 98. 1) § 170 Abs. 1.

§ 205. In dem Auszuge des Schriftstücks müssen das Prozeßgericht, die Parteien, der Gegenstand des Prozesses, der Antrag, der Zweck der Ladung und die Zeit, zu welcher der Geladene erscheinen soll, bezeichnet werden.

(§ 188).

§ 206. Das eine Ladung enthaltende Schriftstück gilt als an dem Tage zugestellt, an welchem seit der letzten Einrückung des Auszugs in die öffentlichen Blätter ein Monat verstrichen ist. Das Prozeßgericht kann bei Bewilligung der öffentlichen Zustellung den Ablauf einer längeren Frist für erforderlich erklären.

Enthält das Schriftstück keine Ladung, so ist dasselbe als zugestellt anzusehen, wenn seit der Anheftung des Schriftstücks an die Gerichtstafel zwei Wochen verstrichen sind.

Auf die Gültigkeit der Zustellung hat es keinen Einfluß, wenn das anzuheftende Schriftstück von dem Orte der Anheftung zu früh entfernt wird.

(§ 189).

§ 207. Wird auf ein Gesuch, welches die Zustellung eines demselben beigefügten Schriftstücks mittels Ersuchens anderer Behörden oder Beamten oder mittels öffentlicher Bekanntmachung betrifft, die Zustellung demnächst bewirkt, so treten, insoweit durch die Zustellung eine Frist gewahrt und der Lauf der Verjährung oder einer Frist unterbrochen wird, die Wirkungen der Zustellung bereits mit der Ueberreichung des Gesuchs ein.

Wird ein Schriftsatz, dessen Zustellung unter Vermittelung des Gerichtsschreibers erfolgen soll, innerhalb einer Frist von zwei Wochen nach der Einreichung bei dem Gerichtsschreiber zugestellt,[1] so tritt, sofern durch die Zustellung eine Notfrist[2] gewahrt wird, die Wirkung der Zustellung bereits mit der Einreichung ein.

(§ 190). Abs. 2 Nov. 98.

[1] § 166 Abs. 2, § 168.
[2] Bem. 3 zu § 223.

II. Zustellungen von Amts wegen.

§ 208. Auf die von Amts wegen zu bewirkenden Zustellungen finden die Vorschriften über die Zustellungen auf Betreiben der Parteien[1] entsprechende Anwendung, soweit nicht aus den nachfolgenden Bestimmungen sich Abweichungen ergeben.

Nov. 98.

[1] §§ 166 ff.

§ 209. Für die Bewirkung der Zustellung hat der Gerichtsschreiber Sorge zu tragen.
Nov. 98.

§ 210. Die Beglaubigung der bei der Zustellung zu übergebenden Abschrift[1]) geschieht durch den Gerichtsschreiber.
Nov. 98.

[1]) § 170 Abs. 1.

§ 210 a. Ein Schriftsatz, durch welchen ein Rechtsmittel eingelegt wird, ist dem Prozeßbevollmächtigten derjenigen Instanz, deren Entscheidung angefochten wird, in Ermangelung eines solchen dem Prozeßbevollmächtigten erster Instanz zuzustellen. Ist von der Partei bereits ein Prozeßbevollmächtigter für die höhere, zur Verhandlung und Entscheidung über das Rechtsmittel zuständige Instanz bestellt, so kann die Zustellung auch an diesen Prozeßbevollmächtigten erfolgen.

Ist ein Prozeßbevollmächtigter, welchem nach Maßgabe des Abs. 1 zugestellt werden kann, nicht vorhanden oder ist sein Aufenthalt unbekannt, so erfolgt die Zustellung an den von der Partei, wenngleich nur für die erste Instanz bestellten Zustellungsbevollmächtigten, in Ermangelung eines solchen an die Partei selbst, und zwar an diese durch Aufgabe zur Post,[1]) wenn sie einen Zustellungsbevollmächtigten zu bestellen hatte, die Bestellung aber unterlassen hat.
Nov. 09.

[1]) § 175.

§ 211. Der Gerichtsschreiber hat das zu übergebende Schriftstück in einem durch das Gerichtssiegel verschlossenen, mit der Adresse der Person, an welche zugestellt werden soll, versehenen und mit einer Geschäftsnummer bezeichneten Briefumschlag einem Gerichtsdiener oder der Post zur Zustellung auszuhändigen. Auf den Briefumschlag ist der Vermerk zu setzen: Vereinfachte Zustellung.

Die auf dem Briefumschlag angegebene Geschäftsnummer ist in den Akten zu vermerken.

Die Vorschrift des § 194 Abs. 2 findet keine Anwendung.

Nov. 98.

§ 212. Die Beurkundung der Zustellung durch den Gerichtsdiener oder den Postboten erfolgt nach den Vorschriften des § 195 Abs. 2 mit der Maßgabe, daß eine Abschrift der Zustellungsurkunde nicht zu übergeben, der Tag der Zustellung jedoch auf dem Briefumschlage zu vermerken ist.

Die Zustellungsurkunde ist dem Gerichtsschreiber zu überliefern.

Nov. 98.

§ 213. Ist die Zustellung durch Aufgabe zur Post (§ 175) erfolgt, so hat der Gerichtsschreiber in den Akten zu vermerken, zu welcher Zeit und unter welcher Adresse die Aufgabe geschehen ist. Der Aufnahme einer Zustellungsurkunde bedarf es nicht.

Nov. 98.

Dritter Titel.

Ladungen, Termine und Fristen.

§ 214. Die Ladung zu einem Termin erfolgt durch die Partei, welche über die Hauptsache oder über einen Zwischenstreit mündlich verhandeln will.

Ist mit der Ladung zugleich eine Klageschrift oder ein anderer Schriftsatz zuzustellen, so ist die Ladung in den Schriftsatz aufzunehmen.

(§ 191).

§ 215. In Anwaltsprozessen[1] muß die Ladung zur mündlichen Verhandlung, sofern die Zustellung nicht an einen Rechtsanwalt erfolgt, die Aufforderung an den Gegner enthalten, einen bei dem Prozeßgerichte zugelassenen Anwalt zu bestellen.

(§ 192).

[1] § 78 Abs. 1.

§ 216. Die Ladung ist zum Zwecke der Terminsbestimmung bei dem Gerichtsschreiber einzureichen.

Die Bestimmung der Termine erfolgt binnen vierundzwanzig Stunden durch den Vorsitzenden.

Auf Sonntage und allgemeine Feiertage sind Termine nur in Notfällen anzuberaumen.
(§ 193).

§ 217. Die Frist, welche in einer anhängigen Sache zwischen der Zustellung der Ladung und dem Terminstage liegen soll (Ladungsfrist), beträgt in Anwaltsprozessen[1]) mindestens eine Woche, in anderen Prozessen mindestens drei Tage, in Meß- und Marktsachen[2]) mindestens vierundzwanzig Stunden.
(§ 194). [1]) § 78 Abs. 1. [2]) § 30.

§ 218. Zu Terminen, welche in verkündeten Entscheidungen bestimmt sind, ist eine Ladung der Parteien unbeschadet der Vorschriften des § 141 Abs. 2 nicht erforderlich.
(§ 195). Nov. 09.

§ 219. Die Termine werden an der Gerichtsstelle abgehalten, sofern nicht die Einnahme eines Augenscheins an Ort und Stelle, die Verhandlung mit einer am Erscheinen vor Gericht verhinderten Person oder eine sonstige Handlung erforderlich ist, welche an der Gerichtsstelle nicht vorgenommen werden kann.

Die Landesherren und die Mitglieder der landesherrlichen Familien sowie die Mitglieder der Fürstlichen Familie Hohenzollern sind nicht verpflichtet, persönlich an der Gerichtsstelle zu erscheinen. Das gleiche gilt in Ansehung der Mitglieder des vormaligen Hannoverschen Königshauses, des vormaligen Kurhessischen und des vormaligen Herzoglich Nassauischen Fürstenhauses.
(§ 196). Abs. 2 Satz 2 Nov. 98.

§ 220. Der Termin beginnt mit dem Aufrufe der Sache.

Der Termin ist von einer Partei versäumt, wenn sie bis zum Schlusse desselben nicht verhandelt.
(§ 197).

§ 221. Der Lauf einer richterlichen Frist beginnt, sofern nicht bei Festsetzung derselben ein anderes bestimmt wird, mit der Zustellung des Schriftstücks, in welchem die Frist festgesetzt ist, und, wenn es einer solchen Zustellung nicht bedarf, mit der Verkündung der Frist.

Der Lauf einer gesetzlichen oder richterlichen Frist, deren Beginn von einer Zustellung abhängig ist, beginnt mit dieser auch gegen diejenige Partei, welche die Zustellung hat bewirken lassen.

(§ 198).

§ 222. Für die Berechnung der Fristen gelten die Vorschriften des Bürgerlichen Gesetzbuchs.[1])

Fällt das Ende einer Frist auf einen Sonntag oder allgemeinen Feiertag, so endigt die Frist mit Ablauf des nächstfolgenden Werktages.

Bei der Berechnung einer Frist, welche nach Stunden bestimmt ist, werden Sonntage und allgemeine Feiertage nicht mitgerechnet.

(§ 200). Nov. 98. — 1) BGB. §§ 186 ff.

§ 223. Der Lauf einer Frist wird durch die Gerichtsferien[1]) gehemmt. Der noch übrige Teil der Frist beginnt mit dem Ende der Ferien zu laufen. Fällt der Anfang der Frist in die Ferien, so beginnt der Lauf der Frist mit dem Ende derselben.

Die vorstehenden Bestimmungen finden auf Notfristen und Fristen in Feriensachen[2]) keine Anwendung.

Notfristen sind nur diejenigen Fristen, welche in diesem Gesetz als solche bezeichnet werden.[3])

(§ 201). — 1) GVG. § 201. 2) GVG. § 202. 3) §§ 339, 466, 516, 552, 577, 586, 958, 1044.

§ 224. Durch Vereinbarung der Parteien können Fristen, mit Ausnahme der Notfristen, verlängert oder abgekürzt werden.

Auf Antrag können richterliche und gesetzliche Fristen abgekürzt oder verlängert werden, wenn erhebliche Gründe glaubhaft gemacht sind,[1]) gesetzliche Fristen jedoch nur in den besonders bestimmten Fällen.[2])

Im Falle der Verlängerung wird die neue Frist von dem Ablaufe der vorigen Frist an berechnet, wenn nicht im einzelnen Falle ein anderes bestimmt ist.

(§ 202). [1]) § 294. [2]) § 134 Abs. 2, § 226.

§ 225. Ueber das Gesuch um Abkürzung oder Verlängerung einer Frist kann ohne vorgängige mündliche Verhandlung entschieden werden.

Die Abkürzung oder wiederholte Verlängerung darf nur nach vorgängigem Gehör des Gegners bewilligt werden.

Eine Anfechtung des Beschlusses, durch welchen das Gesuch um Verlängerung einer Frist zurückgewiesen ist, findet nicht statt.

(§ 203).

§ 226. Einlassungsfristen,[1]) Ladungsfristen[2]) sowie diejenigen Fristen, welche für die Zustellung vorbereitender Schriftsätze bestimmt sind,[3]) können auf Antrag abgekürzt werden.

Die Abkürzung der Einlassungs- und der Ladungsfristen wird dadurch nicht ausgeschlossen, daß infolge der Abkürzung die mündliche Verhandlung durch Schriftsätze nicht vorbereitet werden kann.

Der Vorsitzende kann bei Bestimmung des Termins die Abkürzung ohne vorgängiges Gehör des Gegners und des sonst Beteiligten verfügen; diese Verfügung ist dem Beteiligten abschriftlich mitzuteilen.

(§ 204). [1]) §§ 262, 499, § 520 Abs. 2, § 555, Abs. 2, § 604 Abs. 2 Satz 1, Abs. 3. [2]) § 217, § 239 Abs. 3, § 696 Abs. 2. [3]) § 132, § 272 Abs. 2.

§ 227. Die Parteien können die Aufhebung eines Termins vereinbaren.

Wird die Verlegung eines Termins beantragt, so finden die Bestimmungen über Verlängerung einer Frist[1]) entsprechende Anwendung.

(§ 205). [1]) § 225.

§ 228. Die Verlegung eines Termins, die Vertagung einer Verhandlung und die Anberaumung eines Ter-

mins zur Fortsetzung der Verhandlung kann auch von Amts wegen erfolgen.
(§ 206).

§ 229. Die in diesem Titel dem Gericht und dem Vorsitzenden beigelegten Befugnisse stehen dem beauftragten oder ersuchten Richter inbezug auf die von diesen zu bestimmenden Termine und Fristen zu.
(§ 207).

Vierter Titel.

Folgen der Versäumung. Wiedereinsetzung in den vorigen Stand.

§ 230. Die Versäumung einer Prozeßhandlung hat zur allgemeinen Folge, daß die Partei mit der vorzunehmenden Prozeßhandlung ausgeschlossen wird.
(§ 208).

§ 231. Einer Androhung der gesetzlichen Folgen der Versäumung bedarf es nicht; dieselben treten von selbst ein, sofern nicht dieses Gesetz einen auf Verwirklichung des Rechtsnachteils gerichteten Antrag erfordert.

Im letzteren Falle kann, solange nicht der Antrag gestellt und die mündliche Verhandlung über denselben geschlossen ist, die versäumte Prozeßhandlung nachgeholt werden.
(§ 209).

§ 232. Auf Grund der den Minderjährigen und den ihnen gleichgestellten Personen als solchen zustehenden Rechte findet die Aufhebung der Folgen einer Versäumung nicht statt.

Insofern die Aufhebung der Folgen einer unverschuldeten Versäumung zulässig ist, wird eine Versäumung, welche in der Verschuldung eines Vertreters ihren Grund hat, als eine unverschuldete nicht angesehen.
(§ 210).

§ 233. Einer Partei, welche durch Naturereignisse oder andere unabwendbare Zufälle verhindert worden ist, eine Notfrist[1]) oder die Revisionsbegründungsfrist[2]) einzuhalten, ist auf Antrag die Wiedereinsetzung in den vorigen Stand zu erteilen.

Hat eine Partei die Einspruchsfrist[3]) versäumt, so ist ihr die Wiedereinsetzung auch dann zu erteilen, wenn sie von der Zustellung des Versäumnisurteils ohne ihr Verschulden keine Kenntnis erlangt hat.

Abs. 1 Nov. 10. [1]) Bem. 3 zu § 223. [2]) § 554 Abs. 2 Satz 2. [3]) § 339.

§ 234. Die Wiedereinsetzung muß innerhalb einer zweiwöchigen Frist beantragt werden.

Die Frist beginnt mit dem Tage, an welchem das Hindernis gehoben ist; sie kann durch Vereinbarung der Parteien nicht verlängert werden.

Nach Ablauf eines Jahres, von dem Ende der versäumten Notfrist an gerechnet, kann die Wiedereinsetzung nicht mehr beantragt werden.

(§ 212).

§ 235. Die Wiedereinsetzung in den vorigen Stand gegen die Versäumung einer Notfrist ist der Partei auf Antrag auch dann zu erteilen, wenn spätestens am dritten Tage vor Ablauf der Notfrist das zur Wahrung derselben zuzustellende Schriftstück dem Gerichtsvollzieher oder, sofern die Zustellung unter Vermittelung des Gerichtsschreibers erfolgen soll,[1]) dem Gerichtsschreiber zum Zwecke der Zustellung übergeben ist.

Die Wiedereinsetzung muß innerhalb einer einmonatigen Frist nach Ablauf der versäumten Notfrist beantragt werden.

(§ 213). Nov. 98; Abs. 3 Nov. 09; [1]) § 166 Abs. 2. Abs. 2 gestrichen (Nov. 09).

§ 236. Die Form des Antrags auf Wiedereinsetzung richtet sich nach den Vorschriften, welche für die versäumte Prozeßhandlung gelten. Der Antrag muß enthalten:

1. die Angabe der die Wiedereinsetzung begründenden Tatsachen;[1])

2. die Angabe der Mittel für deren Glaubhaftmachung;[2])
3. die Nachholung der versäumten Prozeßhandlung, oder wenn diese bereits nachgeholt ist, die Bezugnahme hierauf.

Im Falle der Versäumung der im § 466 bezeichneten Notfrist ist der Antrag auf Wiedereinsetzung und Abnahme des Eides auch dann bei dem Prozeßgericht einzureichen, wenn die Abnahme des Eides durch einen beauftragten oder ersuchten Richter erfolgen sollte.

Im Falle des § 235 Abs. 1 kann die Wiedereinsetzung auch in dem für die mündliche Verhandlung bestimmten Termine ohne vorgängige Zustellung eines Schriftsatzes beantragt werden, wenn die Zustellung der Ladung zu dem Termin innerhalb der einmonatigen Frist nach Ablauf der versäumten Notfrist erfolgt ist.

(§ 214). Abs. 1 Nr. 3 u. Abs. 3 Nov. 98; Abs. 1, 2 Nov. 09. [1]) §§ 233, 235. [2]) § 294.

§ 237. Ueber den Antrag auf Wiedereinsetzung entscheidet das Gericht, welchem die Entscheidung über die nachgeholte Prozeßhandlung zusteht.

(§ 215).

§ 238. Das Verfahren über den Antrag auf Wiedereinsetzung ist mit dem Verfahren über die nachgeholte Prozeßhandlung zu verbinden. Das Gericht kann jedoch das Verfahren zunächst auf die Verhandlung und Entscheidung über den Antrag beschränken.

Auf die Entscheidung über die Zulässigkeit des Antrags und auf die Anfechtung der Entscheidung finden die Vorschriften Anwendung, welche in diesen Beziehungen für die nachgeholte Prozeßhandlung gelten. Der Partei, welche den Antrag gestellt hat, steht jedoch der Einspruch[1]) nicht zu.

Die Kosten der Wiedereinsetzung fallen dem Antragsteller zur Last, soweit sie nicht durch einen unbegründeten Widerspruch des Gegners entstanden sind.

Wird die Wiedereinsetzung gegen die im § 466 bezeichnete Notfrist beantragt, so ist der Termin zur mündlichen Verhandlung über die Zulässigkeit der Wiedereinsetzung vor dem Prozeßgerichte von Amts wegen zu bestimmen und den Parteien bekanntzumachen. Sollte die Abnahme des Eides vor dem Prozeßgericht erfolgen, so ist der Termin zugleich zur nachträglichen Abnahme des Eides und weiteren mündlichen Verhandlung zu bestimmen.

(§ 216). Abs. 4 Nov. 09. [1]) § 338.

Fünfter Titel.

Unterbrechung und Aussetzung des Verfahrens.

§ 239. Im Falle des Todes einer Partei tritt eine Unterbrechung des Verfahrens bis zu dessen Aufnahme durch die Rechtsnachfolger ein.

Wird die Aufnahme verzögert, so können die Rechtsnachfolger zur Aufnahme und zugleich zur Verhandlung der Hauptsache geladen werden.

Der die Ladung enthaltende Schriftsatz ist den Rechtsnachfolgern selbst zuzustellen. Die Ladungsfrist wird von dem Vorsitzenden bestimmt.

Erscheinen die Rechtsnachfolger in dem Termine nicht, so ist auf Antrag die behauptete Rechtsnachfolge als zugestanden anzunehmen und zur Hauptsache zu verhandeln.

Der Erbe ist vor der Annahme der Erbschaft[1]) zur Fortsetzung des Rechtsstreits nicht verpflichtet.

(§ 217). Abs. 4, 5 Nov. 98. [1]) BGB. § 1943.

§ 240. Im Falle der Eröffnung des Konkurses über das Vermögen einer Partei wird das Verfahren, wenn es die Konkursmasse betrifft, unterbrochen, bis dasselbe nach den für den Konkurs geltenden Bestimmungen[1]) aufgenommen oder das Konkursverfahren aufgehoben[2]) wird.

(§ 218). [1]) KO. §§ 10, 11, § 144 Abs. 2, § 146 Abs. 3, 6. [2]) KO. §§ 163, 190.

§ 241. Verliert eine Partei die Prozeßfähigkeit[1]) oder stirbt der gesetzliche Vertreter einer Partei oder hört die Vertretungsbefugnis desselben auf, ohne daß die Partei prozeßfähig[1]) geworden ist, so wird das Verfahren unterbrochen, bis der gesetzliche Vertreter oder der neue gesetzliche Vertreter von seiner Bestellung dem Gegner Anzeige[2]) macht, oder bis der Gegner seine Absicht, das Verfahren fortzusetzen, dem Vertreter anzeigt.

Diese Vorschrift findet entsprechende Anwendung, wenn eine Nachlaßverwaltung[3]) angeordnet wird.

(§ 219). Abs. 2 Nov. 98. [1]) § 52. [2]) § 250. [3]) BGB. § 1975.

§ 242. Tritt während des Rechtsstreits zwischen einem Vorerben und einem Dritten über einen der Nacherbfolge[1]) unterliegenden Gegenstand der Fall der Nacherbfolge ein, so finden, sofern der Vorerbe befugt war, ohne Zustimmung des Nacherben über den Gegenstand zu verfügen,[2]) hinsichtlich der Unterbrechung und der Aufnahme des Verfahrens die Vorschriften des § 239 entsprechende Anwendung.

Nov. 98. [1]) BGB. §§ 2100 ff. [2]) BGB. §§ 2112 bis 2115.

§ 243. Wird im Falle der Unterbrechung des Verfahrens durch den Tod einer Partei[1]) ein Nachlaßpfleger[2]) bestellt oder ist ein zur Führung des Rechtsstreits berechtigter Testamentsvollstrecker[3]) vorhanden, so kommen die Vorschriften des § 241 und, wenn über den Nachlaß der Konkurs eröffnet wird, die Vorschriften des § 240 in Betreff der Aufnahme des Verfahrens zur Anwendung.

(§ 220). Nov. 98. [1]) § 239. [2]) BGB. §§ 1960, 1961. [3]) BGB. §§ 2212, 2213.

§ 244. Stirbt in Anwaltsprozessen[1]) der Anwalt einer Partei oder wird derselbe unfähig, die Vertretung der Partei fortzuführen, so tritt eine Unterbrechung des Verfahrens ein, bis der bestellte neue Anwalt von seiner Bestellung dem Gegner Anzeige[2]) macht.

Wird diese Anzeige verzögert, so kann die Partei

selbst zur Verhandlung der Hauptsache geladen oder zur Bestellung eines neuen Anwalts binnen einer von dem Vorsitzenden zu bestimmenden Frist aufgefordert werden. Wird dieser Aufforderung nicht Folge geleistet, so ist das Verfahren als aufgenommen anzusehen. Bis zur nachträglichen Anzeige der Bestellung eines neuen Anwalts können alle Zustellungen an die zur Anzeige verpflichtete Partei, sofern diese weder am Orte des Prozeßgerichts noch innerhalb des Amtsgerichtsbezirks wohnt, in welchem das Prozeßgericht seinen Sitz hat, durch Aufgabe zur Post (§ 175) erfolgen.

(§ 221). Abs. 2 Satz 3 Nov. 98. [1]) § 78 Abs. 1. [2]) § 250.

§ 245. Hört infolge eines Krieges oder eines anderen Ereignisses die Tätigkeit des Gerichts auf, so wird für die Dauer dieses Zustandes das Verfahren unterbrochen.

(§ 222).

§ 246. Fand in den Fällen des Todes, des Verlustes der Prozeßfähigkeit, des Wegfalls des gesetzlichen Vertreters, der Anordnung einer Nachlaßverwaltung oder des Eintritts der Nacherbfolge (§§ 239, 241, 242) eine Vertretung durch einen Prozeßbevollmächtigten statt, so tritt eine Unterbrechung des Verfahrens nicht ein; das Prozeßgericht hat jedoch auf Antrag des Bevollmächtigten, in den Fällen des Todes und der Nacherbfolge auch auf Antrag des Gegners die Aussetzung des Verfahrens anzuordnen.

Die Dauer der Aussetzung und die Aufnahme des Verfahrens richtet sich nach den Vorschriften der §§ 239, 241 bis 243; in den Fällen des Todes und der Nacherbfolge ist der die Ladung enthaltende Schriftsatz auch dem Bevollmächtigten zuzustellen.

(§ 223). Nov. 98.

§ 247. Befindet sich eine Partei zu Kriegszeiten im Militärdienste oder hält sich eine Partei an einem Orte auf, welcher durch obrigkeitliche Anordnung oder durch Krieg oder durch andere Zufälle von dem Verkehre mit dem Prozeßgericht abgeschnitten ist, so kann dasselbe auch von Amts wegen die Aussetzung des Verfahrens bis zur Beseitigung des Hindernisses anordnen.

(§ 224).

§ 248. Das Gesuch um Aussetzung des Verfahrens ist bei dem Prozeßgericht anzubringen; es kann vor dem Gerichtsschreiber zu Protokoll erklärt werden.

Die Entscheidung kann ohne vorgängige mündliche Verhandlung erfolgen.

(§ 225).

§ 249. Die Unterbrechung und Aussetzung des Verfahrens hat die Wirkung, daß der Lauf einer jeden Frist aufhört und nach Beendigung der Unterbrechung oder Aussetzung die volle Frist von neuem zu laufen beginnt.

Die während der Unterbrechung oder Aussetzung von einer Partei in Ansehung der Hauptsache vorgenommenen Prozeßhandlungen sind der anderen Partei gegenüber ohne rechtliche Wirkung.

Durch die nach dem Schlusse einer mündlichen Verhandlung eintretende Unterbrechung wird die Verkündung der auf Grund dieser Verhandlung zu erlassenden Entscheidung nicht gehindert.

(§ 226).

§ 250. Die Aufnahme eines unterbrochenen oder ausgesetzten Verfahrens und die in diesem Titel erwähnten Anzeigen[1]) erfolgen durch Zustellung eines Schriftsatzes.

(§ 227).

[1]) §§ 241, 243, 244 Abs. 1.

§ 251. Die Parteien können vereinbaren, daß das Verfahren ruhen solle. Die Vereinbarung hat auf den Lauf der Notfristen[1]) keinen Einfluß.

Erscheinen in einem Termine zur mündlichen Verhandlung beide Parteien nicht, so ruht das Verfahren, bis eine Partei eine neue Ladung zustellen läßt.

(§ 228).

[1]) Bem. 3 zu § 223.

§ 252. Gegen die Entscheidung, durch welche auf Grund der Vorschriften dieses Titels oder auf Grund anderer gesetzlicher Bestimmungen die Aussetzung des Verfahrens angeordnet oder abgelehnt wird, findet Beschwerde,[1]) im Falle der Ablehnung sofortige Beschwerde [2]) statt.

(§ 229). [1]) §§ 567 ff. [2]) § 577.

Zweites Buch.

Verfahren in erster Instanz.

Erster Abschnitt.

Verfahren vor den Landgerichten.

Erster Titel.

Verfahren bis zum Urteil.

§ 253. Die Erhebung der Klage erfolgt durch Zustellung eines Schriftsatzes.

Derselbe muß enthalten:

1. die Bezeichnung der Parteien und des Gerichts;
2. die bestimmte Angabe des Gegenstandes und des Grundes des erhobenen Anspruchs, sowie einen bestimmten Antrag;
3. die Ladung des Beklagten vor das Prozeßgericht zur mündlichen Verhandlung des Rechtsstreits.

In der Klageschrift soll ferner der Wert des nicht in einer bestimmten Geldsumme bestehenden Streitgegenstandes angegeben werden, wenn die Zuständigkeit des Gerichts von diesem Werte abhängt.[1])

Außerdem finden die allgemeinen Bestimmungen über die vorbereitenden Schriftsätze[2]) auch auf die Klageschrift Anwendung.

(§ 230). [1]) GVG. § 23 Nr. 1 mit § 70. [2]) § 130.

§ 254. Wird mit der Klage auf Rechnungslegung oder auf Vorlegung eines Vermögensverzeichnisses oder auf Leistung des Offenbarungseides die Klage auf Herausgabe desjenigen verbunden, was der Beklagte

aus dem zu Grunde liegenden Rechtsverhältnisse schuldet, so kann die bestimmte Angabe der Leistungen, welche der Kläger beansprucht, vorbehalten werden, bis die Rechnung mitgeteilt, das Vermögensverzeichnis vorgelegt oder der Offenbarungseid geleistet ist.
Nov. 98.

§ 255. Hat der Kläger für den Fall, daß der Beklagte nicht vor dem Ablauf einer ihm zu bestimmenden Frist den erhobenen Anspruch befriedigt, das Recht, Schadensersatz wegen Nichterfüllung zu fordern oder die Aufhebung eines Vertrages herbeizuführen, so kann er verlangen, daß die Frist im Urteile bestimmt wird.

Das gleiche gilt, wenn dem Kläger das Recht, die Anordnung einer Verwaltung zu verlangen, für den Fall zusteht, daß der Beklagte nicht vor dem Ablauf einer ihm zu bestimmenden Frist die beanspruchte Sicherheit leistet, sowie im Falle des § 2193 Abs. 2 des Bürgerlichen Gesetzbuchs für die Bestimmung einer Frist zur Vollziehung der Auflage.
Nov. 98.

§ 256. Auf Feststellung des Bestehens oder Nichtbestehens eines Rechtsverhältnisses, auf Anerkennung einer Urkunde oder auf Feststellung der Unechtheit derselben kann Klage erhoben werden, wenn der Kläger ein rechtliches Interesse daran hat, daß das Rechtsverhältnis oder die Echtheit oder Unechtheit der Urkunde durch richterliche Entscheidung alsbald festgestellt werde.
(§ 231).

§ 257. Ist die Geltendmachung einer nicht von einer Gegenleistung abhängigen Geldforderung oder die Geltendmachung des Anspruchs auf Räumung eines Grundstücks, eines Wohnraums oder eines anderen Raumes an den Eintritt eines Kalendertags geknüpft, so kann Klage auf künftige Zahlung oder Räumung erhoben werden.
Nov. 98.

§ 258. Bei wiederkehrenden Leistungen kann auch wegen der erst nach Erlassung des Urteils fällig werdenden Leistungen Klage auf künftige Entrichtung erhoben werden.
Nov. 98.

§ 259. Klage auf künftige Leistung kann außer den Fällen der §§ 257, 258 erhoben werden, wenn den Umständen nach die Besorgnis gerechtfertigt ist, daß der Schuldner sich der rechtzeitigen Leistung entziehen werde.
Nov. 98.

§ 260. Mehrere Ansprüche des Klägers gegen denselben Beklagten können, auch wenn sie auf verschiedenen Gründen beruhen, in einer Klage verbunden werden, wenn für sämtliche Ansprüche das Prozeßgericht zuständig und dieselbe Prozeßart zulässig ist.
(§ 232). Nov. 98.

§ 261. Die Klageschrift ist zum Zwecke der Bestimmung des Termins zur mündlichen Verhandlung bei dem Gerichtsschreiber des Prozeßgerichts einzureichen.

Der Termin soll nur soweit hinausgerückt werden, als es zur Wahrung der Einlassungsfrist[1]) geboten erscheint.

Nach erfolgter Bestimmung des Termins hat der Kläger für die Zustellung der Klageschrift Sorge zu tragen.
(§ 233). Abs. 2 Nov. 98.

[1]) § 262.

§ 262. Zwischen der Zustellung der Klageschrift und dem Termine zur mündlichen Verhandlung muß ein Zeitraum von mindestens zwei Wochen liegen (Einlassungsfrist). In Meß- und Marktsachen[1]) beträgt die Einlassungsfrist mindestens vierundzwanzig Stunden.

Ist die Zustellung im Auslande vorzunehmen, so hat der Vorsitzende bei Festsetzung des Termins die Einlassungsfrist zu bestimmen.
(§ 234). Abs. 1 Satz 1 Nov. 98.

[1]) § 30.

§ 263. Durch die Erhebung der Klage[1]) wird die Rechtshängigkeit der Streitsache begründet.

Die Rechtshängigkeit hat folgende Wirkungen:

1. wenn während der Dauer der Rechtshängigkeit von einer Partei die Streitsache anderweit anhängig gemacht wird, so kann der Gegner die Einrede der Rechtshängigkeit erheben;
2. die Zuständigkeit des Prozeßgerichts wird durch eine Veränderung der sie begründenden Umstände nicht berührt.

(§ 235). Abs. 2 Nov. 98. 1) § 253 Abs. 1.

§ 264. Nach dem Eintritte der Rechtshängigkeit ist eine Aenderung der Klage[1]) nur zuzulassen, wenn der Beklagte einwilligt[2]) oder wenn nach dem Ermessen des Gerichts durch die Aenderung die Verteidigung des Beklagten nicht wesentlich erschwert wird.

Nov. 98. 1) § 268. 2) § 269.

§ 265. Die Rechtshängigkeit[1]) schließt das Recht der einen oder der anderen Partei nicht aus, die in Streit befangene Sache zu veräußern oder den geltend gemachten Anspruch abzutreten.

Die Veräußerung oder Abtretung hat auf den Prozeß keinen Einfluß. Der Rechtsnachfolger ist nicht berechtigt, ohne Zustimmung des Gegners den Prozeß als Hauptpartei an Stelle des Rechtsvorgängers zu übernehmen oder eine Hauptintervention[2]) zu erheben. Tritt der Rechtsnachfolger als Nebenintervenient[3]) auf, so findet der § 69 keine Anwendung.

Hat der Kläger veräußert oder abgetreten, so kann ihm, sofern das Urteil nach § 325 gegen den Rechtsnachfolger nicht wirksam sein würde, der Einwand entgegengesetzt werden, daß er zur Geltendmachung des Anspruchs nicht mehr befugt sei.

(§ 236). Nov. 98. 1) § 263. 2) § 64. 3) § 66.

§ 266. Ist über das Bestehen oder Nichtbestehen eines Rechts, welches für ein Grundstück in Anspruch genommen wird, oder einer Verpflichtung, welche auf einem Grundstücke ruhen soll, zwischen dem Besitzer und einem Dritten ein Rechtsstreit anhängig, so ist im Falle der Veräußerung des Grundstücks der Rechtsnachfolger berechtigt und auf Antrag des Gegners verpflichtet, den Rechtsstreit in der Lage, in welcher er sich befindet, als Hauptpartei zu übernehmen.

Diese Bestimmung kommt insoweit nicht zur Anwendung, als ihr Vorschriften des bürgerlichen Rechts zu Gunsten derjenigen, welche Rechte von einem Nichtberechtigten herleiten, entgegenstehen. In einem solchen Falle findet, wenn der Kläger veräußert hat, die Vorschrift des § 265 Abs. 3 Anwendung.

(§ 237). Abs. 2 Nov. 98.

§ 267. Die Vorschriften des bürgerlichen Rechts über die sonstigen Wirkungen der Rechtshängigkeit bleiben unberührt. Diese Wirkungen, sowie alle Wirkungen, welche durch die Vorschriften des bürgerlichen Rechts an die Anstellung, Mitteilung oder gerichtliche Anmeldung der Klage, an die Ladung oder Einlassung des Beklagten geknüpft werden, treten unbeschadet der Vorschrift des § 207 mit der Erhebung der Klage ein.

(§ 239). Satz 2 Nov. 98.

§ 268. Als eine Aenderung der Klage[1]) ist es nicht anzusehen, wenn ohne Aenderung des Klagegrundes

1. die tatsächlichen oder rechtlichen Anführungen ergänzt oder berichtigt werden;
2. der Klagantrag in der Hauptsache oder inbezug auf Nebenforderungen erweitert oder beschränkt wird;
3. statt des ursprünglich geforderten Gegenstandes wegen einer später eingetretenen Veränderung ein anderer Gegenstand oder das Interesse gefordert wird.

(§ 240). [1]) § 264.

§ 269. Die Einwilligung des Beklagten in die Aenderung der Klage[1]) ist anzunehmen, wenn derselbe, ohne der Aenderung zu widersprechen, sich in einer mündlichen Verhandlung auf die abgeänderte Klage eingelassen hat.

(§ 241). [1]) § 264.

§ 270. Eine Anfechtung der Entscheidung, daß eine Aenderung der Klage nicht vorliege oder daß die Aenderung zuzulassen sei, findet nicht statt.

(§ 242). Nov. 98.

§ 271. Die Klage kann ohne Einwilligung des Beklagten nur bis zum Beginne der mündlichen Verhandlung des Beklagten zur Hauptsache zurückgenommen werden.

Die Zurücknahme der Klage erfolgt, wenn sie nicht bei der mündlichen Verhandlung erklärt wird, durch Zustellung eines Schriftsatzes. Abschrift desselben ist sofort nach erfolgter Zustellung auf der Gerichtsschreiberei niederzulegen.

Die Zurücknahme der Klage hat zur Folge, daß der Rechtsstreit als nicht anhängig geworden anzusehen ist; sie verpflichtet den Kläger, die Kosten des Rechtsstreits zu tragen, sofern nicht über dieselben bereits rechtskräftig erkannt ist. Auf Antrag des Beklagten ist diese Verpflichtung durch Urteil auszusprechen.

Wird die Klage von neuem angestellt, so kann der Beklagte die Einlassung verweigern, bis die Kostenerstattung erfolgt ist.

(§ 243).

§ 272. Jede Partei hat dem Gegner solche tatsächliche Behauptungen, Beweismittel und Anträge, auf welche derselbe voraussichtlich ohne vorhergehende Erkundigung keine Erklärung abgeben kann, vor der mündlichen Verhandlung mittels vorbereitenden Schriftsatzes[1]) so zeitig mitzuteilen, daß der Gegner die erforderliche Erkundigung noch einzuziehen vermag.

Tritt eine Vertagung der mündlichen Verhandlung ein, so kann das Gericht die Fristen bestimmen, binnen welcher die noch erforderlichen vorbereitenden Schriftsätze mitzuteilen sind.

(§ 245). Abs. 1 Nov. 98. [1]) §§ 130 ff.

§ 273. Die mündliche Verhandlung erfolgt nach den allgemeinen Vorschriften.[1])

(§ 246). [1]) §§ 128 ff.

§ 274. Prozeßhindernde Einreden sind gleichzeitig und vor der Verhandlung des Beklagten zur Hauptsache vorzubringen.

Als solche Einreden sind nur anzusehen:

1. die Einrede der Unzuständigkeit des Gerichts,
2. die Einrede der Unzulässigkeit des Rechtswegs,
3. die Einrede, daß die Entscheidung des Rechtsstreits durch Schiedsrichter zu erfolgen habe,[1])
4. die Einrede der Rechtshängigkeit,[2])
5. die Einrede der mangelnden Sicherheit für die Prozeßkosten,[3])
6. die Einrede, daß die zur Erneuerung des Rechtsstreits erforderliche Erstattung der Kosten des früheren Verfahrens noch nicht erfolgt sei,[4])
7. die Einrede der mangelnden Parteifähigkeit,[5]) der mangelnden Prozeßfähigkeit[6]) oder der mangelnden gesetzlichen Vertretung.[7])

Nach dem Beginne der mündlichen Verhandlung des Beklagten zur Hauptsache können prozeßhindernde Einreden nur geltend gemacht werden, wenn dieselben entweder solche sind, auf welche der Beklagte wirksam nicht verzichten kann,[8]) oder wenn der Beklagte glaubhaft macht, daß er ohne sein Verschulden nicht imstande gewesen sei, dieselben vor der Verhandlung zur Hauptsache geltend zu machen.

(§ 247). Abs. 2 Nr. 3—7 Nov. 98. [1]) §§ 1025, 1026, 1048. [2]) § 263 Abs. 2 Nr. 1. [3]) §§ 110, 111. [4]) § 271 Abs. 4. [5]) § 50. [6]) § 52. [7]) § 57. [8]) Abs. 2 Nr. 2 u. 7, § 56 Abs. 1.

§ 275. Ueber prozeßhindernde Einreden ist besonders zu verhandeln und durch Urteil zu entscheiden, wenn der Beklagte auf Grund derselben die Verhandlung zur Hauptsache verweigert, oder wenn das Gericht auf Antrag oder von Amts wegen die abgesonderte Verhandlung anordnet.

Das Urteil, durch welches die prozeßhindernde Einrede verworfen wird, ist in betreff der Rechtsmittel als Endurteil anzusehen; das Gericht kann jedoch auf Antrag anordnen, daß zur Hauptsache zu verhandeln sei.
(§ 248).

§ 276. Wird die Unzuständigkeit des Gerichts auf Grund der Bestimmungen über die sachliche Zuständigkeit der Gerichte[1]) ausgesprochen, so ist zugleich auf Antrag des Klägers der Rechtsstreit an ein bestimmtes Amtsgericht des Bezirks zu verweisen.

Ist das Urteil rechtskräftig, so gilt der Rechtsstreit als bei dem Amtsgerichte anhängig.
(§ 249). [1]) § 1.

§ 277. Nach Erledigung der prozeßhindernden Einreden[1]) kann das Gericht in Prozessen, welche die Richtigkeit einer Rechnung, eine Vermögensauseinandersetzung oder ähnliche Verhältnisse zum Gegenstande haben, unter Vertagung der mündlichen Verhandlung ein vorbereitendes Verfahren anordnen.[2])
(§ 250). [1]) § 274. [2]) §§ 348—354.

§ 278. Angriffs- und Verteidigungsmittel (Einreden, Widerklage, Repliken usw.) können bis zum Schlusse derjenigen mündlichen Verhandlung, auf welche das Urteil ergeht, geltend gemacht werden.

Das Gericht kann, wenn durch das nachträgliche Vorbringen eines Angriffs- oder Verteidigungsmittels die Erledigung des Rechtsstreits verzögert wird, der obsiegenden Partei, welche nach freier richterlicher Ueberzeugung imstande war, das Angriffs- oder Verteidigungsmittel zeitiger geltend zu machen, die Prozeßkosten ganz oder teilweise auferlegen.
(§ 251).

§ 279. Verteidigungsmittel, welche von dem Beklagten nachträglich vorgebracht werden, können auf An-

trag zurückgewiesen werden, wenn durch deren Zulassung die Erledigung des Rechtsstreits verzögert werden würde, und das Gericht die Ueberzeugung gewinnt, daß der Beklagte in der Absicht, den Prozeß zu verschleppen, oder aus grober Nachlässigkeit die Verteidigungsmittel nicht früher vorgebracht hat.
(§ 252).

§ 280. Bis zum Schlusse derjenigen mündlichen Verhandlung, auf welche das Urteil ergeht, kann der Kläger durch Erweiterung des Klagantrags[1]), der Beklagte durch Erhebung einer Widerklage[2]) beantragen, daß ein im Laufe des Prozesses streitig gewordenes Rechtsverhältnis, von dessen Bestehen oder Nichtbestehen die Entscheidung des Rechtsstreits ganz oder zum Teile abhängt, durch richterliche Entscheidung festgestellt werde.
(§ 253).

[1]) § 268 Nr. 2. [2]) § 33.

§ 281. Die Rechtshängigkeit[1]) eines erst im Laufe des Prozesses erhobenen Anspruchs tritt mit dem Zeitpunkte ein, in welchem der Anspruch in der mündlichen Verhandlung geltend gemacht wird.
(§ 254).

[1]) § 263.

§ 282. Jede Partei hat unter Bezeichnung der Beweismittel, deren sie sich zum Nachweise oder zur Widerlegung tatsächlicher Behauptungen bedienen will, den Beweis anzutreten und über die von der Gegenpartei angegebenen Beweismittel sich zu erklären.

In Betreff der einzelnen Beweismittel wird die Beweisantretung und die Erklärung auf dieselbe durch die Vorschriften des sechsten bis zehnten Titels bestimmt.
(§ 255).

§ 283. Beweismittel und Beweiseinreden können bis zum Schlusse derjenigen mündlichen Verhandlung, auf welche das Urteil ergeht, geltend gemacht werden.

Auf das nachträgliche Vorbringen von Beweismitteln und Beweiseinreden findet die Vorschrift des § 278 Abs. 2 entsprechende Anwendung.
(§ 256). Abs. 2 Nov. 98.

§ 284. Die Beweisaufnahme und die Anordnung eines besonderen Beweisaufnahmeverfahrens durch Beweisbeschluß wird durch die Vorschriften des fünften bis elften Titels bestimmt.
(§ 257).

§ 285. Ueber das Ergebnis der Beweisaufnahme haben die Parteien unter Darlegung des Streitverhältnisses zu verhandeln.

Ist die Beweisaufnahme nicht vor dem Prozeßgericht erfolgt, so haben die Parteien das Ergebnis derselben auf Grund der Beweisverhandlungen vorzutragen.
(§ 258).

§ 286. Das Gericht hat unter Berücksichtigung des gesamten Inhalts der Verhandlungen und des Ergebnisses einer etwaigen Beweisaufnahme nach freier Ueberzeugung zu entscheiden, ob eine tatsächliche Behauptung für wahr oder für nicht wahr zu erachten sei. In dem Urteile sind die Gründe anzugeben, welche für die richterliche Ueberzeugung leitend gewesen sind.

An gesetzliche Beweisregeln ist das Gericht nur in den durch dieses Gesetz bezeichneten Fällen gebunden.
(§ 259).

§ 287. Ist unter den Parteien streitig, ob ein Schaden entstanden sei, und wie hoch sich der Schaden oder ein zu ersetzendes Interesse belaufe, so entscheidet hierüber das Gericht unter Würdigung aller Umstände nach freier Ueberzeugung. Ob und inwieweit eine beantragte Beweisaufnahme oder von Amts wegen die Begutachtung durch Sachverständige anzuordnen sei, bleibt dem Ermessen des Gerichts überlassen. Das Gericht kann anordnen, daß der Beweisführer den Schaden oder das Interesse eidlich schätze. In diesem Falle hat das Gericht zugleich den Betrag zu bestimmen, welchen die eidliche Schätzung nicht übersteigen darf.

Die Vorschriften über den Schätzungseid werden aufgehoben.
(§ 260).

§ 288. Die von einer Partei behaupteten Tatsachen bedürfen insoweit keines Beweises, als sie im Laufe des Rechtsstreits von dem Gegner bei einer mündlichen Verhandlung oder zum Protokolle eines beauftragten oder ersuchten Richters zugestanden sind.

Zur Wirksamkeit des gerichtlichen Geständnisses ist dessen Annahme nicht erforderlich.
(§ 261).

§ 289. Die Wirksamkeit des gerichtlichen Geständnisses wird dadurch nicht beeinträchtigt, daß demselben eine Behauptung hinzugefügt wird, welche ein selbständiges Angriffs- oder Verteidigungsmittel enthält.

Inwiefern eine vor Gericht erfolgte einräumende Erklärung ungeachtet anderer zusätzlicher oder einschränkender Behauptungen als ein Geständnis anzusehen sei, bestimmt sich nach der Beschaffenheit des einzelnen Falles.
(§ 262).

§ 290. Der Widerruf hat auf die Wirksamkeit des gerichtlichen Geständnisses nur dann Einfluß, wenn die widerrufende Partei beweist, daß das Geständnis der Wahrheit nicht entspreche und durch einen Irrtum veranlaßt sei. In diesem Falle verliert das Geständnis seine Wirksamkeit.
(§ 263).

§ 291. Tatsachen, welche bei dem Gericht offenkundig sind, bedürfen keines Beweises.
(§ 264).

§ 292. Stellt das Gesetz für das Vorhandensein einer Tatsache eine Vermutung auf, so ist der Beweis des Gegenteils zulässig, sofern nicht das Gesetz ein anderes vorschreibt. Dieser Beweis kann auch durch

Eideszuschiebung nach Maßgabe der §§ 445 ff. geführt werden.
Nov. 98.

§ 293. Das in einem anderen Staate geltende Recht, die Gewohnheitsrechte und Statuten bedürfen des Beweises nur insofern, als sie dem Gericht unbekannt sind. Bei Ermittelung dieser Rechtsnormen ist das Gericht auf die von den Parteien beigebrachten Nachweise nicht beschränkt; es ist befugt, auch andere Erkenntnisquellen zu benutzen und zum Zwecke einer solchen Benutzung das Erforderliche anzuordnen.
(§ 265).

§ 294. Wer eine tatsächliche Behauptung glaubhaft zu machen hat, kann sich aller Beweismittel, mit Ausnahme der Eideszuschiebung,[1]) bedienen, auch zur Versicherung an Eidesstatt zugelassen werden.

Eine Beweisaufnahme, welche nicht sofort erfolgen kann, ist unstatthaft.
(§ 266). Abs. 1 Nov. 98.

[1]) §§ 445 ff.

§ 295. Die Verletzung einer das Verfahren und insbesondere die Form einer Prozeßhandlung betreffenden Vorschrift kann nicht mehr gerügt werden, wenn die Partei auf die Befolgung der Vorschrift verzichtet, oder wenn sie bei der nächsten mündlichen Verhandlung, welche auf Grund des betreffenden Verfahrens stattgefunden hat oder in welcher auf dasselbe Bezug genommen ist, den Mangel nicht gerügt hat, obgleich sie erschienen und ihr der Mangel bekannt war oder bekannt sein mußte.

Die vorstehende Bestimmung kommt nicht zur Anwendung, wenn Vorschriften verletzt sind, auf deren Befolgung eine Partei wirksam nicht verzichten kann.
(§ 267).

§ 296. Das Gericht kann in jeder Lage des Rechtsstreits die gütliche Beilegung desselben oder einzelner Streitpunkte versuchen oder die Parteien zum

Zwecke des Sühneversuchs vor einen beauftragten oder ersuchten Richter verweisen.

Zum Zwecke des Sühneversuchs kann das persönliche Erscheinen der Parteien angeordnet werden. Wird das Erscheinen angeordnet, so finden die Vorschriften des § 141 Abs. 2 Anwendung.

(§ 268). Abs. 2 Satz 2 Nov. 09.

§ 297. Die Anträge müssen aus den vorbereitenden Schriftsätzen[1]) verlesen werden.

Soweit vorbereitende Schriftsätze nicht mitgeteilt oder die Anträge in solchen nicht enthalten sind, muß die Verlesung aus einem dem Protokolle als Anlage beizufügenden Schriftsatze erfolgen.

Dasselbe gilt von Anträgen, welche von früher verlesenen in wesentlichen Punkten abweichen.

Die Verlesung kann durch eine Bezugnahme auf die die Anträge enthaltenden Schriftsätze ersetzt werden, soweit das Gericht es für ausreichend erachtet.

Die Nichtbeachtung dieser Vorschriften hat die Nichtberücksichtigung der Anträge zur Folge.

(§ 269). Abs. 4 Nov. 09. [1]) §§ 129, 130, 272.

§ 298. Soweit es sich nicht um Anträge (§ 297) handelt, sind wesentliche Erklärungen, welche in vorbereitenden Schriftsätzen[1]) nicht enthalten sind, oder wesentliche Abweichungen von dem Inhalte solcher Schriftsätze, mögen die Abweichungen in Zusätzen, Weglassungen oder sonstigen Abänderungen bestehen, auf Antrag durch Schriftsätze, welche dem Protokolle als Anlage beizufügen sind, festzustellen.

In gleicher Weise sind auf Antrag auch Geständnisse[2]) sowie die Erklärungen über Annahme oder Zurückschiebung zugeschobener Eide[3]) festzustellen.

(§ 270). [1]) §§ 129, 130. [2]) § 288. [3]) § 452.

§ 299. Die Parteien können von den Prozeßakten Einsicht nehmen und sich aus denselben durch den Gerichtsschreiber Ausfertigungen, Auszüge und Abschriften erteilen lassen.[1])

Dritten Personen kann der Vorstand des Gerichts ohne Einwilligung der Parteien die Einsicht der Akten nur gestatten, wenn ein rechtliches Interesse glaubhaft gemacht wird.[2])

Die Entwürfe zu Urteilen, Beschlüssen und Verfügungen, die zur Vorbereitung derselben gelieferten Arbeiten, sowie die Schriftstücke, welche Abstimmungen oder Strafverfügungen betreffen, werden weder vorgelegt noch abschriftlich mitgeteilt.

(§ 271). [1]) § 317 Abs. 3—4, § 760. [2]) § 294.

Zweiter Titel.

Urteil.

§ 300. Ist der Rechtsstreit zur Endentscheidung reif, so hat das Gericht dieselbe durch Endurteil zu erlassen.

Dasselbe gilt, wenn von mehreren zum Zwecke gleichzeitiger Verhandlung und Entscheidung verbundenen Prozessen[1]) nur der eine zur Endentscheidung reif ist.

(§ 272). [1]) § 147.

§ 301. Ist von mehreren in einer Klage geltend gemachten Ansprüchen[1]) nur der eine, oder ist nur ein Teil eines Anspruchs, oder bei erhobener Widerklage[2]) nur die Klage oder die Widerklage zur Endentscheidung reif, so hat das Gericht dieselbe durch Endurteil (Teilurteil) zu erlassen.

Die Erlassung eines Teilurteils kann unterbleiben, wenn das Gericht sie nach Lage der Sache nicht für angemessen erachtet.

(§ 273). [1]) § 260. [2]) § 33.

§ 302. Hat der Beklagte die Aufrechnung einer Gegenforderung[1]) geltend gemacht, welche mit der in der Klage geltend gemachten Forderung nicht in rechtlichem Zusammenhange steht, so kann, wenn nur die Verhandlung über die Forderung zur Entscheidung reif ist, diese unter Vorbehalt der Entscheidung über die Aufrechnung erfolgen.

Enthält das Urteil keinen Vorbehalt, so kann die Ergänzung des Urteils nach Vorschrift des § 321 beantragt werden.

Das Urteil, welches unter Vorbehalt der Entscheidung über die Aufrechnung ergeht, ist in betreff der Rechtsmittel[2]) und der Zwangsvollstreckung[3]) als Endurteil anzusehen.

In betreff der Aufrechnung, über welche die Entscheidung vorbehalten ist, bleibt der Rechtsstreit anhängig. Soweit sich in dem weiteren Verfahren ergibt, daß der Anspruch des Klägers unbegründet war, ist das frühere Urteil aufzuheben, der Kläger mit dem Anspruch abzuweisen und über die Kosten anderweit zu entscheiden. Der Kläger ist zum Ersatze des Schadens verpflichtet, der dem Beklagten durch die Vollstreckung des Urteils oder durch eine zur Abwendung der Vollstreckung gemachte Leistung entstanden ist. Der Beklagte kann den Anspruch auf Schadensersatz in dem anhängigen Rechtsstreite geltend machen; wird der Anspruch geltend gemacht, so ist er als zur Zeit der Zahlung oder Leistung rechtshängig[4]) geworden anzusehen.

(§ 274). Nov. 98. [1]) BGB. § 387. [2]) §§ 511. 545. [3]) § 704 Abs. 1. [4]) § 263.

§ 303. Ist ein einzelnes selbständiges Angriffs- oder Verteidigungsmittel oder ein Zwischenstreit zur Entscheidung reif, so kann die Entscheidung durch Zwischenurteil erfolgen.

(§ 275).

§ 304. Ist ein Anspruch nach Grund und Betrag streitig, so kann das Gericht über den Grund vorab entscheiden.

Das Urteil ist in betreff der Rechtsmittel[1]) als Endurteil anzusehen; das Gericht kann jedoch, wenn der Anspruch für begründet erklärt ist, auf Antrag anordnen, daß über den Betrag zu verhandeln sei.

(§ 276). [1]) §§ 511, 545.

§ 305. Durch die Geltendmachung der dem Erben nach den §§ 2014, 2015 des Bürgerlichen Gesetzbuchs zustehenden Einreden wird eine unter dem Vorbehalte der beschränkten Haftung ergehende Verurteilung des Erben nicht ausgeschlossen.

Das Gleiche gilt für die Geltendmachung der Einreden, die im Falle der fortgesetzten Gütergemeinschaft dem überlebenden Ehegatten nach dem § 1489 Abs. 2 und den §§ 2014, 2015 des Bürgerlichen Gesetzbuchs zustehen.

Nov. 98.

§ 306. Verzichtet der Kläger bei der mündlichen Verhandlung auf den geltend gemachten Anspruch, so ist er auf Grund des Verzichts mit dem Anspruch abzuweisen, wenn der Beklagte die Abweisung beantragt.

(§ 277).

§ 307. Erkennt eine Partei den gegen sie geltend gemachten Anspruch bei der mündlichen Verhandlung ganz oder zum Teil an, so ist sie auf Antrag dem Anerkenntnisse gemäß zu verurteilen.[1])

(§ 278).

[1]) § 313 Abs. 3.

§ 308. Das Gericht ist nicht befugt, einer Partei etwas zuzusprechen, was nicht beantragt ist. Dies gilt insbesondere von Früchten, Zinsen und anderen Nebenforderungen.

Ueber die Verpflichtung, die Prozeßkosten zu tragen,[1]) hat das Gericht auch ohne Antrag zu erkennen.

(§ 279).

[1]) §§ 91 ff.

§ 309. Das Urteil kann nur von denjenigen Richtern gefällt werden, welche der dem Urteile zugrunde liegenden Verhandlung beigewohnt haben.

(§ 280).

§ 310. Die Verkündung des Urteils erfolgt in dem Termine, in welchem die mündliche Verhandlung geschlossen wird, oder in einem sofort anzuberaumenden Termine, welcher nicht über eine Woche hinaus angesetzt werden soll.

(§ 281).

§ 311. Die Verkündung des Urteils erfolgt durch Vorlesung der Urteilsformel.[1]) Versäumnisurteile,[2]) Urteile, welche auf Grund eines Anerkenntnisses erlassen werden,[3]) sowie Urteile, welche die Folge der Zurücknahme der Klage[4]) oder des Verzichts auf den Klaganspruch[5]) oder welche den Eintritt der in einem bedingten Endurteil ausgedrückten Folgen aussprechen,[6]) können verkündet werden, auch wenn die Urteilsformel noch nicht schriftlich abgefaßt ist.

Wird die Verkündung der Entscheidungsgründe[7]) für angemessen erachtet, so erfolgt sie durch Vorlesung der Gründe oder durch mündliche Mitteilung des wesentlichen Inhalts.

(§ 282). Abs. 1 Satz 2 Nov. 98.

1) § 313 Abs. 1 Nr. 5. 2) §§ 330, 331. 3) § 307. 4) § 271 Abs. 3. 5) § 306. 6) § 462 Abs. 2. 7) § 313 Abs. 1 Nr. 4.

§ 312. Die Wirksamkeit der Verkündung eines Urteils ist von der Anwesenheit der Parteien nicht abhängig. Die Verkündung gilt auch derjenigen Partei gegenüber als bewirkt, welche den Termin versäumt hat.[1])

Die Befugnis einer Partei, auf Grund eines verkündeten Urteils das Verfahren fortzusetzen oder von dem Urteil in anderer Weise Gebrauch zu machen, ist von der Zustellung an den Gegner nicht abhängig, soweit nicht dieses Gesetz ein anderes bestimmt.

(§ 283).

1) § 220 Abs. 2.

§ 313. Das Urteil enthält:

1. die Bezeichnung der Parteien, ihrer gesetzlichen Vertreter und der Prozeßbevollmächtigten nach Namen, Stand oder Gewerbe, Wohnort und Parteistellung;
2. die Bezeichnung des Gerichts und die Namen der Richter, welche bei der Entscheidung mitgewirkt haben;
3. eine gedrängte Darstellung des Sach- und Streitstandes auf Grundlage der mündlichen Vorträge der Parteien unter Hervorhebung der gestellten Anträge (Tatbestand);

4. die Entscheidungsgründe;
5. die von der Darstellung des Tatbestandes und der Entscheidungsgründe äußerlich zu sondernde Urteilsformel.

Bei der Darstellung des Tatbestandes ist eine Bezugnahme auf den Inhalt der vorbereitenden Schriftsätze[1]) und auf die zum Sitzungsprotokoll[2]) erfolgten Feststellungen nicht ausgeschlossen.

Wird durch Versäumnisurteil[3]) oder Anerkenntnisurteil[4]) nach dem Antrage des Klägers erkannt, so kann das Urteil in abgekürzter Form auf die bei den Akten befindliche Urschrift oder Abschrift der Klage oder auf ein damit zu verbindendes Blatt gesetzt werden. In diesem Falle ist das Urteil als Versäumnisurteil oder Anerkenntnisurteil zu bezeichnen. Des Tatbestandes, der Entscheidungsgründe und der Bezeichnung der mitwirkenden Richter bedarf es nicht. Der Bezeichnung der Parteien, ihrer gesetzlichen Vertreter und der Prozeßbevollmächtigten bedarf es nur insoweit, als von den Angaben der Klageschrift abgewichen wird. In der Urteilsformel kann auf die Klageschrift Bezug genommen werden. Wird das Urteil auf ein Blatt gesetzt, das mit der Klageschrift verbunden wird, so soll die Verbindungsstelle mit dem Gerichtssiegel versehen oder die Verbindung mit Schnur und Siegel bewirkt werden.

(§ 284). Abs. 1 Nr. 1 Nov. 98; Abs. 3 Nov. 09. [1]) §§ 129, 130, 272. [2]) §§ 159—161. [3]) §§ 330, 331. [4]) § 307.

§ 314. Der Tatbestand des Urteils[1]) liefert rücksichtlich des mündlichen Parteivorbringens Beweis. Dieser Beweis kann nur durch das Sitzungsprotokoll[2]) entkräftet werden.

(§ 285). [1]) § 313 Abs. 1 Nr. 3. [2]) §§ 159 ff.

§ 315. Das Urteil ist von den Richtern, welche bei der Entscheidung mitgewirkt haben, zu unterschreiben. Ist ein Richter verhindert, seine Unterschrift beizufügen, so wird dies unter Angabe des Verhinderungsgrundes von dem Vorsitzenden und bei dessen Verhinderung von dem ältesten beisitzenden Richter unter dem Urteile bemerkt.

Ein Urteil, welches bei der Verkündung[1]) noch nicht in vollständiger Form abgefaßt war, ist vor Ablauf einer Woche, vom Tage der Verkündung an gerechnet, in vollständiger Abfassung dem Gerichtsschreiber zu übergeben.

Der Gerichtsschreiber hat auf dem Urteile den Tag der Verkündung zu bemerken und diese Bemerkung zu unterschreiben.

(§ 286). [1]) §§ 310, 311.

§ 316. Der Gerichtsschreiber hat die verkündeten und unterschriebenen Urteile in ein Verzeichnis zu bringen. Das Verzeichnis wird an bestimmten, von dem Vorsitzenden im voraus festzusetzenden Wochentagen mindestens auf die Dauer einer Woche in der Gerichtsschreiberei ausgehängt.

Der Gerichtsschreiber hat auf dem Urteile den Tag des Aushangs zu bemerken und diese Bemerkung zu unterschreiben.

Die Vorschriften des Abs. 1, 2 finden auf die im § 313 Abs. 3 bezeichneten Urteile keine Anwendung.

(§ 287). Abs. 2 Nov. 98; Abs. 3 Nov. 09.

§ 317. Die Zustellung der Urteile erfolgt auf Betreiben der Parteien.

Solange das Urteil nicht verkündet[1]) und nicht unterschrieben[2]) ist, dürfen Ausfertigungen, Auszüge und Abschriften desselben nicht erteilt werden.[3])

Die Ausfertigungen und Auszüge der Urteile sind von dem Gerichtsschreiber zu unterschreiben und mit dem Gerichtssiegel zu versehen.

Ist das Urteil nach § 313 Abs. 3 in abgekürzter Form hergestellt, so erfolgt die Ausfertigung in gleicher Weise unter Benutzung einer beglaubigten Abschrift der Klageschrift oder in der Weise, daß das Urteil durch Aufnahme der im § 313 Abs. 1 Nr. 1, 2, 5 bezeichneten Angaben vervollständigt wird. Die Abschrift der

Klageschrift kann durch den Gerichtsschreiber oder durch den Rechtsanwalt des Klägers beglaubigt werden.
(§ 288). Abs. 4 Nov. 09. [1]) §§ 310, 311. [2]) § 315 Abs. 1 [3]) § 299 Abs. 1.

§ 318. Das Gericht ist an die Entscheidung, welche in den von ihm erlassenen End- und Zwischenurteilen enthalten ist, gebunden.
(§ 289).

§ 319. Schreibfehler, Rechnungsfehler und ähnliche offenbare Unrichtigkeiten, welche in dem Urteile vorkommen, sind jederzeit von dem Gerichte auch von Amts wegen zu berichtigen.

Ueber die Berichtigung kann ohne vorgängige mündliche Verhandlung entschieden werden. Der Beschluß, welcher eine Berichtigung ausspricht, wird auf dem Urteil und den Ausfertigungen bemerkt.

Gegen den Beschluß, durch welchen der Antrag auf Berichtigung zurückgewiesen wird, findet kein Rechtsmittel; gegen den Beschluß, welcher eine Berichtigung ausspricht, findet sofortige Beschwerde[1]) statt.
(§ 290). [1]) § 577.

§ 320. Enthält der Tatbestand des Urteils[1]) Unrichtigkeiten, welche nicht unter die Bestimmung des vorstehenden Paragraphen fallen, Auslassungen, Dunkelheiten oder Widersprüche, so kann die Berichtigung binnen einer einwöchigen Frist durch Zustellung eines Schriftsatzes beantragt werden.

Die Frist beginnt mit dem Tage des Aushangs des Verzeichnisses, in welches das Urteil eingetragen ist,[2]) falls jedoch das Urteil innerhalb zweier Monate seit diesem Tage zugestellt wird, mit der Zustellung des Urteils. Der Antrag kann schon vor dem Beginne der Frist gestellt werden.

Der Schriftsatz muß den Antrag auf Berichtigung und die Ladung des Gegners zur mündlichen Verhandlung enthalten.

Das Gericht entscheidet ohne vorgängige Beweisaufnahme. Bei der Entscheidung wirken nur diejenigen Richter mit, welche bei dem Urteil mitgewirkt haben. Ist ein Richter verhindert, so gibt bei Stimmengleichheit die Stimme des Vorsitzenden und bei dessen Verhinderung die Stimme des ältesten Richters den Ausschlag. Eine Anfechtung des Beschlusses findet nicht statt. Der Beschluß, welcher eine Berichtigung ausspricht, wird auf dem Urteil und den Ausfertigungen bemerkt.

Die Berichtigung des Tatbestandes hat eine Aenderung des übrigen Teils des Urteils nicht zur Folge.

(§ 291). Abs. 2 Nov. 98. [1]) § 313 Abs. 1. Nr. 3. [2]) § 316.

§ 321. Wenn ein nach dem ursprünglich festgestellten oder nachträglich berichtigten Tatbestande von einer Partei geltend gemachter Haupt- oder Nebenanspruch, oder wenn der Kostenpunkt bei der Entscheidung ganz oder teilweise übergangen ist, so ist auf Antrag das Urteil durch nachträgliche Entscheidung zu ergänzen.

Die nachträgliche Entscheidung muß binnen einer einwöchigen Frist, welche mit der Zustellung des Urteils beginnt, durch Zustellung eines Schriftsatzes beantragt werden.

Der Schriftsatz muß den Antrag auf Ergänzung und die Ladung des Gegners zur mündlichen Verhandlung enthalten.

Die mündliche Verhandlung hat nur den nicht erledigten Teil des Rechtsstreits zum Gegenstande.

(§ 292).

§ 322. Urteile sind der Rechtskraft nur insoweit fähig, als über den durch die Klage oder durch die Widerklage[1]) erhobenen Anspruch entschieden ist.

Hat der Beklagte die Aufrechnung einer Gegenforderung[2]) geltend gemacht, so ist die Entscheidung, daß die Gegenforderung nicht besteht, bis zur Höhe des Betrags, für welchen die Aufrechnung geltend gemacht worden ist, der Rechtskraft fähig.

(§ 293). Abs. 2 Nov. 98. [1]) § 33. [2]) BGB. § 387.

§ 323. Tritt im Falle der Verurteilung zu künftig fällig werdenden wiederkehrenden Leistungen[1]) eine wesentliche Aenderung derjenigen Verhältnisse ein, welche für die Verurteilung zur Entrichtung der Leistungen, für die Bestimmung der Höhe der Leistungen oder der Dauer ihrer Entrichtung maßgebend waren, so ist jeder Teil berechtigt, im Wege der Klage eine entsprechende Abänderung des Urteils zu verlangen.

Die Klage ist nur insoweit zulässig, als die Gründe, auf welche sie gestützt wird, erst nach dem Schlusse der mündlichen Verhandlung, in der eine Erweiterung des Klagantrags[2]) oder die Geltendmachung von Einwendungen spätestens hätte erfolgen müssen, entstanden sind und durch Einspruch[3]) nicht mehr geltend gemacht werden können.

Die Abänderung des Urteils darf nur für die Zeit nach Erhebung der Klage erfolgen.

Nov. 98. [1]) § 258. [2]) § 268 Nr. 2. [3]) § 338.

§ 324. Ist bei einer nach den §§ 843—845 oder nach den §§ 1578—1582 des Bürgerlichen Gesetzbuchs erfolgten Verurteilung zur Entrichtung einer Geldrente nicht auf Sicherheitsleistung erkannt, so kann der Berechtigte gleichwohl Sicherheitsleistung verlangen, wenn sich die Vermögensverhältnisse des Verpflichteten erheblich verschlechtert haben; unter der gleichen Voraussetzung kann er eine Erhöhung der in dem Urteile bestimmten Sicherheit verlangen.

Nov. 98

§ 325. Das rechtskräftige Urteil wirkt für und gegen die Parteien und diejenigen Personen, welche nach dem Eintritte der Rechtshängigkeit[1]) Rechtsnachfolger der Parteien geworden sind oder den Besitz der in Streit befangenen Sache in solcher Weise erlangt haben, daß eine der Parteien oder ihr Rechtsnachfolger mittelbarer Besitzer[2]) geworden ist.

Die Vorschriften des bürgerlichen Rechts zugunsten derjenigen, welche Rechte von einem Nichtberechtigten herleiten, finden entsprechende Anwendung.

Betrifft das Urteil einen Anspruch aus einer eingetragenen Reallast, Hypothek, Grundschuld oder Rentenschuld, so wirkt es im Falle einer Veräußerung des belasteten Grundstücks in Ansehung des Grundstücks gegen den Rechtsnachfolger auch dann, wenn dieser die Rechtshängigkeit nicht gekannt hat. Gegen den Ersteher eines im Wege der Zwangsversteigerung veräußerten Grundstücks wirkt das Urteil nur dann, wenn die Rechtshängigkeit spätestens im Versteigerungstermine vor der Aufforderung zur Abgabe von Geboten[3]) angemeldet worden ist.

Nov. 98. [1]) § 263 Abs. 1, § 281. [2]) BGB. § 868. [3]) ZwVG. § 66 Abs. 2.

§ 326. Ein Urteil, das zwischen einem Vorerben und einem Dritten über einen gegen den Vorerben als Erben gerichteten Anspruch oder über einen der Nacherbfolge unterliegenden Gegenstand ergeht, wirkt, sofern es vor dem Eintritte der Nacherbfolge[1]) rechtskräftig wird, für den Nacherben.

Ein Urteil, das zwischen einem Vorerben und einem Dritten über einen der Nacherbfolge unterliegenden Gegenstand ergeht, wirkt auch gegen den Nacherben, sofern der Vorerbe befugt ist, ohne Zustimmung des Nacherben über den Gegenstand zu verfügen.[2])

Nov. 98. [1]) BGB. § 2106. [2]) BGB. §§ 2112—2115.

§ 327. Ein Urteil, das zwischen einem Testamentsvollstrecker und einem Dritten über ein der Verwaltung des Testamentsvollstreckers unterliegendes Recht[1]) ergeht, wirkt für und gegen den Erben.

Das gleiche gilt von einem Urteile, welches zwischen einem Testamentsvollstrecker und einem Dritten über einen gegen den Nachlaß gerichteten Anspruch ergeht, wenn der Testamentsvollstrecker zur Führung des Rechtsstreits berechtigt ist.[2])

Nov. 98. [1]) BGB. § 2205. [2]) BGB. § 2213.

§ 328. Die Anerkennung des Urteils eines ausländischen Gerichts ist ausgeschlossen:[1])

1. wenn die Gerichte des Staates, dem das ausländische Gericht angehört, nach den deutschen Gesetzen nicht zuständig sind;

2. wenn der unterlegene Beklagte ein Deutscher ist und sich auf den Prozeß nicht eingelassen hat, sofern die den Prozeß einleitende Ladung oder Verfügung ihm weder in dem Staate des Prozeßgerichts in Person noch durch Gewährung deutscher Rechtshilfe zugestellt ist;
3. wenn in dem Urteile zum Nachteil einer deutschen Partei von den Vorschriften des Artikel 13 Abs. 1, 3 oder der Artikel 17, 18, 22 des Einführungsgesetzes zum Bürgerlichen Gesetzbuch oder von der Vorschrift des auf den Artikel 13 Abs. 1 bezüglichen Teiles des Artikel 27 desselben Gesetzes oder im Falle des Artikel 9 Abs. 3 zum Nachteile der Ehefrau eines für tot erklärten Ausländers von der Vorschrift des Artikel 13 Abs. 2 abgewichen ist;
4. wenn die Anerkennung des Urteils gegen die guten Sitten oder gegen den Zweck eines deutschen Gesetzes verstoßen würde;
5. wenn die Gegenseitigkeit nicht verbürgt ist.

Die Vorschrift der Nr. 5 steht der Anerkennung des Urteils nicht entgegen, wenn das Urteil einen nicht vermögensrechtlichen Anspruch betrifft und nach den deutschen Gesetzen ein Gerichtsstand im Inlande nicht begründet war.

Nov. 98.

[1]) § 723 Abs. 2 Satz 2.

§ 329. Die auf Grund einer mündlichen Verhandlung ergehenden Beschlüsse des Gerichts müssen verkündet werden.

Die Vorschriften der §§ 309, 310 finden auf Beschlüsse des Gerichts, die Vorschriften der §§ 312, 317 auf Beschlüsse des Gerichts und auf Verfügungen des Vorsitzenden, sowie eines beauftragten oder ersuchten Richters entsprechende Anwendung.

Nicht verkündete Beschlüsse des Gerichts und nicht verkündete Verfügungen des Vorsitzenden und eines beauftragten oder ersuchten Richters sind den Parteien von Amts wegen zuzustellen.[1])

(§ 294). Abs. 1, 2 Nov. 98.

[1]) §§ 208 ff.

Dritter Titel.

Versäumnisurteil.

§ 330. Erscheint der Kläger im Termine zur mündlichen Verhandlung[1]) nicht, so ist auf Antrag das Versäumnisurteil dahin zu erlassen, daß der Kläger mit der Klage abzuweisen sei.

(§ 295). [1]) § 332.

§ 331. Beantragt der Kläger gegen den im Termine zur mündlichen Verhandlung[1]) nicht erschienenen Beklagten das Versäumnisurteil, so ist das tatsächliche mündliche Vorbringen des Klägers als zugestanden anzunehmen.

Soweit dasselbe den Klagantrag rechtfertigt, ist nach dem Antrage zu erkennen;[2]) soweit dies nicht der Fall, ist die Klage abzuweisen.

(§ 296). [1]) § 332. [2]) § 313 Abs. 3.

§ 332. Als Verhandlungstermine im Sinne der vorstehenden Paragraphen sind auch diejenigen Termine anzusehen, auf welche die mündliche Verhandlung vertagt ist, oder welche zur Fortsetzung derselben vor oder nach dem Erlasse eines Beweisbeschlusses[1]) bestimmt sind.

(§ 297). [1]) § 136 Abs. 3, §§ 228, 370.

§ 333. Als nicht erschienen ist auch diejenige Partei anzusehen, welche in dem Termine zwar erscheint, aber nicht verhandelt.

(§ 298).

§ 334. Wenn eine Partei in dem Termine verhandelt, sich jedoch über Tatsachen, Urkunden oder Eideszuschiebungen nicht erklärt, so finden die Vorschriften dieses Titels keine Anwendung.

(§ 299).

§ 335. Der Antrag auf Erlassung eines Versäumnisurteils ist zurückzuweisen, unbeschadet des Rechts der erschienenen Partei, die Vertagung der mündlichen Verhandlung zu beantragen:

1. wenn die erschienene Partei die vom Gerichte wegen eines von Amts wegen zu berücksichtigenden Umstandes erforderte Nachweisung nicht zu beschaffen vermag;
2. wenn die nicht erschienene Partei nicht ordnungsmäßig, insbesondere nicht rechtzeitig geladen war;
3. wenn der nichterschienenen Partei ein tatsächliches mündliches Vorbringen oder ein Antrag nicht rechtzeitig mittels Schriftsatzes mitgeteilt war.

Wird die Verhandlung vertagt, so ist die nicht erschienene Partei zu dem neuen Termine zu laden.

(§ 300).

§ 336. Gegen den Beschluß, durch welchen der Antrag auf Erlassung des Versäumnisurteils zurückgewiesen wird,[1]) findet sofortige Beschwerde[2]) statt. Wird der Beschluß aufgehoben, so ist die nicht erschienene Partei zu dem neuen Termine nicht zu laden.

(§ 301). [1]) § 335. [2]) § 577.

§ 337. Das Gericht kann von Amts wegen die Verhandlung über den Antrag auf Erlassung des Versäumnisurteils vertagen, wenn es dafür hält, daß die von dem Vorsitzenden bestimmte Einlassungs- oder Ladungsfrist[1]) zu kurz bemessen, oder daß die Partei durch Naturereignisse oder durch andere unabwendbare Zufälle am Erscheinen verhindert worden sei. Die nicht erschienene Partei ist zu dem neuen Termine zu laden.

(§ 302). [1]) § 226 Abs. 3, § 262 Abs. 2, § 520, § 555 Abs. 2.

§ 338. Der Partei, gegen welche ein Versäumnisurteil erlassen ist, steht gegen dasselbe der Einspruch zu.

(§ 303).

§ 339. Die Einspruchsfrist beträgt zwei Wochen; sie ist eine Notfrist[1]) und beginnt mit der Zustellung des Versäumnisurteils.

Muß die Zustellung im Ausland oder durch

öffentliche Bekanntmachung[2]) erfolgen, so hat das Gericht die Einspruchsfrist im Versäumnisurteile oder nachträglich durch besonderen Beschluß, welcher ohne vorgängige mündliche Verhandlung erlassen werden kann, zu bestimmen.

(§ 304). [1]) § 223 Abs. 2, § 224 Abs. 1, § 251 Abs. 1 Satz 2. [2]) § 203.

§ 340. Die Einlegung des Einspruchs erfolgt durch Einreichung der Einspruchsschrift bei dem Prozeßgerichte.

Die Einspruchsschrift muß enthalten:

1. die Bezeichnung des Urteils, gegen welches der Einspruch gerichtet wird;
2. die Erklärung, daß gegen dieses Urteil Einspruch eingelegt werde.

Die Einspruchsschrift soll zugleich dasjenige enthalten, was zur Vorbereitung der Verhandlung über die Hauptsache erforderlich ist.

(§ 305). Nov. 09.

§ 340 a. Der Termin zur mündlichen Verhandlung über den Einspruch und die Hauptsache ist von Amts wegen zu bestimmen und den Parteien bekanntzumachen. Mit der Bekanntmachung ist der Gegenpartei die Einspruchsschrift von Amts wegen zuzustellen.[1]) Die erforderliche Zahl von beglaubigten Abschriften soll die Partei mit der Einspruchsschrift einreichen.

Nov. 09. [1]) §§ 208 ff.

§ 341. Das Gericht hat von Amts wegen zu prüfen, ob der Einspruch an sich statthaft[1]) und ob er in der gesetzlichen Form und Frist eingelegt sei. Fehlt es an einem dieser Erfordernisse, so ist der Einspruch als unzulässig zu verwerfen.

(§ 306). [1]) §§ 338, 345.

§ 342. Ist der Einspruch zulässig, so wird der Prozeß in die Lage zurückversetzt, in welcher er sich vor Eintritt der Versäumnis befand.

(§ 307).

§ 343. Insoweit die Entscheidung, welche auf Grund der neuen Verhandlung zu erlassen ist, mit der in dem Versäumnisurteil enthaltenen Entscheidung übereinstimmt, ist auszusprechen, daß diese Entscheidung aufrecht zu erhalten sei. Insoweit diese Voraussetzung nicht zutrifft, wird das Versäumnisurteil in dem neuen Urteil aufgehoben.
(§ 308).

§ 344. Ist das Versäumnisurteil in gesetzlicher Weise ergangen, so sind die durch die Versäumnis veranlaßten Kosten, soweit sie nicht durch einen unbegründeten Widerspruch des Gegners entstanden sind, der säumigen Partei auch dann aufzuerlegen, wenn infolge des Einspruchs eine abändernde Entscheidung erlassen wird.
(§ 309).

§ 345. Einer Partei, die den Einspruch eingelegt hat, aber in der zur mündlichen Verhandlung bestimmten Sitzung oder in derjenigen Sitzung, auf welche die Verhandlung vertagt ist, nicht erscheint oder nicht zur Hauptsache verhandelt, steht gegen das Versäumnisurteil, durch welches der Einspruch verworfen wird, ein weiterer Einspruch nicht zu.
(§ 310).

§ 346. In betreff des Verzichts auf den Einspruch und der Zurücknahme desselben finden die Vorschriften über den Verzicht auf die Berufung[1]) und über die Zurücknahme[2]) derselben entsprechende Anwendung.
(§ 311). [1]) § 514. [2]) § 515.

§ 347. Die Vorschriften dieses Titels finden auf das Verfahren, welches eine Widerklage[1]) oder die Bestimmung des Betrags eines dem Grunde nach bereits festgestellten Anspruchs[2]) zum Gegenstande hat, entsprechende Anwendung.

War ein Termin lediglich zur Verhandlung über einen Zwischenstreit bestimmt, so beschränkt sich das Versäumnisverfahren und das Versäumnisurteil auf

die Erledigung dieses Zwischenstreits. Die Vorschriften dieses Titels finden entsprechende Anwendung.
(§ 312). [1]) § 33. [2]) § 304.

Vierter Titel.

Vorbereitendes Verfahren in Rechnungssachen, Auseinandersetzungen und ähnlichen Prozessen.

§ 348. Stellt sich in Prozessen, welche die Richtigkeit einer Rechnung, eine Vermögensauseinandersetzung oder ähnliche Verhältnisse zum Gegenstande haben, eine erhebliche Zahl von streitigen Ansprüchen oder von streitigen Erinnerungen gegen eine Rechnung oder gegen ein Inventar heraus, so kann das Prozeßgericht ein vorbereitendes Verfahren vor einem beauftragten Richter anordnen.
(§ 313).

§ 349. Bei der Verkündung des Beschlusses, durch welchen das vorbereitende Verfahren angeordnet wird, ist durch den Vorsitzenden der beauftragte Richter zu bezeichnen und der Termin zur Erledigung des Beschlusses zu bestimmen. Ist die Terminsbestimmung unterblieben, so erfolgt sie durch den beauftragten Richter; wird dieser verhindert, den Auftrag zu vollziehen, so ernennt der Vorsitzende ein anderes Mitglied.
(§ 314).

§ 350. In dem vorbereitenden Verfahren ist zu Protokoll festzustellen:

1. welche Ansprüche erhoben und welche Angriffs- und Verteidigungsmittel geltend gemacht werden;
2. welche Ansprüche und welche Angriffs- und Verteidigungsmittel streitig oder unstreitig sind;
3. in Ansehung der bestrittenen Ansprüche und der bestrittenen Angriffs- und Verteidigungsmittel das Sachverhältnis nebst den von den Parteien bezeichneten Beweismitteln, den geltend gemachten Beweiseinreden, den abgegebenen Erklärungen

über Beweismittel und Beweiseinreden und den gestellten Anträgen.

Das Verfahren richtet sich nach den Vorschriften, welche zur Anwendung kommen würden, wenn der Rechtsstreit vor einem Amtsgerichte anhängig wäre;[1] dasselbe ist fortzusetzen, bis der Rechtsstreit selbst oder ein Zwischenstreit zur Erlassung eines Urteils oder eines Beweisbeschlusses reif erscheint.

(§ 315). [1]) §§ 495 ff.

§ 351. Erscheint eine Partei in einem Termine vor dem beauftragten Richter nicht, so hat dieser das Vorbringen der erschienenen Partei in Gemäßheit der Bestimmungen des vorstehenden Paragraphen zu Protokoll festzustellen und einen neuen Termin anzuberaumen. Die nicht erschienene Partei ist zu dem neuen Termine unter Mitteilung einer Abschrift des Protokolls zu laden.

Erscheint die Partei auch in dem neuen Termine nicht, so gelten die in dem zugestellten Protokolle enthaltenen tatsächlichen Behauptungen des Gegners als zugestanden[1]) und ist das vorbereitende Verfahren bezüglich derselben nicht weiter fortzusetzen.

(§ 316). [1]) § 288.

§ 352. Nach dem Schlusse des vorbereitenden Verfahrens ist der Termin zur mündlichen Verhandlung vor dem Prozeßgerichte von Amts wegen zu bestimmen und den Parteien bekannt zu machen.

(§ 317).

§ 353. Bei der mündlichen Verhandlung haben die Parteien das Ergebnis des vorbereitenden Verfahrens auf Grund des Protokolls vorzutragen.

Ist eine Partei nicht erschienen, so sind Ansprüche, welche sich in dem vorbereitenden Verfahren als unstreitig ergeben haben, durch Teilurteil[1]) zu erledigen. Im übrigen ist auf Antrag ein Versäumnisurteil[2]) zu erlassen.

(§ 318). [1]) § 301. [2]) §§ 330 ff.

§ 354. Eine vor dem beauftragten Richter unterbliebene oder verweigerte Erklärung über Tatsachen, Urkunden oder Eideszuschiebungen kann in der mündlichen Verhandlung nicht mehr nachgeholt werden. Erklärungen einer vor dem beauftragten Richter erschienenen Partei sind nur insoweit als unterblieben anzusehen, als die Partei von dem Richter zur Abgabe einer Erklärung aufgefordert worden ist.

Ansprüche, Angriffs- und Verteidigungsmittel, Beweismittel und Beweiseinreden, welche zum Protokolle des beauftragten Richters nicht festgestellt sind, können in der mündlichen Verhandlung nur geltend gemacht werden, wenn glaubhaft gemacht wird,[1]) daß dieselben erst später entstanden oder der Partei bekannt geworden seien.

(§ 319). [1]) § 294.

Fünfter Titel.

Allgemeine Bestimmungen über die Beweisaufnahme.

§ 355. Die Beweisaufnahme erfolgt vor dem Prozeßgerichte. Sie ist nur in den durch dieses Gesetz bestimmten Fällen[1]) einem Mitgliede des Prozeßgerichts oder einem anderen Gerichte zu übertragen.

Eine Anfechtung des Beschlusses, durch welchen die eine oder die andere Art der Beweisaufnahme angeordnet wird, findet nicht statt.

(§ 320). [1]) § 372 Abs. 2, §§ 375, 382, 434, 479.

§ 356. Steht der Aufnahme des Beweises ein Hindernis von ungewisser Dauer entgegen, so ist auf Antrag eine Frist zu bestimmen, nach deren fruchtlosem Ablaufe das Beweismittel nur benutzt werden kann, wenn dadurch das Verfahren nicht verzögert wird.

(§ 321).

§ 357. Den Parteien ist gestattet, der Beweisaufnahme beizuwohnen.

(§ 322).

§ 358. Erfordert die Beweisaufnahme ein besonderes Verfahren, so ist dasselbe durch Beweisbeschluß[1]) anzuordnen.

(§ 323). [1]) § 359.

§ 359. Der Beweisbeschluß enthält:

1. die Bezeichnung der streitigen Tatsachen, über welche der Beweis zu erheben ist;
2. die Bezeichnung der Beweismittel unter Benennung der zu vernehmenden Zeugen und Sachverständigen;
3. die Bezeichnung der Partei, welche sich zum Nachweise oder zur Widerlegung tatsächlicher Behauptungen auf das Beweismittel berufen hat;
4. die Eidesnorm, wenn die Abnahme eines zugeschobenen oder zurückgeschobenen Eides angeordnet wird.[1])

(§ 324). [1]) § 461.

§ 360. Vor Erledigung des Beweisbeschlusses kann von keiner Partei eine Aenderung desselben auf Grund der früheren Verhandlungen beantragt werden.

(§ 325).

§ 361. Soll die Beweisaufnahme durch ein Mitglied des Prozeßgerichts[1]) erfolgen, so wird bei der Verkündung des Beweisbeschlusses durch den Vorsitzenden der beauftragte Richter bezeichnet und der Termin zur Beweisaufnahme bestimmt.

Ist die Terminsbestimmung unterblieben, so erfolgt sie durch den beauftragten Richter; wird derselbe verhindert, den Auftrag zu vollziehen, so ernennt der Vorsitzende ein anderes Mitglied.

(§ 326). [1]) § 355 Abs. 1 Satz 2.

§ 362. Soll die Beweisaufnahme durch ein anderes Gericht[1]) erfolgen, so ist das Ersuchungsschreiben von dem Vorsitzenden zu erlassen.

Die auf die Beweisaufnahme sich beziehenden Verhandlungen werden in Urschrift von dem ersuchten Richter dem Gerichtsschreiber des Prozeßgerichts übersendet, welcher die Parteien von dem Eingange benachrichtigt.

(§ 327). [1]) § 355 Abs. 1 Satz 2.

§ 363. Soll die Beweisaufnahme im Ausland erfolgen, so hat der Vorsitzende die zuständige Behörde um Aufnahme des Beweises zu ersuchen.

Kann die Beweisaufnahme durch einen Reichskonsul erfolgen, so ist das Ersuchen an diesen zu richten.

(§ 328).

§ 364. Wird eine ausländische Behörde ersucht, den Beweis aufzunehmen, so kann das Gericht anordnen, daß der Beweisführer das Ersuchungsschreiben zu besorgen und die Erledigung des Ersuchens zu betreiben habe.

Das Gericht kann sich auf die Anordnung beschränken, daß der Beweisführer eine den Gesetzen des fremden Staates entsprechende öffentliche Urkunde über die Beweisaufnahme beizubringen habe.

In beiden Fällen ist in dem Beweisbeschlusse eine Frist zu bestimmen, binnen welcher von dem Beweisführer die Urkunde auf der Gerichtsschreiberei niederzulegen ist. Nach fruchtlosem Ablaufe dieser Frist kann die Urkunde nur benutzt werden, wenn dadurch das Verfahren nicht verzögert wird.

Der Beweisführer hat den Gegner, wenn möglich, von dem Orte und der Zeit der Beweisaufnahme so zeitig in Kenntnis zu setzen, daß derselbe seine Rechte in geeigneter Weise wahrzunehmen vermag. Ist die Benachrichtigung unterblieben, so hat das Gericht zu ermessen, ob und inwieweit der Beweisführer zur Benutzung der Beweisverhandlung berechtigt sei.

(§ 329).

§ 365. Der beauftragte oder ersuchte Richter ist ermächtigt, falls sich später Gründe ergeben, welche die Beweisaufnahme durch ein anderes Gericht sachgemäß erscheinen lassen, dieses Gericht um die Aufnahme des Beweises zu ersuchen. Die Parteien sind von dieser Verfügung in Kenntnis zu setzen.

(§ 330).

§ 366. Erhebt sich bei der Beweisaufnahme vor einem beauftragten oder ersuchten Richter ein Streit, von dessen Erledigung die Fortsetzung der Beweisaufnahme abhängig und zu dessen Entscheidung der Richter nicht berechtigt ist, so erfolgt die Erledigung durch das Prozeßgericht.

Der Termin zur mündlichen Verhandlung über den Zwischenstreit ist von Amts wegen zu bestimmen und den Parteien bekannt zu machen.

(§ 331).

§ 367. Erscheint eine Partei oder erscheinen beide Parteien in dem Termine zur Beweisaufnahme nicht, so ist die Beweisaufnahme gleichwohl insoweit zu bewirken, als dies nach Lage der Sache geschehen kann.

Eine nachträgliche Beweisaufnahme oder eine Vervollständigung der Beweisaufnahme ist bis zum Schlusse derjenigen mündlichen Verhandlung, auf welche das Urteil ergeht, auf Antrag anzuordnen, wenn das Verfahren dadurch nicht verzögert wird oder wenn die Partei glaubhaft macht, daß sie ohne ihr Verschulden außer Stande gewesen sei, in dem früheren Termine zu erscheinen, und im Falle des Antrags auf Vervollständigung, daß durch ihr Nichterscheinen eine wesentliche Unvollständigkeit der Beweisaufnahme veranlaßt sei.

(§ 332).

§ 368. Wird ein neuer Termin zur Beweisaufnahme oder zur Fortsetzung derselben erforderlich, so ist dieser Termin, auch wenn der Beweisführer oder beide Parteien in dem früheren Termine nicht erschienen waren, von Amts wegen zu bestimmen.

(§ 333).

§ 369. Entspricht die von einer ausländischen Behörde vorgenommene Beweisaufnahme[1]) den für das Prozeßgericht geltenden Gesetzen, so kann daraus, daß sie nach den ausländischen Gesetzen mangelhaft ist, kein Einwand entnommen werden.

(§ 334).

[1]) § 363 Abs. 1, § 364.

§ 370. Erfolgt die Beweisaufnahme vor dem Prozeßgerichte, so ist der Termin, in welchem die Beweisaufnahme stattfindet, zugleich zur Fortsetzung der mündlichen Verhandlung bestimmt.

In dem Beweisbeschlusse, welcher anordnet, daß die Beweisaufnahme vor einem beauftragten oder ersuchten Richter erfolgen solle, kann zugleich der Termin zur Fortsetzung der mündlichen Verhandlung vor dem Prozeßgerichte bestimmt werden. Ist dies nicht geschehen, so wird nach Beendigung der Beweisaufnahme dieser Termin von Amts wegen bestimmt und den Parteien bekannt gemacht.

(§ 335).

Sechster Titel.

Beweis durch Augenschein.

§ 371. Die Antretung des Beweises durch Augenschein erfolgt durch die Bezeichnung des Gegenstandes des Augenscheins und durch die Angabe der zu beweisenden Tatsachen.

(§ 336).

§ 372. Das Prozeßgericht kann anordnen, daß bei der Einnahme des Augenscheins ein oder mehrere Sachverständige zuzuziehen seien.

Es kann einem Mitgliede des Prozeßgerichts oder einem anderen Gerichte die Einnahme des Augenscheins übertragen, auch die Ernennung der zuzuziehenden Sachverständigen überlassen.

(§ 337).

Siebenter Titel.

Zeugenbeweis.

§ 373. Die Antretung des Zeugenbeweises erfolgt durch die Benennung der Zeugen und die Bezeichnung der Tatsachen, über welche die Vernehmung der Zeugen stattfinden soll.

(§ 338).

§ 374. Die Vernehmung neuer Zeugen, welche nach Erlassung eines Beweisbeschlusses bezüglich der in

demselben bezeichneten streitigen Tatsachen[1]) benannt werden, ist auf Antrag zurückzuweisen, wenn durch die Vernehmung die Erledigung des Rechtsstreits verzögert werden würde und das Gericht die Ueberzeugung gewinnt, daß die Partei in der Absicht, den Prozeß zu verschleppen, oder aus grober Nachlässigkeit die Zeugen nicht früher benannt hat.
(§ 339). [1]) § 359 Nr. 1.

§ 375. Die Aufnahme des Zeugenbeweises kann einem Mitgliede des Prozeßgerichts oder einem anderen Gericht übertragen werden:
1. wenn zur Ausmittelung der Wahrheit die Vernehmung des Zeugen an Ort und Stelle dienlich erscheint;
2. wenn die Beweisaufnahme vor dem Prozeßgericht erheblichen Schwierigkeiten unterliegen würde;
3. wenn der Zeuge verhindert ist, vor dem Prozeßgerichte zu erscheinen;
4. wenn der Zeuge in großer Entfernung von dem Sitze des Prozeßgerichts sich aufhält.

Die Landesherren und die Mitglieder der landesherrlichen Familien sowie die Mitglieder der Fürstlichen Familie Hohenzollern sind durch ein Mitglied des Prozeßgerichts oder durch ein anderes Gericht in ihrer Wohnung zu vernehmen. Das gleiche gilt in Ansehung der Mitglieder des vormaligen Hannoverschen Königshauses, des vormaligen Kurhessischen und des vormaligen Herzoglich Nassauischen Fürstenhauses.
(§ 340). Abs. 2 Satz 2 Nov. 98.

§ 376. Oeffentliche Beamte, auch wenn sie nicht mehr im Dienste sind, dürfen über Umstände, auf welche sich ihre Pflicht zur Amtsverschwiegenheit bezieht, als Zeugen nur mit Genehmigung ihrer vorgesetzten Dienstbehörde oder der ihnen zuletzt vorgesetzt gewesenen Dienstbehörde vernommen werden. Für den Reichskanzler bedarf es der Genehmigung des

Kaisers, für die Minister der Genehmigung des Landesherrn, für die Mitglieder der Senate der freien Hansestädte der Genehmigung des Senats.

Die Genehmigung darf nur versagt werden, wenn die Ablegung des Zeugnisses dem Wohle des Reichs oder eines Bundesstaates Nachteil bereiten würde.

Die Genehmigung ist durch das Prozeßgericht einzuholen und dem Zeugen bekannt zu machen.

(§ 341).

§ 377. Die Ladung der Zeugen ist von dem Gerichtsschreiber unter Bezugnahme auf den Beweisbeschluß[1]) auszufertigen und von Amts wegen zuzustellen.

Die Ladung muß enthalten:

1. die Bezeichnung der Parteien;
2. den Gegenstand der Vernehmung;
3. die Anweisung, zur Ablegung des Zeugnisses bei Vermeidung der durch das Gesetz angedrohten Strafen in dem nach Zeit und Ort zu bezeichnenden Termine zu erscheinen.

(§ 342). Abs. 2 Nr. 2 Nov. 98.

[1]) § 359.

§ 378. Die Ladung einer dem aktiven Heere oder der aktiven Marine angehörenden Person des Soldatenstandes als Zeuge erfolgt durch Ersuchen der Militärbehörde.

(§ 343).

§ 379. Das Gericht kann die Ladung davon abhängig machen, daß der Beweisführer einen Vorschuß zur Deckung der Staatskasse wegen der durch die Vernehmung des Zeugen erwachsenden Auslagen hinterlegt.

Erfolgt die Hinterlegung nicht binnen der bestimmten Frist, so unterbleibt die Ladung, wenn die Hinterlegung nicht so zeitig nachgeholt wird, daß die Vernehmung ohne Verzögerung des Verfahrens erfolgen kann.

(§ 344).

§ 380. Ein ordnungsmäßig geladener Zeuge, welcher nicht erscheint, ist, ohne daß es eines Antrages bedarf, in die durch das Ausbleiben verursachten Kosten sowie zu einer Geldstrafe bis zu dreihundert Mark und für den Fall, daß diese nicht beigetrieben werden kann, zur Strafe der Haft bis zu sechs Wochen zu verurteilen.

Im Falle wiederholten Ausbleibens ist die Strafe noch einmal zu erkennen, auch kann die zwangsweise Vorführung des Zeugen angeordnet werden.

Gegen diese Beschlüsse findet die Beschwerde [1]) statt.

Die Festsetzung und die Vollstreckung der Strafe gegen eine dem aktiven Heere oder der aktiven Marine angehörende Militärperson erfolgt auf Ersuchen durch das Militärgericht, die Vorführung einer solchen Person durch Ersuchen der Militärbehörde.

(§ 345). Abs. 2 Nov. 98.

[1]) § 567.

§ 381. Die Verurteilung in Strafe und Kosten sowie die Anordnung der zwangsweisen Vorführung unterbleiben, wenn das Ausbleiben des Zeugen genügend entschuldigt ist. Erfolgt nachträglich genügende Entschuldigung, so werden die gegen den Zeugen getroffenen Anordnungen wieder aufgehoben.

Die Anzeigen und Gesuche des Zeugen können schriftlich oder zum Protokolle des Gerichtsschreibers oder mündlich in dem zur Vernehmung bestimmten neuen Termine angebracht werden.

(§ 346). Abs. 1 Nov. 98.

§ 382. Der Reichskanzler, die Minister eines Bundesstaates, die Mitglieder der Senate der freien Hansestädte, die Vorstände der obersten Reichsbehörden und die Vorstände der Ministerien sind an ihrem Amtssitze oder, wenn sie sich außerhalb desselben aufhalten, an ihrem Aufenthaltsorte zu vernehmen.

Die Mitglieder des Bundesrats sind während ihres Aufenthalts am Sitze des Bundesrats an diesem Sitze, die Mitglieder einer deutschen gesetzgebenden Versammlung während der Sitzungsperiode und ihres Aufenthalts am Orte der Versammlung an diesem Orte zu vernehmen.

Zu einer Abweichung von den vorstehenden Bestimmungen bedarf es:

in betreff des Reichskanzlers der Genehmigung des Kaisers,

in betreff der Minister und der Mitglieder des Bundesrats der Genehmigung des Landesherrn,

in betreff der Mitglieder der Senate der freien Hansestädte der Genehmigung des Senats,

in betreff der übrigen vorbezeichneten Beamten der Genehmigung ihres unmittelbaren Vorgesetzten,

in betreff der Mitglieder einer gesetzgebenden Versammlung der Genehmigung der letzteren.

(§ 347).

§ 383. Zur Verweigerung des Zeugnisses sind berechtigt:

1. der Verlobte[1]) einer Partei;
2. der Ehegatte einer Partei, auch wenn die Ehe nicht mehr besteht;
3. diejenigen, welche mit einer Partei in gerader Linie verwandt[2]), verschwägert oder durch Adoption verbunden, oder in der Seitenlinie bis zum dritten Grade verwandt oder bis zum zweiten Grade verschwägert[3]) sind, auch wenn die Ehe, durch welche die Schwägerschaft begründet ist, nicht mehr besteht;
4. Geistliche in Ansehung desjenigen, was ihnen bei der Ausübung der Seelsorge anvertraut ist;
5. Personen, welchen kraft ihres Amtes, Standes oder Gewerbes Tatsachen anvertraut sind, deren Geheimhaltung durch die Natur derselben oder durch gesetzliche Vorschrift geboten ist, in betreff der Tatsachen, auf welche die Verpflichtung zur Verschwiegenheit sich bezieht.

Die unter Nr. 1—3 bezeichneten Personen sind vor der Vernehmung über ihr Recht zur Verweigerung des Zeugnisses zu belehren.

Die Vernehmung der in Nr. 4, 5 bezeichneten Personen ist, auch wenn das Zeugnis nicht verweigert wird, auf Tatsachen nicht zu richten, in Ansehung welcher erhellt, daß ohne Verletzung der Verpflichtung zur Verschwiegenheit ein Zeugnis nicht abgelegt werden kann.

(§ 348). [1]) BGB. § 1297. [2]) BGB. § 1598. [3]) BGB. § 1590.

§ 384. Das Zeugnis kann verweigert werden:

1. über Fragen, deren Beantwortung dem Zeugen oder einer Person, zu welcher derselbe in einem der im § 383 Nr. 1 bis 3 bezeichneten Verhältnisse steht, einen unmittelbaren vermögensrechtlichen Schaden verursachen würde;
2. über Fragen, deren Beantwortung dem Zeugen oder einem der im § 383 Nr. 1 bis 3 bezeichneten Angehörigen desselben zur Unehre gereichen oder die Gefahr strafgerichtlicher Verfolgung zuziehen würde;
3. über Fragen, welche der Zeuge nicht würde beantworten können, ohne ein Kunst- oder Gewerbegeheimnis zu offenbaren.

(§ 349). Nr. 1 u. 2 Nov. 98.

§ 385. In den Fällen des § 383 Nr. 1 bis 3 und des § 384 Nr. 1 darf der Zeuge das Zeugnis nicht verweigern:

1. über die Errichtung und den Inhalt eines Rechtsgeschäfts, bei dessen Errichtung er als Zeuge zugezogen war;
2. über Geburten, Verheiratungen oder Sterbefälle von Familiengliedern;
3. über Tatsachen, welche die durch das Familienverhältnis bedingten Vermögensangelegenheiten betreffen;
4. über diejenigen auf das streitige Rechtsverhältnis sich beziehenden Handlungen, welche von ihm selbst als Rechtsvorgänger oder Vertreter einer Partei vorgenommen sein sollen.

Die im § 383 Nr. 4, 5 bezeichneten Personen dürfen das Zeugnis nicht verweigern, wenn sie von der Verpflichtung zur Verschwiegenheit entbunden sind.

(§ 350). Nov. 98.

§ 386. Der Zeuge, welcher das Zeugnis verweigert, hat vor dem zu seiner Vernehmung bestimmten Termine schriftlich oder zum Protokolle des Gerichtsschreibers oder in diesem Termine die Tatsachen, auf welche er die Weigerung gründet, anzugeben und glaubhaft zu machen.[1])

Zur Glaubhaftmachung genügt in den Fällen des § 383 Nr. 4, 5 die mit Berufung auf einen geleisteten Diensteid abgegebene Versicherung.

Hat der Zeuge seine Weigerung schriftlich oder zum Protokolle des Gerichtsschreibers erklärt, so ist er nicht verpflichtet, in dem zu seiner Vernehmung bestimmten Termine zu erscheinen.

Von dem Eingange einer Erklärung des Zeugen oder von der Aufnahme einer solchen zum Protokolle hat der Gerichtsschreiber die Parteien zu benachrichtigen.

(§ 351).

[1]) § 294.

§ 387. Ueber die Rechtmäßigkeit der Weigerung wird von dem Prozeßgerichte nach Anhörung der Parteien entschieden.

Der Zeuge ist nicht verpflichtet, sich durch einen Anwalt vertreten zu lassen.

Gegen das Zwischenurteil findet sofortige Beschwerde[1]) statt.

(§ 352).

[1]) § 577.

§ 388. Hat der Zeuge seine Weigerung schriftlich oder zum Protokolle des Gerichtsschreibers erklärt und ist er in dem Termine nicht erschienen, so hat auf Grund seiner Erklärungen ein Mitglied des Prozeßgerichts Bericht zu erstatten.

(§ 353).

§ 389. Erfolgt die Weigerung vor einem beauftragten oder ersuchten Richter, so sind die Erklärungen des Zeugen, wenn sie nicht schriftlich oder zum Protokolle des Gerichtsschreibers abgegeben sind, nebst den Erklärungen der Parteien in das Protokoll aufzunehmen.

Zur mündlichen Verhandlung vor dem Prozeßgerichte werden der Zeuge und die Parteien von Amts wegen geladen.

Auf Grund der von dem Zeugen und den Parteien abgegebenen Erklärungen hat ein Mitglied des Prozeßgerichts Bericht zu erstatten. Nach dem Vortrage des Berichterstatters können der Zeuge und die Parteien zur Begründung ihrer Anträge das Wort nehmen; neue Tatsachen oder Beweismittel dürfen nicht geltend gemacht werden.

(§ 354).

§ 390. Wird das Zeugnis oder die Eidesleistung ohne Angabe eines Grundes oder, nachdem der vorgeschützte Grund rechtskräftig für unerheblich erklärt ist, verweigert, so ist der Zeuge, ohne daß es eines Antrags bedarf, in die durch die Weigerung verursachten Kosten sowie zu einer Geldstrafe bis zu dreihundert Mark und für den Fall, daß diese nicht beigetrieben werden kann, zur Strafe der Haft bis zu sechs Wochen zu verurteilen.

Im Falle wiederholter Weigerung ist auf Antrag zur Erzwingung des Zeugnisses die Haft anzuordnen, jedoch nicht über den Zeitpunkt der Beendigung des Prozesses in der Instanz hinaus. Die Vorschriften über die Haft im Zwangsvollstreckungsverfahren finden entsprechende Anwendung.[1])

Gegen diese Beschlüsse findet die Beschwerde[2]) statt.

Die Festsetzung und die Vollstreckung der Strafe gegen eine dem aktiven Heere oder der aktiven Marine angehörende Militärperson erfolgt auf Ersuchen durch das Militärgericht.

(§ 355). [1]) §§ 899 ff. [2]) § 567.

§ 391. Jeder Zeuge ist, soweit nicht ein anderes bestimmt ist,[1]) zu beeidigen.

Die Parteien können auf die Beeidigung verzichten.

(§ 356). Abs. 1 Nov. 09. [1]) § 393.

§ 392. Die Beeidigung erfolgt nach der Vernehmung. Mehrere Zeugen können gleichzeitig beeidigt werden. Die Eidesnorm geht dahin, daß der Zeuge nach bestem Wissen die reine Wahrheit gesagt und nichts verschwiegen habe.

(§ 357). Nov. 09.

§ 393. Unbeeidigt sind zu vernehmen:

1. Personen, welche zur Zeit der Vernehmung das sechzehnte Lebensjahr noch nicht vollendet oder wegen mangelnder Verstandesreife oder wegen Verstandesschwäche von dem Wesen und der Bedeutung des Eides keine genügende Vorstellung haben;
2. Personen, welche nach den Bestimmungen der Strafgesetze unfähig sind, als Zeugen eidlich vernommen zu werden;[1])
3. die nach § 383 Nr. 1—3 und § 384 Nr. 1, 2 zur Verweigerung des Zeugnisses berechtigten Personen, sofern sie von diesem Rechte keinen Gebrauch machen, die im § 384 Nr. 1, 2 bezeichneten Personen jedoch nur dann, wenn sie lediglich über solche Tatsachen vorgeschlagen sind, auf welche sich das Recht zur Verweigerung des Zeugnisses bezieht;
4. Personen, welche ein rechtliches Interesse daran haben, daß in dem Rechtsstreite die eine Partei obsiege, Personen, welche einen in dem Rechtsstreite geltend gemachten Anspruch übertragen haben, auch dann, wenn sie zur Gewährleistung nicht verpflichtet sind.

Das Prozeßgericht kann die Beeidigung der unter den beiden letzten Nummern bezeichneten Personen anordnen.

(§ 358). Abs. 1 Nr. 3 Nov. 98. [1]) StGB. § 161.
Abs. 1 Nr. 4 Nov. 09.

§ 394. Jeder Zeuge ist einzeln und in Abwesenheit der später abzuhörenden Zeugen zu vernehmen.

Zeugen, deren Aussagen sich widersprechen, können einander gegenüber gestellt werden.
(§ 359).

§ 395. Die Vernehmung beginnt damit, daß der Zeuge über Vornamen und Zunamen, Alter, Religionsbekenntnis, Stand oder Gewerbe und Wohnort befragt wird. Erforderlichenfalls sind ihm Fragen über solche Umstände, welche seine Glaubwürdigkeit in der vorliegenden Sache betreffen, insbesondere über seine Beziehungen zu den Parteien vorzulegen.
(§ 360).

§ 396. Der Zeuge ist zu veranlassen, dasjenige, was ihm von dem Gegenstande seiner Vernehmung bekannt ist, im Zusammenhange anzugeben.

Zur Aufklärung und zur Vervollständigung der Aussage, sowie zur Erforschung des Grundes, auf welchem die Wissenschaft des Zeugen beruht, sind nötigenfalls weitere Fragen zu stellen.

Der Vorsitzende hat jedem Mitgliede des Gerichts auf Verlangen zu gestatten, Fragen zu stellen.
(§ 361).

§ 397. Die Parteien sind berechtigt, dem Zeugen diejenigen Fragen vorlegen zu lassen, welche sie zur Aufklärung der Sache oder der Verhältnisse des Zeugen für dienlich erachten.

Der Vorsitzende kann den Parteien gestatten, und hat ihren Anwälten auf Verlangen zu gestatten, an den Zeugen unmittelbar Fragen zu richten.

Zweifel über die Zulässigkeit einer Frage entscheidet das Gericht.
(§ 362).

§ 398. Das Prozeßgericht kann nach seinem Ermessen die wiederholte Vernehmung eines Zeugen anordnen.

Hat ein beauftragter oder ersuchter Richter bei der Vernehmung die Stellung der von einer Partei angeregten Frage verweigert, so kann das Prozeßgericht die nachträgliche Vernehmung des Zeugen über diese Frage anordnen.

Bei der wiederholten oder der nachträglichen Vernehmung kann der Richter statt der nochmaligen Beeidigung den Zeugen die Richtigkeit seiner Aussage unter Berufung auf den früher geleisteten Eid versichern lassen.
(§ 363).

§ 399. Die Partei kann auf einen Zeugen, welchen sie vorgeschlagen hat, verzichten, der Gegner kann aber verlangen, daß der erschienene Zeuge vernommen und, wenn die Vernehmung bereits begonnen hat, daß dieselbe fortgesetzt werde.
(§ 364).

§ 400. Der mit der Beweisaufnahme betraute Richter ist ermächtigt, im Falle des Nichterscheinens oder der Zeugnisverweigerung die gesetzlichen Verfügungen zu treffen, auch dieselben, soweit dieses überhaupt zulässig ist, selbst nach Erledigung des Auftrags wieder aufzuheben,[1] über die Zulässigkeit einer dem Zeugen vorgelegten Frage[2] vorläufig zu entscheiden und die nochmalige Vernehmung[3] eines Zeugen vorzunehmen.
(§ 365). [1] §§ 380, 381, 390. [2] § 383 Abs. 3, § 384, §§ 395—397. [3] § 398.

§ 401. Jeder Zeuge hat nach Maßgabe der Gebührenordnung auf Entschädigung für Zeitversäumnis[1] und, wenn sein Erscheinen eine Reise erforderlich macht, auf Erstattung der Kosten Anspruch, welche durch die Reise und den Aufenthalt am Orte der Vernehmung[2] verursacht werden.
(§ 366). [1] ZGO. §§ 2, 5. [2] ZGO. §§ 6—12.

Achter Titel.

Beweis durch Sachverständige.

§ 402. Auf den Beweis durch Sachverständige finden die Vorschriften über den Beweis durch Zeugen[1] entsprechende Anwendung, insoweit nicht in den nachfolgenden Paragraphen abweichende Bestimmungen enthalten sind.
(§ 367). [1] §§ 373 ff.

§ 403. Die Antretung des Beweises erfolgt durch die Bezeichnung der zu begutachtenden Punkte.
(§ 368).

§ 404. Die Auswahl der zuzuziehenden Sachverständigen und die Bestimmung ihrer Anzahl erfolgt durch das Prozeßgericht. Dasselbe kann sich auf die Ernennung eines einzigen Sachverständigen beschränken. Es kann an Stelle der zuerst ernannten Sachverständigen andere ernennen.

Sind für gewisse Arten von Gutachten Sachverständige öffentlich bestellt, so sollen andere Personen nur dann gewählt werden, wenn besondere Umstände es erfordern.

Das Gericht kann die Parteien auffordern, Personen zu bezeichnen, welche geeignet sind, als Sachverständige vernommen zu werden.

Einigen sich die Parteien über bestimmte Personen als Sachverständige, so hat das Gericht dieser Einigung Folge zu geben; das Gericht kann jedoch die Wahl der Parteien auf eine bestimmte Anzahl beschränken.
(§ 369).

§ 405. Das Prozeßgericht kann den mit der Beweisaufnahme betrauten Richter [1]) zur Ernennung der Sachverständigen ermächtigen. Derselbe hat in diesem Falle die in dem vorstehenden Paragraphen dem Prozeßgerichte beigelegten Befugnisse auszuüben.
(§ 370).

[1]) § 355 Abs. 1 Satz 2.

§ 406. Ein Sachverständiger kann aus denselben Gründen, welche zur Ablehnung eines Richters berechtigen,[1]) abgelehnt werden. Ein Ablehnungsgrund kann jedoch nicht daraus entnommen werden, daß der Sachverständige als Zeuge vernommen worden ist.

Das Ablehnungsgesuch ist bei demjenigen Gericht oder Richter, von welchem die Ernennung des Sachverständigen erfolgt ist, vor der Vernehmung desselben, bei schriftlicher Begutachtung vor erfolgter Einreichung des Gutachtens anzubringen. Nach diesem

Zeitpunkt ist die Ablehnung nur zulässig, wenn glaubhaft gemacht wird,[2] daß der Ablehnungsgrund vorher nicht geltend gemacht werden konnte. Das Ablehnungsgesuch kann vor dem Gerichtsschreiber zu Protokoll erklärt werden.

Der Ablehnungsgrund ist glaubhaft zu machen;[2] zur Versicherung an Eides Statt darf die Partei nicht zugelassen werden.

Die Entscheidung erfolgt von dem im zweiten Absatze bezeichneten Gericht oder Richter; eine vorgängige mündliche Verhandlung der Beteiligten ist nicht erforderlich.

Gegen den Beschluß, durch welchen die Ablehnung für begründet erklärt wird, findet kein Rechtsmittel; gegen den Beschluß, durch welchen dieselbe für unbegründet erklärt wird, findet sofortige Beschwerde[3] statt.

(§ 371). Abs. 3 Nov. 98. 1) § 42. 2) § 294. 3) § 577.

§ 407. Der zum Sachverständigen Ernannte hat der Ernennung Folge zu leisten, wenn er zur Erstattung von Gutachten der erforderten Art öffentlich bestellt ist oder wenn er die Wissenschaft, die Kunst oder das Gewerbe, deren Kenntnis Voraussetzung der Begutachtung ist, öffentlich zum Erwerbe ausübt oder wenn er zur Ausübung derselben öffentlich bestellt oder ermächtigt ist.

Zur Erstattung des Gutachtens ist auch derjenige verpflichtet, welcher sich zu derselben vor Gericht bereit erklärt hat.

(§ 372).

§ 408. Dieselben Gründe, welche einen Zeugen berechtigen, das Zeugnis zu verweigern,[1]) berechtigen einen Sachverständigen zur Verweigerung des Gutachtens. Das Gericht kann auch aus anderen Gründen einen Sachverständigen von der Verpflichtung zur Erstattung des Gutachtens entbinden.

Die Vernehmung eines öffentlichen Beamten als Sachverständigen findet nicht statt, wenn die vorgesetzte

Behörde des Beamten erklärt, daß die Vernehmung den dienstlichen Interessen Nachteile bereiten würde.

Wer bei einer richterlichen Entscheidung mitgewirkt hat, soll über Fragen, die den Gegenstand der Entscheidung gebildet haben, nicht als Sachverständiger vernommen werden.

(§ 373). Abs. 3 Nov. 09. [1]) §§ 383—385.

§ 409. Im Falle des Nichterscheinens oder der Weigerung eines zur Erstattung des Gutachtens verpflichteten Sachverständigen wird dieser zum Ersatze der Kosten und zu einer Geldstrafe bis zu dreihundert Mark verurteilt. Im Falle wiederholten Ungehorsams kann noch einmal eine Geldstrafe bis zu sechshundert Mark erkannt werden.

Gegen den Beschluß findet Beschwerde[1]) statt.

Die Festsetzung und die Vollstreckung der Strafe gegen eine dem aktiven Heere oder der aktiven Marine angehörende Militärperson erfolgt auf Ersuchen durch das Militärgericht.

(§ 374). [1]) § 567.

§ 410. Die Beeidigung des Sachverständigen erfolgt vor oder nach Erstattung des Gutachtens. Die Eidesnorm geht dahin, daß der Sachverständige das von ihm erforderte Gutachten unparteiisch und nach bestem Wissen und Gewissen erstatten werde oder erstattet habe.

Ist der Sachverständige für die Erstattung von Gutachten der betreffenden Art im allgemeinen beeidigt, so genügt die Berufung auf den geleisteten Eid.

(§ 375). Abs. 1 Nov. 09.

§ 411. Wird schriftliche Begutachtung angeordnet, so hat der Sachverständige das von ihm unterschriebene Gutachten auf der Gerichtsschreiberei niederzulegen.

Das Gericht kann das Erscheinen des Sachverständigen anordnen, damit derselbe das schriftliche Gutachten erläutere.

(§ 376).

§ 412. Das Gericht kann eine neue Begutachtung durch dieselben oder durch andere Sachverständige anordnen, wenn es das Gutachten für ungenügend erachtet.

Das Gericht kann die Begutachtung durch einen anderen Sachverständigen anordnen, wenn ein Sachverständiger nach Erstattung des Gutachtens mit Erfolg abgelehnt[1]) ist.

(§ 377). [1]) § 403.

§ 413. Der Sachverständige hat nach Maßgabe der Gebührenordnung auf Entschädigung für Zeitversäumnis,[1]) auf Erstattung der ihm verursachten Kosten[2]) und außerdem auf angemessene Vergütung seiner Mühewaltung[3]) Anspruch.

(§ 378). [1]) ZSGO. § 3 Abs. 1, 2, § 5. [2]) ZSGO. § 3 Abs. 3, §§ 6—12. [3]) ZSGO. §§ 3, 4.

§ 414. Insoweit zum Beweise vergangener Tatsachen oder Zustände, zur deren Wahrnehmung eine besondere Sachkunde erforderlich war, sachkundige Personen zu vernehmen sind, kommen die Vorschriften über den Zeugenbeweis[1]) zur Anwendung.

(§ 379). [1]) §§ 373 ff.

Neunter Titel.

Beweis durch Urkunden.

§ 415. Urkunden, welche von einer öffentlichen Behörde innerhalb der Grenzen ihrer Amtsbefugnisse oder von einer mit öffentlichem Glauben versehenen Person innerhalb des ihr zugewiesenen Geschäftskreises in der vorgeschriebenen Form aufgenommen sind (öffentliche Urkunden), begründen, wenn sie über eine vor der Behörde oder der Urkundsperson abgegebene Erklärung errichtet sind, vollen Beweis des durch die Behörde oder die Urkundsperson beurkundeten Vorganges.

Der Beweis, daß der Vorgang unrichtig beurkundet sei, ist zulässig.

(§ 380).

§ 416. Privaturkunden begründen, sofern sie von den Ausstellern unterschrieben oder mittels gerichtlich oder

notariell beglaubigten Handzeichens unterzeichnet sind, vollen Beweis dafür, daß die in denselben enthaltenen Erklärungen von den Ausstellern abgegeben sind.
(§ 381).

§ 417. Die von einer Behörde ausgestellten, eine amtliche Anordnung, Verfügung oder Entscheidung enthaltenden öffentlichen Urkunden begründen vollen Beweis ihres Inhalts.
(§ 382).

§ 418. Oeffentliche Urkunden, welche einen anderen als den in den §§ 415, 417 bezeichneten Inhalt haben, begründen vollen Beweis der darin bezeugten Tatsachen.

Der Beweis der Unrichtigkeit der bezeugten Tatsachen ist zulässig, sofern nicht die Landesgesetze diesen Beweis ausschließen oder beschränken.

Beruht das Zeugnis nicht auf eigener Wahrnehmung der Behörde oder der Urkundsperson, so findet die Vorschrift des ersten Absatzes nur dann Anwendung, wenn sich aus den Landesgesetzen ergibt, daß die Beweiskraft des Zeugnisses von der eigenen Wahrnehmung unabhängig ist.
(§ 383). Abs. 1 Nov. 98.

§ 419. Inwiefern Durchstreichungen, Radierungen, Einschaltungen oder sonstige äußere Mängel die Beweiskraft einer Urkunde ganz oder teilweise aufheben oder mindern, entscheidet das Gericht nach freier Ueberzeugung.
(§ 384).

§ 420. Die Antretung des Beweises erfolgt durch die Vorlegung der Urkunde.
(§ 385).

§ 421. Befindet sich die Urkunde nach der Behauptung des Beweisführers in den Händen des Gegners, so erfolgt die Antretung des Beweises durch den Antrag, dem Gegner die Vorlegung der Urkunde aufzugeben.
(§ 386).

§ 422. Der Gegner ist zur Vorlegung der Urkunde verpflichtet, wenn der Beweisführer nach den Vorschriften des bürgerlichen Rechts die Herausgabe oder die Vorlegung der Urkunde verlangen kann.[1])

(§ 387). Nov. 98. [1]) BGB. § 810.

§ 423. Der Gegner ist auch zur Vorlegung derjenigen in seinen Händen befindlichen Urkunden verpflichtet, auf welche er im Prozesse zur Beweisführung Bezug genommen hat, selbst wenn dieses nur in einem vorbereitenden Schriftsatze geschehen ist.[1])

(§ 388). [1]) § 131.

§ 424. Der Antrag soll enthalten:

1. die Bezeichnung der Urkunde;
2. die Bezeichnung der Tatsachen, welche durch die Urkunde bewiesen werden sollen;
3. die möglichst vollständige Bezeichnung des Inhalts der Urkunde;
4. die Angabe der Umstände, auf welche die Behauptung sich stützt, daß die Urkunde sich in dem Besitze des Gegners befindet;
5. die Bezeichnung des Grundes, welcher die Verpflichtung zur Vorlegung der Urkunde ergibt. Der Grund ist glaubhaft zu machen.[1])

(§ 389). [1]) § 294.

§ 425. Erachtet das Gericht die Tatsache, welche durch die Urkunde bewiesen werden soll, für erheblich und den Antrag für begründet, so ordnet es, wenn der Gegner zugesteht, daß die Urkunde sich in seinen Händen befinde oder wenn der Gegner sich über den Antrag nicht erklärt, die Vorlegung der Urkunde an.

(§ 390).

§ 426. Bestreitet der Gegner, daß die Urkunde sich in seinem Besitze befinde, so hat er einen Eid dahin zu leisten:

daß er nach sorgfältiger Nachforschung die Ueberzeugung erlangt habe, daß die Urkunde in seinem Besitze sich nicht befinde, daß er die Urkunde nicht in der Absicht abhanden gebracht habe, deren Benutzung dem Beweisführer zu entziehen, daß er auch nicht wisse, wo die Urkunde sich befinde.

Das Gericht kann eine der Lage der Sache entsprechende Aenderung der vorstehenden Eidesnorm beschließen.

Auf die Leistung des Eides durch Streitgenossen,[1]) gesetzliche Vertreter und die im § 473 Abs. 2, 3 bezeichneten Personen finden die Vorschriften der §§ 472 bis 474 entsprechende Anwendung.

Hat eine öffentliche Behörde Urkunden vorzulegen, so wird der Eid von dem Beamten geleistet, welchem die Verwahrung der Urkunden übertragen ist.

(§ 391). Abs. 3 Nov. 98. [1]) § 59.

§ 427. Kommt der Gegner der Anordnung, die Urkunde vorzulegen oder den Eid zu leisten, nicht nach, so ist, wenn der Beweisführer eine Abschrift der Urkunde beigebracht hat, diese Abschrift als richtig anzusehen. Ist eine Abschrift der Urkunde nicht beigebracht, so können die Behauptungen des Beweisführers über die Beschaffenheit und den Inhalt der Urkunde als bewiesen angenommen werden.

(§ 392).

§ 428. Befindet sich die Urkunde nach der Behauptung des Beweisführers in den Händen eines Dritten, so erfolgt die Antretung des Beweises durch den Antrag, zur Herbeischaffung der Urkunde eine Frist zu bestimmen.

(§ 393).

§ 429. Der Dritte ist aus denselben Gründen wie der Gegner des Beweisführers zur Vorlegung einer Urkunde verpflichtet;[1]) er kann zur Vorlegung nur im Wege der Klage genötigt werden.

(§ 394). [1]) § 422; BGB. § 810.

§ 430. Zur Begründung des nach § 428 zu stellenden Antrags hat der Beweisführer den Erfordernissen des § 424 Nr. 1—3, 5 zu genügen und außerdem glaubhaft zu machen,[1]) daß die Urkunde sich in den Händen des Dritten befinde.

(§ 395). Nov. 98. [1]) § 294.

§ 431. Ist die Tatsache, welche durch die Urkunde bewiesen werden soll, erheblich, und der Antrag den Bestimmungen des vorstehenden Paragraphen entsprechend, so hat das Gericht eine Frist zur Vorlegung der Urkunde in einem von dem Beweisführer zu erwirkenden Termine zu bestimmen.

Der Gegner kann die Fortsetzung des Verfahrens vor dem Ablaufe der Frist beantragen, wenn die Klage gegen den Dritten erledigt ist oder wenn der Beweisführer die Erhebung der Klage oder die Betreibung des Prozesses oder der Zwangsvollstreckung verzögert.

(§ 396).

§ 432. Befindet sich die Urkunde nach der Behauptung des Beweisführers in den Händen einer öffentlichen Behörde oder eines öffentlichen Beamten, so erfolgt die Antretung des Beweises durch den Antrag, die Behörde oder den Beamten um die Mitteilung der Urkunde zu ersuchen.

Diese Vorschrift findet auf Urkunden, welche die Parteien nach den gesetzlichen Vorschriften ohne Mitwirkung des Gerichts zu beschaffen imstande sind, keine Anwendung.

Verweigert die Behörde oder der Beamte die Mitteilung der Urkunde in Fällen, in welchen eine Verpflichtung zur Vorlegung auf § 422 gestützt wird, so finden die Bestimmungen der §§ 428—431 Anwendung.

(§ 397). Abs. 3 Nov. 98.

§ 433. Wird nach Erlassung eines Beweisbeschlusses über die in demselben bezeichneten streitigen Tatsachen Beweis in Gemäßheit der §§ 428, 432 angetreten, so ist die Beweisantretung auf Antrag zurückzuweisen, wenn durch das zur Herbeischaffung der Urkunden erforderliche Verfahren die Erledigung des Rechtsstreits verzögert werden würde und das Gericht die Ueberzeugung gewinnt, daß die Partei in der Absicht, den Prozeß zu verschleppen, oder aus grober Nachlässigkeit den Beweis nicht früher angetreten hat.

(§ 398). Nov. 98.

§ 434. Wenn die Vorlegung einer Urkunde bei der mündlichen Verhandlung wegen erheblicher Hindernisse nicht erfolgen kann oder wegen der Wichtigkeit der Urkunde und der Besorgnis des Verlustes oder der Beschädigung bedenklich erscheint, so kann das Prozeßgericht anordnen, daß die Vorlegung vor einem seiner Mitglieder oder vor einem anderen Gerichte geschehe.
(§ 399).

§ 435. Eine öffentliche Urkunde[1]) kann in Urschrift oder in einer beglaubigten Abschrift, welche hinsichtlich der Beglaubigung die Erfordernisse einer öffentlichen Urkunde an sich trägt, vorgelegt werden; das Gericht kann jedoch anordnen, daß der Beweisführer die Urschrift vorlege oder die Tatsachen angebe und glaubhaft mache, welche ihn an der Vorlegung der Urschrift verhindern. Bleibt die Anordnung erfolglos, so entscheidet das Gericht nach freier Ueberzeugung, welche Beweiskraft der beglaubigten Abschrift beizulegen sei.
(§ 400).

[1]) § 415 Abs. 1.

§ 436. Der Beweisführer kann nach erfolgter Vorlegung einer Urkunde nur mit Zustimmung des Gegners auf dieses Beweismittel verzichten.
(§ 401).

§ 437. Urkunden, welche nach Form und Inhalt als von einer öffentlichen Behörde oder von einer mit öffentlichem Glauben versehenen Person errichtet sich darstellen, haben die Vermutung der Echtheit für sich.

Das Gericht kann, wenn es die Echtheit für zweifelhaft hält, auch von Amts wegen die Behörde oder die Person, von welcher die Urkunde errichtet sein soll, zu einer Erklärung über die Echtheit veranlassen.
(§ 402).

§ 438. Ob eine Urkunde, welche als von einer ausländischen Behörde oder von einer mit öffentlichem Glauben versehenen Person des Auslandes errichtet sich darstellt, ohne näheren Nachweis als echt anzusehen sei, hat das Gericht nach den Umständen des Falles zu ermessen.

Zum Beweise der Echtheit einer solchen Urkunde genügt die Legalisation durch einen Konsul oder Gesandten des Reichs.
(§ 403).

§ 439. Ueber die Echtheit einer Privaturkunde[1]) hat sich der Gegner des Beweisführers nach Vorschrift des § 138 zu erklären.

Befindet sich unter der Urkunde eine Namensunterschrift, so ist die Erklärung auf die Echtheit der Unterschrift zu richten.

Erfolgt die Erklärung nicht, so ist die Urkunde als anerkannt anzusehen, wenn nicht die Absicht, die Echtheit bestreiten zu wollen, aus den übrigen Erklärungen der Partei hervorgeht.
(§ 404). Abs. 1 Nov. 98. [1]) § 416.

§ 440. Die Echtheit einer nicht anerkannten Privaturkunde[1]) ist zu beweisen.

Steht die Echtheit der Namensunterschrift fest oder ist das unter einer Urkunde befindliche Handzeichen gerichtlich oder notariell beglaubigt, so hat die über der Unterschrift oder dem Handzeichen stehende Schrift die Vermutung der Echtheit für sich.
(§ 405). [1]) §§ 416, 439.

§ 441. Der Beweis der Echtheit oder Unechtheit einer Urkunde kann auch durch Schriftvergleichung geführt werden.

In diesem Falle hat der Beweisführer zur Vergleichung geeignete Schriften vorzulegen oder deren Mitteilung in Gemäßheit der Bestimmung des § 432 zu beantragen und erforderlichen Falls den Beweis der Echtheit derselben anzutreten.

Befinden sich zur Vergleichung geeignete Schriften in den Händen des Gegners, so ist dieser auf Antrag des Beweisführers zur Vorlegung verpflichtet. Die Bestimmungen der §§ 421—426 finden entsprechende Anwendung. Kommt der Gegner der Anordnung, die zur Vergleichung geeigneten Schriften vorzulegen oder den im § 426 bestimmten Eid zu leisten, nicht nach, so gilt der Echtheitsbeweis als geführt.

Macht der Beweisführer glaubhaft,[1] daß in den Händen eines Dritten geeignete Vergleichungsschriften sich befinden, deren Vorlegung er im Wege der Klage zu erwirken imstande sei, so finden die Vorschriften des § 431 entsprechende Anwendung.

(§ 406). Abs. 3 Nov. 98. [1]) § 294.

§ 442. Ueber das Ergebnis der Schriftvergleichung hat das Gericht nach freier Ueberzeugung, geeigneten Falls nach Anhörung von Sachverständigen zu entscheiden.

(§ 407).

§ 443. Urkunden, deren Echtheit bestritten ist oder deren Inhalt verändert sein soll, werden bis zur Erledigung des Rechtsstreits auf der Gerichtsschreiberei verwahrt, sofern nicht ihre Auslieferung an eine andere Behörde im Interesse der öffentlichen Ordnung erforderlich ist.

(§ 408).

§ 444. Ist eine Urkunde von einer Partei in der Absicht, deren Benutzung dem Gegner zu entziehen, beseitigt oder zur Benutzung untauglich gemacht, so können die Behauptungen des Gegners über die Beschaffenheit und den Inhalt der Urkunde als bewiesen angesehen werden.

(§ 409).

Zehnter Titel.

Beweis durch Eid.

§ 445. Die Eideszuschiebung ist nur über Tatsachen zulässig, welche in Handlungen des Gegners, seiner Rechtsvorgänger oder Vertreter bestehen oder welche Gegenstand der Wahrnehmung dieser Personen gewesen sind.

(§ 410).

§ 446. Die Eideszuschiebung über eine Tatsache, deren Gegenteil das Gericht für erwiesen erachtet, ist unzulässig.

(§ 411).

§ 447. Eine nicht beweispflichtige Partei übernimmt durch Eideszuschiebung nicht die Beweispflicht.

(§ 412).

§ 448. Die Zurückschiebung des Eides ist nur insofern zulässig, als nach den Bestimmungen des § 445 die Zuschiebung desselben zulässig sein würde.

Sie findet nicht statt, wenn die Partei, welcher der Eid zugeschoben ist, nicht aber die Gegenpartei über ihre eigene Handlung oder Wahrnehmung zu schwören haben würde.

(§ 413). Abs. 1 Nov. 98.

§ 449. Der Eid kann nur der Partei, nicht einem Dritten zugeschoben oder zurückgeschoben werden. Die Zuschiebung oder Zurückschiebung an einen Nebenintervenienten[1]) findet nur statt, wenn dieser als Streitgenosse der Hauptpartei anzusehen ist (§ 69).

(§ 414). [1]) § 66.

§ 450. Das Gericht kann anordnen, daß die in den §§ 445, 448, 449 enthaltenen Beschränkungen für die Zuschiebung und Zurückschiebung des Eides nicht zur Anwendung kommen sollen, wenn die Parteien in Betreff des zu leistenden Eides einig sind und der Eid sich auf Tatsachen bezieht.

(§ 415). Nov. 98.

§ 451. Die Antretung des Beweises erfolgt durch die Erklärung, daß dem Gegner über die bestimmt zu bezeichnende Tatsache der Eid zugeschoben werde.

(§ 416).

§ 452. Die Partei, welcher der Eid zugeschoben ist, hat sich zu erklären, ob sie den Eid annehme oder zurückschiebe, selbst wenn sie Einwendungen in Beziehung auf die Eideszuschiebung vorbringt.

Gibt die Partei keine Erklärung ab oder schiebt sie in einem Falle, in welchem die Zurückschiebung unzulässig ist,[1] den Eid zurück, ohne denselben bedingt anzunehmen, so wird der Eid als verweigert angesehen.[2]

(§ 417). [1]) §§ 448, 449. [2]) § 464 Abs. 2.

§ 453. Durch die Zuschiebung, Annahme oder Zurückschiebung des Eides wird die Geltendmachung anderer Beweismittel von seiten der einen oder der anderen Partei nicht ausgeschlossen.

Werden andere Beweismittel geltend gemacht, so gilt der Eid nur für den Fall als zugeschoben, daß die Antretung des Beweises durch die anderen Beweismittel erfolglos bleibt.

(§ 418).

§ 454. Werden andere Beweismittel geltend gemacht, so ist die Partei, welcher der Eid zugeschoben wurde, nicht verpflichtet, sich über die Eideszuschiebung früher zu erklären, als bis die Eideszuschiebung nach Aufnahme oder sonstiger Erledigung der anderen Beweismittel wiederholt ist.

Sind andere Beweise aufgenommen, so kann die vorher abgegebene Erklärung widerrufen werden.

(§ 419).

§ 455. Wegen unterbliebener Erklärung auf eine Eideszuschiebung kann der Eid nur dann als verweigert angesehen werden, wenn die Partei durch das Gericht zur Erklärung über den Eid aufgefordert ist.

(§ 420).

§ 456. Der zurückgeschobene Eid[1]) gilt auch ohne ausdrückliche Erklärung über die Annahme als von dem Beweisführer angenommen.

(§ 421). [1]) § 448.

§ 457. Die Zurückschiebung des Eides kann außer dem Falle des § 454 Abs. 2 widerrufen werden, wenn der Schwurpflichtige wegen wissentlicher Verletzung der Eidespflicht rechtskräftig verurteilt oder wenn glaubhaft gemacht wird, daß der Gegner erst nach erfolgter Zurückschiebung des Eides von einer solchen Verurteilung Kenntnis erlangt habe.

(§ 422). Nov. 98.

§ 458. Die Annahme oder Zurückschiebung des Eides kann außer den Fällen des § 454 Abs. 2 und des § 457 nicht widerrufen werden.

(§ 423). Nov. 98.

§ 459. Ueber eine Tatsache, welche in einer Handlung des Schwurpflichtigen besteht oder Gegenstand seiner Wahrnehmung gewesen ist, wird der Eid dahin geleistet:

daß die Tatsache wahr oder nicht wahr sei.

Ist eine solche Tatsache vom Gegner des Schwurpflichtigen behauptet und kann dem letzteren nach den Umständen des Falles nicht zugemutet werden, daß er die Wahrheit oder Nichtwahrheit derselben beschwöre, so kann das Gericht auf Antrag die Leistung des Eides dahin anordnen:

daß der Schwurpflichtige nach sorgfältiger Prüfung und Erkundigung die Ueberzeugung erlangt habe, daß die Tatsache wahr oder nicht wahr sei.

Ueber andere Tatsachen wird der Eid dahin geleistet:

daß der Schwurpflichtige nach sorgfältiger Prüfung und Erkundigung die Ueberzeugung erlangt oder nicht erlangt habe, daß die Tatsache wahr sei.

(§ 424).

§ 460. Auf die Leistung eines Eides ist durch bedingtes Endurteil zu erkennen.

Die Eidesleistung erfolgt erst nach Eintritt der Rechtskraft des Urteils.

(§ 425).

§ 461. Sind die Parteien über die Erheblichkeit und die Norm des Eides einverstanden oder dient der Eid zur Erledigung eines Zwischenstreits, so kann die Leistung des Eides durch Beweisbeschluß [1]) angeordnet werden.

Hängt die Entscheidung über einzelne selbständige Angriffs- und Verteidigungsmittel von der Leistung eines Eides ab, so kann die Leistung des Eides durch Beweisbeschluß[1]) angeordnet oder auf dieselbe durch bedingtes Zwischenurteil erkannt werden. In dem letzteren Falle erfolgt die Eidesleistung nur dann, wenn durch bedingtes Endurteil rechtskräftig erkannt ist, daß es auf dieselbe für die Endentscheidung des Rechtsstreits noch ankomme.

(§ 426). 1) § 359.

§ 462. In dem bedingten Urteil ist die Eidesnorm und die Folge sowohl der Leistung als der Nichtleistung des Eides so genau, als die Lage der Sache dies gestattet, festzustellen.

Der Eintritt dieser Folge wird durch Endurteil ausgesprochen.

(§ 427).

§ 463. Durch Leistung des Eides wird voller Beweis der beschworenen Tatsache begründet.

Der Beweis des Gegenteils findet nur unter denselben Voraussetzungen statt, unter welchen ein rechtskräftiges Urteil wegen Verletzung der Eidespflicht angefochten werden kann.[1])

(§ 428). 1) § 580 Nr. 1, § 581.

§ 464. Die Erlassung des Eides von seiten des Gegners hat dieselbe Wirkung, wie die Leistung des Eides.[1])

Die Verweigerung der Eidesleistung hat zur Folge, daß das Gegenteil der zu beschwörenden Tatsache als voll bewiesen gilt.

(§ 429). 1) § 463.

§ 465. Erscheint der Schwurpflichtige in dem zur Eidesleistung bestimmten Termine nicht, so ist auf Antrag der Eid als verweigert anzusehen[1]) und zur Hauptsache zu verhandeln.

(§ 430). Nov. 98. 1) § 464 Abs. 2.

§ 466. Der Schwurpflichtige kann die Folge der Versäumung des zur Eidesleistung bestimmten Termins dadurch beseitigen, daß er nachträglich bei dem Gerichte die Abnahme des Eides beantragt. Der Antrag ist nur innerhalb der Notfrist[1]) von einer Woche nach dem Termine zulässig; er kann zum Protokolle des Gerichtsschreibers erfolgen.

Nov. 98. [1]) § 223 Abs. 2, § 224 Abs. 1, § 251 Abs. 1 Satz 2.

§ 467. Gilt der Eid infolge der Versäumung des Termins als verweigert, so ist, falls auf die Verhandlung in der Hauptsache ein Urteil oder ein Beweisbeschluß ergeht, diese Entscheidung in einem besonderen, über eine Woche hinaus anzusetzenden Termine zu verkünden; für den Fall, daß die Abnahme des Eides rechtzeitig beantragt wird,[1]) ist der Termin zur Eidesleistung und zur weiteren mündlichen Verhandlung bestimmt. Hat die Verhandlung die Erlassung eines Urteils oder eines Beweisbeschlusses nicht zur Folge, so ist, wenn die Abnahme des Eides rechtzeitig beantragt[1]) wird, der nächste Termin zur mündlichen Verhandlung auch zur Eidesleistung bestimmt.

Ist die Abnahme des Eides einem Mitgliede des Prozeßgerichts oder einem anderen Gericht übertragen, so ist, wenn der Schwurpflichtige in dem Termine nicht erscheint, jedoch innerhalb der Notfrist die Abnahme des Eides beantragt, zu diesem Zwecke ein neuer Termin anzuberaumen.

Nov. 98. [1]) § 466 Satz 2.

§ 468. Erscheint der Schwurpflichtige auch in dem zweiten zur Eidesleistung bestimmten Termine nicht, so ist ein nochmaliger Antrag auf Abnahme des Eides nicht zulässig.

Nov. 98.

§ 469. Der Schwurpflichtige, welcher frühere Behauptungen zurücknimmt oder früher bestrittene Tatsachen zugesteht, kann sich zur Leistung eines beschränkteren Eides erbieten, selbst wenn der Eid bereits durch bedingtes Urteil auferlegt ist. Auch können unerhebliche Umstände, welche in die Eidesnorm aufgenommen sind, berichtigt werden.

(§ 431). Satz 2 Nov. 98.

§ 470. Ist der Eid durch bedingtes Urteil auferlegt, so kann auch nach Eintritt der Rechtskraft die Zuschiebung sowie die Zurückschiebung des Eides widerrufen werden, wenn der Schwurpflichtige wegen wissentlicher Verletzung der Eidespflicht rechtskräftig verurteilt oder wenn glaubhaft gemacht wird, daß der Gegner erst nach erfolgter Zuschiebung oder Zurückschiebung des Eides von einer solchen Verurteilung Kenntnis erlangt habe.

(§ 432).

§ 471. Wenn der Schwurpflichtige stirbt, wenn er zur Leistung des Eides unfähig wird oder wenn er aufhört gesetzlicher Vertreter[1]) zu sein, so können beide Parteien in Ansehung der betreffenden Beweisführung alle Rechte ausüben, welche ihnen vor der Zuschiebung des Eides zustanden.

Dasselbe gilt, wenn infolge der Verurteilung des Schwurpflichtigen wegen wissentlicher Verletzung der Eidespflicht die Zuschiebung oder Zurückschiebung des Eides widerrufen wird.

Ist der Eid durch bedingtes Urteil auferlegt, so wird unter Aufhebung des Urteils in der Sache anderweit erkannt.

(§ 433).

[1]) § 473.

§ 472. Der Eid über eine Tatsache, welche für ein allen Streitgenossen gegenüber nur einheitlich festzustellendes Rechtsverhältnis[1]) von Einfluß ist, muß allen Streitgenossen zugeschoben oder zurückgeschoben werden, sofern nicht rücksichtlich einzelner Streitgenossen die Zuschiebung oder Zurückschiebung unzulässig ist. In jedem Falle bedarf es zur Zuschiebung oder zur Zurückschiebung der übereinstimmenden Erklärung aller Streitgenossen. Ueber die Annahme des Eides haben sich nur diejenigen Streitgenossen zu erklären, welchen der Eid zugeschoben ist.

Ist der von allen oder von einigen Streitgenossen zu leistende Eid von einem oder mehreren derselben, oder ist der von einem Teile der Streitgenossen zu leistende Eid von allen Schwurpflichtigen verweigert oder als von ihnen verweigert anzusehen, so entscheidet das Gericht nach freier Ueberzeugung, ob die Behauptung, deren Beweis durch Eideszuschiebung angetreten ist, für wahr zu erachten sei. Erklären einzelne Streitgenossen, daß sie den Eid nicht leisten werden, so ist in Ansehung der übrigen Streitgenossen die Leistung des Eides nicht anzuordnen oder der Eid nicht abzunehmen, sofern das Gericht denselben für unerheblich erachtet.

(§ 434). [1]) § 62.

§ 473. Ist eine Partei nicht prozeßfähig,[1]) so ist die Zuschiebung oder Zurückschiebung des Eides nur an ihren gesetzlichen Vertreter und nur insoweit zulässig, als die vertretene Partei, wenn sie den Prozeß in Person führte, oder der Vertreter, wenn er selbst Partei wäre, dieselbe zulassen müßte.

Minderjährigen, welche das sechzehnte Lebensjahr vollendet haben, sowie Volljährigen, welche wegen Geistesschwäche, Verschwendung oder Trunksucht entmündigt sind,[2]) kann über Tatsachen, die in Handlungen derselben bestehen oder Gegenstand ihrer Wahrnehmung gewesen sind, der Eid zugeschoben oder zurückgeschoben werden, sofern dies von dem Gericht auf Antrag des Gegners nach den Umständen des Falles für zulässig erklärt wird. Das gleiche gilt von einer prozeßfähigen Partei, die in dem Rechtsstreite durch einen Pfleger vertreten wird.[3])

Auf Volljährige, welche unter vorläufige Vormundschaft[4]) gestellt sind, finden in Betreff der Zuschiebung oder Zurückschiebung des Eides diejenigen Vorschriften Anwendung, welche nach Abs. 1, 2 bei eingetretener Entmündigung gelten.

(§ 435). Abs. 2, 3 Nov. 98. [1]) § 52. [2]) BGB. § 6. [3]) § 53. [4]) BGB. § 1906.

§ 474. Sind mehrere gesetzliche Vertreter vorhanden, so finden die Vorschriften des § 472 entsprechende Anwendung. Betrifft der Eid die eigenen Handlungen oder Wahrnehmungen nur einiger oder eines der Vertreter, so ist er von den übrigen nicht zu leisten.

(§ 436). Satz 1 Nov. 98.

§ 475. Ist das Ergebnis der Verhandlungen und einer etwaigen Beweisaufnahme nicht ausreichend, um die Ueberzeugung des Gerichts von der Wahrheit oder Unwahrheit der zu erweisenden Tatsache zu begründen, so kann das Gericht der einen oder der anderen Partei über eine streitige Tatsache einen Eid auferlegen.
(§ 437).

§ 476. Der richterliche Eid kann allen Streitgenossen[1]) oder gesetzlichen Vertretern, er kann einigen oder einem derselben auferlegt werden.
(§ 438).

[1]) § 59.

§ 477. Die Bestimmungen der §§ 457—471, 473 finden auf den richterlichen Eid entsprechende Anwendung.

Ist der Schwurpflichtige wegen wissentlicher Verletzung der Eidespflicht rechtskräftig verurteilt, so ist der Antrag des Gegners, den richterlichen Eid zurückzunehmen, gerechtfertigt, wenngleich der Gegner schon vor der Auferlegung des Eides von dieser Verurteilung Kenntnis gehabt hat.

Der richterliche Eid wird durch bedingtes Urteil auferlegt.
(§ 439). Abs. 1 Nov. 98.

Elfter Titel.

Verfahren bei der Abnahme von Eiden.

§ 478. Der Eid muß von dem Schwurpflichtigen in Person geleistet werden.
(§ 440).

§ 479. Das Prozeßgericht kann anordnen, daß die Eidesleistung vor einem seiner Mitglieder oder vor einem anderen Gericht erfolge, wenn der Schwurpflichtige am Erscheinen vor dem Prozeßgerichte verhindert ist oder in großer Entfernung von dem Sitze desselben sich aufhält.

Die Eidesleistung der Landesherren und der Mitglieder der landesherrlichen Familien sowie der Mitglieder der Fürstlichen Familie Hohenzollern erfolgt in der Wohnung derselben vor einem Mitgliede des Prozeßgerichts oder vor einem anderen Gerichte. Das gleiche gilt in Ansehung der Mitglieder des vormaligen Hannoverschen Königshauses, des vormaligen Kurhessischen und des vormaligen Herzoglich Nassauischen Fürstenhauses.

(§ 441). Abs. 2 Satz 2 Nov. 98.

§ 480. Vor der Leistung des Eides hat der Richter den Schwurpflichtigen in angemessener Weise auf die Bedeutung des Eides hinzuweisen.

(§ 442).

§ 481. Der Eid wird in der Weise geleistet, daß der Richter die Eidesnorm mit der Eingangsformel:

„Sie schwören bei Gott dem Allmächtigen und Allwissenden" vorspricht und der Schwurpflichtige hierauf die Worte spricht (Eidesformel):

„Ich schwöre es, so wahr mir Gott helfe!"

Der Schwörende soll bei der Eidesleistung die rechte Hand erheben.

Sollen mehrere Personen gleichzeitig einen Eid leisten, so wird die Eidesformel von jedem Schwurpflichtigen einzeln gesprochen.

(§ 443). Nov. 09.

§ 482. Die Landesherren und die Mitglieder der landesherrlichen Familien sowie die Mitglieder der Fürstlichen Familie Hohenzollern leisten den Eid mittels Unterschreibens der die Eidesnorm enthaltenden Eidesformel. Das gleiche gilt in Ansehung der Mitglieder des vormaligen Hannoverschen Königshauses, des vormaligen Kurhessischen und des vormaligen Herzoglich Nassauischen Fürstenhauses.

(§ 444). Satz 2 Nov. 98; Abs. 1 u. 2 gestrichen (Nov. 09).

§ 483. Stumme, welche schreiben können, leisten den Eid mittels Abschreibens und Unterschreibens der die Eidesnorm enthaltenen Eidesformel.

Stumme, welche nicht schreiben können, leisten den Eid mit Hilfe eines Dolmetschers durch Zeichen.

(§ 445).

§ 484. Der Eidesleistung wird gleichgeachtet, wenn ein Mitglied einer Religionsgesellschaft, welcher das Gesetz den Gebrauch gewisser Beteuerungsformeln an Stelle des Eides gestattet, eine Erklärung unter der Beteuerungsformel dieser Religionsgesellschaft abgibt.
(§ 446).

Zwölfter Titel.

Sicherung des Beweises.

§ 485. Die Einnahme des Augenscheins und die Vernehmung von Zeugen und Sachverständigen kann zur Sicherung des Beweises erfolgen, wenn zu besorgen ist, daß das Beweismittel verloren oder die Benutzung desselben erschwert werde.
(§ 447).

§ 486. Das Gesuch ist bei dem Gericht anzubringen, vor welchem der Rechtsstreit anhängig ist; es kann vor dem Gerichtsschreiber zu Protokoll erklärt werden.

In Fällen dringender Gefahr kann das Gesuch auch bei dem Amtsgericht angebracht werden, in dessen Bezirke die zu vernehmenden Personen sich aufhalten oder der in Augenschein zu nehmende Gegenstand sich befindet.

Bei dem bezeichneten Amtsgerichte muß das Gesuch angebracht werden, wenn der Rechtsstreit noch nicht anhängig ist.
(§ 448).

§ 487. Das Gesuch muß enthalten:
1. die Bezeichnung des Gegners;
2. die Bezeichnung der Tatsachen, über welche die Beweisaufnahme erfolgen soll;
3. die Bezeichnung der Beweismittel unter Benennung der zu vernehmenden Zeugen und Sachverständigen;
4. die Darlegung des Grundes, welcher die Besorgnis rechtfertigt, daß das Beweismittel verloren oder die Benutzung desselben erschwert werde. Dieser Grund ist glaubhaft zu machen.[1]

(§ 449).

[1]) § 294.

§ 488. Die Beweisaufnahme kann, auch ohne daß die Voraussetzungen des § 485 vorliegen, beantragt werden, wenn Mängel einer Sache oder eines Werkes festzustellen sind, aus denen ein Recht gegen den Gegner hergeleitet werden soll, oder wenn der Zustand eines Gutes festzustellen ist, für dessen Beweis ein Kommissionär, Spediteur, Lagerhalter oder Frachtführer zu sorgen verpflichtet ist.

Hat der Erwerber einer Sache dem Veräußerer einen Mangel angezeigt oder die Annahme der Sache wegen Mangelhaftigkeit abgelehnt, so kann auch der Veräußerer die Beweisaufnahme nach Maßgabe des Abs. 1 beantragen. In gleicher Weise ist der Unternehmer eines Werkes zu dem Antrage berechtigt, wenn der Besteller ihm einen Mangel angezeigt oder die Abnahme des Werkes wegen Mangelhaftigkeit verweigert hat.

Nov. 98.

§ 489. Mit Zustimmung des Gegners kann die beantragte Beweisaufnahme angeordnet werden, auch wenn die Voraussetzungen des § 485 nicht vorliegen.

(§ 450). Nov. 98.

§ 490. Die Entscheidung über das Gesuch kann ohne vorgängige mündliche Verhandlung erfolgen.

In dem Beschlusse, durch welchen dem Gesuche stattgegeben wird, sind die Tatsachen, über welche der Beweis zu erheben ist, und die Beweismittel unter Benennung der zu vernehmenden Zeugen und Sachverständigen zu bezeichnen. Eine Anfechtung dieses Beschlusses findet nicht statt.

(§ 451).

§ 491. Der Beweisführer ist verpflichtet, sofern es nach den Umständen des Falles geschehen kann, unter Zustellung des Beschlusses und einer Abschrift des Gesuchs zu dem für die Beweisaufnahme bestimmten Termine den Gegner so zeitig zu laden, daß derselbe in diesem Termine seine Rechte wahrzunehmen vermag.

Die Nichtbefolgung dieser Vorschrift steht der Beweisaufnahme nicht entgegen.
(§ 452).

§ 492. Die Beweisaufnahme erfolgt nach den für die Aufnahme des betreffenden Beweismittels überhaupt geltenden Vorschriften.

Das Protokoll über die Beweisaufnahme ist bei dem Gerichte, welches dieselbe angeordnet hat, aufzubewahren.
(§ 453).

§ 493. Jede Partei hat das Recht, die Beweisverhandlungen in dem Prozesse zu benutzen.

War der Gegner in dem Termine nicht erschienen, in welchem die Beweisaufnahme erfolgte, so ist der Beweisführer zur Benutzung der Beweisverhandlungen nur dann berechtigt, wenn der Gegner zu dem Termine rechtzeitig geladen war oder wenn der Beweisführer glaubhaft macht, daß ohne sein Verschulden die Ladung unterblieben oder nicht rechtzeitig erfolgt sei.
(§ 454).

§ 494. Wird von dem Beweisführer ein Gegner nicht bezeichnet, so ist das Gesuch nur dann zulässig, wenn der Beweisführer glaubhaft macht,[1] daß er ohne sein Verschulden außerstande sei, den Gegner zu bezeichnen.

Wird dem Gesuche stattgegeben, so kann das Gericht dem unbekannten Gegner zur Wahrnehmung seiner Rechte bei der Beweisaufnahme einen Vertreter bestellen.
(§ 455).

[1]) § 294.

Zweiter Abschnitt.

Verfahren vor den Amtsgerichten.

§ 495. Auf das Verfahren vor den Amtsgerichten finden die Vorschriften über das Verfahren vor den Landgerichten Anwendung,[1]) soweit nicht aus den allgemeinen Bestimmungen des ersten Buches,[2]) aus den nachfolgenden besonderen Bestimmungen und aus der Verfassung der Amtsgerichte sich Abweichungen ergeben.

Nov. 09. [1]) §§ 232—494. [2]) § 79, § 83 Abs. 2, § 88 Abs. 2, §§ 90, 116, § 129 Abs. 2, § 166 Abs. 2 Satz 1, §§ 215, 244.

§ 496. Die Zustellungen erfolgen unbeschadet der Vorschrift des § 317 Abs. 1 von Amts wegen.[1])

Die Klage sowie sonstige Anträge und Erklärungen einer Partei, die zugestellt werden sollen, sind bei dem Gerichte schriftlich einzureichen oder mündlich zum Protokolle des Gerichtsschreibers anzubringen. Die Partei soll den Schriftsätzen, welche sie bei dem Gericht einreicht, die für die Zustellung erforderliche Zahl von Abschriften beifügen.

Soll durch die Zustellung eine Frist gewahrt oder die Verjährung unterbrochen werden, so tritt die Wirkung, sofern die Zustellung demnächst erfolgt, bereits mit der Einreichung oder Anbringung des Antrags oder der Erklärung ein.

Wird eine Partei durch einen Anwalt vertreten, so genügt zum Nachweise der Zustellung das mit Datum und Unterschrift versehene schriftliche Empfangsbekenntnis des Anwalts.

Auf Bestimmung des Gerichts kann die Mitteilung von Anträgen und Erklärungen ohne besondere Form erfolgen.

Die Ausfertigung der Urteile erfolgt, sofern nicht von der Partei ein anderes beantragt wird, unter Weglassung des Tatbestandes und der Entscheidungsgründe.[2]) Die Zustellung einer solchen Ausfertigung steht in den Wirkungen der Zustellung des vollständigen Urteils gleich.

Nov. 09. [1]) §§ 208 ff. [2]) § 313 Abs. 1 Nr. 3, 4.

§ 497. Ladungen durch die Parteien finden nicht statt. Die Termine werden von Amts wegen bestimmt. Nach Bestimmung des Termins ist die Ladung der Parteien durch den Gerichtsschreiber zu veranlassen.

Die Ladung einer Partei ist nicht erforderlich, wenn der Termin der Partei bei Einreichung oder

Anbringung der Klage oder des Antrags, auf Grund dessen die Terminsbestimmung stattfindet, mitgeteilt worden ist. Die erfolgte Mitteilung ist zu den Akten zu vermerken.

Nov. 09.

§ 498. Dem Beklagten ist mit der Ladung die Klageschrift oder das die Klage enthaltende Protokoll zuzustellen.

Die Klage gilt unbeschadet der Bestimmung im § 496 Abs. 3 erst mit der Zustellung an den Beklagten als erhoben.

Nov. 09.

§ 499. Die Einlassungsfrist[1]) beträgt mindestens drei Tage, wenn die Zustellung an einem Orte erfolgt, der Sitz des Prozeßgerichts ist oder im Bezirke des Prozeßgerichts liegt oder von dem ein Teil zu diesem Bezirke gehört; mindestens eine Woche, wenn die Zustellung sonst im Inland erfolgt; in Meß- und Marktsachen[2]) mindestens 24 Stunden.

Ist die Zustellung im Auslande vorzunehmen, so hat das Gericht bei Festsetzung des Termins die Einlassungsfrist zu bestimmen.

Nov. 09. [1]) § 262. [2]) § 30.

§ 500. An ordentlichen Gerichtstagen können die Parteien zur Verhandlung des Rechtsstreits ohne Terminsbestimmung vor Gericht erscheinen.

Die Erhebung der Klage erfolgt in diesem Falle durch den mündlichen Vortrag. Die Klage ist zu Protokoll zu nehmen, falls die Sache streitig bleibt.

Nov. 09.

§ 501. Das Gericht kann Anordnungen, die nach der Klageschrift oder den vorbereitenden Schriftsätzen zur Aufklärung des Sachverhältnisses dienlich erscheinen, schon vor der mündlichen Verhandlung treffen. Das Gericht kann insbesondere:

1. den Parteien die Vorlegung der in ihren Händen befindlichen Urkunden, auf welche sie sich bezogen haben, sowie die Vorlegung von Stammbäumen,

Plänen, Rissen und sonstigen Zeichnungen aufgeben;

2. öffentliche Behörden oder öffentliche Beamte um Mitteilung von Urkunden, auf welche eine Partei sich bezogen hat, ersuchen;
3. amtliche Auskünfte von öffentlichen Behörden oder öffentlichen Beamten einziehen;
4. Zeugen, auf welche eine Partei sich bezogen hat, sowie Sachverständige zur mündlichen Verhandlung laden;
5. das persönliche Erscheinen der Parteien anordnen;
6. die Einnahme des Augenscheins sowie die Begutachtung durch Sachverständige anordnen.

Bevor eine mündliche Verhandlung stattgefunden hat, in der von beiden Parteien einander widersprechende Anträge gestellt worden sind, soll eine Anordnung der unter Nr. 4 bis 6 bezeichneten Art nur ergehen, wenn der Beklagte in einem vorbereitenden Schriftsatze[1]) dem Klageantrage widersprochen hat.

Die Parteien sind von der Anordnung zu benachrichtigen. Wird das persönliche Erscheinen der Parteien angeordnet, so finden die Vorschriften des § 141 Abs. 2 Anwendung.

Nov. 09.

[1]) § 129 Abs. 2.

§ 502. In der mündlichen Verhandlung hat das Gericht das Sach- und Streitverhältnis mit den Parteien zu erörtern und dahin zu wirken, daß die Parteien über alle erheblichen Tatsachen sich vollständig erklären und die sachdienlichen Anträge stellen.

Eine Bezugnahme auf Schriftstücke ist zulässig, soweit keine der Parteien widerspricht und das Gericht sie für angemessen hält.

Nov. 09.

§ 503. Erscheinen in einem Termine zur mündlichen Verhandlung beide Parteien nicht, so ruht das Verfahren, bis die Ansetzung eines neuen Verhandlungstermins beantragt wird.

Nov. 09.

§ 504. Die Vorschrift, daß prozeßhindernde Einreden gleichzeitig und vor der Verhandlung zur Hauptsache vorzubringen sind,[1]) findet nur insoweit Anwendung, als die Einrede der Unzuständigkeit des Gerichts und die Einrede, daß die Entscheidung des Rechtsstreits durch Schiedsrichter zu erfolgen habe,[2]) vor der Verhandlung zur Hauptsache geltend zu machen sind.

Ist das Amtsgericht sachlich unzuständig,[3]) so hat es vor der Verhandlung des Beklagten zur Hauptsache denselben auf die Unzuständigkeit aufmerksam zu machen.

Auf Grund prozeßhindernder Einreden darf die Verhandlung zur Hauptsache nicht verweigert werden; das Gericht kann jedoch die abgesonderte Verhandlung über diese Einreden anordnen.

Nov. 09. 1) § 274. 2) §§ 1025, 1026, 1048. 3) GVG. §§ 23, 70.

§ 505. Ist auf Grund der Bestimmungen über die örtliche oder sachliche Zuständigkeit der Gerichte[1]) die Unzuständigkeit des Gerichts auszusprechen, so hat das angegangene Gericht, sofern das zuständige Gericht bestimmt werden kann, auf Antrag des Klägers durch Beschluß sich für unzuständig zu erklären und den Rechtsstreit an das zuständige Gericht zu verweisen. Sind mehrere Gerichte zuständig, so erfolgt die Verweisung an das vom Kläger gewählte Gericht.

Eine Anfechtung des Beschlusses findet nicht statt; mit der Verkündung des Beschlusses gilt der Rechtsstreit als bei dem im Beschlusse bezeichneten Gericht anhängig. Der Beschluß ist für dieses Gericht bindend.

Die im Verfahren vor dem angegangenen Gericht erwachsenen Kosten werden als Teil der Kosten behandelt, welche bei dem im Beschlusse bezeichneten Gericht erwachsen. Dem Kläger sind die entstandenen Mehrkosten auch dann aufzuerlegen, wenn er in der Hauptsache obsiegt.

Nov. 09. 1) §§ 12 ff., GVG. §§ 23, 70.

§ 506. Wird durch Widerklage[1]) oder durch Erweiterung des Klagantrags (§ 268 Nr. 2, 3) ein Anspruch erhoben, der zur Zuständigkeit der Landgerichte gehört,[2]) oder wird in Gemäßheit des § 280 die Feststellung eines Rechtsverhältnisses beantragt, für welches die Landgerichte zuständig sind, so hat das Amtsgericht, sofern eine Partei vor weiterer Verhandlung zur Hauptsache darauf anträgt, durch Beschluß sich für unzuständig zu erklären und den Rechtsstreit an das Landgericht zu verweisen.

Die Vorschriften des § 505 Abs. 2, Abs. 3 Satz 1 finden entsprechende Anwendung.

Nov. 09. [1]) § 33. [2]) GVG. § 70.

§ 507. Die Vorschriften des § 297 und der §§ 348 bis 354 finden keine Anwendung.

Nov. 09.

§ 508. Der Gerichtsschreiber hat die Zustellung des Versäumnisurteils[1]) zu vermitteln, sofern nicht die Partei, welche das Urteil erwirkt hat, erklärt hat, selbst einen Gerichtsvollzieher mit der Zustellung beauftragen zu wollen.

Die im § 339 Abs. 1 bezeichnete Frist beträgt eine Woche.

Eine Verweisung des Rechtsstreits an ein anderes Gericht nach §§ 505, 506 findet nur statt, wenn das Amtsgericht den Einspruch für zulässig erachtet.[2]) Das Gericht, an welches der Rechtsstreit verwiesen wird, ist an die Entscheidung des Amtsgerichts, durch welche der Einspruch zugelassen wird, gebunden.

Nov. 09. [1]) §§ 330, 331. [2]) § 341.

§ 509. Beschließt das Gericht eine Beweiserhebung, so soll die Aufnahme des Beweises, soweit dies tunlich ist, sofort erfolgen, insbesondere sollen Zeugen und Sachverständige, falls sie zur Stelle sind oder ihre unverzügliche Gestellung möglich ist, sofort vernommen werden.

Nov. 09.

§ 510. Wegen unterbliebener Erklärung[1]) ist eine Urkunde nur dann als anerkannt anzusehen, wenn die

Partei durch das Gericht zur Erklärung über die Echtheit der Urkunde aufgefordert ist.

Nov. 09. [1]) § 439 Abs. 3.

§ 510a. Anträge sowie die Erklärungen über Annahme oder Zurückschiebung zugeschobener Eide[1]) sind durch das Sitzungsprotokoll festzustellen; anstatt der Feststellung genügt die Bezugnahme auf den Inhalt eines vorbereitenden Schriftsatzes.[2])

Sonstige Erklärungen einer Partei, insbesondere Geständnisse,[3]) sind durch das Protokoll insoweit festzustellen, als das Gericht bei dem Schlusse der mündlichen Verhandlung die Feststellung für angemessen erachtet.

Nov. 09. [1]) §§ 451, 452. [2]) § 129 Abs. 2. [3]) §§ 288, 289.

§ 510b. Erfolgt die Verurteilung zur Vornahme einer Handlung, so kann der Beklagte zugleich auf Antrag des Klägers für den Fall, daß die Handlung nicht binnen einer zu bestimmenden Frist vorgenommen ist, zur Zahlung einer Entschädigung verurteilt werden;[1]) das Gericht hat die Entschädigung nach freiem Ermessen festzusetzen.

Nov. 09. [1]) § 888a.

§ 510c. Wer eine Klage zu erheben beabsichtigt, kann unter Angabe des Gegenstandes seines Anspruchs bei dem Amtsgerichte, vor welchem der Gegner seinen allgemeinen Gerichtsstand hat, beantragen, daß zum Zwecke eines Sühneversuchs Termin bestimmt werde.

Erscheinen beide Parteien und wird ein Vergleich geschlossen, so ist der Vergleich zu Protokoll festzustellen. Kommt ein Vergleich nicht zustande, so wird auf Antrag beider Parteien der Rechtsstreit sofort verhandelt; die Erhebung der Klage erfolgt in diesem Falle durch den mündlichen Vortrag. Die Klage ist zu Protokoll zu nehmen, falls die Sache streitig bleibt.

Ist der Gegner nicht erschienen, oder der Sühneversuch erfolglos geblieben, so werden die erwachsenen Kosten als Teil der Kosten des Rechtsstreits behandelt.

Nov. 09.

Drittes Buch.

Rechtsmittel.

Erster Abschnitt.

Berufung.

§ 511. Die Berufung findet gegen die in erster Instanz erlassenen Endurteile[1]) statt.

(§ 472). [1]) §§ 300, 301, § 302 Abs. 3, § 304 Abs. 2, § 599 Abs. 3.

§ 512. Der Beurteilung des Berufungsgerichts unterliegen auch diejenigen Entscheidungen, welche dem Endurteile vorausgegangen sind, sofern nicht dieselben nach den Vorschriften dieses Gesetzes unanfechtbar oder mit der Beschwerde anfechtbar sind.

(§ 473).

§ 513. Ein Versäumnisurteil[1]) kann von der Partei, gegen welche es erlassen ist, mit der Berufung nicht angefochten werden.

Ein Versäumnisurteil, gegen welches der Einspruch an sich nicht statthaft ist,[2]) unterliegt der Berufung insoweit, als dieselbe darauf gestützt wird, daß der Fall der Versäumung nicht vorgelegen habe.

(§ 474). [1]) §§ 330, 331. [2]) § 345.

§ 514. Die Wirksamkeit eines nach Erlassung des Urteils erklärten Verzichts auf das Recht der Berufung ist nicht davon abhängig, daß der Gegner die Verzichtleistung angenommen hat.

(§ 475).

§ 515. Die Zurücknahme der Berufung ist ohne Einwilligung des Berufungsbeklagten nur bis zum Beginne der mündlichen Verhandlung des Berufungsbeklagten zulässig.

Die Zurücknahme erfolgt, wenn sie nicht bei der mündlichen Verhandlung erklärt wird, durch Zustellung eines Schriftsatzes. Abschrift desselben ist sofort nach erfolgter Zustellung auf der Gerichtsschreiberei niederzulegen.

Die Zurücknahme hat den Verlust des Rechtsmittels und die Verpflichtung zur Folge, die durch das Rechtsmittel entstandenen Kosten zu tragen. Auf Antrag des Gegners sind diese Wirkungen durch Urteil auszusprechen.

(§ 476).

§ 516. Die Berufungsfrist beträgt einen Monat; sie ist eine Notfrist[1]) und beginnt mit der Zustellung des Urteils.

Die Einlegung vor Zustellung des Urteils ist wirkungslos.

(§ 477). Abs. 2 Satz 1 gestrichen (Nov. 09).

[1]) § 223 Abs. 2, § 224 Abs. 1, § 251 Abs. 1 Satz 2.

§ 517. Wird innerhalb der Berufungsfrist ein Urteil in Gemäßheit des § 321 durch eine nachträgliche Entscheidung ergänzt, so beginnt mit der Zustellung der nachträglichen Entscheidung der Lauf der Berufungsfrist auch für die Berufung gegen das zuerst ergangene Urteil von neuem. Wird gegen beide Urteile von derselben Partei Berufung eingelegt, so sind beide Berufungen mit einander zu verbinden.

(§ 478). Satz 1 Nov. 98.

§ 518. Die Einlegung der Berufung erfolgt durch Einreichung der Berufungsschrift bei dem Berufungsgerichte.

Die Berufungsschrift muß enthalten:

1. die Bezeichnung des Urteils, gegen welches die Berufung gerichtet wird;
2. die Erklärung, daß gegen dieses Urteil Berufung eingelegt werde.

Mit der Berufungsschrift soll eine Ausfertigung oder beglaubigte Abschrift des Urteils, gegen welches die Berufung sich richtet, dem Berufungsgerichte vorgelegt werden.

(§ 479). Nov. 09.

§ 519. Die allgemeinen Bestimmungen über die vorbereitenden Schriftsätze[1]) finden auch auf die Berufungsschrift Anwendung.

Als vorbereitender Schriftsatz soll die Berufungsschrift insbesondere enthalten: die Erklärung, inwieweit das Urteil angefochten werde, und welche Abänderungen desselben beantragt werden (Berufungsanträge),[2]) sowie die Angabe derjenigen neuen Tatsachen und Beweismittel,[3]) welche die Partei geltend zu machen beabsichtigt.

(§ 480). [1]) §§ 130, 131. [2]) § 536. [3]) § 529 Abs. 1.

§ 520. Der Termin zur mündlichen Verhandlung über die Berufung ist von Amts wegen zu bestimmen und den Parteien bekannt zu machen. Mit der Bekanntmachung ist die Berufungsschrift dem Berufungsbeklagten von Amts wegen zuzustellen.[1]) Die erforderliche Zahl von beglaubigten Abschriften soll der Beschwerdeführer mit der Berufungsschrift einreichen. In der Bekanntmachung soll der Berufungsbeklagte, sofern die Zustellung nicht an einen Rechtsanwalt erfolgt,[2]) darauf hingewiesen werden, daß er sich vor dem Berufungsgerichte durch einen bei diesem Gerichte zugelassenen Rechtsanwalt als Bevollmächtigten vertreten lassen muß.

In betreff der Frist, welche zwischen dem Zeitpunkte der Bekanntmachung des Termins und der mündlichen Verhandlung liegen muß, finden die Vorschriften des § 262 entsprechende Anwendung.

(§ 481). Nov. 09. [1]) §§ 208 ff. [2]) § 210 a.

§ 521. Der Berufungsbeklagte kann sich der Berufung anschließen, selbst wenn er auf die Berufung verzichtet hat[1]) oder wenn die Berufungsfrist[2]) verstrichen ist.

Die Vorschriften über die Anfechtung des Versäumnisurteils durch Berufung[3]) finden auch auf die Anfechtung desselben durch Anschließung Anwendung.

(§ 482). [1]) § 514. [2]) § 516 Abs. 1. [3]) § 513 Abs. 2.

§ 522. Die Anschließung verliert ihre Wirkung, wenn die Berufung zurückgenommen[1]) oder als unzulässig verworfen[2]) wird.

Hat der Berufungsbeklagte innerhalb der Berufungsfrist sich der erhobenen Berufung angeschlossen, so wird es so angesehen, als habe er die Berufung selbständig eingelegt.

(§ 483). [1]) § 515. [2]) § 535.

§ 523. Auf das weitere Verfahren finden die in erster Instanz für das Verfahren vor den Landgerichten[1]) geltenden Vorschriften entsprechende Anwendung, soweit nicht Abweichungen aus den Bestimmungen dieses Abschnitts sich ergeben.

(§ 485). [1]) §§ 253—494.

§ 524. Die mündliche Verhandlung ist, wenn an dem für dieselbe bestimmten Tage die Berufungsfrist[1]) noch nicht verstrichen ist, auf Antrag des Berufungsbeklagten bis zum Ablaufe der Frist, und wenn der Berufungsbeklagte gegen das Urteil den Einspruch erhoben hat, auch von Amts wegen bis zur Erledigung des Einspruchs zu vertagen.

(§ 486). [1]) § 516 Abs. 1.

§ 525. Vor dem Berufungsgerichte wird der Rechtsstreit in den durch die Anträge[1]) bestimmten Grenzen von neuem verhandelt.

(§ 487). [1]) § 536.

§ 526. Bei der mündlichen Verhandlung haben die Parteien das durch die Berufung angefochtene Urteil sowie die dem Urteile vorausgegangenen Entscheidungen nebst den Entscheidungsgründen und den Beweisverhandlungen insoweit vorzutragen, als dies zum Verständnisse der Berufungsanträge[1]) und zur Prüfung der Richtigkeit der angefochtenen Entscheidung erforderlich ist.

Im Falle der Unrichtigkeit oder Unvollständigkeit des Vortrags hat der Vorsitzende dessen Berichtigung oder Vervollständigung, nötigenfalls unter Wiedereröffnung der Verhandlung zu veranlassen.

(§ 488). [1]) § 536.

§ 527. Eine Aenderung der Klage[1]) ist nur mit Einwilligung[2]) des Gegners statthaft.

(§ 489). Nov. 98. [1]) § 268. [2]) § 269.

§ 528. Prozeßhindernde Einreden, auf welche die Partei wirksam verzichten kann,[1] dürfen nur geltend gemacht werden, wenn die Partei glaubhaft macht,[2] daß sie ohne ihr Verschulden außerstande gewesen sei, dieselben in erster Instanz vorzubringen. Das gleiche gilt, wenn bei vermögensrechtlichen Ansprüchen für die Klage ein ausschließlicher Gerichtsstand[3] begründet ist, von der Einrede der Unzuständigkeit des Gerichts, sofern der Beklagte in erster Instanz zur Hauptsache mündlich verhandelt hat; eine Prüfung der Zuständigkeit von Amts wegen findet nicht statt.

Die Verhandlung zur Hauptsache darf auf Grund prozeßhindernder Einreden nicht verweigert werden; das Gericht kann jedoch die abgesonderte Verhandlung über solche Einreden auch von Amts wegen anordnen.

(§ 490). Abs. 1 Satz 2 Nov. 98. [1]) § 274 Abs. 2. [2]) § 294. [3]) § 24.

§ 529. Die Parteien können Angriffs- und Verteidigungsmittel, welche in erster Instanz nicht geltend gemacht sind, insbesondere neue Tatsachen und Beweismittel vorbringen.

Neue Ansprüche dürfen, abgesehen von den Fällen des § 268 Nr. 2, 3, nur mit Einwilligung des Gegners erhoben werden.

Macht der Beklagte die Aufrechnung einer Gegenforderung[1]) geltend, so ist die hierauf gegründete Einwendung zurückzuweisen, wenn nicht der Kläger in die Geltendmachung einwilligt oder der Beklagte glaubhaft macht,[2]) daß er ohne sein Verschulden außerstande gewesen ist, die Aufrechnung in erster Instanz geltend zu machen. Im Falle der Zurückweisung finden die Vorschriften der §§ 540, 541 Anwendung.

(§ 491). Abs. 2, 3 Nov. 98. [1]) BGB. § 387. [2]) § 294.

§ 530. Die Verletzung einer das Verfahren erster Instanz betreffenden Vorschrift kann in der Berufungsinstanz nicht mehr gerügt werden, wenn in Gemäßheit der Bestimmung des § 295 die Partei das Rügerecht bereits in erster Instanz verloren hat.

(§ 492). Nov. 98.

§ 531. Die in erster Instanz unterbliebenen oder verweigerten Erklärungen über Tatsachen, Urkunden und Eideszuschiebungen können in der Berufungsinstanz nachgeholt werden.

(§ 493).

§ 532. Das in erster Instanz abgelegte gerichtliche Geständnis[1]) behält seine Wirksamkeit auch für die Berufungsinstanz.

(§ 494). [1]) § 288.

§ 533. Die in erster Instanz erfolgte Annahme oder Zurückschiebung eines Eides behält ihre Wirksamkeit auch für die Berufungsinstanz.

Dasselbe gilt von der Leistung,[1]) von der Verweigerung der Leistung[1]) und von der Erlassung[1]) eines Eides, wenn die Entscheidung, durch welche die Leistung des Eides angeordnet ist, von dem Berufungsgerichte für gerechtfertigt erachtet wird.

(§ 495). [1]) §§ 463, 464.

§ 534. Ein nicht oder nicht unbedingt für vorläufig vollstreckbar erklärtes Urteil[1]) erster Instanz ist, insoweit dasselbe durch die Berufungsanträge[2]) nicht angefochten wird, auf den im Laufe der mündlichen Verhandlung gestellten Antrag von dem Berufungsgerichte für vorläufig vollstreckbar zu erklären.

Eine Anfechtung dieser Entscheidung findet nicht statt.

(§ 496). [1]) §§ 708—710. [2]) § 536

§ 535. Das Berufungsgericht hat von Amts wegen zu prüfen, ob die Berufung an sich statthaft[1]) und ob sie in der gesetzlichen Form[2]) und Frist[3]) eingelegt sei. Mangelt es an einem dieser Erfordernisse, so ist die Berufung als unzulässig zu verwerfen.

(§ 497). [1]) §§ 511—514. [2]) § 518. [3]) §§ 516, 517.

§ 536. Das Urteil erster Instanz darf nur insoweit abgeändert werden, als eine Abänderung beantragt ist.

(§ 498).

§ 537. Gegenstand der Verhandlung und Entscheidung des Berufungsgerichts sind alle einen zuerkannten oder aberkannten Anspruch betreffenden Streitpunkte, über welche in Gemäßheit der Anträge [1]) eine Verhandlung und Entscheidung erforderlich ist, selbst wenn über diese Streitpunkte in erster Instanz nicht verhandelt oder nicht entschieden ist. Das Berufungsgericht hat ein von ihm erlassenes bedingtes Urteil zu erledigen. Dasselbe kann ein in erster Instanz erlassenes bedingtes Urteil erledigen, wenn die Berufung zurückgewiesen ist.

(§ 499). [1]) § 536.

§ 538. Das Berufungsgericht hat die Sache, insofern eine weitere Verhandlung derselben erforderlich ist, an das Gericht erster Instanz zurückzuverweisen:

1. wenn durch das angefochtene Urteil ein Einspruch als unzulässig verworfen ist;[1])
2. wenn durch das angefochtene Urteil nur über prozeßhindernde Einreden[2]) entschieden ist;
3. wenn im Falle eines nach Grund und Betrag streitigen Anspruchs durch das angefochtene Urteil über den Grund des Anspruchs vorab entschieden[3]) oder die Klage abgewiesen ist;
4. wenn das angefochtene Urteil im Urkunden- oder Wechselprozesse unter Vorbehalt der Rechte erlassen ist;[4])
5. wenn das angefochtene Urteil ein Versäumnisurteil[5]) ist.

Im Falle der Nr. 2 hat das Berufungsgericht die sämtlichen prozeßhindernden Einreden zu erledigen.

(§ 500). Abs. 1 Nr. 3 Nov. 98. [1]) § 341. [2]) § 274. [3]) § 304. [4]) § 599. [5]) §§ 330, 331.

§ 539. Leidet das Verfahren erster Instanz an einem wesentlichen Mangel, so kann das Berufungsgericht unter Aufhebung des Urteils und des Verfahrens, soweit das letztere durch den Mangel betroffen wird, die Sache an das Gericht erster Instanz zurückverweisen.

(§ 501).

§ 540. Werden nach Vorschrift des § 279 Verteidigungsmittel zurückgewiesen, so ist die Geltendmachung derselben dem Beklagten vorzubehalten.

Enthält das Urteil keinen Vorbehalt, so kann die Ergänzung des Urteils nach Vorschrift des § 321 beantragt werden.

Das Urteil, welches unter Vorbehalt der Geltendmachung von Verteidigungsmitteln ergeht, ist in betreff der Rechtsmittel[1]) und der Zwangsvollstreckung[2]) als Endurteil anzusehen.

(§ 502). Abs. 2, 3 Nov. 98. [1]) § 545. [2]) § 704 Abs. 1.

§ 541. In betreff der Verteidigungsmittel, deren Geltendmachung dem Beklagten vorbehalten ist, bleibt der Rechtsstreit in der Berufungsinstanz anhängig.

Insoweit sich in dem weiteren Verfahren ergibt, daß der klagend geltend gemachte Anspruch unbegründet war, ist das frühere Urteil aufzuheben, der Kläger mit dem Anspruch abzuweisen und auf Antrag zur Erstattung des von dem Beklagten auf Grund des Urteils Gezahlten oder Geleisteten zu verurteilen, sowie über die Kosten anderweit zu entscheiden. Die Erstattungspflicht des Klägers bestimmt sich nach den Vorschriften über die Herausgabe einer ungerechtfertigten Bereicherung.[1]) Wird der Antrag gestellt, so ist der Anspruch auf Erstattung als zur Zeit der Zahlung oder Leistung rechtshängig[2]) geworden anzusehen; die mit der Rechtshängigkeit nach den Vorschriften des bürgerlichen Rechts verbundenen Wirkungen[3]) treten mit der Zahlung oder Leistung auch dann ein, wenn der Antrag nicht gestellt wird.

(§ 503). Abs. 2 Satz 2. 3 Nov. 98. [1]) BGB. §§ 812 ff. [2]) § 263. [3]) BGB. § 818 Abs. 4.

§ 542. Die Vorschriften über das Versäumnisverfahren in erster Instanz[1]) finden entsprechende Anwendung.

Beantragt der Berufungskläger gegen den im Termine zur mündlichen Verhandlung nicht erschienenen Berufungsbeklagten das Versäumnisurteil, so ist, soweit das festgestellte Sachverhältnis nicht entgegensteht, das tatsächliche mündliche Vorbringen des Berufungsklägers für zugestanden zu erachten und in Ansehung einer zulässigerweise beantragten Beweisaufnahme anzunehmen, daß sie das in Aussicht gestellte Ergebnis gehabt habe.

(§ 504). [1]) §§ 330 ff.

§ 543. Bei der Darstellung des Tatbestandes[1]) im Urteil ist eine Bezugnahme auf das Urteil voriger Instanz nicht ausgeschlossen.

(§ 505). [1]) § 313 Abs. 1 Nr. 3.

§ 544. Der Gerichtsschreiber des Berufungsgerichts hat innerhalb vierundzwanzig Stunden, nachdem die Berufungsschrift eingereicht ist, von dem Gerichtsschreiber des Gerichts erster Instanz die Prozeßakten einzufordern.

Nach Erledigung der Berufung sind die Akten dem Gerichtsschreiber des Gerichts erster Instanz nebst einer beglaubigten Abschrift des in der Berufungsinstanz erlassenen Urteils zurückzusenden.

(§ 506). Abs. 1 Nov. 09.

Zweiter Abschnitt.

Revision.

§ 545. Die Revision findet gegen die in der Berufungsinstanz von den Oberlandesgerichten erlassenen Endurteile[1]) statt.

Gegen Urteile, durch welche über die Anordnung, Abänderung oder Aufhebung eines Arrestes oder einer einstweiligen Verfügung entschieden wird,[2]) ist die Revision nicht zulässig.

(§ 507). Abs. 2 Nov. 10.

[1]) § 523 mit §§ 306, 301, § 302 Abs. 3, § 304 Abs. 2; § 540 Abs. 3, § 599 Abs. 3.
[2]) § 922 Abs. 1, §§ 925—927, 936.

§ 546. In Rechtsstreitigkeiten über vermögensrechtliche Ansprüche ist die Zulässigkeit der Revision durch einen den Betrag von viertausend Mark übersteigenden Wert des Beschwerdegegenstandes bedingt.

In betreff des Wertes des Beschwerdegegenstandes kommen die Vorschriften der §§ 3 bis 9 zur Anwendung.

Der Revisionskläger hat diesen Wert glaubhaft zu machen;[1]) zur Versicherung an Eides Statt darf er nicht zugelassen werden.
(§ 508). Abs. 3 Nov. 98; Abs. 1 Nov. 05, Nov. 10. [1]) § 294.

§ 547. Ohne Rücksicht auf den Wert des Beschwerdegegenstandes findet die Revision statt:
1. insoweit es sich um die Unzulässigkeit des Rechtswegs oder die Unzulässigkeit der Berufung[1]) handelt;
2. in den Rechtsstreitigkeiten über Ansprüche, für welche die Landgerichte ohne Rücksicht auf den Wert des Streitgegenstandes ausschließlich zuständig[2]) sind.

(§ 509). Nr. 1 Nov. 05, Nov. 10. [1]) § 535. [2]) GVG. § 70 Abs. 2, 3.

§ 548. Der Beurteilung des Revisionsgerichts unterliegen auch diejenigen Entscheidungen, welche dem Endurteile vorausgegangen sind, sofern nicht dieselben nach den Vorschriften dieses Gesetzes unanfechtbar sind.
(§ 510). Nov. 10.

§ 549. Die Revision kann nur darauf gestützt werden, daß die Entscheidung auf der Verletzung eines Reichsgesetzes oder eines Gesetzes, dessen Geltungsbereich sich über den Bezirk des Berufungsgerichts hinauserstreckt, beruhe.

In Rechtsstreitigkeiten über vermögensrechtliche Ansprüche kann die Revision nicht darauf gestützt werden, daß das Gericht seine örtliche Zuständigkeit[1]) mit Unrecht angenommen hat.
(§ 511). Abs. 2 Nov. 05. [1]) §§ 12 ff.

§ 550. Das Gesetz ist verletzt, wenn eine Rechtsnorm nicht oder nicht richtig angewendet worden ist.
(§ 512).

§ 551. Eine Entscheidung ist stets als auf einer Verletzung des Gesetzes beruhend anzusehen:
1. wenn das erkennende Gericht nicht vorschriftsmäßig besetzt war;
2. wenn bei der Entscheidung ein Richter mitgewirkt hat, welcher von der Ausübung des Richteramts kraft Gesetzes ausgeschlossen[1]) war, so-

fern nicht dieses Hindernis mittels eines Ablehnungsgesuchs[2]) ohne Erfolg geltend gemacht ist;

3. wenn bei der Entscheidung ein Richter mitgewirkt hat, obgleich derselbe wegen Besorgnis der Befangenheit abgelehnt und das Ablehnungsgesuch für begründet erklärt war;[3])
4. wenn das Gericht seine Zuständigkeit oder Unzuständigkeit mit Unrecht angenommen hat;
5. wenn eine Partei in dem Verfahren nicht nach Vorschrift der Gesetze vertreten war, sofern sie nicht die Prozeßführung ausdrücklich oder stillschweigend genehmigt hat;
6. wenn die Entscheidung auf Grund einer mündlichen Verhandlung ergangen ist, bei welcher die Vorschriften über die Oeffentlichkeit des Verfahrens[4]) verletzt sind;
7. wenn die Entscheidung nicht mit Gründen[5]) versehen ist.

(§ 513). [1]) § 41. [2]) § 42 Abs. 1. [3]) §§ 42, 45, 46. [4]) GVG. §§ 170—176. [5]) § 313 Abs. 1 Nr. 4.

§ 552. Die Revisionsfrist beträgt einen Monat; sie ist eine Notfrist[1]) und beginnt mit der Zustellung des Urteils.

Die Einlegung der Revision vor Zustellung des Urteils ist wirkungslos.

(§ 514). Abs. 2 Nov. 05. [1]) § 223 Abs. 1, § 224 Abs. 1, § 251 Abs. 1 Satz 2.

§ 553. Die Einlegung der Revision erfolgt durch Einreichung der Revisionsschrift bei dem Revisionsgerichte. Die Revisionsschrift muß enthalten:

1. die Bezeichnung des Urteils, gegen welches die Revision gerichtet wird;
2. die Erklärung, daß gegen dieses Urteil die Revision eingelegt werde.

Die allgemeinen Bestimmungen über die vorbereitenden Schriftsätze[1]) finden auch auf die Revisionsschrift Anwendung.

(§ 515). Nov. 98, Nov. 05. [1]) §§ 130, 131.

§ 553 a. Mit der Revisionsschrift soll eine Ausfertigung oder beglaubigte Abschrift des Urteils, gegen welches die Revision sich richtet, sowie der Nachweis der Zustellung des Urteils dem Revisionsgerichte vorgelegt werden.

Die Revisionsschrift ist der Gegenpartei von Amts wegen zuzustellen.[1] Die erforderliche Zahl von beglaubigten Abschriften soll der Beschwerdeführer mit der Revisionsschrift einreichen.

Nov. 05.

[1]) §§ 208 ff.

§ 554. Der Revisionskläger muß die Revision begründen.

Die Revisionsbegründung erfolgt, sofern sie nicht bereits in der Revisionsschrift enthalten ist, durch Einreichung eines Schriftsatzes bei dem Revisionsgerichte. Die Frist für die Revisionsbegründung[1]) beträgt einen Monat; sie beginnt mit dem Ablauf der Revisionsfrist[2]) und kann auf Antrag von dem Vorsitzenden verlängert werden; eine Verlängerung der Frist durch Vereinbarung der Parteien ist nicht zulässig.

Die Revisionsbegründung muß enthalten:

1. die Erklärung, inwieweit das Urteil angefochten und dessen Aufhebung beantragt werde (Revisionsanträge);
2. die Angabe der Revisionsgründe und zwar:
   a) die Bezeichnung der verletzten Rechtsnorm;
   b) insoweit die Revision darauf gestützt wird, daß das Gesetz in bezug auf das Verfahren verletzt sei, die Bezeichnung der Tatsachen, welche den Mangel ergeben.

In der Revisionsbegründung soll ferner der Wert des nicht in einer bestimmten Geldsumme bestehenden Beschwerdegegenstandes angegeben werden, wenn die Zulässigkeit der Revision von diesem Werte abhängt.[3])

Die Vorschriften des § 553 Abs. 2 und des § 553 a Abs. 2 finden auf die Revisionsbegründung entsprechende Anwendung.

Nach dem Ablaufe der Begründungsfrist ist die Geltendmachung neuer Revisionsgründe nicht zulässig.

Sofern nicht dem Revisionskläger das Armenrecht bewilligt ist oder Gebührenfreiheit zusteht, hat der Vorsitzende eine Frist zu bestimmen, innerhalb deren der Revisionskläger den Nachweis zu erbringen hat, daß er den für die Revisionsinstanz von ihm erforderten Gebührenvorschuß (§ 81 des Gerichtskostengesetzes) gezahlt hat. Wird der Nachweis nicht vor dem Ablaufe der Frist erbracht, so gilt die Revision als nicht in gesetzlicher Form begründet.[4]) Hat der Revisionskläger die Bewilligung des Armenrechts vor Ablauf der Frist beantragt, so wird der Lauf der Frist bis zur Zustellung des auf dieses Gesuch ergehenden Beschlusses gehemmt.

(§ 516). Nov. 05, Abs. 2 Satz 2 Halbsatz 2, Abs. 3, Abs. 7 Nov. 10. [1]) § 233 Abs. 1. [2]) § 552. [3]) § 546. [4]) § 554 a.

§ 554 a. Das Revisionsgericht hat von Amts wegen zu prüfen, ob die Revision an sich statthaft[1]) und ob die Einlegung und Begründung in der gesetzlichen Form[2]) und Frist[3]) erfolgt sei. Mangelt es an einem dieser Erfordernisse, so ist die Revision als unzulässig zu verwerfen.

Die Entscheidung kann ohne vorgängige mündliche Verhandlung durch Beschluß erfolgen.

Nov. 05. [1]) §§ 545 bis 551. [2]) §§ 553, 554. [3]) §§ 552, 554.

§ 555. Wird die Revision nicht durch Beschluß als unzulässig verworfen,[1]) so ist der Termin zur mündlichen Verhandlung von Amts wegen zu bestimmen und den Parteien bekannt zu machen.

In betreff der Frist, welche zwischen dem Zeitpunkte der Bekanntmachung des Termins und der mündlichen Verhandlung liegen muß, finden die Vorschriften des § 262 entsprechende Anwendung.

(§ 517). Nov. 05. [1]) § 554 a Abs. 2.

§ 556. Der Revisionsbeklagte kann sich bis zum Ablaufe der Begründungsfrist der Revision anschließen, selbst wenn er auf die Revision verzichtet hat.

Die Anschließung erfolgt durch Einreichung der Revisionsanschlußschrift bei dem Revisionsgerichte. Die Anschlußrevision muß in der Anschlußschrift begründet werden. Die Vorschriften des § 521 Abs. 2, der §§ 522,

553, des § 553a Abs. 2, des § 554 Abs. 3, 6 und des § 544a finden entsprechende Anwendung.
(§ 518). Nov. 05.

§ 557. Auf das weitere Verfahren finden die in erster Instanz für das Verfahren vor den Landgerichten[1]) geltenden Vorschriften entsprechende Anwendung, soweit nicht Abweichungen aus den Bestimmungen dieses Abschnitts sich ergeben.
(§ 520). [1]) §§ 253—494.

§ 558. Die Verletzung einer das Verfahren der Berufungsinstanz betreffenden Vorschrift kann in der Revisionsinstanz nicht mehr gerügt werden, wenn in Gemäßheit der Bestimmung des § 295 die Partei das Rügerecht bereits in der Berufungsinstanz verloren hat.
(§ 521).

§ 559. Der Prüfung des Revisionsgerichts unterliegen nur die von den Parteien gestellten Anträge[1]) und, soweit die Revision darauf gestützt wird, daß das Gesetz in bezug auf das Verfahren verletzt sei, nur die nach Maßgabe der §§ 554, 556 geltend gemachten Revisionsgründe. Bei der Prüfung, ob sonst das Gesetz verletzt sei, ist das Revisionsgericht an die von den Parteien geltend gemachten Revisionsgründe nicht gebunden.
(§ 522). Nov. 05. [1]) § 554 Abs. 3 Nr. 1.

§ 560. Ein nicht oder nicht unbedingt für vorläufig vollstreckbar erklärtes Urteil[1]) des Berufungsgerichts ist, insoweit dasselbe durch die Revisionsanträge[2]) nicht angefochten wird, auf den im Laufe der mündlichen Verhandlung gestellten Antrag von dem Revisionsgerichte für vorläufig vollstreckbar zu erklären.
(§ 523). [1]) §§ 708—710. [2]) § 554 Abs. 3 Nr. 1.

§ 561. Der Beurteilung des Revisionsgerichts unterliegt nur dasjenige mündliche Parteivorbringen, welches aus dem Tatbestande[1]) des Berufungsurteils oder dem Sitzungsprotokoll ersichtlich ist. Außerdem können nur die im § 554 Abs. 3 Nr. 2b erwähnten Tatsachen berücksichtigt werden.

Hat das Berufungsgericht festgestellt, daß eine tatsächliche Behauptung wahr oder nicht wahr sei, so ist diese Feststellung für das Revisionsgericht bindend, es sei denn, daß in bezug auf die Feststellung ein zulässiger und begründeter Revisionsangriff erhoben ist.

(§ 524). Nov. 10. [1]) § 313 Abs. 1 Nr. 3.

§ 562. Die Entscheidung des Berufungsgerichts über das Bestehen und den Inhalt von Gesetzen, auf deren Verletzung die Revision nach § 549 nicht gestützt werden kann, ist für die auf die Revision ergehende Entscheidung maßgebend.

(§ 525). Nov. 98.

§ 563. Ergeben die Entscheidungsgründe zwar eine Gesetzesverletzung, stellt die Entscheidung selbst aber aus anderen Gründen sich als richtig dar, so ist die Revision zurückzuweisen.

(§ 526).

§ 564. Insoweit die Revision für begründet erachtet wird, ist das angefochtene Urteil aufzuheben.

Erfolgt die Aufhebung des Urteils wegen eines Mangels des Verfahrens, so ist zugleich das Verfahren insoweit aufzuheben, als es durch den Mangel betroffen wird.

(§ 527).

§ 565. Im Falle der Aufhebung des Urteils ist die Sache zur anderweiten Verhandlung und Entscheidung an das Berufungsgericht zurückzuverweisen. Die Zurückverweisung kann an einen anderen Senat des Berufungsgerichts erfolgen.

Das Berufungsgericht hat die rechtliche Beurteilung, welche der Aufhebung zugrunde gelegt ist, auch seiner Entscheidung zugrunde zu legen.

Das Revisionsgericht hat jedoch in der Sache selbst zu entscheiden:

1. wenn die Aufhebung des Urteils nur wegen Gesetzesverletzung bei Anwendung des Gesetzes auf

das festgestellte Sachverhältnis erfolgt und nach letzterem die Sache zur Endentscheidung reif ist;

2. wenn die Aufhebung des Urteils wegen Unzuständigkeit des Gerichts oder wegen Unzulässigkeit des Rechtswegs erfolgt.

Kommt in den Fällen der Nr. 1 und 2 für die in der Sache selbst zu erlassende Entscheidung die Anwendbarkeit von Gesetzen, auf deren Verletzung die Revision nach § 549 nicht gestützt werden kann, in Frage, so kann die Sache zur anderweiten Verhandlung und Entscheidung an das Berufungsgericht zurückverwiesen werden.

(§ 528). Abs. 1 Satz 2, Abs. 2 Nov. 98.

§ 566. Die für die Berufung geltenden Vorschriften über die Anfechtbarkeit der Versäumnisurteile,[1] über die Verzichtleistung auf das Rechtsmittel[2] und die Zurücknahme[3] desselben, über die Vertagung der mündlichen Verhandlung,[4] über die Verhandlung prozeßhindernder Einreden,[5] über den Vortrag der Parteien bei der mündlichen Verhandlung[6] und über die Einforderung und Zurücksendung der Prozeßakten[7] finden auf die Revision entsprechende Anwendung.

(§ 529). Nov. 98, Nov. 05. [1] § 513. [2] § 514. [3] § 515. [4] § 521. [5] § 528. [6] § 526. [7] § 544.

Dritter Abschnitt.

Beschwerde.

§ 567. Das Rechtsmittel der Beschwerde findet in den in diesem Gesetze besonders hervorgehobenen Fällen und gegen solche eine vorgängige mündliche Verhandlung nicht erfordernde Entscheidungen statt, durch welche ein das Verfahren betreffendes Gesuch zurückgewiesen ist.

Gegen die Entscheidungen der Oberlandesgerichte ist eine Beschwerde nicht zulässig.

(§ 530). Abs. 2 Nov. 98, Nov. 05, Nov. 10.

§ 568. Ueber die Beschwerde entscheidet das im Instanzenzuge zunächst höhere Gericht.

Gegen die Entscheidung des Beschwerdegerichts ist, soweit nicht in derselben ein neuer selbständiger Beschwerdegrund enthalten ist, eine weitere Beschwerde nicht zulässig.

Entscheidungen der Landgerichte in betreff der Prozeßkosten unterliegen einer weiteren Beschwerde nur, wenn die Beschwerdesumme den Betrag von fünfzig Mark übersteigt.

(§ 531). Abs. 2—4 Nov. 98; Abs. 3, 4 Nov. 05; Abs. 4 gestrichen (Nov. 10).

§ 569. Die Beschwerde wird bei dem Gericht eingelegt, von welchem oder von dessen Vorsitzenden die angefochtene Entscheidung erlassen ist; sie kann in dringenden Fällen auch bei dem Beschwerdegericht eingelegt werden.

Die Einlegung erfolgt durch Einreichung einer Beschwerdeschrift. Die Einlegung kann auch durch Erklärung zum Protokolle des Gerichtsschreibers erfolgen, wenn der Rechtsstreit bei einem Amtsgericht anhängig ist oder anhängig war, wenn die Beschwerde das Armenrecht betrifft[1]) oder von einem Zeugen oder Sachverständigen[2]) erhoben wird.

(§ 532). Nov. 05; Abs. 1, Abs. 2 Satz 2 Halbsatz 2 gestrichen (Nov. 10).

[1]) § 127. [2]) § 380 Abs. 3, § 387 Abs. 3, § 390 Abs. 3, § 402, § 406 Abs. 5, § 409 Abs. 2.

§ 570. Die Beschwerde kann auf neue Tatsachen und Beweise gestützt werden.

(§ 533).

§ 571. Erachtet das Gericht oder der Vorsitzende, dessen Entscheidung angefochten wird, die Beschwerde für begründet, so haben sie derselben abzuhelfen; anderenfalls ist die Beschwerde vor Ablauf einer Woche dem Beschwerdegerichte vorzulegen.

(§ 534).

§ 572. Die Beschwerde hat nur dann aufschiebende Wirkung, wenn sie gegen eine der in den §§ 109,

380, 390, 409, 619, 656, 678 erwähnten Entscheidungen gerichtet ist.

Das Gericht oder der Vorsitzende, dessen Entscheidung angefochten wird, kann anordnen, daß die Vollziehung derselben auszusetzen sei.

Das Beschwerdegericht kann vor der Entscheidung eine einstweilige Anordnung erlassen; es kann insbesondere anordnen, daß die Vollziehung der angefochtenen Entscheidung auszusetzen sei.

(§ 535). Abs. 1 Nov. 98.

§ 573. Die Entscheidung über die Beschwerde kann ohne vorgängige mündliche Verhandlung erfolgen.

Ordnet das Gericht eine schriftliche Erklärung an, so kann die Abgabe derselben durch einen Anwalt erfolgen, der bei dem Gerichte zugelassen ist, von welchem oder von dessen Vorsitzenden die angefochtene Entscheidung erlassen ist. In den Fällen, in welchen die Beschwerde zum Protokolle des Gerichtsschreibers eingelegt werden darf,[1] kann auch die Erklärung zum Protokolle des Gerichtsschreibers abgegeben werden.

(§ 536). Abs. 2 Nov. 98.

[1]) § 569 Abs. 2 Satz 2.

§ 574. Das Beschwerdegericht hat von Amts wegen zu prüfen, ob die Beschwerde an sich statthaft[1]) und ob sie in der gesetzlichen Form[2]) und Frist[3]) eingelegt sei. Mangelt es an einem dieser Erfordernisse, so ist die Beschwerde als unzulässig zu verwerfen.

(§ 537). Abs. 2 Nov. 05; Abs. 2 gestrichen (Nov. 10)

[1]) § 567, § 568 Abs. 2—4. [2]) § 569. [3]) § 577.

§ 575. Erachtet das Beschwerdegericht die Beschwerde für begründet, so kann es demjenigen Gericht oder Vorsitzenden, von welchem die beschwerende Entscheidung erlassen war, die erforderliche Anordnung übertragen.

(§ 538).

§ 576. Wird die Aenderung einer Entscheidung des beauftragten oder ersuchten Richters oder des Gerichtsschreibers verlangt, so ist die Entscheidung des Prozeßgerichts nachzusuchen.

Die Beschwerde findet gegen die Entscheidung des Prozeßgerichts statt.

Die Bestimmung des ersten Absatzes gilt auch für das Reichsgericht und die Oberlandesgerichte.

(§ 539). Abs. 3 Nov. 10.

§ 577. Für die Fälle der sofortigen Beschwerde gelten die nachfolgenden besonderen Bestimmungen.

Die Beschwerde ist binnen einer Notfrist[1]) von zwei Wochen, welche mit der Zustellung, in den Fällen der §§ 336 und 952 Abs. 4 mit der Verkündung der Entscheidung beginnt, einzulegen. Die Einlegung bei dem Beschwerdegerichte genügt zur Wahrung der Notfrist, auch wenn der Fall für dringlich nicht erachtet wird. Liegen die Erfordernisse der Nichtigkeits- oder der Restitutionsklage[2]) vor, so kann die Beschwerde auch nach Ablauf der Notfrist innerhalb der für diese Klagen geltenden Notfristen[3]) erhoben werden.

Das Gericht ist zu einer Aenderung seiner der Beschwerde unterliegenden Entscheidung nicht befugt.

In den Fällen des § 576 muß auf dem für die Einlegung der Beschwerde vorgeschriebenen Wege die Entscheidung des Prozeßgerichts binnen der Notfrist nachgesucht werden. Das Prozeßgericht hat das Gesuch, wenn es demselben nicht entsprechen will, dem Beschwerdegerichte vorzulegen.

(§ 540). Abs. 2, 3 Nov. 98; Abs. 2 Satz 2 Nov. 05; Abs. 3 Nov. 09; Abs. 2 Satz 2 Nov. 10.

[1]) § 223 Abs. 2, § 224 Abs. 1, § 251 Abs. 1 Satz 2. [2]) §§ 578 ff. [3]) § 586.

Viertes Buch.

Wiederaufnahme des Verfahrens.

§ 578. Die Wiederaufnahme eines durch rechtskräftiges Endurteil geschlossenen Verfahrens kann durch Nichtigkeitsklage [1]) und durch Restitutionsklage [2]) erfolgen.

Werden beide Klagen von derselben Partei oder von verschiedenen Parteien erhoben, so ist die Verhandlung und Entscheidung über die Restitutionsklage bis zur rechtskräftigen Entscheidung über die Nichtigkeitsklage auszusetzen.

(§ 541). [1]) § 579. [2]) §§ 580—582.

§ 579. Die Nichtigkeitsklage findet statt:

1. wenn das erkennende Gericht nicht vorschriftsmäßig besetzt war;
2. wenn ein Richter bei der Entscheidung mitgewirkt hat, welcher von der Ausübung des Richteramts kraft des Gesetzes ausgeschlossen war,[1]) sofern nicht dieses Hindernis mittels eines Ablehnungsgesuchs[2]) oder eines Rechtsmittels[3]) ohne Erfolg geltend gemacht ist;
3. wenn bei der Entscheidung ein Richter mitgewirkt hat, obgleich derselbe wegen Besorgnis der Befangenheit abgelehnt[4]) und das Ablehnungsgesuch für begründet erklärt war;[5])
4. wenn eine Partei in dem Verfahren nicht nach Vorschrift der Gesetze vertreten war, sofern sie nicht die Prozeßführung ausdrücklich oder stillschweigend genehmigt hat.

In den Fällen Nr. 1, 3 findet die Klage nicht statt, wenn die Nichtigkeit mittels eines Rechtsmittels[6]) geltend gemacht werden konnte.

(§ 542). [1]) § 41. [2]) § 42 Abs. 1. [3]) § 551 Nr. 2. [4]) § 42. [5]) §§ 45, 46. [6]) § 551 Nr. 1, 3.

§ 580. Die Restitutionsklage findet statt:

1. wenn der Gegner durch Leistung eines Parteieides, auf welche das Urteil gegründet ist, sich einer vor-

sätzlichen oder fahrlässigen Verletzung der Eidespflicht schuldig gemacht hat;
2. wenn eine Urkunde, auf welche das Urteil gegründet ist, fälschlich angefertigt oder verfälscht war;
3. wenn durch Beeidigung eines Zeugnisses oder eines Gutachtens, auf welche das Urteil gegründet ist, der Zeuge oder der Sachverständige sich einer vorsätzlichen oder fahrlässigen Verletzung der Eidespflicht schuldig gemacht hat;
4. wenn das Urteil von dem Vertreter der Partei oder von dem Gegner oder dessen Vertreter durch eine in Beziehung auf den Rechtsstreit verübte Handlung erwirkt ist, welche mit einer im Wege des gerichtlichen Strafverfahrens zu verhängenden öffentlichen Strafe bedroht ist;
5. wenn ein Richter bei dem Urteile mitgewirkt hat, welcher sich in Beziehung auf den Rechtsstreit einer Verletzung seiner Amtspflichten gegen die Partei schuldig gemacht hat, sofern diese Verletzung mit einer im Wege des gerichtlichen Strafverfahrens zu verhängenden öffentlichen Strafe bedroht ist;
6. wenn ein strafgerichtliches Urteil, auf welches das Urteil gegründet ist, durch ein anderes rechtskräftig gewordenes Urteil aufgehoben ist;
7. wenn die Partei
   a) ein in derselben Sache erlassenes, früher rechtskräftig gewordenes Urteil, oder
   b) eine andere Urkunde auffindet oder zu benutzen in den Stand gesetzt wird, welche eine ihr günstigere Entscheidung herbeigeführt haben würde.

Diese Bestimmung kommt in dem unter b bezeichneten Falle nicht zur Anwendung, wenn das angefochtene Urteil darauf beruht, daß auf Grund einer Eidesleistung des Gegners die betreffende Tatsache oder deren Gegenteil für bewiesen erachtet ist.[1])

(§ 543).

[1]) § 463.

§ 581. In den Fällen des vorhergehenden Paragraphen Nr. 1—5 findet die Restitutionsklage nur statt, wenn wegen der strafbaren Handlung eine rechtskräftige Verurteilung ergangen ist, oder wenn die Einleitung oder Durchführung eines Strafverfahrens aus anderen Gründen, als wegen Mangels an Beweis nicht erfolgen kann.

Der Beweis der Tatsachen, welche die Restitutionsklage begründen, kann durch Eideszuschiebung nicht geführt werden.

(§ 544).

§ 582. Die Restitutionsklage ist nur zulässig, wenn die Partei ohne ihr Verschulden außerstande war, den Restitutionsgrund in dem früheren Verfahren, insbesondere durch Einspruch[1]) oder Berufung[2]) oder mittels Anschließung an eine Berufung[3]) geltend zu machen.

(§ 545).

[1]) § 338.* [2]) §§ 511 ff. [3]) § 521.

§ 583. Mit den Klagen können Anfechtungsgründe, durch welche eine dem angefochtenen Urteile vorausgegangene Entscheidung derselben oder einer unteren Instanz betroffen wird, geltend gemacht werden, sofern das angefochtene Urteil auf dieser Entscheidung beruht.

(§ 546).

§ 584. Für die Klagen ist ausschließlich zuständig: das Gericht, welches in erster Instanz erkannt hat; wenn das angefochtene Urteil oder auch nur eines von mehreren angefochtenen Urteilen von dem Berufungsgericht erlassen wurde, oder wenn ein in der Revisionsinstanz erlassenes Urteil auf Grund des § 580 Nr. 1—3, 6, 7 angefochten wird, das Berufungsgericht; wenn ein in der Revisionsinstanz erlassenes Urteil auf Grund der §§ 579, 580 Nr. 4, 5 angefochten wird, das Revisionsgericht.

Sind die Klagen gegen einen Vollstreckungsbefehl[1]) gerichtet, so gehören sie ausschließlich vor das Amtsgericht, dessen Gerichtsschreiber den Befehl erlassen hat; wenn der Anspruch nicht zur Zuständigkeit der Amtsgerichte gehört,[2]) vor das für den Rechtsstreit über den Anspruch zuständige Gericht.

(§ 547). Abs. 1 Nov. 98, Abs. 2 Nov. 09. [1]) § 699. [2]) GVG. §§ 23, 70.

§ 585. Auf die Erhebung der Klagen und das weitere Verfahren finden die allgemeinen Vorschriften entsprechende Anwendung, sofern nicht aus den Bestimmungen dieses Gesetzes sich eine Abweichung ergibt.

(§ 548).

§ 586. Die Klagen sind vor Ablauf der Notfrist[1]) eines Monats zu erheben.

Die Frist beginnt mit dem Tage, an welchem die Partei von dem Anfechtungsgrunde Kenntnis erhalten hat, jedoch nicht vor eingetretener Rechtskraft des Urteils. Nach Ablauf von fünf Jahren, von dem Tage der Rechtskraft des Urteils an gerechnet, sind die Klagen unstatthaft.

Die Vorschriften des vorstehenden Absatzes finden auf die Nichtigkeitsklage wegen mangelnder Vertretung[2]) keine Anwendung; die Frist für Erhebung der Klage läuft von dem Tage, an welchem der Partei und bei mangelnder Prozeßfähigkeit[3]) dem gesetzlichen Vertreter derselben das Urteil zugestellt ist.

(§ 549). [1]) § 223 Abs. 1, § 224 Abs. 1, § 251 Abs. 1 Satz 2. [2]) § 579 Abs. 1 Nr. 4. [3]) § 52.

§ 587. In der Klage muß die Bezeichnung des Urteils, gegen welches die Nichtigkeits- oder Restitutionsklage gerichtet wird, und die Erklärung, welche dieser Klagen erhoben werde, enthalten sein.

(§ 550).

§ 588. Als vorbereitender Schriftsatz[1]) soll die Klage enthalten:

1. die Bezeichnung des Anfechtungsgrundes;
2. die Angabe der Beweismittel für die Tatsachen, welche den Grund und die Einhaltung der Notfrist[2]) ergeben;
3. die Erklärung, inwieweit die Beseitigung des angefochtenen Urteils und welche andere Entscheidung in der Hauptsache beantragt werde.

Dem Schriftsatze, durch welchen eine Restitutionsklage erhoben wird, sind die Urkunden, auf welche dieselbe gestützt wird, in Urschrift oder in Abschrift beizufügen. Befinden sich die Urkunden nicht in den Händen des Klägers, so hat er zu erklären, welchen Antrag er wegen Herbeischaffung derselben zu stellen beabsichtigt.[3])

(§ 551). [1]) §§ 130, 131. [2]) § 586 Abs. 1. [3]) §§ 421, 428, 432.

§ 589. Das Gericht hat von Amts wegen zu prüfen, ob die Klage an sich statthaft[1]) und ob sie in der gesetzlichen Form[2]) und Frist[3]) erhoben sei. Mangelt es an einem dieser Erfordernisse, so ist die Klage als unzulässig zu verwerfen.

Die Tatsachen, welche ergeben, daß die Klage vor Ablauf der Notfrist[4]) erhoben ist, sind glaubhaft zu machen.[5])

(§ 552). [1]) §§ 579—583. [2]) § 587. [3]) § 586. [4]) § 586 Abs. 1. [5]) § 294.

§ 590. Die Hauptsache wird, insoweit sie von dem Anfechtungsgrunde betroffen ist, von neuem verhandelt.

Das Gericht kann anordnen, daß die Verhandlung und Entscheidung über Grund und Zulässigkeit der Wiederaufnahme des Verfahrens vor der Verhandlung über die Hauptsache erfolge. In diesem Falle ist die Verhandlung über die Hauptsache als Fortsetzung der Verhandlung über Grund und Zulässigkeit der Wiederaufnahme des Verfahrens anzusehen.

Das für die Klagen zuständige Revisionsgericht[1]) hat die Verhandlung über Grund und Zulässigkeit der Wiederaufnahme des Verfahrens zu erledigen, auch wenn diese Erledigung von der Feststellung und Würdigung bestrittener Tatsachen abhängig ist.

(§ 553). [1]) § 584 Abs. 1.

§ 591. Rechtsmittel sind insoweit zulässig, als sie gegen die Entscheidungen der mit den Klagen befaßten Gerichte überhaupt stattfinden.

(§ 554).

Fünftes Buch.

Urkunden- und Wechselprozeß.

§ 592. Ein Anspruch, welcher die Zahlung einer bestimmten Geldsumme oder die Leistung einer bestimmten Quantität anderer vertretbarer Sachen oder Wertpapiere zum Gegenstande hat, kann im Urkundenprozesse geltend gemacht werden, wenn die sämtlichen zur Begründung des Anspruchs erforderlichen Tatsachen durch Urkunden bewiesen werden können. Als ein Anspruch, welcher die Zahlung einer Geldsumme zum Gegenstande hat, gilt auch der Anspruch aus einer Hypothek, einer Grundschuld oder einer Rentenschuld.

(§ 555). Satz 2 Nov. 98.

§ 593. Die Klage muß die Erklärung enthalten, daß im Urkundenprozesse geklagt werde.

Die Urkunden müssen in Urschrift oder in Abschrift der Klage oder einem vorbereitenden Schriftsatze[1]) beigefügt werden. Im letzteren Falle muß zwischen der Zustellung des Schriftsatzes und dem Termine zur mündlichen Verhandlung ein der Einlassungsfrist[2]) gleicher Zeitraum liegen.

(§ 556). Abs. 2 Nov. 98. [1]) §§ 129 ff. [2]) § 604 Abs. 2 Satz 1.

§ 594. Auf Grund prozeßhindernder Einreden[1]) darf die Verhandlung zur Hauptsache nicht verweigert werden; das Gericht kann jedoch die abgesonderte Verhandlung über diese Einreden auch von Amts wegen anordnen.

(§ 557). [1]) § 274.

§ 595. Widerklagen[1]) sind nicht statthaft.

Als Beweismittel sind bezüglich der Echtheit oder Unechtheit einer Urkunde, sowie bezüglich anderer als der im § 592 erwähnten Tatsachen nur Urkunden und Eideszuschiebung zulässig.

Die Antretung des Urkundenbeweises kann nur durch Vorlegung der Urkunden erfolgen.

Die Leistung eines Eides ist durch Beweisbeschluß[2] anzuordnen.

(§ 558). Abs. 2 Nov. 98. [1]) § 33. [2]) § 359.

§ 596. Der Kläger kann, ohne daß es der Einwilligung des Beklagten bedarf, bis zum Schlusse der mündlichen Verhandlung von dem Urkundenprozesse in der Weise abstehen, daß der Rechtsstreit im ordentlichen Verfahren anhängig bleibt.

(§ 559).

§ 597. Insoweit der in der Klage geltend gemachte Anspruch an sich oder infolge einer Einrede des Beklagten als unbegründet sich darstellt, ist der Kläger mit dem Anspruche abzuweisen.

Ist der Urkundenprozeß unstatthaft,[1]) ist insbesondere ein dem Kläger obliegender Beweis nicht mit den im Urkundenprozesse zulässigen Beweismitteln[2]) angetreten oder mit solchen Beweismitteln nicht vollständig geführt, so wird die Klage als in der gewählten Prozeßart unstatthaft abgewiesen, selbst wenn in dem Termine zur mündlichen Verhandlung der Beklagte nicht erschienen ist oder der Klage nur auf Grund von Einwendungen widersprochen hat, welche rechtlich unbegründet oder im Urkundenprozesse unstatthaft[3]) sind.

(§ 560). [1]) § 592. [2]) § 595 Abs. 2. [3]) § 598.

§ 598. Einwendungen des Beklagten sind, wenn der dem Beklagten obliegende Beweis derselben nicht mit den im Urkundenprozesse zulässigen Beweismitteln[1]) angetreten oder mit solchen Beweismitteln nicht vollständig geführt ist, als im Urkundenprozesse unstatthaft zurückzuweisen.

(§ 561). [1]) § 595 Abs. 2.

§ 599. Dem Beklagten, welcher dem geltend gemachten Anspruche widersprochen hat, ist in allen Fällen, in denen er verurteilt wird, die Ausführung seiner Rechte vorzubehalten.

Enthält das Urteil keinen Vorbehalt, so kann die Ergänzung des Urteils nach Vorschrift des § 321 beantragt werden.

Das Urteil, welches unter Vorbehalt der Rechte ergeht, ist in betreff der Rechtsmittel und der Zwangsvollstreckung als Endurteil[1]) anzusehen.

(§ 562). Abs. 2 Nov. 98. [1]) §§ 511, 545, § 704 Abs. 1.

§ 600. Wird dem Beklagten die Ausführung seiner Rechte vorbehalten, so bleibt der Rechtsstreit im ordentlichen Verfahren anhängig.

Soweit sich in diesem Verfahren ergibt, daß der Anspruch des Klägers unbegründet war, finden die Vorschriften des § 302 Abs. 4 Satz 2 bis 4 Anwendung.

Erscheint in diesem Verfahren eine Partei nicht, so finden die Vorschriften über das Versäumnisurteil[1]) entsprechende Anwendung.

(§ 563). Abs. 2 Nov. 98. [1]) §§ 330, 331.

§ 601. Die Vorschriften der §§ 540, 541 finden im Urkundenprozesse keine Anwendung.

(§ 564). Nov. 98.

§ 602. Werden im Urkundenprozesse Ansprüche aus Wechseln im Sinne der Wechselordnung geltend gemacht (Wechselprozeß), so kommen die nachfolgenden besonderen Vorschriften zur Anwendung.

(§ 565).

§ 603. Wechselklagen können sowohl bei dem Gerichte des Zahlungsorts[1]) als bei dem Gericht angestellt werden, bei welchem der Beklagte seinen allgemeinen Gerichtsstand[2]) hat.

Wenn mehrere Wechselverpflichtete gemeinschaftlich verklagt werden, so ist außer dem Gerichte des Zahlungsorts[1]) jedes Gericht zuständig, bei welchem einer der Beklagten seinen allgemeinen Gerichtsstand[2]) hat.

(§ 566). [1]) WO. Art. 4 Nr. 8. [2]) §§ 13—19.

§ 604. Die Klage muß die Erklärung enthalten, daß im Wechselprozesse geklagt werde.

Die Einlassungsfrist[1]) beträgt mindestens vierundzwanzig Stunden, wenn die Klage an dem Orte, der Sitz des Prozeßgerichts ist, zugestellt wird; mindestens drei Tage, wenn die Klage an einem anderen Ort zugestellt wird, der im Bezirke des Prozeßgerichts oder, falls dieses ein Amtsgericht ist, im Bezirke des dem Amtsgericht übergeordneten Landgerichts liegt, oder von dem ein Teil zu diesem Bezirke gehört; mindestens eine Woche, wenn die Klage sonst im Inlande zugestellt wird.

Das gleiche gilt von der Ladungsfrist,[2]) soweit sie nicht nach den allgemeinen Bestimmungen kürzer als die im ersten Satze festgesetzte Einlassungsfrist ist.

In den höheren Instanzen beträgt die Einlassungs- und Ladungsfrist mindestens vierundzwanzig Stunden, wenn die Zustellung der Berufungs- oder Revisionsschrift oder der Ladung an dem Orte erfolgt, der Sitz des höheren Gerichts ist; mindestens drei Tage, wenn die Zustellung an einem anderen Orte erfolgt, der ganz oder zum Teil in dem Landgerichtsbezirke liegt, in welchem das höhere Gericht seinen Sitz hat; mindestens eine Woche, wenn die Zustellung sonst im Inland erfolgt.

(§ 567). Abs. 2, 3 Nov. 98; Abs. 2 Satz 1, Abs. 3 Nov. 09. [1]) § 262 Abs. 1 Satz 1. [2]) § 217.

§ 605. Soweit es zur Erhaltung des wechselmäßigen Anspruchs der rechtzeitigen Protesterhebung nicht bedarf, ist als Beweismittel bezüglich der Präsentation des Wechsels Eideszuschiebung zulässig.

Zur Berücksichtigung einer Nebenforderung[1]) genügt, daß sie glaubhaft gemacht ist.[2])

Nov. 98. [1]) WO. Art. 50—52. [2]) § 294.

Sechstes Buch.

Ehesachen. Feststellung des Rechtsverhältnisses zwischen Eltern u. Kindern. Entmündigungssachen.

Erster Abschnitt.

Verfahren in Ehesachen.

§ 606. Für die Rechtsstreitigkeiten, welche die Scheidung, Nichtigkeit oder Anfechtung einer Ehe oder die Feststellung des Bestehens oder Nichtbestehens einer Ehe zwischen den Parteien oder die Herstellung des ehelichen Lebens zum Gegenstande haben (Ehesachen), ist das Landgericht, bei welchem der Ehemann seinen allgemeinen Gerichtsstand hat,[1] ausschließlich zuständig.

Ist der Ehemann ein Deutscher und hat er im Inlande keinen allgemeinen Gerichtsstand,[1] so kann die Klage bei dem Landgericht erhoben werden, in dessen Bezirk er den letzten Wohnsitz[2] im Inlande hatte; in Ermangelung eines solchen Wohnsitzes finden die Vorschriften des § 15 Abs. 1 Satz 2, 3 entsprechende Anwendung. Das gleiche gilt, sofern der Ehemann im Inlande keinen allgemeinen Gerichtsstand[1] hat, in dem Falle, daß der Ehemann die Reichsangehörigkeit verloren, die Ehefrau sie aber behalten hat oder daß beide Ehegatten die Reichsangehörigkeit verloren haben, der Ehemann aber eine andere Staatsangehörigkeit nicht erworben hat.

Ist eine Deutsche eine Ehe mit einem Ausländer eingegangen und hat dieser im Inlande keinen allgemeinen Gerichtsstand,[1] so können die Nichtigkeitsklage und die Anfechtungsklage von der Ehefrau bei dem Landgericht erhoben werden, in dessen Bezirke sie den letzten Wohnsitz[3] im Inlande hatte; in Ermangelung eines solchen Wohnsitzes finden die Vorschriften des § 15 Abs. 1 Satz 2, 3 entsprechende Anwendung. Das gleiche gilt, sofern nicht nach Abs. 2 Satz 2 ein Gerichtsstand begründet ist, in dem Falle, daß eine Deutsche eine Ehe mit einem Deutschen eingegangen ist, dieser aber die Reichsangehörigkeit verloren und im Inlande keinen allgemeinen Gerichtsstand[1] hat.

Sind beide Ehegatten Ausländer, so kann die Scheidungsklage im Inlande nur erhoben werden, wenn das inländische Gericht auch nach den Gesetzen des Staates zuständig ist, dem der Ehemann angehört.

(§ 568). Nov. 98. [1]) §§ 13—16. [2]) BGB. §§ 7—9. [3]) BGB. § 10.

§ 607. In Ehesachen ist die Staatsanwaltschaft zur Mitwirkung befugt.[1])

Der Verhandlung vor dem erkennenden Gerichte sowie vor einem beauftragten oder ersuchten Richter kann der Staatsanwalt beiwohnen. Er ist von allen Terminen von Amts wegen in Kenntnis zu setzen.

Er kann sich über die zu erlassende Entscheidung gutachtlich äußern und, sofern es sich um die Aufrechterhaltung einer Ehe handelt, neue Tatsachen und Beweismittel vorbringen.

Im Sitzungsprotokoll ist der Name des Staatsanwalts anzugeben, auch sind in dasselbe die von dem Staatsanwalte gestellten Anträge aufzunehmen.

(§ 569). [1]) §§ 632, 634.

§ 608. Der Vorsitzende darf den Termin zur mündlichen Verhandlung über eine Scheidungsklage oder über eine Klage auf Herstellung des ehelichen Lebens erst festsetzen, wenn den nachfolgenden Vorschriften über den Sühneversuch genügt ist.

(§ 570). Nov. 98.

§ 609. Der Kläger hat bei dem Amtsgerichte, vor welchem der Ehemann seinen allgemeinen Gerichtsstand[1]) hat, die Anberaumung eines Sühnetermins zu beantragen.

Bestimmt sich das für die Klage zuständige Landgericht nach den Vorschriften des § 606 Abs. 2, so finden diese Vorschriften auf die Bestimmung des für den Sühnetermin zuständigen Amtsgerichts entsprechende Anwendung.

(§ 571) Abs. 2 früherer Fassung gestrichen (Nov. 98); Abs. 1 Nov. 09. [1]) §§ 13—16.

§ 610. Die Parteien müssen in dem Sühnetermine persönlich erscheinen; Beistände[1]) können zurückgewiesen werden.

Erscheint der Kläger oder erscheinen beide Parteien im Sühnetermine nicht, so muß der Kläger die Anberaumung eines neuen Sühnetermins beantragen. Erscheint der Kläger, aber nicht der Beklagte, so ist der Sühneversuch als mißlungen anzusehen.

(§ 572). Abs. 2 Satz 1 Nov. 09. [1]) § 90.

§ 611. Der Sühneversuch ist nicht erforderlich, wenn der Aufenthalt des Beklagten unbekannt oder im Auslande ist, wenn dem Sühneversuche ein anderes schwer zu beseitigendes Hindernis entgegensteht, welches von dem Kläger nicht verschuldet ist, oder wenn die Erfolglosigkeit des Sühneversuchs mit Bestimmtheit vorauszusehen ist.

Ueber das Vorhandensein dieser Voraussetzungen entscheidet der Vorsitzende des Landgerichts ohne vorgängiges Gehör des Beklagten.

(§ 573).

§ 612. In Ehesachen ist ein in der Geschäftsfähigkeit beschränkter[1]) Ehegatte prozeßfähig; dies gilt jedoch insoweit nicht, als nach § 1336 Abs. 2 Satz 2 des Bürgerlichen Gesetzbuchs nur sein gesetzlicher Vertreter die Ehe anfechten kann.

Für einen geschäftsunfähigen[2]) Ehegatten wird der Rechtsstreit durch den gesetzlichen Vertreter geführt. Der gesetzliche Vertreter ist jedoch zur Erhebung der Klage auf Herstellung des ehelichen Lebens nicht befugt; zur Erhebung der Scheidungsklage oder der Anfechtungsklage bedarf er der Genehmigung des Vormundschaftsgerichts.

Nov. 98. [1]) BGB. §§ 106, 114. [2]) BGB. § 104.

§ 613. Der Bevollmächtigte des klagenden Ehegatten bedarf einer besonderen, auf den Rechtsstreit gerichteten Vollmacht. Das Gericht hat den Mangel der Vollmacht von Amts wegen zu berücksichtigen.

Nov. 98.

§ 614. Bis zum Schlusse derjenigen mündlichen Verhandlung, auf welche das Urteil ergeht, können andere als die in der Klage vorgebrachten Klagegründe geltend gemacht werden.

Das neue Vorbringen und die Erhebung einer Widerklage[1]) ist von einem Sühneversuche[2]) nicht abhängig.

(§ 574). [1]) § 33. [2]) § 609.

§ 615. Die Klage auf Herstellung des ehelichen Lebens, die Scheidungsklage und die Anfechtungsklage können verbunden werden.

Die Verbindung einer anderen Klage mit den erwähnten Klagen[1]) sowie die Erhebung einer Widerklage[2]) anderer Art ist unstatthaft.

(§ 575). Abs. 1 Nov. 98. [1]) § 260. [2]) § 33.

§ 616. Der Kläger, welcher mit der Scheidungsklage oder der Anfechtungsklage abgewiesen ist, kann das Recht, die Scheidung zu verlangen oder die Ehe anzufechten, nicht mehr auf Tatsachen gründen, welche er in dem früheren Rechtsstreite geltend gemacht hat oder welche er in dem früheren Rechtsstreit oder durch Verbindung der Klagen[1]) geltend machen konnte. Das Gleiche gilt im Falle der Abweisung der Scheidungsklage oder der Anfechtungsklage für den Beklagten in Ansehung der Tatsachen, auf welche er eine Widerklage[2]) zu gründen imstande war.

(§ 576). Nov. 98. [1]) § 615. [2]) § 33.

§ 617. Die Vorschrift über die Wirkung eines Anerkenntnisses[1]) kommt nicht zur Anwendung.

Die Vorschriften über die Folgen der unterbliebenen oder verweigerten Erklärungen über Tatsachen[2]) oder über die Echtheit von Urkunden,[3]) die Vorschriften über den Verzicht der Parteien auf die Beeidigung von Zeugen[4]) und Sachverständigen,[5]) die Vorschriften über die Wirkung eines gerichtlichen Geständnisses[6]) und der Erlassung eines Eides[7]) sowie die Vorschriften über die Eideszuschiebung[8]) und den Antrag, dem Gegner die Vorlegung einer Urkunde aufzugeben,[9]) finden keine Anwendung in Ansehung solcher Tatsachen, welche die Scheidung oder die Anfechtung der Ehe oder das Recht, die Herstellung des ehelichen Lebens zu verweigern, begründen sollen.

In einem Rechtsstreite, welcher die Nichtigkeit der Ehe oder die Feststellung des Bestehens oder Nichtbestehens einer Ehe zwischen den Parteien zum Gegenstande hat, finden die im Abs. 2 bezeichneten Vorschriften sowohl in Ansehung solcher Tatsachen, welche die Nichtigkeit oder das Nichtbestehen der Ehe, als auch in Ansehung solcher Tatsachen keine Anwendung, welche die Gültigkeit oder das Bestehen der Ehe begründen sollen.

(§ 577). Nov. 98. 1) § 307. 2) § 138. 3) § 439. 4) § 391 Abs. 2. 5) § 410 Abs. 1. 6) § 288. 7) § 464. 8) §§ 445 ff. 9) §§ 421—427.

§ 618. Die Vorschrift des § 261 Abs. 2 kommt nicht zur Anwendung.

Erscheint der Beklagte in dem auf die Klage zur mündlichen Verhandlung anberaumten Termine nicht, so kann erst in einem neuen, auf Antrag des Klägers zu bestimmenden Termine verhandelt werden.

Der Beklagte ist zu jedem Termine, welcher nicht in seiner Gegenwart anberaumt wurde, zu laden.

Die Vorschriften der Abs. 2, 3 finden keine Anwendung, wenn der Beklagte durch öffentliche Zustellung[1]) geladen, aber nicht erschienen ist.

Ein Versäumnisurteil gegen den Beklagten[2]) ist unzulässig.

Die Vorschriften der Abs. 2—5 finden auf den Widerbeklagten entsprechende Anwendung.

(§ 578). Abs. 1, Abs. 4—6 Nov. 98. 1) § 203. 2) § 331.

§ 619. Das Gericht kann das persönliche Erscheinen einer Partei anordnen und dieselbe über die von ihr, von dem Gegner oder von dem Staatsanwalte behaupteten Tatsachen vernehmen.

Ist die zu vernehmende Partei am Erscheinen vor dem Prozeßgerichte verhindert oder hält sie sich in großer Entfernung von dem Sitze desselben auf, so kann die Vernehmung durch einen beauftragten oder ersuchten Richter erfolgen.

Gegen die nicht erschienene Partei ist wie gegen einen im Vernehmungstermine nicht erschienenen Zeugen[1]) zu verfahren; auf Haft darf nicht erkannt werden.

(§ 579). 1) §§ 380, 381.

§ 620. Hat der Kläger die Aussetzung des Verfahrens über eine Scheidungsklage beantragt, so darf das Gericht auf Scheidung nicht erkennen, bevor die Aussetzung stattgefunden hat. Die Aussetzung ist von Amts wegen anzuordnen, wenn die Scheidung auf Grund des § 1568 des Bürgerlichen Gesetzbuchs beantragt ist und die Aussicht auf Aussöhnung der Parteien nicht ausgeschlossen erscheint.

Auf Grund dieser Bestimmungen darf die Aussetzung im Laufe des Rechtsstreits nur einmal und höchstens auf zwei Jahre angeordnet werden.

(§ 580). Nov. 98.

§ 621. Die Aussetzung des Verfahrens über eine Klage auf Herstellung des ehelichen Lebens kann das Gericht von Amts wegen anordnen, wenn eine Aussöhnung der Parteien nicht unwahrscheinlich ist.

Auf Grund dieser Bestimmung darf die Aussetzung im Laufe des Rechtsstreits nur einmal und höchstens auf ein Jahr angeordnet werden.

Nov. 98.

§ 622. Zum Zwecke der Aufrechterhaltung der Ehe kann das Gericht Tatsachen, welche von den Parteien nicht vorgebracht sind, berücksichtigen und die Aufnahme von Beweisen von Amts wegen anordnen. Vor der Entscheidung sind die Parteien zu hören.

Diese Vorschriften finden in einem Rechtsstreite, welcher die Nichtigkeit der Ehe oder die Feststellung des Bestehens oder Nichtbestehens einer Ehe zwischen den Parteien zum Gegenstande hat, auch zum Zwecke der Ermittelung, ob die Ehe nichtig ist oder nicht besteht, Anwendung.

(§ 581). Abs. 2 Nov. 98.

§ 623. Auf Scheidung wegen Geisteskrankheit[1]) darf nicht erkannt werden, bevor das Gericht einen oder mehrere Sachverständige über den Geisteszustand des Beklagten gehört hat.

Nov. 98.

[1]) BGB. § 1569.

§ 624. Wird wegen Ehebruchs[1]) auf Scheidung erkannt und ergibt sich aus den Verhandlungen, mit wel-

cher Person der Ehebruch begangen worden ist, so ist diese Person in dem Urteile festzustellen.
Nov. 98. [1]) BGB. § 1565.

§ 625. Urteile, durch welche auf Scheidung oder Nichtigkeit der Ehe erkannt ist, sind von Amts wegen zuzustellen.[1])
(§ 582). Nov. 98. [1]) §§ 208 ff.

§ 626. Die Vorschrift des § 279 findet in der Berufungsinstanz keine Anwendung.
(§ 583). Nov. 98.

§ 627. Hat der Rechtsstreit die Scheidung, Nichtigkeit oder Anfechtung der Ehe zum Gegenstande, so kann das Gericht auf Antrag eines der Ehegatten durch einstweilige Verfügung für die Dauer des Rechtsstreits das Getrenntleben der Ehegatten gestatten, die gegenseitige Unterhaltspflicht der Ehegatten nach Maßgabe des § 1361 des Bürgerlichen Gesetzbuchs ordnen, wegen der Sorge für die Person der gemeinschaftlichen minderjährigen Kinder, soweit es sich nicht um die gesetzliche Vertretung handelt,[1]) Anordnungen treffen und die Unterhaltspflicht der Ehegatten den Kindern gegenüber im Verhältnisse der Ehegatten zueinander regeln.[2])

Die einstweilige Verfügung ist zulässig, sobald der Termin zur mündlichen Verhandlung oder im Falle einer Scheidungsklage der Termin zum Sühneversuche bestimmt[3]) oder im Wege der Widerklage die Scheidung beantragt oder die Ehe angefochten ist.

Von der einstweiligen Verfügung hat das Prozeßgericht, wenn ein gemeinschaftliches minderjähriges Kind der Ehegatten vorhanden ist, dem Vormundschaftsgerichte Mitteilung zu machen.

Im übrigen gelten für die einstweilige Verfügung die Bestimmungen der §§ 936—944.
(§ 584). Nov. 98. [1]) BGB. § 1635 Abs. 2. [2]) BGB. § 1585. [3]) § 609.

§ 628. Stirbt einer der Ehegatten vor der Rechtskraft des Urteils, so ist der Rechtsstreit in Ansehung der Hauptsache als erledigt anzusehen.
Nov. 98.

§ 629. Das auf eine Nichtigkeitsklage oder eine Anfechtungsklage ergehende Urteil wirkt, sofern es bei Lebzeiten beider Ehegatten rechtskräftig wird, für und gegen Alle. Ist jedoch die Nichtigkeitsklage auf Grund des § 1326 des Bürgerlichen Gesetzbuchs erhoben, so wirkt das Urteil, durch welches sie abgewiesen wird, gegen den Dritten, mit dem die frühere Ehe geschlossen war, nur dann, wenn er an dem Rechtsstreite Teil genommen hat.

Diese Vorschriften gelten auch für ein Urteil, durch welches das Bestehen oder Nichtbestehen einer Ehe festgestellt wird.

Nov. 98.

§ 630. Nach dem Eintritte der Rechtskraft des Urteils hat das Prozeßgericht, wenn ein gemeinschaftliches minderjähriges Kind der Ehegatten vorhanden ist, dem Vormundschaftsgerichte Mitteilung zu machen.

Nov. 98.

§ 631. Für die Nichtigkeitsklage gelten die in den nachfolgenden Paragraphen enthaltenen besonderen Vorschriften.

(§ 585).

§ 632. Die Klage kann von jedem der Ehegatten sowie von dem Staatsanwalt erhoben werden, im Falle des § 1326 des Bürgerlichen Gesetzbuchs auch von dem Dritten, mit dem die frühere Ehe geschlossen war. Im übrigen kann die Klage von einem Dritten nur erhoben werden, wenn für ihn von der Nichtigkeit der Ehe ein Recht oder von der Gültigkeit der Ehe eine Verpflichtung abhängt.

Die von dem Staatsanwalt oder von einem Dritten erhobene Klage ist gegen beide Ehegatten, die von einem Ehegatten erhobene Klage ist gegen den anderen Ehegatten zu richten.

(§ 586). Abs. 1 Nov. 98.

§ 633. Mit der Nichtigkeitsklage kann nur eine Klage auf Festellung des Bestehens oder Nichtbestehens einer Ehe zwischen den Parteien verbunden werden.[1])

Eine Widerklage[2]) ist nur statthaft, wenn sie eine Nichtigkeitsklage oder eine Feststellungsklage der im Abs. 1 bezeichneten Art ist.

(§ 587). Nov. 98. [1]) § 260. [2]) § 33.

§ 634. Der Staatsanwalt kann, auch wenn er die Klage nicht erhoben hat,[1]) den Rechtsstreit betreiben, insbesondere selbständig Anträge stellen und Rechtsmittel einlegen.

(§ 589). [1]) § 632 Abs. 1 Satz 1.

§ 635. Das Versäumnisurteil[1]) gegen den im Termine zur mündlichen Verhandlung nicht erschienenen Kläger ist dahin zu erlassen, daß die Klage als zurückgenommen gelte.

Nov. 98. [1]) § 330.

§ 636. Wird ein Rechtsmittel von dem Staatsanwalt oder einer Privatpartei eingelegt, so sind im ersteren Falle die Privatparteien, im letzteren Falle die übrigen Privatparteien und der Staatsanwalt, sofern derselbe Partei ist,[1]) für das Rechtsmittelverfahren als die Gegner anzusehen.

(§ 590). [1]) § 632 Abs. 1 Satz 1, § 634.

§ 637. In den Fällen, in welchen der als Partei auftretende Staatsanwalt[1]) unterliegt, ist die Staatskasse zur Erstattung der dem obsiegenden Gegner erwachsenen Kosten in Gemäßheit der Bestimmungen des fünften Titels des zweiten Abschnitts des ersten Buchs zu verurteilen.

(§ 591). [1]) Bem. 1 zu § 636.

§ 638. Die Vorschriften der §§ 633, 635 finden auf die Klage, welche die Feststellung des Bestehens oder Nichtbestehens einer Ehe zwischen den Parteien zum Gegenstande hat, entsprechende Anwendung.

Nov. 98.

§ 639. Im Sinne dieses Abschnitts ist unter Scheidung auch die Aufhebung der ehelichen Gemeinschaft[1]) zu verstehen.

(§ 592). [1]) BGB. § 1575.

Zweiter Abschnitt.

Verfahren in Rechtsstreitigkeiten, welche die Feststellung des Rechtsverhältnisses zwischen Eltern und Kindern zum Gegenstande haben.

§ 640. Auf einen Rechtsstreit, der die Feststellung des Bestehens oder Nichtbestehens eines Eltern- und Kindesverhältnisses zwischen den Parteien oder die Feststellung des Bestehens oder Nichtbestehens der elterlichen Gewalt der einen Partei über die andere zum Gegenstande hat, finden die Vorschriften der §§ 607, 613, des § 617 Abs. 1, 3 und der §§ 618, 619, 622, 625, 626, 628, 635 entsprechende Anwendung.

Mit einer der im Abs. 1 bezeichneten Klagen kann eine Klage anderer Art nicht verbunden werden. Eine Widerklage[1] anderer Art kann nicht erhoben werden.

Nov. 98. [1]) § 33.

§ 641. Wird die Ehelichkeit eines Kindes oder die Anerkennung der Ehelichkeit von dem Ehemanne der Mutter durch Erhebung der Anfechtungsklage angefochten,[1]) so finden die Vorschriften der §§ 607, 613, des § 617 Abs. 1, 2, der §§ 618, 619, des § 622 Abs. 1 und der §§ 625, 626, 628 entsprechende Anwendung.

Der Ehemann ist prozeßfähig,[2]) auch wenn er in der Geschäftsfähigkeit beschränkt[3]) ist. Für einen geschäftsunfähigen[4]) Ehemann wird der Rechtsstreit durch den gesetzlichen Vertreter geführt; der gesetzliche Vertreter kann die Anfechtungsklage nur mit Genehmigung des Vormundschaftsgerichts erheben.

Mit der einen Anfechtungsklage kann nur die andere Anfechtungsklage verbunden werden. Eine Widerklage[5]) kann nicht erhoben werden.

Nov. 98. [1]) BGB. § 1596 Abs. 1, § 1599. [2]) § 52. [3]) BGB. §§ 106, 114. [4]) BGB. § 104. [5]) § 33.

§ 642. Ist in den Fällen der §§ 640, 641 der Beklagte ein Deutscher und hat er im Inlande keinen allgemeinen

Gerichtsstand,[1]) so kann die Klage bei dem Landgericht erhoben werden, in dessen Bezirk er den letzten Wohnsitz[2]) im Inlande hatte; in Ermangelung eines solchen Wohnsitzes finden die Vorschriften des § 15 Abs. 1 Satz 2, 3 entsprechende Anwendung. Das gleiche gilt, sofern der Beklagte im Inlande keinen allgemeinen Gerichtsstand[1]) hat, in dem Falle, daß der Beklagte die Reichsangehörigkeit verloren, der Kläger sie aber behalten hat oder daß beide Parteien die Reichsangehörigkeit verloren haben, der Beklagte aber eine andere Staatsangehörigkeit nicht erworben hat.

Nov. 98. 1) §§ 13—16. 2) BGB. §§ 7—9.

§ 643. In den Fällen der §§ 640, 641 wirkt das Urteil, sofern es bei Lebzeiten der Parteien rechtskräftig wird, für und gegen alle. Ein Urteil, welches das Bestehen des Eltern- und Kindesverhältnisses oder der elterlichen Gewalt feststellt, wirkt jedoch gegenüber einem Dritten, welcher das elterliche Verhältnis oder die elterliche Gewalt für sich in Anspruch nimmt, nur dann, wenn er an dem Rechtsstreite teil genommen hat.

Nov. 98.

§ 644. Die Vorschriften der §§ 640—643 gelten nicht für einen Rechtsstreit, der die Feststellung des Bestehens oder Nichtbestehens der unehelichen Vaterschaft[1]) zum Gegenstande hat.

Nov. 98. 1) BGB. §§ 1717, 1718.

Dritter Abschnitt.

Verfahren in Entmündigungssachen.

§ 645. Die Entmündigung wegen Geisteskrankheit oder wegen Geistesschwäche[1]) erfolgt durch Beschluß des Amtsgerichts.

Der Beschluß wird nur auf Antrag erlassen.

(§ 593). 1) BGB. § 6 Abs. 1 Nr. 1.

§ 646. Der Antrag kann von dem Ehegatten, einem Verwandten oder demjenigen gesetzlichen Vertreter des zu Entmündigenden gestellt werden, welchem die Sorge für die Person zusteht.[1]) Gegen eine Person, die unter elterlicher Gewalt oder unter Vormundschaft steht, kann der Antrag von einem Verwandten nicht gestellt werden. Gegen eine Ehefrau kann der Antrag von einem Verwandten nur gestellt werden, wenn auf Aufhebung der ehelichen Gemeinschaft erkannt ist[2]) oder wenn der Ehemann die Ehefrau verlassen hat oder wenn der Ehemann zur Stellung des Antrags dauernd außerstande oder sein Aufenthalt dauernd unbekannt ist.

In allen Fällen ist auch der Staatsanwalt bei dem vorgesetzten Landgerichte zur Stellung des Antrags befugt.

(§ 595). Abs. 1 Nov. 98.

[1]) BGB. §§ 1627—1629, § 1676 Abs. 2 Satz 2, §§ 1684 bis 1686, §§ 1696 bis 1698, § 1702 Abs. 2 Satz 1, §§ 1707, 1738, § 1765 Abs. 2, § 1800. [2]) BGB. § 1575.

§ 647. Der Antrag kann bei dem Gerichte schriftlich eingereicht oder zum Protokolle des Gerichtsschreibers angebracht werden. Er soll eine Angabe der ihn begründenden Tatsachen und die Bezeichnung der Beweismittel enthalten.

(§ 596).

§ 648. Für die Einleitung des Verfahrens ist das Amtsgericht, bei welchem der zu Entmündigende seinen allgemeinen Gerichtsstand[1]) hat, ausschließlich zuständig.

Gegen einen Deutschen, welcher im Inlande keinen allgemeinen Gerichtsstand[1]) hat, kann der Antrag bei dem Amtsgerichte gestellt werden, in dessen Bezirke der zu Entmündigende den letzten Wohnsitz[2]) im Inlande hatte; in Ermangelung eines solchen Wohnsitzes finden die Vorschriften des § 15 Abs. 1 Satz 2, 3 entsprechende Anwendung.

Nov. 98.

[1]) §§ 13—16. [2]) BGB. §§ 7—9.

§ 649. Das Gericht kann vor der Einleitung des Verfahrens die Beibringung eines ärztlichen Zeugnisses anordnen.

Nov. 98.

§ 650. Das Gericht kann nach der Einleitung des Verfahrens, wenn es mit Rücksicht auf die Verhältnisse des zu Entmündigenden erforderlich erscheint, die Verhandlung und Entscheidung dem Amtsgericht überweisen, in dessen Bezirke der zu Entmündigende sich aufhält.

Die Ueberweisung ist nicht mehr zulässig, wenn das Gericht den zu Entmündigenden vernommen hat (§ 654 Abs. 1).

Wird die Uebernahme abgelehnt, so entscheidet das im Instanzenzuge zunächst höhere Gericht.[1])

Nov. 98.

[1]) Art. V des Gesetzes betr. die Zuständigkeit des Reichsgerichts vom 22. Mai 1910.

§ 651. Wenn nach der Uebernahme des Verfahrens durch das Gericht, an welches die Ueberweisung erfolgt ist, ein Wechsel im Aufenthaltsorte des zu Entmündigenden eintritt, so ist dieses Gericht zu einer weiteren Ueberweisung befugt.

Die Vorschriften des § 650 finden entsprechende Anwendung.

Nov. 98.

§ 652. Der Staatsanwalt kann in allen Fällen das Verfahren durch Stellung von Anträgen betreiben und den Terminen beiwohnen. Er ist von der Einleitung des Verfahrens, sowie von einer nach den §§ 650, 651 erfolgten Ueberweisung und von allen Terminen in Kenntnis zu setzen.

Nov. 98.

§ 653. Das Gericht hat unter Benutzung der in dem Antrag angegebenen Tatsachen und Beweismittel von Amts wegen die zur Feststellung des Geisteszustandes erforderlichen Ermittelungen zu veranstalten und die erheblich erscheinenden Beweise aufzunehmen. Zuvor ist dem zu Entmündigenden Gelegenheit zur Bezeichnung von Beweismitteln zu geben, desgleichen demjenigen gesetzlichen Vertreter des zu Entmündigenden, welchem die Sorge für die Person zusteht,[1]) sofern er nicht die Entmündigung beantragt hat.

Für die Vernehmung und Beeidigung der Zeugen

und Sachverständigen kommen die Bestimmungen im siebenten und achten Titel des ersten Abschnitts des zweiten Buchs zur Anwendung. Die Anordnung der Haft im Falle des § 390 kann von Amts wegen erfolgen.
(§ 597). Abs. 1 Nov. 98. [1]) Anm. 1 zu § 646.

§ 654. Der zu Entmündigende ist persönlich unter Zuziehung eines oder mehrerer Sachverständigen zu vernehmen. Zu diesem Zwecke kann die Vorführung des zu Entmündigenden angeordnet werden.

Die Vernehmung kann auch durch einen ersuchten Richter erfolgen.

Die Vernehmung darf nur unterbleiben, wenn sie mit besonderen Schwierigkeiten verbunden oder nicht ohne Nachteil für den Gesundheitszustand des zu Entmündigenden ausführbar ist.
(§ 598). Abs. 1, 3 Nov. 98.

§ 655. Die Entmündigung darf nicht ausgesprochen werden, bevor das Gericht einen oder mehrere Sachverständige über den Geisteszustand des zu Entmündigenden gehört hat.
(§ 599).

§ 656. Mit Zustimmung des Antragstellers kann das Gericht anordnen, daß der zu Entmündigende auf die Dauer von höchstens sechs Wochen in eine Heilanstalt gebracht werde, wenn dies nach ärztlichem Gutachten zur Feststellung des Geisteszustandes geboten erscheint und ohne Nachteil für den Gesundheitszustand des zu Entmündigenden ausführbar ist. Vor der Entscheidung sind die im § 646 bezeichneten Personen soweit tunlich zu hören.

Gegen den Beschluß, durch welchen die Unterbringung angeordnet wird, steht dem zu Entmündigenden, dem Staatsanwalt und binnen der für den zu Entmündigenden laufenden Frist den sonstigen im § 646 bezeichneten Personen die sofortige Beschwerde[1]) zu.
Nov. 98. [1]) § 577.

§ 657. Sobald das Gericht die Anordnung einer Fürsorge für die Person oder das Vermögen des zu Entmündigenden für erforderlich hält, ist der Vormundschaftsbehörde zum Zwecke dieser Anordnung Mitteilung zu machen.

(§ 600).

§ 658. Die Kosten des Verfahrens sind, wenn die Entmündigung erfolgt, von dem Entmündigten, anderenfalls von der Staatskasse zu tragen.

Insoweit einen der im § 646 Abs. 1 bezeichneten Antragsteller bei Stellung des Antrags nach dem Ermessen des Gerichts ein Verschulden trifft, können demselben die Kosten ganz oder teilweise zur Last gelegt werden.

(§ 601). Abs. 2 Nov. 98.

§ 659. Der über die Entmündigung zu erlassende Beschluß ist dem Antragsteller und dem Staatsanwalte von Amts wegen zuzustellen.[1])

(§ 602. [1]) §§ 208 ff.

§ 660. Der die Entmündigung aussprechende Beschluß ist von Amts wegen der Vormundschaftsbehörde mitzuteilen und, wenn der Entmündigte unter elterlicher Gewalt oder unter Vormundschaft steht, auch demjenigen gesetzlichen Vertreter zuzustellen, welchem die Sorge für die Person des Entmündigten zusteht.[1]) Im Falle der Entmündigung wegen Geistesschwäche ist der Beschluß außerdem dem Entmündigten selbst zuzustellen.

(§ 603). Nov. 98. [1]) Anm. 1 zu § 646.

§ 661. Die Entmündigung wegen Geisteskrankheit tritt, wenn der Entmündigte unter elterlicher Gewalt oder unter Vormundschaft steht, mit der Zustellung des Beschlusses an denjenigen gesetzlichen Vertreter, welchem die Sorge für die Person zusteht,[1]) anderenfalls mit der Bestellung des Vormundes in Wirksamkeit.

Die Entmündigung wegen Geistesschwäche tritt mit der Zustellung des Beschlusses an den Entmündigten[2]) in Wirksamkeit.

Nov. 98. [1]) Anm. 1 zu § 646. [2]) § 660 Satz 2.

§ 662. Der die Entmündigung ablehnende Beschluß ist von Amts wegen auch demjenigen zuzustellen,[1] dessen Entmündigung beantragt war.

Nov. 98. [1] §§ 208 ff.

§ 663. Gegen den Beschluß, durch welchen die Entmündigung abgelehnt wird, steht dem Antragsteller und dem Staatsanwalte die sofortige Beschwerde[1] zu.

In dem Verfahren vor dem Beschwerdegerichte finden die Vorschriften der §§ 652, 653 entsprechende Anwendung.

(§ 604). Abs. 2 Nov. 98. [1] § 577.

§ 664. Der die Entmündigung aussprechende Beschluß kann im Wege der Klage binnen der Frist eines Monats angefochten werden.

Zur Erhebung der Klage sind der Entmündigte selbst, derjenige gesetzliche Vertreter des Entmündigten, welchem die Sorge für die Person zusteht,[1] und die übrigen im § 646 bezeichneten Personen befugt.

Die Frist beginnt im Falle der Entmündigung wegen Geisteskrankheit für den Entmündigten mit dem Zeitpunkt, in welchem er von der Entmündigung Kenntnis erlangt, für die übrigen Personen mit dem Zeitpunkt, in welchem die Entmündigung in Wirksamkeit tritt.[2] Im Falle der Entmündigung wegen Geistesschwäche beginnt die Frist für den gesetzlichen Vertreter des unter elterlicher Gewalt oder unter Vormundschaft stehenden Entmündigten mit dem Zeitpunkt, in welchem ihm der Beschluß zugestellt wird, für den Entmündigten selbst und die übrigen Personen mit der Zustellung des Beschlusses an den Entmündigten.

(§ 605). Abs. 2. 3 Nov. 98. [1] Anm. 1 zu § 646. [2] § 661.

§ 665. Für die Klage ist das Landgericht ausschließlich zuständig, in dessen Bezirke das Amtsgericht, welches über die Entmündigung entschieden hat, seinen Sitz hat.

(§ 606). Nov. 98.

§ 666. Die Klage ist gegen den Staatsanwalt zu richten.

Wird die Klage von dem Staatsanwalt erhoben, so ist sie gegen denjenigen gesetzlichen Vertreter des Entmündigten zu richten, welchem die Sorge für die Person zusteht.[1])

Hat eine der im § 646 Abs. 1 bezeichneten Personen die Entmündigung beantragt, so ist dieselbe unter Mitteilung der Klage zum Termine zur mündlichen Verhandlung zu laden. Dieselbe gilt im Falle des Beitritts im Sinne des § 62 als Streitgenosse der Hauptpartei.

(§ 607). Nov. 98. [1]) Anm. 1 zu § 646.

§ 667. Mit der die Entmündigung anfechtenden Klage kann eine andere Klage nicht verbunden werden.

Eine Widerklage[1]) ist unzulässig.

(§ 608). [1]) § 33.

§ 668. Will der Entmündigte die Klage erheben, so ist ihm auf seinen Antrag von dem Vorsitzenden des Prozeßgerichts ein Rechtsanwalt als Vertreter beizuordnen.

(§ 609).

§ 669. Bei der mündlichen Verhandlung haben die Parteien die Ergebnisse der bei dem Amtsgerichte stattgehabten Sachuntersuchung, soweit es zur Prüfung der Richtigkeit des angefochtenen Beschlusses erforderlich ist, vollständig vorzutragen.

Im Falle der Unrichtigkeit oder Unvollständigkeit des Vortrags hat der Vorsitzende dessen Berichtigung oder Vervollständigung, nötigenfalls unter Wiedereröffnung der Verhandlung, zu veranlassen.

(§ 610).

§ 670. Die Vorschriften des § 617 Abs. 1, 3 und der §§ 618, 622 finden entsprechende Anwendung.

Der Parteieid ist ausgeschlossen.

(§ 611). Abs. 1 Nov. 98.

§ 671. Die Bestimmungen der §§ 654, 655 finden in dem Verfahren über die Anfechtungsklage entsprechende Anwendung.

Von der Vernehmung Sachverständiger darf das **Gericht Abstand nehmen, wenn es das vor dem** Amtsgericht abgegebene Gutachten für genügend erachtet.

(§ 612). Abs. 1 Nov. 98.

§ 672. Wird die Anfechtungsklage für begründet erachtet, so ist der die Entmündigung aussprechende Beschluß aufzuheben. Die Aufhebung tritt erst mit der Rechtskraft des Urteils in Wirksamkeit. Auf Antrag können jedoch zum Schutze der Person oder des Vermögens des Entmündigten einstweilige Verfügungen nach Maßgabe der §§ 936 bis 944 getroffen werden.

(§ 613). Abs. 1 Nov. 98.

§ 673. Unterliegt der Staatsanwalt, so ist die Staatskasse zur Erstattung der dem obsiegenden Gegner erwachsenen Kosten in Gemäßheit der Bestimmungen des fünften Titels des zweiten Abschnitts des ersten Buchs zu verurteilen.

Ist die Klage von dem Staatsanwalt erhoben, so hat die Staatskasse in allen Fällen die Kosten des Rechtsstreits zu tragen.

(§ 614).

§ 674. Das Prozeßgericht hat der Vormundschaftsbehörde und dem Amtsgerichte von jedem in der Sache erlassenen Endurteile Mitteilung zu machen.

(§ 615).

§ 675. Die Wiederaufhebung der Entmündigung erfolgt auf Antrag des Entmündigten oder desjenigen gesetzlichen Vertreters des Entmündigten, welchem die Sorge für die Person zusteht,[1]) oder des Staatsanwalts durch Beschluß des Amtsgerichts.

(§ 616). Nov. 98.

[1]) Anm. 1 zu § 646.

§ 676. Für die Wiederaufhebung der Entmündigung ist das Amtsgericht ausschließlich zuständig, bei welchem der Entmündigte seinen allgemeinen Gerichtsstand[1]) hat.

Ist der Entmündigte ein Deutscher und hat er im Inlande keinen allgemeinen Gerichtsstand, so kann der Antrag bei dem Amtsgerichte gestellt werden, welches über die Entmündigung entschieden hat. Das gleiche gilt, wenn ein Ausländer, welcher im Inland entmündigt worden ist, im Inlande keinen allgemeinen Gerichtsstand hat.

Die Bestimmungen des § 647 und der §§ 649 bis 655 finden entsprechende Anwendung.

(§ 617). Abs. 2, 3 Nov. 98. [1] §§ 13—16.

§ 677. Die Kosten des Verfahrens sind von dem Entmündigten, wenn das Verfahren von dem Staatsanwalt ohne Erfolg beantragt ist, von der Staatskasse zu tragen.

(§ 618).

§ 678. Der über die Wiederaufhebung der Entmündigung zu erlassende Beschluß ist dem Antragsteller und im Falle der Wiederaufhebung dem Entmündigten sowie dem Staatsanwalte von Amts wegen zuzustellen.[1])

Gegen den Beschluß, durch welchen die Entmündigung aufgehoben wird, steht dem Staatsanwalte die sofortige Beschwerde[2]) zu.

Die rechtskräftig erfolgte Wiederaufhebung ist der Vormundschaftsbehörde mitzuteilen.

(§ 619). [1]) §§ 208 ff. [2]) § 577.

§ 679. Wird der Antrag auf Wiederaufhebung von dem Amtsgericht abgelehnt, so kann dieselbe im Wege der Klage beantragt werden.

Zur Erhebung der Klage ist derjenige gesetzliche Vertreter des Entmündigten, welchem die Sorge für die Person zusteht,[1]) und der Staatsanwalt befugt.

Will der gesetzliche Vertreter die Klage nicht erheben, so kann der Vorsitzende des Prozeßgerichts dem Entmündigten einen Rechtsanwalt als Vertreter beiordnen.

Auf das Verfahren finden die Vorschriften der §§ 665 bis 667, 669 bis 674 entsprechende Anwendung.

(§ 620). Abs. 2—4 Nov. 98. [1]) Anm. 1 zu § 646.

§ 680. Die Entmündigung wegen Verschwendung oder wegen Trunksucht[1]) erfolgt durch Beschluß des Amtsgerichts.

Der Beschluß wird nur auf Antrag erlassen.

Auf das Verfahren finden die Vorschriften des § 646 Abs. 1 und der §§ 647, 648, 653, 657, 663 entsprechende Anwendung.

Eine Mitwirkung der Staatsanwaltschaft findet nicht statt.

Die landesgesetzlichen Vorschriften, nach welchen eine Gemeinde oder ein der Gemeinde gleichstehender Verband oder ein Armenverband berechtigt ist, die Entmündigung wegen Verschwendung oder wegen Trunksucht zu beantragen, bleiben unberührt.

(§ 621). Nov. 98. 1) BGB. § 6 Abs. 1 Nr. 2, 3.

§ 681. Ist die Entmündigung wegen Trunksucht beantragt, so kann das Gericht die Beschlußfassung über die Entmündigung aussetzen, wenn Aussicht besteht, daß der zu Entmündigende sich bessern werde.

Nov. 98.

§ 682. Die Kosten des amtsgerichtlichen Verfahrens sind, wenn die Entmündigung erfolgt, von dem Entmündigten, anderenfalls von dem Antragsteller zu tragen.

(§ 622).

§ 683. Der über die Entmündigung zu erlassende Beschluß ist dem Antragsteller und dem zu Entmündigenden von Amts wegen zuzustellen.[1])

Der die Entmündigung aussprechende Beschluß tritt mit der Zustellung an den Entmündigten in Wirksamkeit. Der Vormundschaftsbehörde ist ein solcher Beschluß von Amts wegen mitzuteilen.

(§ 623). 1) §§ 208 ff.

§ 684. Der die Entmündigung aussprechende Beschluß kann binnen der Frist eines Monats von dem Entmündigten im Wege der Klage angefochten werden.

Die Frist beginnt mit der Zustellung des Beschlusses an den Entmündigten.

Die Klage ist gegen denjenigen, welcher die Entmündigung beantragt hatte, falls aber dieser verstorben, oder sein Aufenthalt unbekannt oder im Auslande ist, gegen den Staatsanwalt zu richten.

Auf das Verfahren finden die Vorschriften der §§ 665, 667, 669, 670, 672 bis 674 entsprechende Anwendung.

(§ 624). Abs. 2 Nov. 98.

§ 685. Die Wiederaufhebung der Entmündigung erfolgt auf Antrag des Entmündigten oder desjenigen gesetzlichen Vertreters des Entmündigten, welchem die Sorge für die Person zusteht,[1]) durch Beschluß des Amtsgerichts unter entsprechender Anwendung der §§ 647, 653, des § 676 Abs. 1, 2, des § 677 und des § 678 Abs. 1, 3.

(§ 625). Nov. 98.

[1]) Anm. 1 zu § 646.

§ 686. Wird der Antrag auf Wiederaufhebung von dem Amtsgericht abgelehnt, so kann dieselbe im Wege der Klage beantragt werden.

Zur Erhebung der Klage ist derjenige gesetzliche Vertreter des Entmündigten befugt, welchem die Sorge für die Person zusteht.[1]) Will dieser die Klage nicht erheben, so kann der Vorsitzende des Prozeßgerichts dem Entmündigten einen Rechtsanwalt als Vertreter beiordnen.

Die Klage ist gegen denjenigen, welcher die Entmündigung beantragt hatte, falls aber dieser verstorben, oder sein Aufenthalt unbekannt oder im Auslande ist, gegen den Staatsanwalt zu richten.

Auf das Verfahren finden die Vorschriften der §§ 665, 667, 669, 670, 672 bis 674 entsprechende Anwendung.

(§ 626). Abs. 1, 2, 4 Nov. 98.

[1]) Anm. 1 zu § 646.

§ 687. Die Entmündigung einer Person wegen Verschwendung oder wegen Trunksucht, sowie die Wiederaufhebung einer solchen Entmündigung ist von dem Amtsgericht öffentlich bekannt zu machen.

(§ 627). Nov. 98.

Siebentes Buch.

Mahnverfahren.

§ 688. Wegen eines Anspruchs, welcher die Zahlung einer bestimmten Geldsumme oder die Leistung einer bestimmten Quantität anderer vertretbarer Sachen oder Wertpapiere zum Gegenstande hat, ist auf Gesuch des Gläubigers ein bedingter Zahlungsbefehl zu erlassen. Als ein Anspruch, welcher die Zahlung einer Geldsumme zum Gegenstande hat, gilt auch der Anspruch aus einer Hypothek, einer Grundschuld oder einer Rentenschuld.

Das Mahnverfahren findet nicht statt, wenn nach Inhalt des Gesuchs die Geltendmachung des Anspruchs von einer noch nicht erfolgten Gegenleistung abhängig ist oder wenn die Zustellung des Zahlungsbefehls im Auslande[1]) oder durch öffentliche Bekanntmachung[2]) erfolgen müßte.

(§ 628). Abs. 1 Satz 2 Nov. 98. [1]) §§ 199—201. [2]) § 203.

§ 689. Die Zahlungsbefehle werden von den Amtsgerichten erlassen.

Zuständig ist das Amtsgericht, welches für die im ordentlichen Verfahren erhobene Klage zuständig sein würde, wenn die Amtsgerichte in erster Instanz sachlich unbeschränkt zuständig wären.

(§ 629). Abs. 2 Nov. 89, Nov. 09.

§ 690. Das Gesuch muß enthalten:[1])

1. die Bezeichnung der Parteien nach Namen, Stand oder Gewerbe und Wohnort;
2. die Bezeichnung des Gerichts;
3. die bestimmte Angabe des Betrags oder Gegenstandes und des Grundes des Anspruchs;
4. das Gesuch um Erlassung des Zahlungsbefehls.

(§ 630). [1]) § 696 Abs. 2.

§ 691. Entspricht das Gesuch nicht den Bestimmungen der vorstehenden Paragraphen oder ergibt sich aus dem Inhalte des Gesuchs, daß der Anspruch überhaupt oder zur Zeit nicht begründet ist, so wird dasselbe zurückgewiesen.

Das Gesuch ist auch dann zurückzuweisen, wenn der Zahlungsbefehl nur in Ansehung eines Teils des Anspruchs nicht erlassen werden kann; vor der Zurückweisung ist der Gläubiger zu hören.

Eine Anfechtung der zurückweisenden Verfügung findet nicht statt.

(§ 631). Abs. 2 Nov. 09.

§ 692. Der Zahlungsbefehl enthält die im § 690 Nr. 1 bis 3 bezeichneten Erfordernisse des Gesuchs und außerdem den Befehl an den Schuldner, binnen einer vom Tage der Zustellung laufenden Frist von einer Woche bei Vermeidung sofortiger Zwangsvollstreckung den Gläubiger wegen des Anspruchs nebst den dem Betrage nach zu bezeichnenden Kosten des Verfahrens und den geforderten Zinsen zu befriedigen oder, wenn er Einwendungen gegen den Anspruch habe, bei dem Gerichte Widerspruch zu erheben.

(§ 632). Nov. 98, Nov. 09.

§ 693. Die Zustellung des Zahlungsbefehls an den Schuldner erfolgt von Amts wegen.[1]

Mit der Zustellung des Zahlungsbefehls treten die Wirkungen der Rechtshängigkeit[2]) ein.

Soll durch die Zustellung eine Frist gewahrt oder die Verjährung unterbrochen[3]) werden, so tritt die Wirkung, wenn die Zustellung demnächst erfolgt, bereits mit der Einreichung oder Anbringung des Gesuchs um Erlassung des Zahlungsbefehls ein.

Der Gerichtsschreiber hat von der Zustellung des Zahlungsbefehls den Gläubiger in Kenntnis zu setzen.

(§ 633). Nov. 09. 1) §§ 208 ff. 2) § 263. 3) BGB. § 209 Abs. 2 Nr. 1.

§ 694. Der Schuldner kann gegen den Anspruch oder einen Teil desselben Widerspruch erheben, solange der Vollstreckungsbefehl nicht verfügt ist.[1])

Das Gericht hat den Gläubiger von dem rechtzeitig erhobenen Widerspruche in Kenntnis zu setzen und dem Schuldner auf Verlangen eine Bescheinigung darüber zu erteilen, daß er rechtzeitig Widerspruch erhoben habe.

Einer Zurückweisung des nicht rechtzeitig erhobenen Widerspruchs bedarf es nicht.

(§ 634). [1] § 699.

§ 695. Durch die rechtzeitige Erhebung des Widerspruchs gegen den Anspruch oder einen Teil desselben verliert der Zahlungsbefehl seine Kraft. Die Wirkungen der Rechtshängigkeit[1]) bleiben bestehen.

(§ 635). [1] § 263.

§ 696. Wird rechtzeitig Widerspruch erhoben, so ist die Klage als mit der Zustellung des Zahlungsbefehls bei dem Amtsgericht erhoben anzusehen, welches den Befehl erlassen hat.

Termin zur mündlichen Verhandlung ist nur auf Antrag einer Partei zu bestimmen; der Antrag kann schon in dem Gesuch um Erlassung des Zahlungsbefehls gestellt werden; die Ladungsfrist beträgt mindestens drei Tage.

Zur Herstellung eines Urteils in abgekürzter Form (§ 313 Abs. 3, § 317 Abs. 3) kann der Zahlungsbefehl an Stelle der Klageschrift benutzt werden.

Nov. 09.

§ 697. Ist ein Anspruch erhoben, der zur Zuständigkeit der Landgerichte gehört,[1]) so hat das Amtsgericht, sofern eine Partei vor der Verhandlung zur Hauptsache darauf anträgt, durch Beschluß sich für unzuständig zu erklären und den Rechtsstreit an das Landgericht zu verweisen; die Vorschriften des § 505 Abs. 2, Abs. 3 Satz 1 finden Anwendung.

Ist der Antrag auf Verweisung schon in dem Gesuch um Erlassung des Zahlungsbefehls gestellt[2]) oder mit dem Widerspruche verbunden worden, so kann die Entscheidung über den Antrag ohne vorgängige mündliche Verhandlung erfolgen. Wird die Verweisung beschlossen, so gilt der Rechtsstreit mit der Zustellung des Beschlusses als bei dem Landgericht anhängig.

Nov. 09. [1]) GVG. § 70. [2]) § 696 Abs. 2.

§ 698. Die Kosten des Mahnverfahrens sind im Falle der rechtzeitigen Erhebung des Widerspruchs[1]) als ein Teil der Kosten des entstehenden Rechtsstreits anzusehen.

(§ 638). Abs. 2 gestrichen (Nov. 09). [1]) § 694.

§ 699. Der Zahlungsbefehl ist nach Ablauf der darin bestimmten Frist auf Gesuch des Gläubigers für vorläufig vollstreckbar zu erklären, sofern nicht vor der Vollstreckbarkeitserklärung von dem Schuldner Widerspruch[1]) erhoben ist. Die Vollstreckbarkeitserklärung erfolgt durch einen von dem Gerichtsschreiber auf den Zahlungsbefehl zu setzenden Vollstreckungsbefehl. In den Vollstreckungsbefehl sind die von dem Gläubiger zu berechnenden Kosten des bisherigen Verfahrens aufzunehmen. Die Zustellung des Vollstreckungsbefehls erfolgt auf Betreiben des Gläubigers. Der Gerichtsschreiber hat die Zustellung zu vermitteln, sofern nicht der Gläubiger erklärt hat, selbst einen Gerichtsvollzieher mit der Zustellung beauftragen zu wollen.

Will der Gerichtsschreiber dem Gesuche des Gläubigers nicht entsprechen, so hat er das Gesuch dem Gerichte zur Entscheidung vorzulegen. Gegen den Beschluß des Gerichts, durch welchen das Gesuch zurückgewiesen wird, findet sofortige Beschwerde[2]) statt.

(§ 639). Abs. 1 Satz 2, 4, 5, Abs. 2 Nov. 09. [1]) § 694. [2]) § 577.

§ 700. Der Vollstreckungsbefehl steht einem für vorläufig vollstreckbar erklärten auf Versäumnis erlassenen Endurteile gleich. Gegen den Vollstreckungsbefehl findet der Einspruch[1]) statt; die Vorschriften über den Einspruch gegen ein von dem Amtsgericht erlassenes Versäumnisurteil finden entsprechende Anwendung.[2]) Gehört der Anspruch nicht vor die Amtsgerichte, so findet eine Verweisung des Rechtsstreits an das Landgericht nach § 697 nur statt, wenn das Amtsgericht den Einspruch für zulässig erachtet. Das Landgericht ist an die Entscheidung des Amtsgerichts, durch welche der Einspruch zugelassen wird, gebunden.

(§ 640). Nov. 98, 09. [1]) § 338. [2]) § 339 ff., 508.

§ 701. Wird in dem Falle, wenn Widerspruch nicht erhoben ist, die Erlassung des Vollstreckungsbefehls nicht binnen einer sechsmonatigen Frist, welche mit Ablauf der im Zahlungsbefehle bestimmten Frist beginnt, nachgesucht, so verliert der Zahlungsbefehl dergestalt seine Kraft, daß auch die Wirkungen der Rechtshängigkeit[1]) erlöschen. Dasselbe gilt, wenn die Erlassung des Vollstreckungsbefehls rechtzeitig nachgesucht ist, das Gesuch aber zurückgewiesen wird.

(§ 641). [1]) § 263.

§ 702. Das Gesuch um Erlassung eines Zahlungsbefehls oder eines Vollstreckungsbefehls, sowie die Erhebung eines Widerspruchs werden der anderen Partei abschriftlich nicht mitgeteilt; im Falle ihrer mündlichen Anbringung ist die Aufnahme eines Protokolls nicht erforderlich.

(§ 642).

§ 703. Des Nachweises einer Vollmacht bedarf es nicht, wenn für den Gläubiger die Erlassung eines Zahlungsbefehls nachgesucht oder für den Schuldner Widerspruch gegen einen Zahlungsbefehl erhoben wird.

(§ 643).

Achtes Buch.

Zwangsvollstreckung.

Erster Abschnitt.

Allgemeine Bestimmungen.

§ 704. Die Zwangsvollstreckung findet statt aus Endurteilen, welche rechtskräftig oder für vorläufig vollstreckbar[1]) erklärt sind.

Urteile in Ehesachen[2]) und in Rechtsstreitigkeiten, welche die Feststellung des Rechtsverhältnisses zwischen Eltern und Kindern zum Gegenstande haben,[3]) dürfen nicht für vorläufig vollstreckbar erklärt werden.

(§ 644). Abs. 2 Nov. 98. [1]) §§ 708 ff. [2]) §§ 606 ff. [3]) §§ 640 ff.

§ 705. Die Rechtskraft der Urteile tritt vor Ablauf der für die Einlegung des zulässigen Rechtsmittels[1]) oder des zulässigen Einspruchs[2]) bestimmten Frist nicht ein. Der Eintritt der Rechtskraft wird durch rechtzeitige Einlegung des Rechtsmittels oder des Einspruchs gehemmt.

(§ 645). [1]) §§ 516, 552. [2]) § 339.

§ 706. Zeugnisse über die Rechtskraft der Urteile sind auf Grund der Prozeßakten vom Gerichtsschreiber erster Instanz und, solange der Rechtsstreit in einer höheren Instanz anhängig ist, von dem Gerichtsschreiber dieser Instanz zu erteilen.

Insoweit die Erteilung des Zeugnisses davon abhängt, daß gegen das Urteil ein Rechtsmittel nicht eingelegt ist, genügt ein Zeugnis des Gerichtsschreibers des für das Rechtsmittel zuständigen Gerichts, daß innerhalb der Notfrist eine Rechtsmittelschrift nicht eingereicht sei.

(§ 646). Abs. 2 Nov. 09, Abs. 3 gestrichen (Nov. 09).

§ 707. Wird die Wiedereinsetzung in den vorigen Stand[1]) oder eine Wiederaufnahme des Verfahrens[2]) beantragt, so kann das Gericht auf Antrag anordnen, daß die Zwangsvollstreckung gegen oder ohne Sicherheitsleistung einstweilen eingestellt werde oder nur gegen Sicherheitsleistung stattfinde, und daß die erfolgten Vollstreckungsmaßregeln gegen Sicherheitsleistung aufzuheben seien. Die Einstellung der Zwangsvollstreckung ohne Sicherheitsleistung ist nur zulässig, wenn glaubhaft gemacht wird, daß die Vollstreckung einen nicht zu ersetzenden Nachteil bringen würde.

Die Entscheidung kann ohne vorgängige mündliche Verhandlung erfolgen. Eine Anfechtung des Beschlusses findet nicht statt.

(§ 647). [1]) §§ 233 ff. [2]) §§ 578 ff.

§ 708. Auch ohne Antrag sind für vorläufig vollstreckbar zu erklären:

1. Urteile, welche auf Grund eines Anerkenntnisses eine Verurteilung aussprechen (§ 307);

2. Urteile, welche den Eintritt der in einem bedingten Endurteile ausgedrückten Folgen aussprechen;[1])
3. Versäumnisurteile des Revisionsgerichts sowie ein zweites oder ferneres in derselben Instanz gegen dieselbe Partei zur Hauptsache erlassenes Versäumnisurteil;
4. Urteile, welche im Urkunden- oder Wechselprozesse[2]) erlassen werden;
5. Urteile, durch welche Arreste oder einstweilige Verfügungen aufgehoben[3]) werden;
6. Urteile, welche die Verpflichtung zur Entrichtung von Alimenten oder zur Entrichtung einer nach den §§ 843, 844 des Bürgerlichen Gesetzbuchs geschuldeten Geldrente aussprechen, soweit die Entrichtung für die Zeit nach der Erhebung der Klage und für das der Erhebung der Klage vorausgehende letzte Vierteljahr zu erfolgen hat.
7. Urteile der Oberlandesgerichte in vermögensrechtlichen Streitigkeiten mit Ausnahme der Versäumnisurteile.

(§ 648). Nr. 6 Nov. 98, Nr. 3 Nov. 05, Nr. 7 Nov. 10.

[1]) § 462 Abs. 2. [2]) §§ 592 ff. [3]) §§ 925, 927, 936.

§ 709. Urteile sind auf Antrag für vorläufig vollstreckbar zu erklären, wenn sie betreffen:
1. Streitigkeiten zwischen dem Vermieter und dem Mieter oder Untermieter von Wohnräumen oder anderen Räumen oder zwischen dem Mieter und dem Untermieter solcher Räume wegen Ueberlassung, Benutzung oder Räumung, sowie wegen Zurückhaltung der von dem Mieter oder dem Untermieter in die Miets-Räume eingebrachten Sachen;
2. Streitigkeiten zwischen Dienstherrschaft und Gesinde, zwischen Arbeitgebern und Arbeitern hinsichtlich des Dienst- oder Arbeitsverhältnisses, sowie die im § 3 Abs. 1 des Gesetzes, betreffend die Gewerbegerichte, vom 29. Juli 1890 (Reichs-Gesetzbl. S. 141) bezeichneten Streitigkeiten, insofern die-

selben während der Dauer des Dienst-, Arbeits- oder Lehrverhältnisses entstehen;

3. Streitigkeiten zwischen Reisenden und Wirten, Fuhrleuten, Schiffern, Flößern oder Auswanderungsexpedienten in den Einschiffungshäfen, welche über Wirtszechen, Fuhrlohn, Ueberfahrtsgelder, Beförderung der Reisenden und ihrer Habe und über Verlust und Beschädigung der letzteren, sowie Streitigkeiten zwischen Reisenden und Handwerkern, welche aus Anlaß der Reise entstanden sind;

4. andere vermögensrechtliche Ansprüche, sofern der Gegenstand der Verurteilung an Geld oder Geldeswert die Summe von dreihundert Mark nicht übersteigt; in Betreff des Wertes des Gegenstandes kommen die Vorschriften der §§ 3—9 zur Anwendung.

(§ 649). Nr. 1, 2 Nov. 98.

§ 710. Urteile sind auf Antrag für vorläufig vollstreckbar zu erklären, wenn glaubhaft gemacht wird, daß die Aussetzung der Vollstreckung dem Gläubiger einen schwer zu ersetzenden oder einen schwer zu ermittelnden Nachteil bringen würde, oder wenn sich der Gläubiger erbietet, vor der Vollstreckung Sicherheit zu leisten.[1])

(§ 650).

1) §§ 108 ff.

§ 711. (Gestrichen (Nov. 10).

§ 712. Wird glaubhaft gemacht, daß die Vollstreckung des Urteils dem Schuldner einen nicht zu ersetzenden Nachteil bringen würde, so ist in den Fällen des § 708 auf Antrag des Schuldners auszusprechen, daß dasselbe nicht vorläufig vollstreckbar sei; in den Fällen der §§ 709, 710 ist der Antrag des Gläubigers zurückzuweisen.

Die Vorschrift des Abs. 1 Halbsatz 1 findet auf die im § 708 Nr. 7 bezeichneten Urteile keine Anwendung, wenn die Voraussetzungen der §§ 546, 547 für die Zulässigkeit der Revision nach dem Ermessen des Gerichts unzweifelhaft nicht vorliegen.

(§ 651). Nov. 98, Abs. 2 Nov. 10.

§ 713. Das Gericht kann auf Antrag die vorläufige Vollstreckbarkeit von einer vorgängigen Sicherheitsleistung[1]) abhängig machen. Diese Vorschrift findet auf die im § 708 Nr. 7 bezeichneten Urteile keine Anwendung.

Das Gericht hat auf Antrag dem Schuldner nachzulassen, durch Sicherheitsleistung[1]) oder durch Hinterlegung die Vollstreckung abzuwenden, wenn nicht der Gläubiger sich erbietet, vor der Vollstreckung Sicherheit zu leisten.

(§ 652). Abs. 1 Satz 2 Nov. 10. [1]) §§ 108 ff.

§ 714. Die in den §§ 709—713 erwähnten Anträge sind vor dem Schlusse der mündlichen Verhandlung zu stellen, auf welche das Urteil ergeht.

(§ 653). Nov. 98.

§ 715. In den Fällen der §§ 710, 713 kann das Gericht, welches die Sicherheitsleistung angeordnet oder zugelassen hat, auf Antrag die Rückgabe der von dem Gläubiger geleisteten Sicherheit anordnen, wenn ein Zeugnis über die Rechtskraft des für vorläufig vollstreckbar erklärten Urteils vorgelegt wird. Die Vorschriften des § 109 Abs. 3 finden entsprechende Anwendung.

Nov. 98.

§ 716. Ist der Antrag, das Urteil für vorläufig vollstreckbar zu erklären, übergangen oder ist in Fällen, in welchen ein Urteil ohne Antrag für vorläufig vollstreckbar zu erklären ist,[1]) eine Entscheidung über die vorläufige Vollstreckbarkeit nicht erfolgt, so kommen wegen Ergänzung des Urteils die Vorschriften des § 321 zur Anwendung.

(§ 654). Nov. 98. [1]) § 708.

§ 717. Die vorläufige Vollstreckbarkeit tritt mit der Verkündung eines Urteils, welches die Entscheidung in der Hauptsache oder die Vollstreckbarkeitserklärung aufhebt oder abändert, insoweit außer Kraft, als die Aufhebung oder Abänderung erfolgt.

Wird ein für vorläufig vollstreckbar erklärtes Urteil aufgehoben oder abgeändert, so ist der Kläger zum Ersatze des Schadens verpflichtet, der dem Beklagten durch die Vollstreckung des Urteils oder durch eine zur Abwendung der Vollstreckung gemachte Leistung entstanden ist. Der Beklagte kann den Anspruch auf Schadensersatz in dem anhängigen Rechtsstreite geltend machen; wird der Anspruch geltend gemacht, so ist er als zur Zeit der Zahlung oder Leistung rechtshängig[1]) geworden anzusehen.

Die Vorschriften des Abs. 2 finden auf die im § 708 Nr. 7 bezeichneten Urteile der Oberlandesgerichte keine Anwendung. Soweit ein solches Urteil aufgehoben oder abgeändert wird, ist der Kläger auf Antrag des Beklagten zur Erstattung des von diesem auf Grund des Urteils Gezahlten oder Geleisteten zu verurteilen. Die Vorschriften des § 541 Abs. 2 Satz 2, 3 finden Anwendung.

(§ 655). Abs. 2 Nov. 98, Abs. 3 Nov. 10. [1]) § 263.

§ 718. In der Berufungsinstanz ist über die vorläufige Vollstreckbarkeit auf Antrag vorab zu verhandeln und zu entscheiden.

Die Bestimmung des § 524 über die Vertagung der mündlichen Verhandlung findet in diesem Falle keine Anwendung.

Eine Anfechtung der in der Berufungsinstanz über die vorläufige Vollstreckbarkeit erlassenen Entscheidung findet nicht statt.

(§ 656). Abs. 2 Nov. 98.

§ 719. Wird gegen ein für vorläufig vollstreckbar erklärtes Urteil der Einspruch[1]) oder die Berufung[2]) eingelegt, so finden die Vorschriften des § 707 entsprechende Anwendung.

Wird Revision[3]) gegen ein für vorläufig vollstreckbar erklärtes Urteil eingelegt, so hat das Revisionsgericht auf Antrag anzuordnen, daß die Zwangsvollstreckung einstweilen eingestellt werde, wenn glaubhaft gemacht wird, daß die Vollstreckung einen nicht zu ersetzenden Nachteil bringen würde.

Die Entscheidung kann ohne mündliche Verhandlung erfolgen.

(§ 657). Nov. 98, Nov. 10. [1]) §§ 338 ff. [2]) §§ 511 ff. [3]) §§ 545 ff.

§ 720. Ist in Gemäßheit des § 713 Abs. 2 dem Schuldner nachgelassen, durch Sicherheitsleistung oder durch Hinterlegung die Vollstreckung abzuwenden, so ist gepfändetes Geld oder der Erlös gepfändeter Gegenstände zu hinterlegen.
(§ 659). Nov. 98.

§ 721. Wird auf Räumung einer Wohnung erkannt, so kann das Gericht auf Antrag dem Schuldner eine den Umständen nach angemessene Frist zur Räumung gewähren.

Auf den Antrag finden die Vorschriften der §§ 714, 716 entsprechende Anwendung.
Nov. 98.

§ 722. Aus dem Urteil eines ausländischen Gerichts findet die Zwangsvollstreckung nur statt, wenn ihre Zulässigkeit durch ein Vollstreckungsurteil ausgesprochen ist.

Für die Klage auf Erlassung desselben ist das Amtsgericht oder Landgericht, bei welchem der Schuldner seinen allgemeinen Gerichtsstand[1]) hat, und in Ermangelung eines solchen das Amtsgericht oder Landgericht zuständig, bei welchem in Gemäßheit des § 23 gegen den Schuldner Klage erhoben werden kann.
(§ 660). Abs. 2 Nov. 98. [1]) §§ 13—19.

§ 723. Das Vollstreckungsurteil ist ohne Prüfung der Gesetzmäßigkeit der Entscheidung zu erlassen.

Das Vollstreckungsurteil ist erst zu erlassen, wenn das Urteil des ausländischen Gerichts nach dem für dieses Gericht geltenden Rechte die Rechtskraft erlangt hat. Es ist nicht zu erlassen, wenn die Anerkennung des Urteils nach § 328 ausgeschlossen ist.
(§ 661). Abs. 2 Nov. 98.

§ 724. Die Zwangsvollstreckung erfolgt auf Grund einer mit der Vollstreckungsklausel versehenen Ausfertigung des Urteils (vollstreckbare Ausfertigung).

Die vollstreckbare Ausfertigung wird von dem Gerichtsschreiber des Gerichts erster Instanz und, wenn der Rechtsstreit bei einem höheren Gericht anhängig ist, von dem Gerichtsschreiber dieses Gerichts erteilt.
(§ 662).

§ 725. Die Vollstreckungsklausel:
„Vorstehende Ausfertigung wird dem u. s. w. (Bezeichnung der Partei) zum Zwecke der Zwangsvollstreckung erteilt."
ist der Ausfertigung des Urteils am Schlusse beizufügen, von dem Gerichtsschreiber zu unterschreiben und mit dem Gerichtssiegel zu versehen.
(§ 663).

§ 726. Von Urteilen, deren Vollstreckung nach ihrem Inhalte von dem durch den Gläubiger zu beweisenden Eintritt einer anderen Tatsache als einer dem Gläubiger obliegenden Sicherheitsleistung[1]) abhängt, darf eine vollstreckbare Ausfertigung nur erteilt werden, wenn der Beweis durch öffentliche oder öffentlich beglaubigte Urkunden geführt wird.

Hängt die Vollstreckung von einer Zug um Zug zu bewirkenden Leistung des Gläubigers an den Schuldner ab, so ist der Beweis, daß der Schuldner befriedigt oder im Verzuge der Annahme[2]) ist, nur dann erforderlich, wenn die dem Schuldner obliegende Leistung in der Abgabe einer Willenserklärung besteht.
(§ 664). Nov. 98. [1]) §§ 710, 713. [2]) BGB. §§ 293 ff.

§ 727. Eine vollstreckbare Ausfertigung kann für den Rechtsnachfolger des in dem Urteile bezeichneten Gläubigers sowie gegen denjenigen Rechtsnachfolger des in dem Urteile bezeichneten Schuldners und denjenigen Besitzer der in Streit befangenen Sache, gegen welche das Urteil nach § 325 wirksam ist, erteilt werden, sofern die Rechtsnachfolge oder das Besitzverhältnis bei dem Gericht offenkundig ist oder durch öffentliche oder öffentlich beglaubigte Urkunden nachgewiesen wird.

Ist die Rechtsnachfolge oder das Besitzverhältnis bei dem Gericht offenkundig, so ist dies in der Vollstreckungsklausel zu erwähnen.
(§ 665). Nov. 98.

§ 728. Ist gegenüber dem Vorerben ein nach § 326 dem Nacherben gegenüber wirksames Urteil ergangen, so finden auf die Erteilung einer vollstreckbaren Ausfertigung für und gegen den Nacherben die Vorschriften des § 727 entsprechende Anwendung.

Das gleiche gilt, wenn gegenüber einem Testamentsvollstrecker ein nach § 327 dem Erben gegenüber wirksames Urteil ergangen ist, für die Erteilung einer vollstreckbaren Ausfertigung für und gegen den Erben. Eine vollstreckbare Ausfertigung kann gegen den Erben erteilt werden, auch wenn die Verwaltung des Testamentsvollstreckers noch besteht.
Nov. 98.

§ 729. Hat jemand das Vermögen eines anderen durch Vertrag mit diesem nach der rechtskräftigen Feststellung einer Schuld des anderen übernommen, so finden auf die Erteilung einer vollstreckbaren Ausfertigung des Urteils gegen den Uebernehmer die Vorschriften des § 727 entsprechende Anwendung.

Das gleiche gilt für die Erteilung einer vollstreckbaren Ausfertigung gegen denjenigen, welcher ein unter Lebenden erworbenes Handelsgeschäft unter der bisherigen Firma fortführt, in Ansehung der Verbindlichkeiten, für welche er nach § 25 Abs. 1 Satz 1, Abs. 2 des Handelsgesetzbuchs haftet, sofern sie vor dem Erwerbe des Geschäftes gegen den früheren Inhaber rechtskräftig festgestellt worden sind.
Nov. 98.

§ 730. In den Fällen des § 726 Abs. 1 und der §§ 727—729 darf die vollstreckbare Ausfertigung nur auf Anordnung des Vorsitzenden erteilt werden.

Vor der Entscheidung kann der Schuldner gehört werden.

Die Anordnung ist in der Vollstreckungsklausel zu erwähnen.
(§ 666). Abs. 1 Nov. 98.

§ 731. Kann der nach dem § 726 Abs. 1 und den §§ 727—729 erforderliche Nachweis durch öffentliche oder öffentlich beglaubigte Urkunden nicht geführt werden, so hat der Gläubiger bei dem Prozeßgericht erster Instanz aus dem Urteil auf Erteilung der Vollstreckungsklausel Klage zu erheben.
(§ 667). Nov. 98.

§ 732. Ueber Einwendungen des Schuldners, welche

die Zulässigkeit der Vollstreckungsklausel betreffen, entscheidet das Gericht, von dessen Gerichtsschreiber die Vollstreckungsklausel erteilt ist. Die Entscheidung kann ohne vorgängige mündliche Verhandlung erfolgen.

Das Gericht kann vor der Entscheidung eine einstweilige Anordnung erlassen; es kann insbesondere anordnen, daß die Zwangsvollstreckung gegen oder ohne Sicherheitsleistung[1]) einstweilen einzustellen oder nur gegen Sicherheitsleistung fortzusetzen sei.

(§ 668). [1]) §§ 108 ff.

§ 733. Eine weitere vollstreckbare Ausfertigung darf derselben Partei, sofern nicht die zuerst erteilte Ausfertigung zurückgegeben wird, nur auf Anordnung des Vorsitzenden erteilt werden.

Vor der Entscheidung kann der Schuldner gehört werden.

Der Gerichtsschreiber hat von der Erteilung der weiteren Ausfertigung, wenn die Entscheidung, durch welche dieselbe angeordnet wird, nicht verkündet ist, den Gegner in Kenntnis zu setzen.

Die weitere Ausfertigung ist als solche unter Erwähnung der Entscheidung ausdrücklich zu bezeichnen.

(§ 669).

§ 734. Vor der Aushändigung einer vollstreckbaren Ausfertigung ist auf der Urschrift des Urteils zu bemerken, für welche Partei und zu welcher Zeit die Ausfertigung erteilt ist.

(§ 670).

§ 735. Zur Zwangsvollstreckung in das Vermögen eines nicht rechtsfähigen Vereins[1]) genügt ein gegen den Verein ergangenes Urteil.

Nov. 98. [1]) § 50 Abs. 2; BGB. § 54.

§ 736. Zur Zwangsvollstreckung in das Gesellschaftsvermögen einer nach § 705 des Bürgerlichen Gesetzbuchs eingegangenen Gesellschaft ist ein gegen alle Gesellschafter ergangenes Urteil erforderlich.

Nov. 98.

§ 737. Bei dem Nießbrauch an einem Vermögen[1]) ist wegen der vor der Bestellung des Nießbrauchs entstandenen Verbindlichkeiten des Bestellers die Zwangsvollstreckung in die dem Nießbrauch unterliegenden Gegenstände ohne Rücksicht auf den Nießbrauch zulässig, wenn der Besteller zu der Leistung und der Nießbraucher zur Duldung der Zwangsvollstreckung verurteilt ist.

Das gleiche gilt bei dem Nießbrauch an einer Erbschaft für die Nachlaßverbindlichkeiten.[2]

Nov. 98. [1]) BGB. §§ 1085 ff. [2]) BGB. § 1967.

§ 738. Ist die Bestellung des Nießbrauchs an einem Vermögen[1]) nach der rechtskräftigen Feststellung einer Schuld des Bestellers erfolgt, so finden auf die Erteilung einer in Ansehung der dem Nießbrauch unterliegenden Gegenstände vollstreckbaren Ausfertigung des Urteils gegen den Nießbraucher die Vorschriften der §§ 727, 730—732 entsprechende Anwendung.

Das gleiche gilt bei dem Nießbrauch an einer Erbschaft für die Erteilung einer vollstreckbaren Ausfertigung des gegen den Erblasser ergangenen Urteils.

Nov. 98. [1]) BGB. §§ 1085 ff.

§ 739. Bei dem Güterstande der Verwaltung und Nutznießung[1]), der Errungenschaftsgemeinschaft[2]) oder der Fahrnisgemeinschaft[3]) ist die Zwangsvollstreckung in das eingebrachte Gut der Ehefrau nur zulässig, wenn die Ehefrau zu der Leistung und der Ehemann zur Duldung der Zwangsvollstreckung in das eingebrachte Gut verurteilt ist.

Nov. 98. [1]) BGB. §§ 1363 ff.. [2]) BGB. §§ 1519 ff. [3]) BGB. §§ 1549 ff..

§ 740. Bei dem Güterstande der allgemeinen Gütergemeinschaft, der Errungenschaftsgemeinschaft oder der Fahrnisgemeinschaft ist zur Zwangsvollstreckung in das Gesamtgut[1]) ein gegen den Ehemann ergangenes Urteil erforderlich und genügend.

Nov. 98. [1]) BGB. §§ 1438, 1519, 1549 f.

§ 741. Betreibt die Ehefrau selbständig ein Erwerbsgeschäft, so ist zur Zwangsvollstreckung in das eingebrachte Gut und in das Gesamtgut ein gegen die Ehefrau ergangenes Urteil genügend, es sei denn, daß zur Zeit des Eintritts der Rechtshängigkeit der Einspruch des Ehemanns gegen den Betrieb des Erwerbs-

geschäfts oder der Widerruf seiner Einwilligung zu dem Betrieb im Güterrechtsregister eingetragen war.
Nov. 98.

§ 742. Ist der Güterstand der Verwaltung und Nutznießung, der Errungenschaftsgemeinschaft oder der Fahrnisgemeinschaft[1]) erst eingetreten, nachdem ein von der Ehefrau oder gegen sie geführter Rechtsstreit rechtshängig geworden ist, so finden auf die Erteilung einer in Ansehung des eingebrachten Gutes der Ehefrau vollstreckbaren Ausfertigung des Urteils für oder gegen den Ehemann die Vorschriften der §§ 727, 730—732 entsprechende Anwendung.

Das gleiche gilt für die Erteilung einer in Ansehung des Gesamtguts vollstreckbaren Ausfertigung, wenn die allgemeine Gütergemeinschaft oder die Fahrnisgemeinschaft erst eingetreten ist, nachdem ein von der Ehefrau oder gegen sie geführter Rechtsstreit rechtshängig geworden ist.
Nov. 98. 1) Anm. 1 bis 3 zu § 739.

§ 743. Nach der Beendigung der allgemeinen Gütergemeinschaft,[1]) der Errungenschaftsgemeinschaft[2]) oder der Fahrnisgemeinschaft[3]) ist vor der Auseinandersetzung die Zwangsvollstreckung in das Gesamtgut nur zulässig, wenn beide Ehegatten zu der Leistung oder der eine Ehegatte zu der Leistung und der andere zur Duldung der Zwangsvollstreckung verurteilt sind.
Nov. 98. 1) BGB. §§ 1468 ff. 2) BGB. §§ 1542 ff.. 3) BGB. § 1549.

§ 744. Ist die Beendigung der allgemeinen Gütergemeinschaft, der Errungenschaftsgemeinschaft oder der Fahrnisgemeinschaft[1]) nach der Beendigung eines Rechtsstreits des Ehemanns eingetreten, so finden auf die Erteilung einer in Ansehung des Gesamtguts vollstreckbaren Ausfertigung des Urteils gegen die Ehefrau die Vorschriften der §§ 727, 730—732 entsprechende Anwendung.
Nov. 98. 1) Anm. 1 bis 3 zu § 743.

§ 745. Im Falle der fortgesetzten Gütergemeinschaft[1]) ist zur Zwangsvollstreckung in das Gesamtgut ein gegen den überlebenden Ehegatten ergangenes Urteil erforderlich und genügend.

Nach der Beendigung der fortgesetzten Gütergemeinschaft[2]) finden die Vorschriften der §§ 743, 744 mit der Maßgabe Anwendung, daß an die Stelle des Ehemanns der überlebende Ehegatte, an die Stelle der Ehefrau die anteilsberechtigten Abkömmlinge treten.

Nov. 98. [1]) BGB. §§ 1483 ff., § 1557. [2]) BGB. §§ 1492 ff..

§ 746. Zur Zwangsvollstreckung in das der elterlichen Nutznießung unterliegende Vermögen des Kindes[1]) ist ein gegen das Kind ergangenes Urteil genügend.

Nov. 98. [1]) BGB §§ 1649 ff.

§ 747. Zur Zwangsvollstreckung in einen Nachlaß ist, wenn mehrere Erben vorhanden sind, bis zur Teilung ein gegen alle Erben ergangenes Urteil erforderlich.

Nov. 98.

§ 748. Unterliegt ein Nachlaß der Verwaltung eines Testamentsvollstreckers,[1]) so ist zur Zwangsvollstreckung in den Nachlaß ein gegen den Testamentsvollstrecker ergangenes Urteil erforderlich und genügend.

Steht dem Testamentsvollstrecker nur die Verwaltung einzelner Nachlaßgegenstände zu,[2]) so ist die Zwangsvollstreckung in diese Gegenstände nur zulässig, wenn der Erbe zu der Leistung, der Testamentsvollstrecker zur Duldung der Zwangsvollstreckung verurteilt ist.

Zur Zwangsvollstreckung wegen eines Pflichtteilsanspruchs[3]) ist im Falle des Abs. 1 wie im Falle des Abs. 2 ein sowohl gegen den Erben als gegen den Testamentsvollstrecker ergangenes Urteil erforderlich.

Nov. 98. [1]) BGB. § 2205. [2]) BGB. § 2208. [3]) BGB. §§ 2303 ff.

§ 749. Auf die Erteilung einer vollstreckbaren Ausfertigung eines für oder gegen den Erblasser ergangenen Urteils für oder gegen den Testamentsvollstrecker finden die Vorschriften der §§ 727, 730—732 entsprechende Anwendung. Auf Grund einer solchen Ausfertigung ist die Zwangsvollstreckung nur in die der Verwaltung des Testamentsvollstreckers unterliegenden Nachlaßgegenstände[1]) zulässig.

Nov. 98. [1]) BGB. § 2205.

§ 750. Die Zwangsvollstreckung darf nur beginnen, wenn die Personen, für und gegen welche sie stattfinden soll, in dem Urteil oder in der demselben beigefügten Vollstreckungsklausel[1]) namentlich bezeichnet sind und das Urteil bereits zugestellt ist oder gleichzeitig zugestellt wird.

Handelt es sich um die Vollstreckung eines Urteils, dessen vollstreckbare Ausfertigung nach § 726 Abs. 1 erteilt worden ist, oder soll ein Urteil, welches nach den §§ 727—729, 738, 742, 744, dem § 745 Abs. 2 und dem § 749 für oder gegen eine der dort bezeichneten Personen wirksam ist, für oder gegen eine dieser Personen vollstreckt werden, so muß außer dem zu vollstreckenden Urteil auch die demselben beigefügte Vollstreckungsklausel und, sofern die Vollstreckungsklausel auf Grund öffentlicher oder öffentlich beglaubigter Urkunden erteilt ist, auch eine Abschrift dieser Urkunden vor Beginn der Zwangsvollstreckung zugestellt sein oder gleichzeitig mit Beginn derselben zugestellt werden.

(§ 671). Abs. 2 Nov. 98. [1]) §§ **724** f.

751. Ist die Geltendmachung des Anspruchs von dem Eintritt eines Kalendertages abhängig, so darf die Zwangsvollstreckung nur beginnen, wenn der Kalendertag abgelaufen ist.

Hängt die Vollstreckung von einer dem Gläubiger obliegenden Sicherheitsleistung[1]) ab, so darf der Beginn der Zwangsvollstreckung nur erfolgen, wenn die Sicherheitsleistung durch eine öffentliche oder öffentlich beglaubigte Urkunde nachgewiesen und eine Abschrift dieser Urkunde bereits zugestellt ist, oder gleichzeitig zugestellt wird.

(§ 672). Abs. 2 Nov. 98. [1]) §§ 108 ff., 710, 713.

§ 752. Gegen eine dem aktiven Heere oder der aktiven Marine angehörende Militärperson darf die

Zwangsvollstreckung erst beginnen, nachdem von derselben die vorgesetzte Militärbehörde Anzeige erhalten hat.

Dem Gläubiger ist auf Verlangen der Empfang der Anzeige von der Militärbehörde zu bescheinigen.
(§ 673).

§ 753. Die Zwangsvollstreckung erfolgt, soweit sie nicht den Gerichten zugewiesen ist, durch Gerichtsvollzieher, welche dieselbe im Auftrage des Gläubigers zu bewirken haben.

Der Gläubiger kann wegen Erteilung des Auftrags zur Zwangsvollstreckung die Mitwirkung des Gerichtsschreibers in Anspruch nehmen. Der von dem Gerichtsschreiber beauftragte Gerichtsvollzieher gilt als von dem Gläubiger beauftragt.
(§ 674).

§ 754. In dem schriftlichen oder mündlichen Auftrage zur Zwangsvollstreckung in Verbindung mit der Uebergabe der vollstreckbaren Ausfertigung liegt die Beauftragung des Gerichtsvollziehers, die Zahlungen oder sonstigen Leistungen in Empfang zu nehmen, über das Empfangene wirksam zu quittieren und dem Schuldner, wenn dieser seiner Verbindlichkeit genügt hat, die vollstreckbare Ausfertigung auszuliefern.
(§ 675).

§ 755. Dem Schuldner und Dritten gegenüber wird der Gerichtsvollzieher zur Vornahme der Zwangsvollstreckung und der im § 754 bezeichneten Handlungen durch den Besitz der vollstreckbaren Ausfertigung ermächtigt. Der Mangel oder die Beschränkung des Auftrags kann diesen Personen gegenüber von dem Gläubiger nicht geltend gemacht werden.
(§ 676). Satz 1 Nov. 98.

§ 756. Hängt die Vollstreckung von einer Zug um Zug zu bewirkenden Leistung des Gläubigers an den Schuldner ab, so darf der Gerichtsvollzieher die Zwangsvollstreckung nicht beginnen, bevor er dem Schuldner die diesem gebührende Leistung in einer den Verzug der Annahme begründenden Weise[1]) angeboten hat, sofern nicht der Beweis, daß der Schuldner befriedigt oder im Verzuge der Annahme ist, durch öffentliche oder öffentlich beglaubigte Urkunden geführt wird und eine Abschrift dieser Urkunden bereits zugestellt ist oder gleichzeitig zugestellt wird.

Nov. 98. 1) BGB. §§ 293 ff.

§ 757. Der Gerichtsvollzieher hat nach Empfang der Leistungen dem Schuldner die vollstreckbare Ausfertigung nebst einer Quittung auszuliefern, bei teilweiser Leistung diese auf der vollstreckbaren Ausfertigung zu bemerken und dem Schuldner Quittung zu erteilen.

Das Recht des Schuldners, nachträglich eine Quittung des Gläubigers selbst zu fordern,[1]) wird durch diese Bestimmungen nicht berührt.

(§ 677). 1) BGB. § 368.

§ 758. Der Gerichtsvollzieher ist befugt, die Wohnung und die Behältnisse des Schuldners zu durchsuchen, soweit der Zweck der Vollstreckung dies erfordert.

Er ist befugt, die verschlossenen Haustüren, Zimmertüren und Behältnisse öffnen zu lassen.

Er ist, wenn er Widerstand findet, zur Anwendung von Gewalt befugt und kann zu diesem Zwecke die Unterstützung der polizeilichen Vollzugsorgane nachsuchen. Ist militärische Hilfe erforderlich, so hat er sich an das Vollstreckungsgericht zu wenden.

(§ 678).

§ 759. Wird bei einer Vollstreckungshandlung Widerstand geleistet oder ist bei einer in der Wohnung des Schuldners erfolgenden Vollstreckungshandlung weder der Schuldner noch eine zur Familie desselben gehörige oder in dieser Familie dienende erwachsene Person gegenwärtig, so hat der Gerichtsvollzieher zwei erwachsene Personen oder einen Gemeinde- oder Polizeibeamten als Zeugen zuzuziehen.

(§ 679). Nov. 09.

§ 760. Jeder Person, welche bei dem Vollstreckungsverfahren beteiligt ist, muß auf Begehren Einsicht der

Akten des Gerichtsvollziehers gestattet und Abschrift einzelner Aktenstücke erteilt werden.
(§ 680).

§ 761. Zur Nachtzeit (§ 188 Abs. 1), sowie an Sonntagen und allgemeinen Feiertagen darf eine Vollstreckungshandlung nur mit Erlaubnis des Amtsrichters erfolgen, in dessen Bezirke die Handlung vorgenommen werden soll.

Die Verfügung, durch welche die Erlaubnis erteilt wird, ist bei der Zwangsvollstreckung vorzuzeigen.
(§ 681). Abs. 1 Nov. 98; Abs. 3 gestrichen (Nov. 98).

§ 762. Der Gerichtsvollzieher hat über jede Vollstreckungshandlung ein Protokoll aufzunehmen.

Das Protokoll muß enthalten:

1. Ort und Zeit der Aufnahme;
2. den Gegenstand der Vollstreckungshandlung unter kurzer Erwähnung der wesentlichen Vorgänge;
3. die Namen der Personen, mit welchen verhandelt ist;
4. die Unterschrift dieser Personen und die Bemerkung, daß die Unterzeichnung nach vorgängiger Vorlesung oder Vorlegung zur Durchsicht und nach vorgängiger Genehmigung erfolgt sei;
5. die Unterschrift des Gerichtsvollziehers.

Hat einem der unter Nr. 4 bezeichneten Erfordernisse nicht genügt werden können, so ist der Grund anzugeben.
(§ 682).

§ 763. Die Aufforderungen und sonstigen Mitteilungen, welche zu den Vollstreckungshandlungen gehören, sind von dem Gerichtsvollzieher mündlich zu erlassen und vollständig in das Protokoll aufzunehmen.

Kann die mündliche Ausführung nicht erfolgen, so hat der Gerichtsvollzieher eine Abschrift des Protokolls unter entsprechender Anwendung der §§ 172, 181—186 zuzustellen oder, wenn demjenigen, an welchen die Aufforderung oder Mitteilung zu richten ist, am Orte der Zwangsvollstreckung nicht zugestellt werden kann, durch die Post zu übersenden. Die Befolgung dieser Vorschrift muß zum Protokolle bemerkt werden. Eine öffentliche Zustellung[1]) findet nicht statt.

(§ 683). Abs. 2 Nov. 98. [1]) § 203.

§ 764. Die den Gerichten zugewiesene Anordnung von Vollstreckungshandlungen und Mitwirkung bei solchen gehört zur Zuständigkeit der Amtsgerichte als Vollstreckungsgerichte.

Als Vollstreckungsgericht ist, sofern nicht das Gesetz ein anderes Amtsgericht bezeichnet, dasjenige Amtsgericht anzusehen, in dessen Bezirke das Vollstreckungsverfahren stattfinden soll oder stattgefunden hat.

Die Entscheidungen des Vollstreckungsgerichts können ohne vorgängige mündliche Verhandlung erfolgen.

(§ 684).

§ 765. Hängt die Vollstreckung von einer Zug um Zug zu bewirkenden Leistung des Gläubigers an den Schuldner ab, so darf das Vollstreckungsgericht eine Vollstreckungsmaßregel nur anordnen, wenn der Beweis, daß der Schuldner befriedigt oder im Verzuge der Annahme[1]) ist, durch öffentliche oder öffentlich beglaubigte Urkunden geführt wird und eine Abschrift dieser Urkunden bereits zugestellt ist. Der Zustellung bedarf es nicht, wenn bereits der Gerichtsvollzieher die Zwangsvollstreckung nach § 756 begonnen hatte und der Beweis durch das Protokoll des Gerichtsvollziehers geführt wird.

Nov. 98. [1]) BGB. §§ 293 ff.

§ 766. Ueber Anträge, Einwendungen und Erinnerungen, welche die Art und Weise der Zwangsvollstreckung oder das bei derselben vom Gerichtsvollzieher zu beobachtende Verfahren betreffen, entscheidet das Vollstreckungsgericht. Dasselbe ist befugt, die im § 732 Abs. 2 bezeichneten Anordnungen zu erlassen.

Dem Vollstreckungsgerichte steht auch die Entscheidung zu, wenn ein Gerichtsvollzieher sich weigert, einen Vollstreckungsauftrag zu übernehmen oder eine Vollstreckungshandlung dem Auftrage gemäß auszuführen, oder wenn in Ansehung der von dem Gerichtsvollzieher in Ansatz gebrachten Kosten Erinnerungen erhoben werden.

(§ 685). Abs. 1 Nov. 98.

§ 767. Einwendungen, welche den durch das Urteil festgestellten Anspruch selbst betreffen, sind von dem Schuldner im Wege der Klage bei dem Prozeßgericht erster Instanz geltend zu machen.

Dieselben sind nur insoweit zulässig, als die Gründe, auf denen sie beruhen, erst nach dem Schlusse derjenigen mündlichen Verhandlung, in welcher Einwendungen in Gemäßheit der Bestimmungen dieses Gesetzes spätestens hätten geltend gemacht werden müssen, entstanden sind und durch Einspruch nicht mehr geltend gemacht werden können.

Der Schuldner muß in der von ihm zu erhebenden Klage alle Einwendungen geltend machen, welche er zur Zeit der Erhebung der Klage geltend zu machen imstande war.

(§ 686).

§ 768. Die Bestimmungen des § 767 Abs. 1, 3 finden entsprechende Anwendung, wenn in den Fällen des § 726 Abs. 1, der §§ 727—729, 738, 742, 744, des § 745 Abs. 2 und des § 749 der Schuldner den bei der Erteilung der Vollstreckungsklausel als bewiesen angenommenen Eintritt der Voraussetzung für die Erteilung der Vollstreckungsklausel bestreitet, unbeschadet der Befugnis des Schuldners, in diesen Fällen Einwendungen gegen die Zulässigkeit der Vollstreckungsklausel in Gemäßheit des § 732 zu erheben.

(§ 687). Nov. 98.

§ 769. Das Prozeßgericht kann auf Antrag anordnen, daß bis zur Erlassung des Urteils über die in den §§ 767, 768 bezeichneten Einwendungen die Zwangsvollstreckung gegen oder ohne Sicherheitsleistung[1]) eingestellt oder nur gegen Sicherheitsleistung fortgesetzt werde und daß die erfolgten Vollstreckungsmaßregeln gegen Sicherheitsleistung aufzuheben seien. Die tatsächlichen Behauptungen, welche den Antrag begründen, sind glaubhaft zu machen.[2])

In dringenden Fällen kann das Vollstreckungsgericht eine solche Anordnung erlassen, unter Bestimmung einer Frist, innerhalb welcher die Entscheidung des Prozeßgerichts beizubringen sei. Nach fruchtlosem Ablaufe der Frist wird die Zwangsvollstreckung fortgesetzt.

Die Entscheidung über diese Anträge kann ohne vorgängige mündliche Verhandlung erfolgen.

(§ 688). Abs. 1 Nov. 98. 1) §§ 108 ff. 2) § 294.

§ 770. Das Prozeßgericht kann in dem Urteile, durch welches über die Einwendungen entschieden wird, die in dem vorstehenden Paragraphen bezeichneten Anordnungen erlassen oder die bereits erlassenen Anordnungen aufheben, abändern oder bestätigen. In Betreff der Anfechtung einer solchen Entscheidung finden die Vorschriften des § 718 entsprechende Anwendung.

(§ 689).

§ 771. Behauptet ein Dritter, daß ihm an dem Gegenstande der Zwangsvollstreckung ein die Veräußerung hinderndes Recht zustehe, so ist der Widerspruch gegen die Zwangsvollstreckung im Wege der Klage bei dem Gerichte geltend zu machen, in dessen Bezirke die Zwangsvollstreckung erfolgt.

Wird die Klage gegen den Gläubiger und den Schuldner gerichtet, so sind diese als Streitgenossen[1]) anzusehen.

Auf die Einstellung der Zwangsvollstreckung und die Aufhebung der bereits erfolgten Vollstreckungsmaßregeln finden die Vorschriften der §§ 769, 770 entsprechende Anwendung. Die Aufhebung einer Vollstreckungsmaßregel ist auch ohne Sicherheitsleistung zulässig.

(§ 690). 1) §§ 59 ff.

§ 772. Solange ein Veräußerungsverbot der in den §§ 135, 136 des Bürgerlichen Gesetzbuchs bezeichneten

Art besteht, soll der Gegenstand, auf welchen es sich bezieht, wegen eines persönlichen Anspruchs oder auf Grund eines infolge des Verbots unwirksamen Rechts nicht im Wege der Zwangsvollstreckung veräußert oder überwiesen werden. Auf Grund des Veräußerungsverbots kann nach Maßgabe des § 771 Widerspruch erhoben werden.

Nov. 98.

§ 773. Ein Gegenstand, der zu einer Vorerbschaft[1]) gehört, soll nicht im Wege der Zwangsvollstreckung veräußert oder überwiesen werden, wenn die Veräußerung oder die Ueberweisung im Falle des Eintritts der Nacherbfolge nach § 2115 des Bürgerlichen Gesetzbuchs dem Nacherben gegenüber unwirksam ist. Der Nacherbe kann nach Maßgabe des § 771 Widerspruch erheben.

Nov. 98.

[1]) BGB. §§ 2100 ff.

§ 774. Findet nach § 741 die Zwangsvollstreckung in das eingebrachte Gut der Ehefrau oder in das Gesamtgut statt, so kann der Ehemann nach Maßgabe des § 771 Widerspruch erheben, wenn das gegen die Ehefrau ergangene Urteil in Ansehung des eingebrachten Gutes oder des Gesamtguts ihm gegenüber unwirksam ist.

Nov. 98.

§ 775. Die Zwangsvollstreckung ist einzustellen oder zu beschränken:

1. Wenn die Ausfertigung einer vollstreckbaren Entscheidung vorgelegt wird, aus welcher sich ergibt, daß das zu vollstreckende Urteil oder dessen vorläufige Vollstreckbarkeit aufgehoben, oder daß die Zwangsvollstreckung für unzulässig erklärt oder deren Einstellung angeordnet ist;
2. wenn die Ausfertigung einer gerichtlichen Entscheidung vorgelegt wird, aus welcher sich ergibt, daß die einstweilige Einstellung der Vollstreckung oder einer Vollstreckungsmaßregel angeordnet ist;
3. wenn eine öffentliche Urkunde vorgelegt wird,

aus welcher sich ergibt, daß die zur Abwendung der Vollstreckung nachgelassene Sicherheitsleistung [1]) oder Hinterlegung erfolgt ist;

4. wenn eine öffentliche Urkunde oder eine von dem Gläubiger ausgestellte Privat-Urkunde vorgelegt wird, aus welcher sich ergibt, daß der Gläubiger nach Erlassung des zu vollstreckenden Urteils befriedigt ist oder Stundung bewilligt hat;

5. wenn ein Postschein vorgelegt wird, aus welchem sich ergibt, daß nach Erlassung des Urteils die zur Befriedigung des Gläubigers erforderliche Summe zur Auszahlung an den letzteren bei der Post eingezahlt ist.

(§ 691). [1]) § 713 Abs. 2.

§ 776. In den Fällen des § 775 Nr. 1, 3 sind zugleich die bereits erfolgten Vollstreckungsmaßregeln aufzuheben. In den Fällen der Nr. 4, 5 bleiben diese Maßregeln einstweilen bestehen; dasselbe gilt in den Fällen der Nr. 2, sofern nicht durch die betreffende Entscheidung auch die Aufhebung der bisherigen Vollstreckungshandlungen angeordnet ist.

(§ 692). Satz 1 Nov. 98.

§ 777. Hat der Gläubiger eine bewegliche Sache des Schuldners im Besitz, in Ansehung deren ihm ein Pfandrecht[1]) oder ein Zurückbehaltungsrecht[2]) für seine Forderung zusteht, so kann der Schuldner der Zwangsvollstreckung in sein übriges Vermögen nach § 766 widersprechen, soweit die Forderung durch den Wert der Sache gedeckt ist. Steht dem Gläubiger ein solches Recht in Ansehung der Sache auch für eine andere Forderung zu, so ist der Widerspruch nur zulässig, wenn auch diese Forderung durch den Wert der Sache gedeckt ist.

Nov. 98. [1]) BGB. §§ 1204 ff. [2]) BGB. §§ 273, 972, 1000.

§ 778. Solange der Erbe die Erbschaft nicht angenommen[1]) hat, ist eine Zwangsvollstreckung wegen eines Anspruchs, der sich gegen den Nachlaß richtet, nur in den Nachlaß zulässig.

Wegen eigener Verbindlichkeiten des Erben ist eine Zwangsvollstreckung in den Nachlaß vor der Annahme der Erbschaft[1]) nicht zulässig.

Nov. 98.

[1]) BGB. § 1943, §§ 1946 ff.

§ 779. Eine Zwangsvollstreckung, welche zur Zeit des Todes des Schuldners gegen diesen bereits begonnen hatte, wird in den Nachlaß desselben fortgesetzt.

Ist bei einer Vollstreckungshandlung die Zuziehung des Schuldners nötig, so hat, wenn die Erbschaft noch nicht angenommen[1]) oder wenn der Erbe unbekannt oder es ungewiß ist, ob er die Erbschaft angenommen hat, das Vollstreckungsgericht auf Antrag des Gläubigers dem Erben einen einstweiligen besonderen Vertreter zu bestellen. Die Bestellung hat zu unterbleiben, wenn ein Nachlaßpfleger[2]) bestellt ist oder wenn die Verwaltung des Nachlasses einem Testamentsvollstrecker[3]) zusteht.

(§ 693). Abs. 2 Nov. 98.

[1]) Anm. 1 zu § 778. [2]) BGB. §§ 1960, 1961. [3]) BGB. § 2205.

§ 780. Der als Erbe des Schuldners verurteilte Beklagte kann die Beschränkung seiner Haftung[1]) nur geltend machen, wenn sie ihm im Urteile vorbehalten ist.

Der Vorbehalt ist nicht erforderlich, wenn der Fiskus als gesetzlicher Erbe[2]) verurteilt wird oder wenn das Urteil über eine Nachlaßverbindlichkeit[3]) gegen einen Nachlaßverwalter[4]) oder einen anderen Nachlaßpfleger[5]) oder gegen einen Testamentsvollstrecker, dem die Verwaltung des Nachlasses zusteht,[6]) erlassen wird.

(§ 695). Nov. 98.

[1]) BGB. §§ 1975 ff. [2]) BGB. § 1936. [3]) BGB. § 1967. [4]) BGB. § 1975. [5]) BGB. §§ 1960, 1961. [6]) BGB § 2205.

§ 781. Bei der Zwangsvollstreckung gegen den Erben des Schuldners bleibt die Beschränkung der Haftung unberücksichtigt, bis auf Grund derselben gegen die Zwangsvollstreckung von dem Erben Einwendungen erhoben werden.

(§ 696). Nov. 98.

§ 782. Der Erbe kann auf Grund der ihm nach den §§ 2014, 2015 des Bürgerlichen Gesetzbuchs zustehenden Einreden nur verlangen, daß die Zwangsvollstreckung für die Dauer der dort bestimmten Fristen auf solche Maßregeln beschränkt wird, die zur Vollziehung eines Arrestes zulässig sind.[1]) Wird vor dem Ablaufe der Frist die Eröffnung des Nachlaßkonkurses[2]) beantragt, so ist auf Antrag die Beschränkung der Zwangsvollstreckung auch nach dem Ablaufe der Frist aufrechtzuerhalten, bis über die Eröffnung des Konkursverfahrens rechtskräftig entschieden ist.

Nov. 98. [1]) §§ 930 ff. [2]) BGB. §§ 1975 ff.

§ 783. In Ansehung der Nachlaßgegenstände kann der Erbe die Beschränkung der Zwangsvollstreckung nach § 782 auch gegenüber den Gläubigern verlangen, die nicht Nachlaßgläubiger sind, es sei denn, daß er für die Nachlaßverbindlichkeiten[1]) unbeschränkt haftet.[2])

Nov. 98. [1]) BGB. § 1967. [2]) BGB. §§ 1994, 2005, 2006.

§ 784. Ist eine Nachlaßverwaltung angeordnet oder der Nachlaßkonkurs eröffnet,[1]) so kann der Erbe verlangen, daß Maßregeln der Zwangsvollstreckung, die zugunsten eines Nachlaßgläubigers in sein nicht zum Nachlasse gehörendes Vermögen erfolgt sind, aufgehoben werden, es sei denn, daß er für die Nachlaßverbindlichkeiten unbeschränkt haftet.[2])

Im Falle der Nachlaßverwaltung steht dem Nachlaßverwalter das gleiche Recht gegenüber Maßregeln der Zwangsvollstreckung zu, die zugunsten eines anderen Gläubigers als eines Nachlaßgläubigers[3]) in den Nachlaß erfolgt sind.

Nov. 98. [1]) BGB. §§ 1975 ff. [2]) Bem. 1 u. 2 zu § 783. [3]) BGB. § 1967.

§ 785. Die Erledigung der auf Grund der §§ 781—784 erhobenen Einwendungen erfolgt nach den Bestimmungen der §§ 767, 769, 770.

Nov. 98.

§ 786. Die Bestimmungen des § 780 Abs. 1 und der §§ 781—785 finden auf die nach § 1489 des Bürger=

lichen Gesetzbuchs eintretende beschränkte Haftung, die Bestimmungen des § 780 Abs. 1 und der §§ 781, 785 finden auf die nach den §§ 419, 1480, 1504, 2187 des Bürgerlichen Gesetzbuchs eintretende beschränkte Haftung entsprechende Anwendung.

Nov. 98.

§ 787. Soll durch die Zwangsvollstreckung ein Recht an einem Grundstücke, das von dem bisherigen Eigentümer nach § 928 des Bürgerlichen Gesetzbuchs aufgegeben und von dem Aneignungsberechtigten noch nicht erworben worden ist, geltend gemacht werden, so hat das Vollstreckungsgericht auf Antrag einen Vertreter zu bestellen, dem bis zur Eintragung eines neuen Eigentümers die Wahrnehmung der sich aus dem Eigentum ergebenden Rechte und Verpflichtungen im Zwangsvollstreckungsverfahren obliegt.

Nov. 98.

§ 788. Die Kosten der Zwangsvollstreckung fallen, soweit sie notwendig waren (§ 91), dem Schuldner zur Last; sie sind zugleich mit dem zur Zwangsvollstreckung stehenden Anspruche beizutreiben. Als Kosten der Zwangsvollstreckung gelten auch die Kosten der Ausfertigung und der Zustellung des Urteils.

Die Kosten der Zwangsvollstreckung sind dem Schuldner zu erstatten, wenn das Urteil, aus welchem dieselbe erfolgt ist, aufgehoben wird.

(§ 697). Abs. 1 Satz 1 Nov. 98; Abs. 1 Satz 2 Nov. 09.

§ 789. Wird zum Zwecke der Vollstreckung das Einschreiten einer Behörde erforderlich,[1]) so hat das Gericht die Behörde um ihr Einschreiten zu ersuchen.

(§ 698).

[1]) § 758 Abs. 3 Satz 2, §§ 790, 791.

§ 790. Soll die Zwangsvollstreckung gegen eine dem aktiven Heere oder der aktiven Marine angehörende Person des Soldatenstandes in Kasernen und anderen militärischen Dienstgebäuden oder auf Kriegsfahrzeugen erfolgen, so hat auf Antrag des Gläubigers das Vollstreckungsgericht die zuständige Militärbehörde um die Zwangsvollstreckung zu ersuchen.

Die gepfändeten Gegenstände sind einem von dem Gläubiger zu beauftragenden Gerichtsvollzieher zu übergeben.

(§ 699).

§ 791. Soll die Zwangsvollstreckung in einem ausländischen Staate erfolgen, dessen Behörden im Wege der Rechtshilfe die Urteile deutscher Gerichte vollstrecken, so hat auf Antrag des Gläubigers das Prozeßgericht erster Instanz die zuständige Behörde des Auslandes um die Zwangsvollstreckung zu ersuchen.

Kann die Vollstreckung durch einen Reichskonsul erfolgen, so ist das Ersuchen an diesen zu richten.

(§ 700).

§ 792. Bedarf der Gläubiger zum Zwecke der Zwangsvollstreckung eines Erbscheins[1]) oder einer anderen Urkunde, die dem Schuldner auf Antrag von einer Behörde, einem Beamten oder einem Notar zu erteilen ist, so kann er die Erteilung an Stelle des Schuldners verlangen.

Nov. 98.

1) BGB. §§ 2353 ff.

§ 793. Gegen Entscheidungen, welche im Zwangsvollstreckungsverfahren ohne vorgängige mündliche Verhandlung erfolgen können, findet sofortige Beschwerde[1]) statt.

(§ 701).

1) § 577.

§ 794. Die Zwangsvollstreckung findet ferner statt:

1. aus Vergleichen, welche nach Erhebung der Klage zwischen den Parteien oder zwischen einer Partei und einem Dritten zur Beilegung des Rechtsstreits seinem ganzen Umfange nach oder in betreff eines Teils des Streitgegenstandes vor einem deutschen Gericht abgeschlossen sind;
2. aus Vergleichen, welche im Falle des § 510 vor dem Amtsgericht abgeschlossen sind;

2a. aus Kostenfestsetzungsbeschlüssen;[1])

3. aus Entscheidungen, gegen welche das Rechtsmittel der Beschwerde stattfindet;
4. aus Vollstreckungsbefehlen;[2])

5. aus Urkunden, welche von einem deutschen Gericht oder von einem deutschen Notar innerhalb der Grenzen seiner Amtsbefugnisse in der vorgeschriebenen Form aufgenommen sind, sofern die Urkunde über einen Anspruch errichtet ist, welcher die Zahlung einer bestimmten Geldsumme oder die Leistung einer bestimmten Quantität anderer vertretbarer Sachen oder Wertpapiere zum Gegenstande hat, und der Schuldner sich in der Urkunde der sofortigen Zwangsvollstreckung unterworfen hat. Als ein Anspruch, welcher die Zahlung einer Geldsumme zum Gegenstande hat, gilt auch der Anspruch aus einer Hypothek, einer Grundschuld oder einer Rentenschuld.

Soweit nach den Vorschriften der §§ 737, 739, 743, des § 745 Abs. 2 und des § 748 Abs. 2 die Verurteilung eines Beteiligten zur Duldung der Zwangsvollstreckung erforderlich ist, wird sie dadurch ersetzt, daß der Beteiligte in einer nach Abs. 1 Nr. 5 aufgenommenen Urkunde die sofortige Zwangsvollstreckung in die seinem Rechte unterworfenen Gegenstände bewilligt.

(§ 702). Abs. 1 Nr. 1, 2, Nr. 5 Satz 2, Abs. 2 Nov. 98; Abs. 1 Nr. 2a Nov. 09.

1) §§ 103 ff. 2) § 699.

§ 795. Auf die Zwangsvollstreckung aus den in dem vorstehenden Paragraphen erwähnten Schuldtiteln finden die Bestimmungen der §§ 724—793 entsprechende Anwendung, soweit nicht in den §§ 795a—800 abweichende Vorschriften enthalten sind.

(§ 703). Nov. 98, Nov. 09.

§ 795a. Die Zwangsvollstreckung aus einem Kostenfestsetzungsbeschlusse, der gemäß § 105 auf das Urteil gesetzt ist, erfolgt auf Grund einer vollstreckbaren Ausfertigung des Urteils; einer besonderen Vollstreckungsklausel für den Festsetzungsbeschluß bedarf es nicht.

Nov. 09.

§ 796. Vollstreckungsbefehle[1]) bedürfen der Vollstreckungsklausel nur, wenn die Zwangsvollstreckung für einen anderen als den in dem Befehle bezeichneten Gläubiger oder gegen einen anderen als den in dem Befehle bezeichneten Schuldner erfolgen soll.

Einwendungen, welche den Anspruch selbst betreffen[2]), sind nur insoweit zulässig, als die Gründe, auf denen sie beruhen, nach Zustellung des Vollstreckungsbefehls entstanden sind.

Für Klagen auf Erteilung der Vollstreckungsklausel,[3]) sowie für Klagen, durch welche die den Anspruch selbst betreffenden Einwendungen geltend gemacht werden[4]) oder der bei der Erteilung der Vollstreckungsklausel als bewiesen angenommene Eintritt der Voraussetzung für die Erteilung der Vollstreckungsklausel bestritten wird,[5]) ist das Amtsgericht zuständig, dessen Gerichtsschreiber den Vollstreckungsbefehl erlassen hat. Gehört der Anspruch nicht vor die Amtsgerichte,[6]) so sind die Klagen bei dem zuständigen Landgerichte zu erheben.

(§ 704). Abs. 1, 3 Nov. 98; [1]) § 669. [2]) § 767. [3]) § 731. [4]) § 767. Abs. 3 Satz 1 Nov. 09. [5]) § 768. [6]) GVG. §§ 23, 70.

§ 797. Die vollstreckbare Ausfertigung gerichtlicher Urkunden wird von dem Gerichtsschreiber des Gerichts erteilt, welches die Urkunde verwahrt.

Die vollstreckbare Ausfertigung notarieller Urkunden wird von dem Notar erteilt, welcher die Urkunde verwahrt. Befindet sich die Urkunde in der Verwahrung einer Behörde, so hat diese die vollstreckbare Ausfertigung zu erteilen.

Die Entscheidung über Einwendungen, welche die Zulässigkeit der Vollstreckungsklausel[1]) betreffen, sowie die Entscheidung über Erteilung einer weiteren vollstreckbaren Ausfertigung[2]) erfolgt bei gerichtlichen Urkunden von dem im ersten Absatze bezeichneten Gerichte, bei notariellen Urkunden von dem Amtsgerichte, in dessen Bezirke der im zweiten Absatze bezeichnete Notar oder die daselbst bezeichnete Behörde den Amtssitz hat.

Auf die Geltendmachung von Einwendungen, welche den Anspruch selbst betreffen, findet die beschränkende Vorschrift des § 767 Abs. 2 keine Anwendung.

Für Klagen auf Erteilung der Vollstreckungsklausel,[3]) sowie für Klagen, durch welche die den Anspruch selbst betreffenden Einwendungen geltend gemacht werden[4]) oder der bei der Erteilung der Vollstreckungsklausel als bewiesen angenommene Eintritt der Voraussetzung für die Erteilung der Vollstreckungsklausel bestritten wird,[5]) ist das Gericht, bei welchem der Schuldner im Deutschen Reiche seinen allgemeinen Gerichtsstand hat,[6]) und in Ermangelung eines solchen das Gericht zuständig, bei welchem in Gemäßheit des § 23 gegen den Schuldner Klage erhoben werden kann.

(§ 705). Abs. 4, 5 Nov. 98; [1]) § 732. [2]) § 733. [3]) § 731. [4]) § 767. Abs. 1 Nov. 09. [5]) § 768. [6]) §§ 13—19.

§ 798. Aus einem Kostenfestsetzungsbeschlusse, der nicht auf das Urteil gesetzt ist,[1]) und den nach § 794 Nr. 5 aufgenommenen Urkunden darf die Zwangsvollstreckung nur beginnen, wenn der Schuldtitel mindestens drei Tage vorher zugestellt ist.

Nov. 98, Nov. 09. [1]) § 105.

§ 799. Hat sich der Eigentümer eines mit einer Hypothek, einer Grundschuld oder einer Rentenschuld belasteten Grundstücks in einer nach § 794 Nr. 5 aufgenommenen Urkunde der sofortigen Zwangsvollstreckung unterworfen und ist dem Rechtsnachfolger des Gläubigers eine vollstreckbare Ausfertigung erteilt, so ist die Zustellung der die Rechtsnachfolge nachweisenden öffentlichen oder öffentlich beglaubigten Urkunde nicht erforderlich, wenn der Rechtsnachfolger als Gläubiger im Grundbuch eingetragen ist.

Nov. 98.

§ 800. Der Eigentümer kann sich in einer nach § 794 Nr. 5 aufgenommenen Urkunde in Ansehung einer Hypothek, einer Grundschuld oder einer Rentenschuld der sofortigen Zwangsvollstreckung in der Weise unterwerfen, daß die Zwangsvollstreckung aus der Urkunde gegen den jeweiligen Eigentümer des Grundstücks zulässig sein soll. Die Unterwerfung bedarf in diesem Falle der Eintragung in das Grundbuch.

Bei der Zwangsvollstreckung gegen einen späteren Eigentümer, der im Grundbuch eingetragen ist, bedarf es nicht der Zustellung der den Erwerb des Eigentums nachweisenden öffentlichen oder öffentlich beglaubigten Urkunde.

Ist die sofortige Zwangsvollstreckung gegen den jeweiligen Eigentümer zulässig, so ist für die im § 797 Abs. 5 bezeichneten Klagen das Gericht zuständig, in dessen Bezirke das Grundstück belegen ist.

Nov. 98.

§ 801. Die Landesgesetzgebung ist nicht gehindert, auf Grund anderer als der in den §§ 704, 794 bezeichneten Schuldtitel die gerichtliche Zwangsvollstreckung zuzulassen und insoweit abweichende Vorschriften von den Bestimmungen dieses Gesetzes über die Zwangsvollstreckung zu treffen.

(706). Nov. 98.

§ 802. Die in diesem Buche angeordneten Gerichtsstände sind ausschließliche.

(§ 707).

Zweiter Abschnitt.

Zwangsvollstreckung wegen Geldforderungen.

Erster Titel.

Zwangsvollstreckung in das bewegliche Vermögen.

I. Allgemeine Bestimmungen.

§ 803. Die Zwangsvollstreckung in das bewegliche Vermögen erfolgt durch Pfändung. Sie darf nicht weiter ausgedehnt werden, als zur Befriedigung des Gläubigers und zur Deckung der Kosten der Zwangsvollstreckung[1]) erforderlich ist.

Die Pfändung hat zu unterbleiben, wenn sich von der Verwertung der zu pfändenden Gegenstände ein Ueberschuß über die Kosten der Zwangsvollstreckung nicht erwarten läßt.

(§ 708). 1) § 788.

§ 804. Durch die Pfändung erwirbt der Gläubiger ein Pfandrecht an dem gepfändeten Gegenstande.

Das Pfandrecht gewährt dem Gläubiger im Verhältnis zu anderen Gläubigern dieselben Rechte wie ein durch Vertrag erworbenes Faustpfandrecht;[1]) es geht Pfand- und Vorzugsrechten vor, welche für den Fall eines Konkurses den Faustpfandrechten nicht gleichgestellt sind.[2])

Das durch eine frühere Pfändung begründete Pfandrecht geht demjenigen vor, welches durch eine spätere Pfändung begründet wird.

(§ 709). 1) BGB. §§ 1204 ff. 2) KO. § 48.

§ 805. Der Pfändung einer Sache kann ein Dritter, welcher sich nicht im Besitze der Sache befindet, auf Grund eines Pfand- oder Vorzugsrechts nicht widersprechen; er kann jedoch seinen Anspruch auf vorzugsweise Befriedigung aus dem Erlöse im Wege der Klage geltend machen, ohne Rücksicht darauf, ob seine Forderung fällig ist oder nicht.

Die Klage ist bei dem Vollstreckungsgericht und, wenn der Streitgegenstand zur Zuständigkeit der Amtsgerichte nicht gehört,[1]) bei dem Landgerichte zu erheben, in dessen Bezirke das Vollstreckungsgericht seinen Sitz hat.

Wird die Klage gegen den Gläubiger und den Schuldner gerichtet, so sind diese als Streitgenossen[2]) anzusehen.

Wird der Anspruch glaubhaft gemacht,[3]) so hat das Gericht die Hinterlegung des Erlöses anzuordnen. Die Vorschriften der §§ 769, 770 finden hierbei entsprechende Anwendung.

(§ 710). Abs. 4 Nov. 98. 1) GVG. §§ 23, 70. 2) §§ 59 ff. 3) § 294.

§ 806. Wird ein Gegenstand auf Grund der Pfändung veräußert, so steht dem Erwerber wegen eines Mangels im Rechte oder wegen eines Mangels der veräußerten Sache ein Anspruch auf Gewährleistung[1]) nicht zu.

Nov. 98. [1]) BGB. §§ 459 ff.

§ 807. Hat die Pfändung zu einer vollständigen Befriedigung des Gläubigers nicht geführt oder macht dieser glaubhaft,[1]) daß er durch Pfändung seine Befriedigung nicht vollständig erlangen könne, so ist der Schuldner auf Antrag verpflichtet, ein Verzeichnis seines Vermögens vorzulegen, in betreff seiner Forderungen den Grund und die Beweismittel zu bezeichnen, sowie den Offenbarungseid[2]) dahin zu leisten:

daß er nach bestem Wissen sein Vermögen so vollständig angegeben habe, als er dazu imstande sei.

(§ 711). Nov. 98. [1]) § 294. [2]) §§ 899 ff.

II. Zwangsvollstreckung in körperliche Sachen.

§ 808. Die Pfändung der im Gewahrsam des Schuldners befindlichen körperlichen Sachen wird dadurch bewirkt, daß der Gerichtsvollzieher dieselben in Besitz nimmt.

Andere Sachen als Geld, Kostbarkeiten und Wertpapiere sind im Gewahrsam des Schuldners zu belassen, sofern nicht hierdurch die Befriedigung des Gläubigers gefährdet wird. Werden die Sachen im Gewahrsam des Schuldners belassen, so ist die Wirksamkeit der Pfändung dadurch bedingt, daß durch Anlegung von Siegeln oder auf sonstige Weise die Pfändung ersichtlich gemacht ist.

Der Gerichtsvollzieher hat den Schuldner von der geschehenen Pfändung in Kenntnis zu setzen.

(§ 712). Abs. 2 Nov. 98.

§ 809. Die vorstehenden Bestimmungen finden entsprechende Anwendung auf die Pfändung von Sachen,

welche sich im Gewahrsam des Gläubigers oder eines zur Herausgabe bereiten Dritten befinden.
(§ 713).

§ 810. Früchte, die von dem Boden noch nicht getrennt sind, können gepfändet werden, solange nicht ihre Beschlagnahme im Wege der Zwangsvollstreckung in das unbewegliche Vermögen erfolgt ist.[1]) Die Pfändung darf nicht früher als einen Monat vor der gewöhnlichen Zeit der Reife erfolgen.

Ein Gläubiger, der ein Recht auf Befriedigung aus dem Grundstücke hat, kann der Pfändung nach Maßgabe des § 771 widersprechen, sofern nicht die Pfändung für einen im Falle der Zwangsvollstreckung in das Grundstück vorgehenden Anspruch[2]) erfolgt ist.
(§ 714). Abs. 1 Satz 1 und Abs. 2 Nov. 98.

[1]) § 865; ZwVG. §§ 20, 21. [2]) ZwVG. §§ 10, 11.

§ 811. Folgende Sachen sind der Pfändung nicht unterworfen:

1. die Kleidungsstücke, die Betten, die Wäsche, das Haus- und Küchengerät, insbesondere die Heiz- und Kochöfen, soweit diese Gegenstände für den Bedarf des Schuldners oder zur Erhaltung eines angemessenen Hausstandes unentbehrlich sind;
2. die für den Schuldner, seine Familie und sein Gesinde auf vier Wochen erforderlichen Nahrungs-, Feuerungs- und Beleuchtungsmittel oder, soweit solche Vorräte auf zwei Wochen nicht vorhanden und ihre Beschaffung für diesen Zeitraum auf anderem Wege nicht gesichert ist, der zur Beschaffung erforderliche Geldbetrag;
3. eine Milchkuh oder nach der Wahl des Schuldners statt einer solchen zwei Ziegen oder zwei Schafe nebst den zum Unterhalt und zur Streu für dieselben auf vier Wochen erforderlichen Futter- und Streuvorräten oder, soweit solche Vorräte auf zwei Wochen nicht vorhanden, dem zur Beschaffung erforderlichen Geldbetrage, wenn die bezeichneten Tiere für die Ernährung des Schuld-

ners, seiner Familie und seines Gesindes unentbehrlich sind;

4. bei Personen, welche Landwirtschaft betreiben, das zum Wirtschaftsbetrieb erforderliche Gerät und Vieh nebst dem nötigen Dünger, sowie die landwirtschaftlichen Erzeugnisse, soweit sie zur Fortführung der Wirtschaft bis zu der Zeit erforderlich sind, zu welcher gleiche oder ähnliche Erzeugnisse voraussichtlich gewonnen werden;
5. bei Künstlern, Handwerkern, gewerblichen Arbeitern und anderen Personen, welche aus Handarbeit oder sonstigen persönlichen Leistungen ihren Erwerb ziehen, die zur persönlichen Fortsetzung der Erwerbstätigkeit unentbehrlichen Gegenstände;
6. bei den Witwen und den minderjährigen Erben der unter Nr. 5 bezeichneten Personen, wenn sie das Erwerbsgeschäft für ihre Rechnung durch einen Stellvertreter fortführen, die zur persönlichen Fortführung des Geschäfts durch den Stellvertreter unentbehrlichen Gegenstände;
7. bei Offizieren, Deckoffizieren, Beamten, Geistlichen, Lehrern an öffentlichen Unterrichtsanstalten, Rechtsanwälten, Notaren sowie Aerzten und Hebammen die zur Verwaltung des Dienstes oder Ausübung des Berufs erforderlichen Gegenstände, sowie anständige Kleidung;
8. bei Offizieren, Militärärzten, Deckoffizieren, Beamten, Geistlichen, bei Aerzten und Lehrern an öffentlichen Anstalten ein Geldbetrag, welcher dem der Pfändung nicht unterworfenen Teile des Diensteinkommens oder der Pension für die Zeit von der Pfändung bis zum nächsten Termine der Gehalts- oder Pensionszahlung gleichkommt;
9. die zum Betriebe einer Apotheke unentbehrlichen Geräte, Gefäße und Waren;
10. die Bücher, welche zum Gebrauche des Schuldners und seiner Familie in der Kirche oder Schule oder einer sonstigen Unterrichtsanstalt oder bei der häuslichen Andacht bestimmt sind;

11. die in Gebrauch genommenen Haushaltungs- und Geschäftsbücher, die Familienpapiere, sowie die Trauringe, Orden und Ehrenzeichen;
12. künstliche Gliedmaßen, Brillen und andere wegen körperlicher Gebrechen notwendige Hilfsmittel, soweit diese Gegenstände zum Gebrauche des Schuldners und seiner Familie bestimmt sind;
13. die zur unmittelbaren Verwendung für die Bestattung bestimmten Gegenstände.

(§ 715). Nov. 98.

§ 812. Gegenstände, welche zum gewöhnlichen Hausrate gehören und im Haushalte des Schuldners gebraucht werden, sollen nicht gepfändet werden, wenn ohne weiteres ersichtlich ist, daß durch deren Verwertung nur ein Erlös erzielt werden würde, welcher zu dem Werte außer allem Verhältnisse steht.

Nov. 98.

§ 813. Zur Pfändung von Früchten, die von dem Boden noch nicht getrennt sind,[1] und zur Pfändung von Gegenständen der im § 811 Nr. 4 bezeichneten Art bei Personen, welche Landwirtschaft betreiben, soll ein landwirtschaftlicher Sachverständiger zugezogen werden, sofern anzunehmen ist, daß der Wert der zu pfändenden Gegenstände den Betrag von eintausend Mark übersteigt.

Inwieweit bei einem geringeren Werte ein Sachverständiger zugezogen werden soll, bestimmt die Landesjustizverwaltung.

Nov. 98.

[1]) § 810.

§ 814. Die gepfändeten Sachen sind von dem Gerichtsvollzieher öffentlich zu versteigern, Kostbarkeiten sind vor der Versteigerung durch einen Sachverständigen abzuschätzen.

(§ 716). Abs. 2 gestrichen. (Nov. 98).

§ 815. Gepfändetes Geld ist dem Gläubiger abzuliefern.

Wird dem Gerichtsvollzieher glaubhaft gemacht, daß an gepfändetem Gelde ein die Veräußerung hinderndes Recht eines Dritten bestehe, so ist das Geld zu hinterlegen. Die Zwangsvollstreckung ist fortzusetzen, wenn nicht binnen einer Frist von zwei Wochen seit dem Tage der Pfändung eine Entscheidung des nach § 771 Abs. 1 zuständigen Gerichts über die Einstellung der Zwangsvollstreckung beigebracht wird.

Die Wegnahme des Geldes durch den Gerichtsvollzieher gilt als Zahlung von seiten des Schuldners, sofern nicht nach Abs. 2 oder nach § 720 die Hinterlegung zu erfolgen hat.

Nov. 98.

§ 816. Die Versteigerung der gepfändeten Sachen darf nicht vor Ablauf einer Woche seit dem Tage der Pfändung geschehen, sofern nicht der Gläubiger und der Schuldner über eine frühere Versteigerung sich einigen oder dieselbe erforderlich ist, um die Gefahr einer beträchtlichen Wertsverringerung der zu versteigernden Sache abzuwenden oder um unverhältnismäßige Kosten einer längeren Aufbewahrung zu vermeiden.

Die Versteigerung erfolgt in der Gemeinde, in welcher die Pfändung geschehen ist, sofern nicht der Gläubiger und der Schuldner über einen anderen Ort sich einigen.

Zeit und Ort der Versteigerung sind unter allgemeiner Bezeichnung der zu versteigernden Sachen öffentlich bekannt zu machen.

Bei der Versteigerung finden die Vorschriften des § 1239 Abs. 1 Satz 1, Abs. 2 des Bürgerlichen Gesetzbuchs entsprechende Anwendung.

(§ 717). Abs. 4 Nov. 98.

§ 817. Dem Zuschlag an den Meistbietenden soll ein dreimaliger Aufruf vorausgehen; die Vorschriften des § 156 des Bürgerlichen Gesetzbuchs finden Anwendung.

Die Ablieferung einer zugeschlagenen Sache darf nur gegen bare Zahlung geschehen.

Hat der Meistbietende nicht zu der in den Versteigerungsbedingungen bestimmten Zeit oder in Ermangelung einer solchen Bestimmung nicht vor dem Schlusse des Versteigerungstermins die Ablieferung gegen Zahlung des Kaufgeldes verlangt, so wird die Sache anderweit versteigert. Der Meistbietende wird zu einem weiteren Gebote nicht zugelassen; er haftet für den Ausfall, auf den Mehrerlös hat er keinen Anspruch.

Wird der Zuschlag dem Gläubiger erteilt, so ist dieser von der Verpflichtung zur baren Zahlung soweit befreit, als der Erlös nach Abzug der Kosten der Zwangsvollstreckung zu seiner Befriedigung zu verwenden ist, sofern nicht dem Schuldner nachgelassen ist, durch Sicherheitsleistung oder durch Hinterlegung die Vollstreckung abzuwenden.[1] Soweit der Gläubiger von der Verpflichtung zur baren Zahlung befreit ist, gilt der Betrag als von dem Schuldner an den Gläubiger gezahlt.

(§ 718). Abs. 1 und 4 Nov. 98.

[1]) § 713 Abs. 2.

§ 818. Die Versteigerung wird eingestellt, sobald der Erlös zur Befriedigung des Gläubigers und zur Deckung der Kosten der Zwangsvollstreckung[1]) hinreicht.

(§ 719).

[1]) § 788.

§ 819. Die Empfangnahme des Erlöses durch den Gerichtsvollzieher gilt als Zahlung von seiten des Schuldners, sofern nicht dem Schuldner nachgelassen ist, durch Sicherheitsleistung oder durch Hinterlegung die Vollstreckung abzuwenden.[1])

(§ 720).

[1]) § 713 Abs. 2.

§ 820. Gold- und Silbersachen dürfen nicht unter ihrem Gold- oder Silberwerte zugeschlagen werden. Wird ein den Zuschlag gestattendes Gebot nicht abgegeben, so kann der Gerichtsvollzieher den Verkauf aus freier Hand zu dem Preise bewirken, welcher den Gold- oder Silberwert erreicht.

(§ 721).

§ 821. Gepfändete Wertpapiere sind, wenn sie einen Börsen- oder Marktpreis haben, von dem Gerichtsvollzieher aus freier Hand zum Tageskurse zu verkaufen und, wenn sie einen solchen Preis nicht haben, nach den allgemeinen Bestimmungen zu versteigern.
(§ 722).

§ 822. Lautet ein Wertpapier auf Namen, so kann der Gerichtsvollzieher durch das Vollstreckungsgericht ermächtigt werden, die Umschreibung auf den Namen des Käufers zu erwirken und die hierzu erforderlichen Erklärungen an Stelle des Schuldners abzugeben.
(§ 723).

§ 823. Ist ein Inhaberpapier[1]) durch Einschreibung auf den Namen[2]) oder in anderer Weise außer Kurs gesetzt, so kann der Gerichtsvollzieher durch das Vollstreckungsgericht ermächtigt werden, die Wiederinkurssetzung zu erwirken und die hierzu erforderlichen Erklärungen an Stelle des Schuldners abzugeben.
(§ 724). [1]) BGB. § 793. [2]) BGB. § 806.

§ 824. Die Versteigerung gepfändeter, von dem Boden noch nicht getrennter Früchte[1]) ist erst nach der Reife zulässig. Sie kann vor oder nach der Trennung der Früchte erfolgen; im letzteren Falle hat der Gerichtsvollzieher die Aberntung bewirken zu lassen.
(§ 725). [1]) § 810.

§ 825. Auf Antrag des Gläubigers oder des Schuldners kann das Vollstreckungsgericht anordnen, daß die Verwertung einer gepfändeten Sache in anderer Weise oder an einem anderen Orte, als in den vorstehenden Paragraphen bestimmt ist, stattzufinden habe oder daß die Versteigerung durch eine andere Person als den Gerichtsvollzieher vorzunehmen sei.
(§ 726).

§ 826. Zur Pfändung bereits gepfändeter Sachen genügt die in das Protokoll aufzunehmende Erklärung des Gerichtsvollziehers, daß er die Sachen für seinen Auftraggeber pfände.

Ist die erste Pfändung durch einen anderen Gerichtsvollzieher bewirkt, so ist diesem eine Abschrift des Protokolls zuzustellen.

Der Schuldner ist von den weiteren Pfändungen in Kenntnis zu setzen.

(§ 727). Abs. 1 Nov. 98.

§ 827. Auf den Gerichtsvollzieher, von welchem die erste Pfändung bewirkt ist, geht der Auftrag des zweiten Gläubigers kraft Gesetzes über, sofern nicht das Vollstreckungsgericht auf Antrag eines beteiligten Gläubigers oder des Schuldners anordnet, daß die Verrichtungen jenes Gerichtsvollziehers von einem anderen zu übernehmen seien. Die Versteigerung erfolgt für alle beteiligten Gläubiger.

Ist der Erlös zur Deckung der Forderungen nicht ausreichend und verlangt der Gläubiger, für welchen die zweite oder eine spätere Pfändung erfolgt ist, ohne Zustimmung der übrigen beteiligten Gläubiger eine andere Verteilung als nach der Reihenfolge der Pfändungen, so hat der Gerichtsvollzieher die Sachlage unter Hinterlegung des Erlöses dem Vollstreckungsgericht anzuzeigen. Dieser Anzeige sind die auf das Verfahren sich beziehenden Schriftstücke beizufügen.

In gleicher Weise ist zu verfahren, wenn die Pfändung für mehrere Gläubiger gleichzeitig bewirkt ist.

(§ 728).

III. Zwangsvollstreckung in Forderungen und andere Vermögensrechte.

§ 828. Die gerichtlichen Handlungen, welche die Zwangsvollstreckung in Forderungen und andere Vermögensrechte zum Gegenstande haben, erfolgen durch das Vollstreckungsgericht.

Als Vollstreckungsgericht ist das Amtsgericht, bei welchem der Schuldner im Deutschen Reiche seinen allgemeinen Gerichtsstand hat,[1]) und in Ermangelung eines solchen das Amtsgericht zuständig, bei welchem in Gemäßheit des § 23 gegen den Schuldner Klage erhoben werden kann.

(§ 729). [1]) §§ 13—19.

§ 829. Soll eine Geldforderung gepfändet werden, so hat das Gericht dem Drittschuldner zu verbieten, an den Schuldner zu zahlen. Zugleich hat das Gericht an den Schuldner das Gebot zu erlassen, sich jeder Verfügung über die Forderung, insbesondere der Einziehung derselben zu enthalten.

Der Gläubiger hat den Beschluß dem Drittschuldner zustellen zu lassen. Der Gerichtsvollzieher hat den Beschluß mit einer Abschrift der Zustellungsurkunde dem Schuldner sofort zuzustellen, sofern nicht eine öffentliche Zustellung[1]) erforderlich wird. Ist die Zustellung an den Drittschuldner auf unmittelbares Ersuchen des Gerichtsschreibers durch die Post erfolgt,[2]) so hat der Gerichtsschreiber für die Zustellung an den Schuldner in gleicher Weise Sorge zu tragen. An Stelle einer an den Schuldner im Auslande zu bewirkenden Zustellung erfolgt die Zustellung durch Aufgabe zur Post.[3])

Mit der Zustellung des Beschlusses an den Drittschuldner ist die Pfändung als bewirkt anzusehen.

(§ 730). [1]) § 203. [2]) § 196. [3]) §§ 175, 192.

§ 830. Zur Pfändung einer Forderung, für welche eine Hypothek besteht, ist außer dem Pfändungsbeschlusse die Uebergabe des Hypothekenbriefs[1]) an den Gläubiger erforderlich. Wird die Uebergabe im Wege der Zwangsvollstreckung erwirkt, so gilt sie als erfolgt, wenn der Gerichtsvollzieher den Brief zum Zwecke der Ablieferung an den Gläubiger wegnimmt. Ist die Erteilung des Hypothekenbriefs ausgeschlossen,[2]) so ist die Eintragung der Pfändung in das Grundbuch erforderlich; die Eintragung erfolgt auf Grund des Pfändungsbeschlusses.

Wird der Pfändungsbeschluß vor der Uebergabe

des Hypothekenbriefs oder der Eintragung der Pfändung dem Drittschuldner zugestellt, so gilt die Pfändung diesem gegenüber mit der Zustellung als bewirkt.

Diese Vorschriften finden keine Anwendung, soweit es sich um die Pfändung der Ansprüche auf die im § 1159 des Bürgerlichen Gesetzbuchs bezeichneten Leistungen handelt. Das gleiche gilt bei einer Sicherungshypothek im Falle des § 1187 des Bürgerlichen Gesetzbuchs von der Pfändung der Hauptforderung.

(§ 731). Nov. 98. [1] BGB. §§ 1116 ff. [2] BGB. § 1116 Abs. 2.

§ 831. Die Pfändung von Forderungen aus Wechseln und anderen Papieren, welche durch Indossament übertragen werden können, wird dadurch bewirkt, daß der Gerichtsvollzieher diese Papiere in Besitz nimmt.

(§ 732).

§ 832. Das Pfandrecht, welches durch die Pfändung einer Gehaltsforderung oder einer ähnlichen in fortlaufenden Bezügen bestehenden Forderung erworben wird, erstreckt sich auch auf die nach der Pfändung fällig werdenden Beträge.

(§ 733).

§ 833. Durch die Pfändung eines Diensteinkommens wird auch dasjenige Einkommen betroffen, welches der Schuldner in Folge der Versetzung in ein anderes Amt, der Uebertragung eines neuen Amts oder einer Gehaltserhöhung zu beziehen hat.

Diese Bestimmung findet auf den Fall der Aenderung des Dienstherrn keine Anwendung.

(§ 734).

§ 834. Vor der Pfändung ist der Schuldner über das Pfändungsgesuch nicht zu hören.

(§ 735).

§ 835. Die gepfändete Geldforderung ist dem Gläubiger nach seiner Wahl zur Einziehung oder an Zahlungs Statt zum Nennwerte zu überweisen.

Im letzteren Falle geht die Forderung auf den

Gläubiger mit der Wirkung über, daß derselbe, soweit die Forderung besteht, wegen seiner Forderung an den Schuldner als befriedigt anzusehen ist.

Die Bestimmungen des § 829 Abs. 2, 3 finden auf die Ueberweisung entsprechende Anwendung.

(§ 736). Abs. 3 Nov. 98.

§ 836. Die Ueberweisung ersetzt die förmlichen Erklärungen des Schuldners, von welchen nach den Vorschriften des bürgerlichen Rechts die Berechtigung zur Einziehung der Forderung abhängig ist.

Der Ueberweisungsbeschluß gilt, auch wenn er mit Unrecht erlassen ist, zugunsten des Drittschuldners dem Schuldner gegenüber so lange als rechtsbeständig, bis er aufgehoben wird und die Aufhebung zur Kenntnis des Drittschuldners gelangt.

Der Schuldner ist verpflichtet, dem Gläubiger die zur Geltendmachung der Forderung nötige Auskunft zu erteilen und ihm die über die Forderung vorhandenen Urkunden herauszugeben. Die Herausgabe kann von dem Gläubiger im Wege der Zwangsvollstreckung erwirkt werden.[1])

(§ 737). Abs. 2, Abs. 3 Satz 1 Nov. 98.

[1]) § 883.

§ 837. Zur Ueberweisung einer gepfändeten Forderung, für welche eine Hypothek besteht, genügt die Aushändigung des Ueberweisungsbeschlusses an den Gläubiger. Ist die Erteilung des Hypothekenbriefs ausgeschlossen,[1]) so ist zur Ueberweisung an Zahlungs Statt die Eintragung der Ueberweisung in das Grundbuch erforderlich; die Eintragung erfolgt auf Grund des Ueberweisungsbeschlusses.

Diese Vorschriften finden keine Anwendung, soweit es sich um die Ueberweisung der Ansprüche auf die im § 1159 des Bürgerlichen Gesetzbuchs bezeichneten Leistungen handelt. Das gleiche gilt bei einer Sicherungshypothek im Falle des § 1187 des Bürgerlichen Gesetzbuchs von der Ueberweisung der Hauptforderung.

Bei einer Sicherungshypothek der im § 1190 des

Bürgerlichen Gesetzbuchs bezeichneten Art kann die Hauptforderung nach den allgemeinen Vorschriften gepfändet und überwiesen werden, wenn der Gläubiger die Ueberweisung der Forderung ohne die Hypothek an Zahlungs Statt[2]) beantragt.
Nov. 98. [1]) BGB. § 1116 Abs. 2. [2]) § 835 Abs. 1, 2.

§ 838. Wird eine durch ein Pfandrecht an einer beweglichen Sache gesicherte Forderung überwiesen, so kann der Schuldner die Herausgabe des Pfandes an den Gläubiger verweigern, bis ihm Sicherheit für die Haftung geleistet wird, die für ihn aus einer Verletzung der dem Gläubiger dem Verpfänder gegenüber obliegenden Verpflichtungen[1]) entstehen kann.
Nov. 98. [1]) BGB. §§ 1215 ff.

§ 839. Ist in Gemäßheit des § 713 Abs. 2 dem Schuldner nachgelassen, durch Sicherheitsleistung oder durch Hinterlegung die Vollstreckung abzuwenden, so findet die Ueberweisung gepfändeter Geldforderungen nur zur Einziehung und nur mit der Wirkung statt, daß der Drittschuldner den Schuldbetrag hinterlege. (§ 738). Nov. 98.

§ 840. Auf Verlangen des Gläubigers hat der Drittschuldner binnen zwei Wochen, von der Zustellung des Pfändungsbeschlusses an gerechnet, dem Gläubiger zu erklären:
1. ob und inwieweit er die Forderung als begründet anerkenne und Zahlung zu leisten bereit sei;
2. ob und welche Ansprüche andere Personen an die Forderung machen;
3. ob und wegen welcher Ansprüche die Forderung bereits für andere Gläubiger gepfändet sei.

Die Aufforderung zur Abgabe dieser Erklärungen muß in die Zustellungsurkunde aufgenommen werden. Der Drittschuldner haftet dem Gläubiger für den aus der Nichterfüllung seiner Verpflichtung entstehenden Schaden.

Die Erklärungen des Drittschuldners können bei Zustellung des Pfändungsbeschlusses oder innerhalb der im ersten Absatze bestimmten Frist an den Gerichtsvollzieher erfolgen. Im ersteren Falle sind dieselben in die Zustellungsurkunde aufzunehmen und von dem Drittschuldner zu unterschreiben.

(§ 739).

§ 841. Der Gläubiger, welcher die Forderung einklagt, ist verpflichtet, dem Schuldner gerichtlich den Streit zu verkünden,[1]) sofern nicht eine Zustellung im Ausland[2]) oder eine öffentliche Zustellung[3]) erforderlich wird.

(§ 740). [1]) §§ 72 ff. [2]) §§ 199 ff. [3]) § 203.

§ 842. Der Gläubiger, welcher die Beitreibung einer ihm zur Einziehung überwiesenen Forderung[1]) verzögert, haftet dem Schuldner für den daraus entstehenden Schaden.

(§ 741). [1]) § 835 Abs. 1.

§ 843. Der Gläubiger kann auf die durch Pfändung und Ueberweisung zur Einziehung erworbenen Rechte[1]) unbeschadet seines Anspruchs verzichten. Die Verzichtleistung erfolgt durch eine dem Schuldner zuzustellende Erklärung. Die Erklärung ist auch dem Drittschuldner zuzustellen.

(§ 742). [1]) §§ 835, 836.

§ 844. Ist die gepfändete Forderung eine bedingte oder eine betagte, oder ist ihre Einziehung wegen der Abhängigkeit von einer Gegenleistung oder aus anderen Gründen mit Schwierigkeiten verbunden, so kann das Gericht auf Antrag an Stelle der Ueberweisung eine andere Art der Verwertung anordnen.

Vor dem Beschlusse, durch welchen dem Antrage stattgegeben wird, ist der Gegner zu hören, sofern nicht eine Zustellung im Ausland[1]) oder eine öffentliche Zustellung[2]) erforderlich wird.

(§ 743). [1]) §§ 199 ff. [2]) § 203.

§ 845. Schon vor der Pfändung kann der Gläubiger auf Grund eines vollstreckbaren Schuldtitels durch den Gerichtsvollzieher dem Drittschuldner und dem Schuldner die Benachrichtigung, daß die Pfändung bevorstehe, zustellen lassen, mit der Aufforderung an den Drittschuldner, nicht an den Schuldner zu zahlen, und mit der Aufforderung an den Schuldner, sich jeder Verfügung über die Forderung, insbesondere der Einziehung derselben zu enthalten. Der vorherigen Erteilung einer vollstreckbaren Ausfertigung[1]) und der Zustellung des Schuldtitels[2]) bedarf es nicht.

Die Benachrichtigung an den Drittschuldner hat die Wirkung eines Arrestes (§ 930), sofern die Pfändung der Forderung innerhalb drei Wochen bewirkt wird. Die Frist beginnt mit dem Tage, an welchem die Benachrichtigung zugestellt ist.

(§ 744). Abs. 1 Satz 2 Nov. 98. [1]) § 724. [2]) §§ 750, 798.

§ 846. Die Zwangsvollstreckung in Ansprüche, welche die Herausgabe oder Leistung körperlicher Sachen zum Gegenstande haben, erfolgt nach den Vorschriften der §§ 829—845 unter Berücksichtigung der nachfolgenden Bestimmungen.

(§ 745). Nov. 98.

§ 847. Bei der Pfändung eines Anspruchs, welcher eine bewegliche körperliche Sache betrifft, ist anzuordnen, daß die Sache an einen vom Gläubiger zu beauftragenden Gerichtsvollzieher herauszugeben sei.

Auf die Verwertung der Sache finden die Vorschriften über die Verwertung gepfändeter Sachen[1]) Anwendung.

(§ 746). [1]) §§ 814 ff.

§ 848. Bei Pfändung eines Anspruchs, welcher eine unbewegliche Sache betrifft, ist anzuordnen, daß die Sache an einen auf Antrag des Gläubigers vom Amtsgerichte der belegenen Sache zu bestellenden Sequester herauszugeben sei.

Ist der Anspruch auf Uebertragung des Eigentums gerichtet, so hat die Auflassung an den Sequester als Vertreter des Schuldners zu erfolgen. Mit dem Uebergange des Eigentums auf den Schuldner erlangt der Gläubiger eine Sicherungshypothek[1]) für seine Forderung. Der Sequester hat die Eintragung der Sicherungshypothek zu bewilligen.

Die Zwangsvollstreckung in die herausgegebene Sache wird nach den für die Zwangsvollstreckung in unbewegliche Sachen geltenden Vorschriften²) bewirkt.

(§ 747). Abs. 2 Nov. 98. ¹) BGB. §§ 1184 ff. ²) §§ 864 ff.

§ 849. Eine Ueberweisung der im § 846 bezeichneten Ansprüche an Zahlungs Statt ist unzulässig.

(§ 748). Nov. 98.

§ 850. Der Pfändung sind nicht unterworfen:

1. der Arbeits- oder Dienstlohn nach den Bestimmungen des Reichsgesetzes vom 21. Juni 1869 (Bundes-Gesetzbl. 1869 S. 242 und 1871 S. 63, Reichs-Gesetzbl. 1897 S. 159);¹)
2. die auf gesetzlicher Vorschrift beruhenden Alimentenforderungen und die nach § 844 des Bürgerlichen Gesetzbuchs wegen der Entziehung einer solchen Forderung zu entrichtende Geldrente;
3. die fortlaufenden Einkünfte, welche ein Schuldner aus Stiftungen oder sonst auf Grund der Fürsorge und Freigebigkeit eines Dritten bezieht, insoweit der Schuldner zur Bestreitung des notdürftigen Unterhalts für sich, seinen Ehegatten und seine noch unversorgten Kinder dieser Einkünfte bedarf;
4. die aus Kranken-, Hilfs- oder Sterbekassen, insbesondere aus Knappschaftskassen und Kassen der Knappschaftsvereine zu beziehenden Hebungen;
5. der Sold und die Invalidenpension der Unteroffiziere und der Soldaten;
6. das Diensteinkommen der Militärpersonen, welche zu einem mobilen Truppenteil oder zur Besatzung eines in Dienst gestellten Kriegsfahrzeuges gehören;
7. die Pensionen der Witwen und Waisen und die denselben aus Witwen- und Waisenkassen zukommenden Bezüge, die Erziehungsgelder und die

Studienstipendien, sowie die Pensionen invalider Arbeiter;

8. das Diensteinkommen der Offiziere, Militärärzte und Deckoffiziere, der Beamten, der Geistlichen, sowie der Aerzte und Lehrer an öffentlichen Anstalten; die Pension dieser Personen nach deren Versetzung in einstweiligen oder dauernden Ruhestand, sowie der nach ihrem Tode den Hinterbliebenen zu gewährende Sterbe- oder Gnadengehalt.

Uebersteigen in den Fällen Nr. 7 und 8 das Diensteinkommen, die Pension oder die sonstigen Bezüge die Summe von fünfzehnhundert Mark für das Jahr, so ist der dritte Teil des Mehrbetrags der Pfändung unterworfen.

Die nach § 843 des Bürgerlichen Gesetzbuchs wegen einer Verletzung des Körpers oder der Gesundheit zu entrichtende Geldrente ist nur soweit der Pfändung unterworfen, als der Gesamtbetrag die Summe von fünfzehnhundert Mark für das Jahr übersteigt.

In den Fällen der beiden vorhergehenden Absätze ist die Pfändung ohne Rücksicht auf den Betrag zulässig, wenn sie wegen der den Verwandten,[2]) dem Ehegatten[3]) und dem früheren Ehegatten[4]) für die Zeit nach Erhebung der Klage und für das diesem Zeitpunkte vorausgehende letzte Vierteljahr kraft Gesetzes zu entrichtenden Unterhaltsbeiträge beantragt wird. Das gleiche gilt in Ansehung der zugunsten eines unehelichen Kindes von dem Vater für den bezeichneten Zeitraum kraft Gesetzes zu entrichtenden Unterhaltsbeiträge[5]); diese Vorschrift findet jedoch insoweit keine Anwendung, als der Schuldner zur Bestreitung seines notdürftigen Unterhalts und zur Erfüllung der ihm seinen Verwandten, seiner Ehefrau oder seiner früheren Ehefrau gegenüber gesetzlich obliegenden Unterhaltspflicht der Bezüge bedarf. Hierbei werden ausschließlich die Leistungen berücksichtigt, welche vermöge einer solchen Unterhaltspflicht für den nämlichen Zeitraum oder, falls die Klage zugunsten des unehelichen Kindes nach der Klage eines Unterhaltsberechtigten erhoben ist, für die Zeit von dem Beginne des der Klage dieses Berechtigten vorausgehenden letzten Vierteljahrs ab zu entrichten sind.

Die Einkünfte, welche zur Bestreitung eines Dienstaufwandes bestimmt sind, und der Servis der Offiziere, Militärärzte und Militärbeamten sind weder der Pfändung unterworfen noch bei der Ermittelung, ob und zu welchem Betrage ein Diensteinkommen der Pfändung unterliege, zu berechnen.

(§ 749). Abs. 1 Nr. 1 bis 3 und 8, Abs. 3, 4, Nov. 98.

[1]) abgedruckt unter VI. [2]) BGB. §§ 1601 ff. [3]) BGB. §§ 1360, 1361. [4]) BGB. §§ 1578, 1583, 1586. [5]) BGB. § 1708.

§ 851. Eine Forderung ist in Ermangelung besonderer Vorschriften der Pfändung nur insoweit unterworfen, als sie übertragbar ist.

Eine nach § 399 des Bürgerlichen Gesetzbuchs nicht übertragbare Forderung kann insoweit gepfändet und zur Einziehung überwiesen werden, als der geschuldete Gegenstand der Pfändung unterworfen ist.

Nov. 98.

§ 852. Der Pflichtteilsanspruch[1]) ist der Pfändung nur unterworfen, wenn er durch Vertrag anerkannt oder rechtshängig geworden ist.

Das gleiche gilt für den nach § 528 des Bürgerlichen Gesetzbuchs dem Schenker zustehenden Anspruch auf Herausgabe des Geschenkes.

Nov. 98.

[1]) BGB. §§ 2303 ff.

§ 853. Ist eine Geldforderung für mehrere Gläubiger gepfändet, so ist der Drittschuldner berechtigt und auf Verlangen eines Gläubigers, welchem die Forderung überwiesen wurde, verpflichtet, unter Anzeige der Sachlage und unter Aushändigung der ihm zugestellten Beschlüsse an das Amtsgericht, dessen Beschluß ihm zuerst zugestellt ist, den Schuldbetrag zu hinterlegen.

(§ 750).

§ 854. Ist ein Anspruch, welcher eine bewegliche körperliche Sache betrifft, für mehrere Gläubiger gepfändet,[1]) so ist der Drittschuldner berechtigt und auf Verlangen eines Gläubigers, welchem der Anspruch überwiesen wurde, verpflichtet, die Sache unter Anzeige der Sachlage und unter Aushändigung der ihm zugestellten Beschlüsse dem Gerichtsvollzieher herauszugeben, welcher nach dem ihm zuerst zugestellten Beschlusse zur Empfangnahme der Sache ermächtigt ist. Hat der Gläubiger einen solchen Gerichtsvollzieher nicht bezeichnet, so erfolgt dessen Ernennung auf Antrag des Drittschuldners von dem Amtsgerichte des Orts, wo die Sache herauszugeben ist.

Ist der Erlös zur Deckung der Forderungen nicht ausreichend und verlangt der Gläubiger, für welchen die zweite oder eine spätere Pfändung erfolgt ist, ohne Zustimmung der übrigen beteiligten Gläubiger eine andere Verteilung als nach der Reihenfolge der Pfändungen, so hat der Gerichtsvollzieher die Sachlage unter Hinterlegung des Erlöses dem Amtsgericht anzuzeigen, dessen Beschluß dem Drittschuldner zuerst zugestellt ist. Dieser Anzeige sind die auf das Verfahren sich beziehenden Schriftstücke beizufügen.

In gleicher Weise ist zu verfahren, wenn die Pfändung für mehrere Gläubiger gleichzeitig bewirkt ist.

(§ 751). 1) § 847.

§ 855. Betrifft der Anspruch eine unbewegliche Sache,[1]) so ist der Drittschuldner berechtigt und auf Verlangen eines Gläubigers, welchem der Anspruch überwiesen wurde, verpflichtet, die Sache unter Anzeige der Sachlage und unter Aushändigung der ihm zugestellten Beschlüsse an den von dem Amtsgerichte der belegenen Sache ernannten oder auf seinen Antrag zu ernennenden Sequester herauszugeben.

(§ 752). 1) § 848.

§ 856. Jeder Gläubiger, welchem der Anspruch überwiesen wurde, ist berechtigt, gegen den Drittschuldner Klage auf Erfüllung der nach den Bestimmungen der

§§ 853—855 diesem obliegenden Verpflichtungen zu erheben.

Jeder Gläubiger, für welchen der Anspruch gepfändet ist, kann sich dem Kläger in jeder Lage des Rechtsstreits als Streitgenosse[1]) anschließen.

Der Drittschuldner hat die Gläubiger, welche die Klage nicht erhoben und dem Kläger sich nicht angeschlossen haben, zum Termine zur mündlichen Verhandlung zu laden.

Die Entscheidung, welche in dem Rechtsstreite über den in der Klage erhobenen Anspruch erlassen wird, ist für und gegen sämtliche Gläubiger wirksam.

Gegen einen Gläubiger, welcher nicht zum Termine zur mündlichen Verhandlung geladen ist, obgleich er von dem Drittschuldner hätte geladen werden sollen, kann der Drittschuldner sich auf die ihm günstige Entscheidung nicht berufen.

(§ 753). Abs. 1 Nov. 98. [1]) §§ 59 ff.

§ 857. Auf die Zwangsvollstreckung in andere Vermögensrechte, welche nicht Gegenstand der Zwangsvollstreckung in das unbewegliche Vermögen sind,[1]) finden die vorstehenden Bestimmungen entsprechende Anwendung.

Ist ein Drittschuldner nicht vorhanden, so ist die Pfändung mit dem Zeitpunkt als bewirkt anzusehen, in welchem dem Schuldner das Gebot, sich jeder Verfügung über das Recht zu enthalten, zugestellt ist.

Ein unveräußerliches Recht ist in Ermangelung besonderer Vorschriften der Pfändung insoweit unterworfen, als die Ausübung einem anderen überlassen werden kann.

Das Gericht kann bei der Zwangsvollstreckung in unveräußerliche Rechte, deren Ausübung einem andern überlassen werden kann, besondere Anordnungen erlassen. Es kann insbesondere bei der Zwangsvollstreckung in Nutzungsrechte eine Verwaltung anordnen; in diesem Falle wird die Pfändung durch Uebergabe der zu benutzenden Sache an den Verwalter bewirkt, sofern sie nicht durch Zustellung des Beschlusses bereits vorher bewirkt ist.

Ist die Veräußerung des Rechts selbst zulässig, so kann auch diese Veräußerung von dem Gericht angeordnet werden.

Auf die Zwangsvollstreckung in eine Reallast, eine Grundschuld oder eine Rentenschuld finden die Vorschriften über die Zwangsvollstreckung in eine Forderung, für welche eine Hypothek besteht,[2]) entsprechende Anwendung.

(§ 754). Abs. 2 bis 5 Nov. 98. [1]) §§ 864 ff. [2]) § 830.

§ 858. Auf die Zwangsvollstreckung in den Anteil an einem im Schiffsregister eingetragenen Schiffe (Schiffspart) finden die Bestimmungen des § 857 mit folgenden Abweichungen Anwendung.

Als Vollstreckungsgericht ist das Amtsgericht zuständig, in dessen Bezirke sich der Heimatshafen oder der Heimatsort des Schiffes befindet.

Dem Antrag auf Anordnung der Veräußerung der Part ist ein Auszug aus dem Schiffsregister beizufügen, der alle die Part betreffenden Eintragungen enthält; der Auszug darf nicht älter als eine Woche sein.

Der Pfändungsbeschluß soll dem Korrespondentreeder zugestellt werden; die Pfändung wird auch mit dieser Zustellung wirksam.

Das Vollstreckungsgericht soll der Registerbehörde von der Erlassung des Pfändungsbeschlusses unverzüglich Mitteilung machen.

Ergibt der Auszug aus dem Schiffsregister, daß die Part mit einem Pfandrechte belastet ist, welches einem anderen als dem betreibenden Gläubiger zusteht, so ist die Hinterlegung des Erlöses anzuordnen. Die Verteilung des Erlöses erfolgt in diesem Falle nach den Bestimmungen der §§ 873—882; Forderungen, für die ein Pfandrecht an der Part eingetragen ist, sind nach dem Inhalte des Schiffsregisters in den Teilungsplan aufzunehmen.

Nov. 98

§ 859. Der Anteil eines Gesellschafters an dem Gesellschaftsvermögen einer nach § 705 des Bürgerlichen Gesetzbuchs eingegangenen Gesellschaft ist der Pfändung unterworfen. Der Anteil eines Gesellschafters an den einzelnen zu dem Gesellschaftsvermögen gehörenden Gegenständen ist der Pfändung nicht unterworfen.[1])

Die gleichen Vorschriften gelten für den Anteil eines Miterben an dem Nachlaß und an den einzelnen Nachlaßgegenständen.[2])

Nov. 98. [1]) BGB. §§ 718 ff. [2]) BGB. §§ 2032 ff.

§ 860. Bei dem Güterstande der allgemeinen Gütergemeinschaft,[1]) der Errungenschaftsgemeinschaft[2]) oder der Fahrnisgemeinschaft[3]) ist der Anteil eines der Ehegatten an dem Gesamtgut und an den einzelnen dazu gehörenden Gegenständen der Pfändung nicht unterworfen. Das gleiche gilt bei der fortgesetzten Gütergemeinschaft[4]) von den Anteilen des überlebenden Ehegatten und der Abkömmlinge.

Nach der Beendigung der Gemeinschaft ist der Anteil an dem Gesamtgute zugunsten der Gläubiger des Anteilsberechtigten der Pfändung unterworfen.

Nov. 98. [1]) BGB. §§ 1437 ff. [2]) BGB. §§ 1519 ff. [3]) BGB. §§ 1549 ff. [4]) BGB. §§ 1483 ff.

§ 861. Das Recht, welches bei dem Güterstande der Verwaltung und Nutznießung dem Ehemann an dem eingebrachten Gute zusteht,[1]) ist der Pfändung nicht unterworfen. Die von dem Ehemann erworbenen Früchte des eingebrachten Gutes sind der Pfändung nicht unterworfen, soweit sie zur Erfüllung der in den §§ 1384—1387 des Bürgerlichen Gesetzbuchs bestimmten Verpflichtungen des Ehemanns, zur Erfüllung der ihm seiner Ehefrau,[2]) seiner früheren Ehefrau[3]) oder seinen Verwandten[4]) gegenüber gesetzlich obliegenden Unterhaltspflicht und zur Bestreitung seines standesmäßigen Unterhalts erforderlich sind.

Der Widerspruch kann auch von der Ehefrau nach § 766 geltend gemacht werden.

Nov. 98. [1]) BGB. §§ 1363 ff. [2]) BGB. §§ 1360, 1361. [3]) BGB. §§ 1578, 1583, 1586. [4]) BGB. §§ 1601 ff.

§ 862. Das Recht, welches dem Vater oder der Mutter kraft der elterlichen Nutznießung an dem Vermögen des Kindes zusteht,[1]) ist der Pfändung nicht unterworfen. Das gleiche gilt von den ihnen nach den §§ 1655, 1656 des Bürgerlichen Gesetzbuchs zustehenden Ansprüchen, solange die Ansprüche nicht fällig sind.

Auf die Pfändung der von dem Vater oder der Mutter kraft der elterlichen Nutznießung erworbenen Früchte finden die Vorschriften des § 861 Abs. 1 Satz 2 mit der Maßgabe entsprechende Anwendung, daß die in den §§ 1655, 1656 des Bürgerlichen Gesetzbuchs bezeichneten Ansprüche, wenn sie fällig sind, den erworbenen Früchten gleichstehen.

Der Widerspruch kann auch von dem Kinde nach § 766 geltend gemacht werden.

Nov. 98. [1]) BGB. §§ 1649 ff.

§ 863. Ist der Schuldner als Erbe nach § 2338 des Bürgerlichen Gesetzbuchs durch die Einsetzung eines Nacherben beschränkt, so sind die Nutzungen der Erbschaft der Pfändung nicht unterworfen, soweit sie zur Erfüllung der dem Schuldner seinem Ehegatten,[1]) seinem früheren Ehegatten[2]) oder seinem Verwandten[3]) gegenüber gesetzlich obliegenden Unterhaltspflicht und zur Bestreitung seines standesmäßigen Unterhalts erforderlich sind. Das gleiche gilt, wenn der Schuldner nach § 2338 des Bürgerlichen Gesetzbuchs durch die Ernennung eines Testamentsvollstreckers beschränkt ist, für seinen Anspruch auf den jährlichen Reinertrag.

Die Pfändung ist unbeschränkt zulässig, wenn der Anspruch eines Nachlaßgläubigers[4]) oder ein auch dem Nacherben oder dem Testamentsvollstrecker gegenüber wirksames Recht geltend gemacht wird.

Diese Vorschriften finden entsprechende Anwendung, wenn der Anteil eines Abkömmlings an dem Gesamtgute der fortgesetzten Gütergemeinschaft[5]) nach § 1513 Abs. 2 des Bürgerlichen Gesetzbuchs einer Beschränkung der im Abs. 1 bezeichneten Art unterliegt.

Nov. 98. [1]) BGB. §§ 1360, 1361. [2]) BGB. §§ 1578, 1583, 1586. [3]) BGB. §§ 1601 ff. [4]) BGB. § 1967. [5]) BGB. §§ 1483 ff.

Zweiter Titel.

Zwangsvollstreckung in das unbewegliche Vermögen.

§ 864. Der Zwangsvollstreckung in das unbewegliche Vermögen unterliegen außer den Grundstücken die Berechtigungen, für welche die sich auf Grundstücke beziehenden Vorschriften gelten,[1]) und die im Schiffsregister eingetragenen Schiffe.

Die Zwangsvollstreckung in den Bruchteil eines Grundstücks oder einer Berechtigung ist nur zulässig, wenn der Bruchteil in dem Anteil eines Miteigentümers besteht oder wenn sich der Anspruch des Gläubigers auf ein Recht gründet, mit welchem der Bruchteil als solcher belastet ist.

(§ 757). Nov. 98. [1]) BGB. § 1017 Abs. 1; EG. z. BGB. Art. 63, 68.

§ 865. Die Zwangsvollstreckung in das unbewegliche Vermögen umfaßt auch die Gegenstände, auf welche sich bei Grundstücken und Berechtigungen die Hypothek,[1]) bei Schiffen das eingetragene Pfandrecht[2]) erstreckt.

Diese Gegenstände können, soweit sie Zubehör sind,[3]) nicht gepfändet werden. Im übrigen unterliegen sie der Zwangsvollstreckung in das bewegliche Vermögen, solange nicht ihre Beschlagnahme im Wege der Zwangsvollstreckung in das unbewegliche Vermögen erfolgt ist.[4])

Nov. 98. [1]) BGB. §§ 1120—1131. [2]) BGB. § 1265 Abs. 1. [3]) BGB. §§ 97, 98. [4]) ZwVG. § 22.

§ 866. Die Zwangsvollstreckung in ein Grundstück erfolgt durch Eintragung einer Sicherungshypothek für die Forderung, durch Zwangsversteigerung und durch Zwangsverwaltung.

Der Gläubiger kann verlangen, daß eine dieser Maßregeln allein oder neben den übrigen ausgeführt werde.

Auf Grund eines vollstreckbaren Schuldtitels darf

eine Sicherungshypothek nur für eine den Betrag von dreihundert Mark übersteigende Forderung eingetragen werden. Die Vorschriften der §§ 4 und 5 finden entsprechende Anwendung.

Nov. 98; Abs. 3 Nov. 09.

§ 867. Die Sicherungshypothek wird auf Antrag des Gläubigers in das Grundbuch eingetragen; die Eintragung ist auf dem vollstreckbaren Titel zu vermerken. Mit der Eintragung entsteht die Hypothek. Das Grundstück haftet auch für die dem Schuldner zur Last fallenden Kosten der Eintragung.

Sollen mehrere Grundstücke des Schuldners mit der Hypothek belastet werden, so ist der Betrag der Forderung auf die einzelnen Grundstücke zu verteilen; die Größe der Teile bestimmt der Gläubiger.

Nov. 98.

§ 868. Wird durch eine vollstreckbare Entscheidung die zu vollstreckende Entscheidung oder ihre vorläufige Vollstreckbarkeit aufgehoben oder die Zwangsvollstreckung für unzulässig erklärt oder deren Einstellung angeordnet,[1] so erwirbt der Eigentümer des Grundstücks die Hypothek.

Das gleiche gilt, wenn durch eine gerichtliche Entscheidung die einstweilige Einstellung der Vollstreckung und zugleich die Aufhebung der erfolgten Vollstreckungsmaßregeln angeordnet wird[2] oder wenn die zur Abwendung der Vollstreckung nachgelassene Sicherheitsleistung oder Hinterlegung erfolgt.[3]

Nov. 98. [1] § 775 Nr. 1. [2] § 775 Nr. 2, § 776. [3] § 775 Nr. 3.

§ 869. Die Zwangsversteigerung und die Zwangsverwaltung werden durch ein besonderes Gesetz geregelt.[1]

Nov. 98. [1] ZwVG. v. 24. 3. 97.

§ 870. Auf die Zwangsvollstreckung in eine Berechtigung, für welche die sich auf Grundstücke beziehenden Vorschriften gelten,[1] finden die Vorschriften über die Zwangsvollstreckung in Grundstücke entsprechende Anwendung.

Die Zwangsvollstreckung in ein eingetragenes Schiff erfolgt nur durch Zwangsversteigerung.[2])

Nov. 98. [1]) Anm. 1 zu § 864. [2]) ZwVG. §§ 163 ff.

§ 871. Unberührt bleiben die landesgesetzlichen Vorschriften, nach welchen, wenn ein anderer als der Eigentümer einer Eisenbahn oder Kleinbahn den Betrieb der Bahn kraft eigenen Nutzungsrechts ausübt, das Nutzungsrecht und gewisse dem Betriebe gewidmete Gegenstände in Ansehung der Zwangsvollstreckung zum unbeweglichen Vermögen gehören und die Zwangsvollstreckung abweichend von den Vorschriften der Reichsgesetze geregelt ist.

Nov. 98.

Dritter Titel.

Verteilungsverfahren.

§ 872. Das Verteilungsverfahren tritt ein, wenn bei der Zwangsvollstreckung in das bewegliche Vermögen ein Geldbetrag hinterlegt ist, welcher zur Befriedigung der beteiligten Gläubiger nicht hinreicht.[1])

(§ 758). [1]) § 805 Abs. 4, § 827 Abs. 2, 3, § 853, § 854 Abs. 2, 3, § 858 Abs. 6.

§ 873. Das zuständige Amtsgericht (§§ 827, 853, 854) hat nach Eingang der Anzeige über die Sachlage an jeden der beteiligten Gläubiger die Aufforderung zu erlassen, binnen zwei Wochen eine Berechnung der Forderung an Kapital, Zinsen, Kosten und sonstigen Nebenforderungen einzureichen.

(§ 759). Nov. 98.

§ 874. Nach Ablauf der zweiwöchigen Fristen wird von dem Gericht ein Teilungsplan angefertigt.

Der Betrag der Kosten des Verfahrens ist von dem Bestande der Masse vorweg in Abzug zu bringen.

Die Forderung eines Gläubigers, welcher bis zur Anfertigung des Teilungsplans der an ihn gerichteten Aufforderung nicht nachgekommen ist, wird nach der Anzeige und deren Unterlagen berechnet. Eine nachträgliche Ergänzung der Forderung findet nicht statt.

(§ 760).

§ 875. Das Gericht hat zur Erklärung über den Teilungsplan sowie zur Ausführung der Verteilung einen Termin zu bestimmen. Der Teilungsplan muß spätestens drei Tage vor dem Termine auf der Gerichtsschreiberei zur Einsicht der Beteiligten niedergelegt werden.

Die Ladung des Schuldners zu dem Termin ist nicht erforderlich, wenn sie durch Zustellung im Ausland[1]) oder durch öffentliche Zustellung[2]) erfolgen müßte.

(§ 761).

[1]) §§ 199 ff. [2]) § 203.

§ 876. Wird in dem Termin ein Widerspruch gegen den Plan nicht erhoben, so ist dieser zur Ausführung zu bringen. Erfolgt ein Widerspruch, so hat sich jeder bei demselben beteiligte Gläubiger sofort zu erklären. Wird der Widerspruch von den Beteiligten als begründet anerkannt oder kommt anderweit eine Einigung zustande, so ist der Plan demgemäß zu berichtigen. Wenn ein Widerspruch sich nicht erledigt, so erfolgt die Ausführung des Plans insoweit, als der Plan durch den Widerspruch nicht betroffen wird.

(§ 762).

§ 877. Gegen einen Gläubiger, welcher in dem Termine weder erschienen ist noch vor dem Termine bei dem Gerichte Widerspruch erhoben hat, wird angenommen, daß er mit der Ausführung des Plans einverstanden sei.

Ist ein in dem Termine nicht erschienener Gläubiger bei dem Widerspruche beteiligt, welchen ein anderer Gläubiger erhoben hat, so wird angenommen, daß er diesen Widerspruch nicht als begründet anerkenne.

(§ 763).

§ 878. Der widersprechende Gläubiger muß ohne vorherige Aufforderung binnen einer Frist von einem Monate, welche mit dem Terminstage beginnt, dem Gerichte nachweisen, daß er gegen die beteiligten Gläubiger Klage erhoben habe. Nach fruchtlosem Ablaufe dieser Frist wird die Ausführung des Plans ohne Rücksicht auf den Widerspruch angeordnet.

Die Befugnis des Gläubigers, welcher dem Plane widersprochen hat, ein besseres Recht gegen den Gläubiger, welcher einen Geldbetrag nach dem Plane erhalten hat, im Wege der Klage geltend zu machen, wird durch die Versäumung der Frist und durch die Ausführung des Plans nicht ausgeschlossen.

(§ 764).

§ 879. Die Klage ist bei dem Verteilungsgericht[1]) und, wenn der Streitgegenstand zur Zuständigkeit der Amtsgerichte nicht gehört,[2]) bei dem Landgerichte zu erheben, in dessen Bezirke das Verteilungsgericht seinen Sitz hat.

Das Landgericht ist für sämtliche Klagen zuständig, wenn seine Zuständigkeit nach dem Inhalte der erhobenen und in dem Termine nicht zur Erledigung gelangten Widersprüche auch nur in Betreff einer Klage begründet ist, sofern nicht die sämtlichen beteiligten Gläubiger vereinbaren, daß das Verteilungsgericht über alle Widersprüche entscheiden solle.

(§ 765). [1]) § 873. [2]) GVG. §§ 23, 70.

§ 880. In dem Urteile, durch welches über einen erhobenen Widerspruch entschieden wird, ist zugleich zu bestimmen, an welche Gläubiger und in welchen Beträgen der streitige Teil der Masse auszuzahlen sei. Wird dies nicht für angemessen erachtet, so ist die Anfertigung eines neues Plans und ein anderweites Verteilungsverfahren in dem Urteile anzuordnen.

(§ 766).

§ 881. Das Versäumnisurteil[1]) gegen einen widersprechenden Gläubiger ist dahin zu erlassen, daß der Widerspruch als zurückgenommen anzusehen sei.

(§ 767). [1]) § 330.

§ 882. Auf Grund des erlassenen Urteils wird die Auszahlung oder das anderweite Verteilungsverfahren von dem Verteilungsgericht[1]) angeordnet.

(§ 768). [1]) § 873.

Dritter Abschnitt.

Zwangsvollstreckung zur Erwirkung der Herausgabe von Sachen und zur Erwirkung von Handlungen oder Unterlassungen.

§ 883. Hat der Schuldner eine bewegliche Sache oder von bestimmten beweglichen Sachen eine Quantität herauszugeben, so sind dieselben von dem Gerichtsvollzieher ihm wegzunehmen und dem Gläubiger zu übergeben.

Wird die herauszugebende Sache nicht vorgefunden, so ist der Schuldner verpflichtet, auf Antrag des Gläubigers den Offenbarungseid dahin zu leisten:[1])

daß er die Sache nicht besitze, auch nicht wisse, wo die Sache sich befinde.

Das Gericht kann eine der Lage entsprechende Aenderung der vorstehenden Eidesnorm beschließen.

(§ 769). [1]) §§ 899 ff.

§ 884. Hat der Schuldner eine bestimmte Quantität vertretbarer Sachen oder Wertpapiere zu leisten, so findet die Vorschrift des § 883 Abs. 1 entsprechende Anwendung.

(§ 770). Nov. 98.

§ 885. Hat der Schuldner eine unbewegliche Sache oder ein bewohntes Schiff herauszugeben, zu überlassen oder zu räumen, so hat der Gerichtsvollzieher den Schuldner aus dem Besitze zu setzen und den Gläubiger in den Besitz einzuweisen.

Bewegliche Sachen, welche nicht Gegenstand der Zwangsvollstreckung sind, werden von dem Gerichtsvollzieher weggeschafft und dem Schuldner oder, wenn dieser abwesend ist, einem Bevollmächtigten desselben oder einer zur Familie des Schuldners gehörigen oder in dieser Familie dienenden erwachsenen Person übergeben oder zur Verfügung gestellt.

Ist weder der Schuldner noch eine der bezeichneten Personen anwesend, so hat der Gerichtsvollzieher die Sachen auf Kosten des Schuldners in das Pfandlokal zu schaffen oder anderweit in Verwahrung zu bringen.

Verzögert der Schuldner die Abforderung, so kann das Vollstreckungsgericht den Verkauf der Sachen und die Hinterlegung des Erlöses anordnen.

(§ 771).

§ 886. Befindet sich eine herauszugebende Sache im Gewahrsam eines Dritten, so ist dem Gläubiger auf dessen Antrag der Anspruch des Schuldners auf Herausgabe der Sache nach den Vorschriften zu überweisen, welche die Pfändung und Ueberweisung einer Geldforderung betreffen.[1])

(§ 772). Nov. 98. [1]) §§ 829 ff.

§ 887. Erfüllt der Schuldner die Verpflichtung nicht, eine Handlung vorzunehmen, deren Vornahme durch einen Dritten erfolgen kann, so ist der Gläubiger von dem Prozeßgericht erster Instanz auf Antrag zu ermächtigen, auf Kosten des Schuldners die Handlung vornehmen zu lassen.

Der Gläubiger kann zugleich beantragen, den Schuldner zur Vorauszahlung der Kosten zu verurteilen, welche durch die Vornahme der Handlung entstehen werden, unbeschadet des Rechts auf eine Nachforderung, wenn die Vornahme der Handlung einen größeren Kostenaufwand verursacht.

Auf die Zwangsvollstreckung zur Erwirkung der Herausgabe oder Leistung von Sachen[1]) finden die vorstehenden Bestimmungen keine Anwendung.

(§ 773). [1]) §§ 883—886.

§ 888. Kann eine Handlung durch einen Dritten nicht vorgenommen werden, so ist, wenn sie ausschließlich von dem Willen des Schuldners abhängt, auf Antrag von dem Prozeßgericht erster Instanz zu erkennen, daß der Schuldner zur Vornahme der Handlung durch Geldstrafen bis zum Gesamtbetrage von fünfzehnhundert Mark oder durch Haft anzuhalten sei.

Diese Bestimmung kommt im Falle der Verurtei-

lung zur Eingehung einer Ehe, im Falle der Verurteilung zur Herstellung des ehelichen Lebens und im Falle der Verurteilung zur Leistung von Diensten aus einem Dienstvertrage nicht zur Anwendung.
(§ 774). Abs. 2 Nov. 98.

§ 888 a. Ist im Falle des § 510 b der Beklagte zur Zahlung einer Entschädigung verurteilt, so ist die Zwangsvollstreckung auf Grund der Vorschriften der §§ 887, 888 ausgeschlossen.
Nov. 09.

§ 889. Ist der Schuldner auf Grund der Vorschriften des bürgerlichen Rechts zur Leistung eines Offenbarungseides verurteilt,[1] so erfolgt die Eidesleistung vor dem Prozeßgericht erster Instanz. Auf die Abnahme des Eides finden die Vorschriften der §§ 478 bis 484 Anwendung.

Erscheint der Schuldner in dem zur Eidesleistung bestimmten Termine nicht oder verweigert er die Eidesleistung, so ist nach § 888 zu verfahren. Ist der Schuldner zur Erzwingung der Eidesleistung in Haft genommen, so finden die Vorschriften des § 902 Anwendung.
Nov. 98.

[1]) BGB. §§ 259, 260, 2006, 2028, 2057.

§ 890. Handelt der Schuldner der Verpflichtung zuwider, eine Handlung zu unterlassen oder die Vornahme einer Handlung zu dulden, so ist er wegen einer jeden Zuwiderhandlung auf Antrag des Gläubigers von dem Prozeßgericht erster Instanz zu einer Geldstrafe bis zu fünfzehnhundert Mark oder zur Strafe der Haft bis zu sechs Monaten zu verurteilen. Das Maß der Gesamtstrafe darf zwei Jahre Haft nicht übersteigen.

Der Verurteilung muß eine Strafandrohung vorausgehen, welche, wenn sie in dem die Verpflichtung aussprechenden Urteile nicht enthalten ist, auf Antrag von dem Prozeßgericht erster Instanz erlassen wird.

Auch kann der Schuldner auf Antrag des Gläubigers zur Bestellung einer Sicherheit für den durch

fernere Zuwiderhandlung entstehenden Schaden auf bestimmte Zeit verurteilt werden.
(§ 775)

§ 891. Die in Gemäßheit der §§ 887—890 zu erlassenden Entscheidungen können ohne vorgängige mündliche Verhandlung erfolgen. Vor der Entscheidung ist der Schuldner zu hören.
(§ 776). Nov. 98.

§ 892. Leistet der Schuldner Widerstand gegen die Vornahme einer Handlung, welche er nach den Bestimmungen der §§ 887, 890 zu dulden hat, so kann der Gläubiger zur Beseitigung des Widerstandes einen Gerichtsvollzieher zuziehen, welcher nach den Bestimmungen des § 758 Abs. 3 und des § 759 zu verfahren hat.
(§ 777). Nov. 98.

§ 893. Durch die Bestimmungen dieses Abschnitts wird das Recht des Gläubigers nicht berührt, die Leistung des Interesse zu verlangen.

Den Anspruch auf Leistung des Interesse hat der Gläubiger im Wege der Klage bei dem Prozeßgericht erster Instanz geltend zu machen.
(§ 778).

§ 894. Ist der Schuldner zur Abgabe einer Willenserklärung verurteilt, so gilt die Erklärung als abgegeben, sobald das Urteil die Rechtskraft erlangt hat. Ist die Willenserklärung von einer Gegenleistung abhängig gemacht, so tritt diese Wirkung ein, sobald nach den Bestimmungen der §§ 726, 730 eine vollstreckbare Ausfertigung des rechtskräftigen Urteils erteilt ist.

Die Vorschrift des ersten Absatzes kommt im Falle der Verurteilung zur Eingehung einer Ehe nicht zur Anwendung.
(§ 779).

§ 895. Ist durch ein vorläufig vollstreckbares Urteil der Schuldner zur Abgabe einer Willenserklärung verurteilt, auf Grund deren eine Eintragung in das

Grundbuch oder das Schiffsregister erfolgen soll, so gilt die Eintragung einer Vormerkung[1]) oder eines Widerspruchs[2]) als bewilligt.

Nov. 98. [1]) BGB. § 883. [2]) BGB. § 899.

§ 896. Soll auf Grund eines Urteils, das eine Willenserklärung des Schuldners ersetzt, eine Eintragung in ein öffentliches Buch oder Register vorgenommen werden, so kann der Gläubiger an Stelle des Schuldners die Erteilung der im § 792 bezeichneten Urkunden verlangen, soweit er dieser Urkunden zur Herbeiführung der Eintragung bedarf.

Nov. 98.

§ 897. Ist der Schuldner zur Uebertragung des Eigentums oder zur Bestellung eines Rechts an einer beweglichen Sache verurteilt, so gilt die Uebergabe der Sache als erfolgt, wenn der Gerichtsvollzieher die Sache zum Zwecke der Ablieferung an den Gläubiger wegnimmt.

Das gleiche gilt, wenn der Schuldner zur Bestellung einer Hypothek, Grundschuld oder Rentenschuld oder zur Abtretung oder Belastung einer Hypothekenforderung, Grundschuld oder Rentenschuld verurteilt ist, für die Uebergabe des Hypotheken-, Grundschuld- oder Rentenschuldbriefs.

Nov. 98.

§ 898. Auf einen Erwerb, der sich nach den §§ 894, 897 vollzieht, finden die Vorschriften des bürgerlichen Rechts zu Gunsten derjenigen, welche Rechte von einem Nichtberechtigten herleiten, Anwendung.

Nov. 98.

Vierter Abschnitt.

Offenbarungseid und Haft.

§ 899. Für die Abnahme des Offenbarungseides in den Fällen der §§ 807, 883 ist das Amtsgericht, in dessen Bezirke der Schuldner im Deutschen Reiche seinen

Wohnsitz[1]) oder in Ermangelung eines solchen seinen Aufenthaltsort hat, als Vollstreckungsgericht zuständig.
(§ 780). Nov. 98. [1]) BGB. §§ 7—11.

§ 900. Das Verfahren beginnt mit dem Antrage des Gläubigers auf Bestimmung eines Termins zur Leistung des Offenbarungseides. Dem Antrage sind der Vollstreckungstitel und die sonstigen Urkunden, aus denen sich die Verpflichtung des Schuldners zur Leistung des Eides ergibt, beizufügen.

Die Anwesenheit des Gläubigers in dem Termin ist nicht erforderlich.

Bestreitet der Schuldner die Verpflichtung zur Leistung des Eides, so ist von dem Gerichte durch Beschluß über den Widerspruch zu entscheiden. Die Eidesleistung erfolgt erst nach Eintritt der Rechtskraft der Entscheidung; das Vollstreckungsgericht kann jedoch die Eidesleistung vor Eintritt der Rechtskraft anordnen, wenn bereits ein früherer Widerspruch rechtskräftig verworfen ist.
(§ 781). Abs. 2, 3 Nov. 98. Abs. 1 Nov. 09.

§ 901. Gegen den Schuldner, welcher in dem zur Leistung des Offenbarungseides bestimmten Termine nicht erscheint oder die Leistung des Eides ohne Grund verweigert, hat das Gericht zur Erzwingung der Eidesleistung auf Antrag die Haft anzuordnen.
(§ 782).

§ 902. Der verhaftete Schuldner kann zu jeder Zeit bei dem Amtsgerichte des Haftsorts beantragen, ihm den Eid abzunehmen. Dem Antrag ist ohne Verzug stattzugeben.

Nach Leistung des Eides wird der Schuldner aus der Haft entlassen und der Gläubiger hiervon in Kenntnis gesetzt.
(§ 783).

§ 903. Ein Schuldner, welcher den im § 807 erwähnten Offenbarungseid geleistet hat, ist zur nochmaligen Leistung des Eides auch einem anderen Gläubiger gegenüber nur verpflichtet, wenn glaubhaft gemacht wird,[1]) daß er später Vermögen erworben habe.

Diese Vorschrift findet keine Anwendung, wenn seit der Eidesleistung fünf Jahre verstrichen sind.

(§ 784). Nov. 98.

[1]) § 294

§ 904. Die Haft ist unstatthaft:

1. gegen Mitglieder einer deutschen gesetzgebenden Versammlung während der Sitzungsperiode, sofern nicht die Versammlung die Vollstreckung genehmigt;
2. gegen Militärpersonen, welche zu einem mobilen Truppenteil oder zur Besatzung eines in Dienst gestellten Kriegsfahrzeuges gehören;
3. gegen den Schiffer, die Schiffsmannschaft und alle übrigen auf einem Seeschiff angestellten Personen, wenn das Schiff zum Abgehen fertig (segelfertig) ist.

(§ 785).

§ 905. Die Haft wird unterbrochen:

1. gegen Mitglieder einer deutschen gesetzgebenden Versammlung für die Dauer der Sitzungsperiode, wenn die Versammlung die Freilassung verlangt;
2. gegen Militärpersonen, welche zu einem mobilen Truppenteil oder auf ein in Dienst gestelltes Kriegsfahrzeug einberufen werden, für die Dauer dieser Verhältnisse.

(§ 786).

§ 906. Gegen einen Schuldner, dessen Gesundheit durch die Vollstreckung der Haft einer nahen und erheblichen Gefahr ausgesetzt wird, darf, solange dieser Zustand dauert, die Haft nicht vollstreckt werden.

(§ 787).

§ 907. Die Haft wird in einem Raume vollstreckt, in welchem nicht zugleich Untersuchungs- oder Strafgefangene sich befinden.

(§ 788).

§ 908. Das Gericht hat bei Anordnung der Haft einen Haftbefehl zu erlassen, in welchem der Gläubiger,

der Schuldner und der Grund der Verhaftung zu bezeichnen sind.
(§ 789).

§ 909. Die Verhaftung des Schuldners erfolgt durch einen Gerichtsvollzieher. Der Haftbefehl muß bei der Verhaftung dem Schuldner vorgezeigt und auf Begehren abschriftlich mitgeteilt werden.
(§ 790).

§ 910. Vor der Verhaftung eines Beamten, eines Geistlichen oder eines Lehrers an öffentlichen Unterrichtsanstalten ist der vorgesetzten Dienstbehörde von dem Gerichtsvollzieher Anzeige zu machen. Die Verhaftung darf erst erfolgen, nachdem die vorgesetzte Behörde für die dienstliche Vertretung des Schuldners gesorgt hat. Die Behörde ist verpflichtet, ohne Verzug die erforderlichen Anordnungen zu treffen und den Gerichtsvollzieher hiervon in Kenntnis zu setzen.
(§ 791).

§ 911. Der Gläubiger hat die Kosten, welche durch die Haft entstehen, einschließlich der Verpflegungskosten von Monat zu Monat vorauszuzahlen. Die Aufnahme des Schuldners in das Gefängnis ist unstatthaft, wenn nicht mindestens für einen Monat die Zahlung geleistet ist. Wird die Zahlung nicht spätestens bis zum Mittage des letzten Tages erneuert, für welchen sie geleistet ist, so wird der Schuldner von Amts wegen aus der Haft entlassen. Gegen den Schuldner, welcher aus diesem Grunde oder ohne sein Zutun auf Antrag des Gläubigers entlassen ist, findet auf Antrag desselben Gläubigers eine Erneuerung der Haft nicht statt.
(§ 792).

§ 912. Soll die Haft gegen eine dem aktiven Heere oder der aktiven Marine angehörende Militärperson vollstreckt werden, so hat das Gericht die vorgesetzte Militärbehörde um die Vollstreckung zu ersuchen.
(§ 793).

§ 913. Die Haft darf die Dauer von sechs Monaten nicht übersteigen. Nach Ablauf der sechs Monate wird der Schuldner von Amts wegen aus der Haft entlassen.

(§ 794).

§ 914. Ein Schuldner, gegen welchen wegen Verweigerung des im § 807 erwähnten Offenbarungseides eine Haft von sechs Monaten vollstreckt ist, kann auch auf Antrag eines anderen Gläubigers von neuem zur Leistung dieses Eides durch Haft nur angehalten werden, wenn glaubhaft gemacht wird,[1] daß der Schuldner später Vermögen erworben habe.

Diese Vorschrift findet keine Anwendung, wenn seit der Beendigung der Haft fünf Jahre verstrichen sind.

(§ 795). Nov. 98. [1]) § 294.

§ 915. Das Vollstreckungsgericht hat ein Verzeichnis derjenigen Personen zu führen, welche vor ihm den im § 807 erwähnten Offenbarungseid geleistet haben oder gegen welche wegen Verweigerung des Eides die Haft angeordnet ist. Die Vollstreckung einer Haft ist in dem Verzeichnisse zu vermerken, wenn sie sechs Monate gedauert hat.

Sind seit dem Schlusse des Jahres, in welchem die Eintragung in das Verzeichnis bewirkt ist, fünf Jahre verstrichen, so ist die Eintragung dadurch zu löschen, daß der Name unkenntlich gemacht oder das Verzeichnis vernichtet wird.

Die Einsicht des Verzeichnisses ist jedem gestattet, auch hat der Gerichtsschreiber auf Antrag über das Bestehen oder Nichtbestehen einer Eintragung Auskunft zu erteilen.

Nov. 98, Abs. 2, 3 Nov. 09.

Fünfter Abschnitt.

Arrest und einstweilige Verfügungen.

§ 916. Der Arrest findet zur Sicherung der Zwangsvollstreckung in das bewegliche oder unbewegliche Vermögen wegen einer Geldforderung oder wegen eines Anspruchs statt, welcher in eine Geldforderung übergehen kann.

Die Zulässigkeit des Arrestes wird nicht dadurch ausgeschlossen, daß der Anspruch ein betagter oder ein bedingter ist, es sei denn, daß der bedingte Anspruch wegen der entfernten Möglichkeit des Eintritts der Bedingung einen gegenwärtigen Vermögenswert nicht hat.

(§ 796). Abs. 2 Nov. 98.

§ 917. Der dingliche Arrest findet statt, wenn zu besorgen ist, daß ohne dessen Verhängung die Vollstreckung des Urteils vereitelt oder wesentlich erschwert werden würde.

Als ein zureichender Arrestgrund ist es anzusehen, wenn das Urteil im Auslande vollstreckt werden müßte.[1])

(§ 797). [1]) § 791.

§ 918. Der persönliche Sicherheitsarrest findet nur statt, wenn er erforderlich ist, um die gefährdete Zwangsvollstreckung in das Vermögen des Schuldners zu sichern.

(§ 798).

§ 919. Für die Anordnung des Arrestes ist sowohl das Gericht der Hauptsache[1]) als das Amtsgericht zuständig, in dessen Bezirke der mit Arrest zu belegende Gegenstand oder die in ihrer persönlichen Freiheit zu beschränkende Person sich befindet.

(§ 799). [1]) § 943 Abs. 1.

§ 920. Das Gesuch soll die Bezeichnung des Anspruchs unter Angabe des Geldbetrags oder des Geldwerts sowie die Bezeichnung des Arrestgrundes[1]) enthalten.

Der Anspruch und der Arrestgrund sind glaubhaft zu machen.[2])

Das Gesuch kann vor dem Gerichtsschreiber zu Protokoll erklärt werden.

(§ 800). [1]) §§ 917, 918. [2]) § 294.

§ 921. Die Entscheidung kann ohne vorgängige mündliche Verhandlung erfolgen.

Das Gericht kann, auch wenn der Anspruch oder der Arrestgrund nicht glaubhaft gemacht ist,[1]) den Arrest anordnen, sofern wegen der dem Gegner drohenden Nachteile eine nach freiem Ermessen zu bestimmende Sicherheit[2]) geleistet wird. Es kann die Anordnung des Arrestes von einer solchen Sicherheitsleistung abhängig machen, selbst wenn der Anspruch und der Arrestgrund glaubhaft gemacht sind.[1])

(§ 801). [1]) § 294. [2]) §§ 108 ff.

§ 922. Die Entscheidung über das Gesuch erfolgt im Falle einer vorgängigen mündlichen Verhandlung durch Endurteil, anderenfalls durch Beschluß.

Den Beschluß, durch welchen ein Arrest angeordnet wird, hat die Partei, welche den Arrest erwirkt hat, zustellen zu lassen.

Der Beschluß, durch welchen das Arrestgesuch zurückgewiesen oder vorgängige Sicherheitsleistung für erforderlich erklärt wird, ist dem Gegner nicht mitzuteilen.

(§ 802).

§ 923. In dem Arrestbefehl ist ein Geldbetrag festzustellen, durch dessen Hinterlegung die Vollziehung des Arrestes gehemmt und der Schuldner zu dem Antrag auf Aufhebung des vollzogenen Arrestes[1]) berechtigt wird.

(§ 803). [1]) § 934.

§ 924. Gegen den Beschluß, durch welchen ein Arrest angeordnet wird, findet Widerspruch statt.

Die widersprechende Partei hat den Gegner unter Mitteilung der Gründe, welche sie für die Aufhebung des Arrestes geltend machen will, zur mündlichen Verhandlung zu laden. Ist das Arrestgericht ein Amtsgericht, so ist der Widerspruch unter Angabe der Gründe, welche für die Aufhebung des Arrestes geltend gemacht werden sollen, schriftlich oder zum Protokolle des Gerichtsschreibers zu erheben; das Gericht hat Termin zur mündlichen Verhandlung von Amts wegen zu bestimmen.

Durch Erhebung des Widerspruchs wird die Vollziehung des Arrestes nicht gehemmt.

(§ 804). Abs. 2 Satz 2 Nov. 09.

§ 925. Wird Widerspruch erhoben, so ist über die Rechtmäßigkeit des Arrestes durch Endurteil zu entscheiden.

Das Gericht kann den Arrest ganz oder teilweise bestätigen, abändern oder aufheben, auch die Bestätigung, Abänderung oder Aufhebung von einer nach freiem Ermessen zu bestimmenden Sicherheitsleistung[1]) abhängig machen.

(§ 805). 1) §§ 108 ff.

§ 926. Ist die Hauptsache nicht anhängig, so hat das Arrestgericht[1]) auf Antrag ohne vorgängige mündliche Verhandlung anzuordnen, daß die Partei, welche den Arrestbefehl erwirkt hat, binnen einer zu bestimmenden Frist Klage zu erheben habe.

Wird dieser Anordnung nicht Folge geleistet, so ist auf Antrag die Aufhebung des Arrestes durch Endurteil auszusprechen.

(§ 806). 1) § 919.

§ 927. Auch nach der Bestätigung des Arrestes kann wegen veränderter Umstände, insbesondere wegen Erledigung des Arrestgrundes oder auf Grund des Erbietens zu einer nach freiem Ermessen zu bestimmenden Sicherheitsleistung[1]) die Aufhebung des Arrestes beantragt werden.

Die Entscheidung ist durch Endurteil zu erlassen; sie erfolgt durch das Gericht, welches den Arrest angeordnet hat, und, wenn die Hauptsache anhängig ist, durch das Gericht der Hauptsache.[2])

(§ 807). 1) §§ 108 ff. 2) § 943 Abs. 1.

§ 928. Auf die Vollziehung des Arrestes finden die Vorschriften über die Zwangsvollstreckung entspre-

chende Anwendung, soweit nicht die nachfolgenden Paragraphen abweichende Bestimmungen enthalten.
(§ 808).

§ 929. Arrestbefehle bedürfen der Vollstreckungsklausel[1]) nur, wenn die Vollziehung für einen anderen als den in dem Befehle bezeichneten Gläubiger oder gegen einen anderen als den in dem Befehle bezeichneten Schuldner erfolgen soll.

Die Vollziehung des Arrestbefehls ist unstatthaft, wenn seit dem Tage, an welchem der Befehl verkündet oder der Partei, auf deren Gesuch derselbe erging, zugestellt ist, ein Monat verstrichen ist.

Die Vollziehung ist vor der Zustellung des Arrestbefehls an den Schuldner zulässig. Sie ist jedoch ohne Wirkung, wenn die Zustellung nicht innerhalb einer Woche nach der Vollziehung und vor Ablauf der für diese im vorhergehenden Absatze bestimmten Frist erfolgt.

(§ 809). Abs. 1 Nov. 98. Abs. 2 Nov. 09. [1]) §§ 724, 725.

§ 930. Die Vollziehung des Arrestes in bewegliches Vermögen wird durch Pfändung[1]) bewirkt. Die Pfändung erfolgt nach denselben Grundsätzen wie jede andere Pfändung und begründet ein Pfandrecht mit den im § 804 bestimmten Wirkungen. Für die Pfändung einer Forderung[2]) ist das Arrestgericht als Vollstreckungsgericht zuständig.

Gepfändetes Geld und ein im Verteilungsverfahren auf den Gläubiger fallender Betrag des Erlöses werden hinterlegt.

Das Vollstreckungsgericht kann auf Antrag anordnen, daß eine bewegliche körperliche Sache, wenn sie der Gefahr einer beträchtlichen Wertsverringerung ausgesetzt ist oder wenn ihre Aufbewahrung unverhältnismäßige Kosten verursachen würde, versteigert und der Erlös hinterlegt werde.

(§ 810). [1]) §§ 803 ff. [2]) §§ 828 ff.

§ 931. Die Vorschriften des § 930 gelten auch für die Vollziehung des Arrestes in ein Schiff, das im Schiffsregister eingetragen ist.

Ist zur Zeit der Arrestvollziehung die Zwangsversteigerung des Schiffes eingeleitet, so gilt die in diesem Verfahren erfolgte Beschlagnahme des Schiffes [1]) als erste Pfändung im Sinne des § 826; die Abschrift des Pfändungsprotokolls ist dem Vollstreckungsgericht einzureichen.

Das Arrestpfandrecht wird auf Antrag des Gläubigers in das Schiffsregister eingetragen; der nach § 923 festgestellte Geldbetrag ist als der Höchstbetrag zu bezeichnen, für welchen das Schiff haftet. Im übrigen finden die Vorschriften des Bürgerlichen Gesetzbuchs über das durch Rechtsgeschäft bestellte Pfandrecht an einem Schiffe Anwendung. [2])

Nov. 98. [1]) ZwVG. § 22 Abs. 1, § 163 Abs. 2, § 165 Satz 2. [2]) BGB. §§ 1262 ff.

§ 932. Die Vollziehung des Arrestes in ein Grundstück oder in eine Berechtigung, für welche die sich auf Grundstücke beziehenden Vorschriften gelten,[1]) erfolgt durch Eintragung einer Sicherungshypothek für die Forderung; der nach § 923 festgestellte Geldbetrag ist als der Höchstbetrag zu bezeichnen, für welchen das Grundstück oder die Berechtigung haftet.

Im übrigen finden die Vorschriften der §§ 867, 868 Anwendung.

Der Antrag auf Eintragung der Hypothek gilt im Sinne des § 929 Abs. 2, 3 als Vollziehung des Arrestbefehls.

(§ 811). Nov. 98. [1]) Anm. 1 zu § 864.

§ 933. Die Vollziehung des persönlichen Sicherheitsarrestes[1]) richtet sich, wenn sie durch Haft erfolgt, nach den Vorschriften der §§ 904—913 und, wenn sie durch sonstige Beschränkung der persönlichen Freiheit erfolgt, nach den vom Arrestgerichte zu treffenden besonderen Anordnungen, für welche die Beschränkungen der Haft maßgebend sind.[2]) In den Haftbefehl ist der nach § 923 festgestellte Geldbetrag aufzunehmen.

(§ 812). Nov. 98. [1]) § 918. [2]) §§ 904—906, 913.

§ 934. Die Aufhebung eines vollzogenen Arrestes gegen Hinterlegung des in dem Arrestbefehle festgestellten Geldbetrages[1]) erfolgt von dem Vollstreckungsgerichte.

Das Vollstreckungsgericht kann die Aufhebung des Arrestes auch anordnen, wenn die Fortdauer besondere Aufwendungen erfordert und die Partei, auf deren Gesuch der Arrest verhängt wurde, den nötigen Geldbetrag nicht vorschießt.

Die in diesem Paragraphen erwähnten Entscheidungen können ohne vorgängige mündliche Verhandlung erfolgen.

Gegen den Beschluß, durch welchen der Arrest aufgehoben wird, findet sofortige Beschwerde[2]) statt.

(§ 813). [1]) § 923. [2]) § 577.

§ 935. Einstweilige Verfügungen in Beziehung auf den Streitgegenstand sind zulässig, wenn zu besorgen ist, daß durch eine Veränderung des bestehenden Zustandes die Verwirklichung des Rechts einer Partei vereitelt oder wesentlich erschwert werden könnte.

(§ 814).

§ 936. Auf die Anordnung einstweiliger Verfügungen und das weitere Verfahren finden die Vorschriften über die Anordnung von Arresten und über das Arrestverfahren entsprechende Anwendung,[1]) soweit nicht die nachfolgenden Paragraphen abweichende Vorschriften enthalten.

(§ 815). [1]) §§ 916 ff.

§ 937. Für die Erlassung einstweiliger Verfügungen ist das Gericht der Hauptsache[1]) zuständig.

Die Entscheidung kann in dringenden Fällen ohne vorgängige mündliche Verhandlung erfolgen.

(§ 816). [1]) § 943 Abs. 1.

§ 938. Das Gericht bestimmt nach freiem Ermessen, welche Anordnungen zur Erreichung des Zweckes erforderlich sind.

Die einstweilige Verfügung kann auch in einer Sequestration sowie darin bestehen, daß dem Gegner eine Handlung geboten oder verboten, insbesondere die Veräußerung, Belastung oder Verpfändung eines Grundstücks untersagt wird.

(§ 817).

§ 939. Nur unter besonderen Umständen kann die Aufhebung einer einstweiligen Verfügung gegen Sicherheitsleistung[1]) gestattet werden.

(§ 818). [1]) § 923.

§ 940. Einstweilige Verfügungen sind auch zum Zwecke der Regelung eines einstweiligen Zustandes in Bezug auf ein streitiges Rechtsverhältnis zulässig, sofern diese Regelung, insbesondere bei dauernden Rechtsverhältnissen zur Abwendung wesentlicher Nachteile oder zur Verhinderung drohender Gewalt oder aus anderen Gründen nötig erscheint.

(§ 819).

§ 941. Hat auf Grund der einstweiligen Verfügung eine Eintragung in das Grundbuch oder das Schiffsregister zu erfolgen, so ist das Gericht befugt, das Grundbuchamt oder die Registerbehörde um die Eintragung zu ersuchen.

Nov. 98.

§ 942. In dringenden Fällen kann das Amtsgericht, in dessen Bezirke sich der Streitgegenstand befindet, eine einstweilige Verfügung erlassen, unter Bestimmung einer Frist, innerhalb welcher der Gegner zur mündlichen Verhandlung über die Rechtmäßigkeit der einstweiligen Verfügung vor das Gericht der Hauptsache[1]) zu laden ist.

Die einstweilige Verfügung, auf Grund deren eine Vormerkung[2]) oder ein Widerspruch[3]) gegen die Richtigkeit des Grundbuchs oder des Schiffsregisters eingetragen werden soll, kann von dem Amtsgericht, in dessen Bezirke das Grundstück belegen ist oder der Heimatshafen oder der Heimatsort des Schiffes sich befindet, erlassen werden, auch wenn der Fall für dringlich nicht erachtet wird. Die Bestimmung der im Abs. 1 bezeichneten Frist hat nur auf Antrag des Gegners zu erfolgen.

Nach fruchtlosem Ablaufe der Frist hat das Amtsgericht auf Antrag die erlassene Verfügung aufzuheben.

Die in diesem Paragraphen erwähnten Entscheidungen des Amtsgerichts können ohne vorgängige mündliche Verhandlung erfolgen.

(§ 820). Abs. 2 Nov. 98. [1] § 943 Abs. 1 [2] BGB. § 883. [3] BGB. § 899.

§ 943. Als Gericht der Hauptsache im Sinne der Bestimmungen dieses Abschnitts ist das Gericht erster Instanz und, wenn die Hauptsache in der Berufungsinstanz anhängig ist, das Berufungsgericht anzusehen.

Das Gericht der Hauptsache ist für die nach § 109 zu treffenden Anordnungen ausschließlich zuständig, wenn die Hauptsache anhängig ist oder anhängig gewesen ist.

(§ 821). Abs. 2 Nov. 98.

§ 944. In dringenden Fällen kann der Vorsitzende über die in diesem Abschnitt erwähnten Gesuche, sofern deren Erledigung eine vorgängige mündliche Verhandlung nicht erfordert, anstatt des Gerichts entscheiden.

(§ 822).

§ 945. Erweist sich die Anordnung eines Arrestes oder einer einstweiligen Verfügung als von Anfang an ungerechtfertigt oder wird die angeordnete Maßregel auf Grund des § 926 Abs. 2 oder des § 912 Abs. 3 aufgehoben, so ist die Partei, welche die Anordnung erwirkt hat, verpflichtet, dem Gegner den Schaden zu ersetzen, der ihm aus der Vollziehung der angeordneten Maßregel oder dadurch entsteht, daß er Sicherheit leistet, um die Vollziehung abzuwenden oder die Aufhebung der Maßregel zu erwirken.

Nov. 98.

Neuntes Buch.
Aufgebotsverfahren.

§ 946. Eine öffentliche gerichtliche Aufforderung zur Anmeldung von Ansprüchen oder Rechten findet mit der Wirkung, daß die Unterlassung der Anmeldung einen Rechtsnachteil zur Folge hat, nur in den durch das Gesetz bestimmten Fällen statt.

Für das Aufgebotsverfahren ist das durch das Gesetz bestimmte Gericht zuständig.
(§ 823).

§ 947. Der Antrag kann schriftlich oder zum Protokolle des Gerichtsschreibers gestellt werden. Die Entscheidung kann ohne vorgängige mündliche Verhandlung erfolgen.

Ist der Antrag zulässig, so hat das Gericht das Aufgebot zu erlassen. In dasselbe ist insbesondere aufzunehmen:
1. die Bezeichnung des Antragsstellers;
2. die Aufforderung, die Ansprüche und Rechte spätestens im Aufgebotstermine anzumelden;
3. die Bezeichnung der Rechtsnachteile, welche eintreten, wenn die Anmeldung unterbleibt;
4. die Bestimmung eines Aufgebotstermins.

(§ 824).

§ 948. Die öffentliche Bekanntmachung des Aufgebots erfolgt durch Anheftung an die Gerichtstafel und durch Einrückung in den „Deutschen Reichsanzeiger", außerdem aber, sofern nicht das Gesetz für den betreffenden Fall eine abweichende Anordnung getroffen hat, nach den im § 204 für Ladungen gegebenen Vorschriften.
(§ 825). Nov. 98.

§ 949. Auf die Gültigkeit der öffentlichen Bekanntmachung hat es keinen Einfluß, wenn das anzuheftende Schriftstück von dem Orte der Anheftung zu früh entfernt ist oder wenn im Falle wiederholter

Bekanntmachung die vorgeschriebenen Zwischenfristen nicht eingehalten sind.

(§ 826).

§ 950. Zwischen dem Tage, an welchem die Einrückung oder die erste Einrückung des Aufgebots in den „Deutschen Reichsanzeiger" erfolgt ist,[1] und dem Aufgebotstermine muß, sofern das Gesetz nicht eine abweichende Anordnung enthält,[2] ein Zeitraum (Aufgebotsfrist) von mindestens sechs Wochen liegen.

(§ 827). Nov. 98. [1] § 948. [2] § 965, § 987 Abs. 3, § 988 Abs. 1, § 1002 Abs. 5, §§ 1010—1015, §§ 1023, 1024.

§ 951. Eine Anmeldung, welche nach dem Schlusse des Aufgebotstermins, jedoch vor Erlassung des Ausschlußurteils[1] erfolgt, ist als eine rechtzeitige anzusehen.

(§ 828). [1] § 952 Abs. 1.

§ 952. Das Ausschlußurteil ist in öffentlicher Sitzung auf Antrag zu erlassen.

Einem in der Sitzung gestellten Antrage wird ein Antrag gleichgeachtet, welcher vor dem Aufgebotstermine schriftlich gestellt oder zum Protokolle des Gerichtsschreibers erklärt worden ist.

Vor Erlassung des Urteils kann eine nähere Ermittelung, insbesondere die Versicherung der Wahrheit einer Behauptung des Antragstellers an Eides Statt, angeordnet werden.

Gegen den Beschluß, durch welchen der Antrag auf Erlassung des Ausschlußurteils zurückgewiesen wird, sowie gegen Beschränkungen und Vorbehalte, welche dem Ausschlußurteile beigefügt sind, findet sofortige Beschwerde[1] statt.

(§ 829). Abs. 2, 3 Nov. 98. [1] § 577.

§ 953. Erfolgt eine Anmeldung, durch welche das von dem Antragsteller zur Begründung des Antrags behauptete Recht bestritten wird, so ist nach Beschaffenheit des Falles entweder das Aufgebotsverfahren bis zur endgültigen Entscheidung über das

angemeldete Recht auszusetzen, oder in dem Ausschlußurteile das angemeldete Recht vorzubehalten.
(§ 830).

§ 954. Wenn der Antragsteller weder in dem Aufgebotstermin erschienen ist noch vor dem Termine den Antrag auf Erlassung des Ausschlußurteils gestellt hat,[1]) so ist auf seinen Antrag ein neuer Termin zu bestimmen. Der Antrag ist nur binnen einer vom Tage des Aufgebotstermins laufenden Frist von sechs Monaten zulässig.
(§ 831). Satz 1 Nov. 98. [1]) § 952 Abs. 2.

§ 955. Wird zur Erledigung des Aufgebotsverfahrens ein neuer Termin bestimmt, so ist eine öffentliche Bekanntmachung des Termins[1]) nicht erforderlich.
(§ 832). [1]) § 948.

§ 956. Das Gericht kann die öffentliche Bekanntmachung des wesentlichen Inhalts des Ausschlußurteils durch einmalige Einrückung in den „Deutschen Reichsanzeiger" anordnen.
(§ 833).

§ 957. Gegen das Ausschlußurteil findet ein Rechtsmittel nicht statt.

Das Ausschlußurteil kann bei dem Landgerichte, in dessen Bezirke das Aufgebotsgericht seinen Sitz hat, mittels einer gegen den Antragsteller zu erhebenden Klage angefochten werden:

1. wenn ein Fall nicht vorlag, in welchem das Gesetz das Aufgebotsverfahren zuläßt;
2. wenn die öffentliche Bekanntmachung des Aufgebots[1]) oder eine in dem Gesetze vorgeschriebene Art der Bekanntmachung[2]) unterblieben ist;
3. wenn die vorgeschriebene Aufgebotsfrist[3]) nicht gewahrt ist;
4. wenn der erkennende Richter von der Ausübung des Richteramts kraft Gesetzes ausgeschlossen war;[4])
5. wenn ein Anspruch oder ein Recht ungeachtet der erfolgten Anmeldung[5]) nicht dem Gesetze gemäß in dem Urteile berücksichtigt ist;

6. wenn die Voraussetzungen vorliegen, unter welchen die Restitutionsklage wegen einer strafbaren Handlung stattfindet.[6])

(§ 834). [1]) § 948. [2]) § 966 Abs. 2, § 972 Abs. 2, § 1006 Abs. 2, § 1009. [3]) § 950. [4]) § 41. [5]) § 951. [6]) § 580 Nr. 1 bis 5.

§ 958. Die Anfechtungsklage ist binnen der Notfrist[1]) eines Monats zu erheben. Die Frist beginnt mit dem Tage, an welchem der Kläger Kenntnis von dem Ausschlußurteile erhalten hat, in dem Falle jedoch, wenn die Klage auf einem der im § 957 Nr. 4, 6 bezeichneten Anfechtungsgründe beruht und dieser Grund an jenem Tage noch nicht zur Kenntnis des Klägers gelangt war, erst mit dem Tage, an welchem der Anfechtungsgrund dem Kläger bekannt geworden ist.

Nach Ablauf von zehn Jahren, von dem Tage der Verkündung des Ausschlußurteils an gerechnet, ist die Klage unstatthaft.

(§ 835). Abs. 1 Satz 2 Nov. 98. [1]) § 223 Abs. 2, § 224 Abs. 1, § 251 Abs. 1 Satz 2.

§ 959. Das Gericht kann die Verbindung mehrerer Aufgebote anordnen, auch wenn die Voraussetzungen des § 147 nicht vorliegen.

(§ 836). Nov. 98.

§ 960. Für das Aufgebotsverfahren zum Zwecke der Todeserklärung[1]) gelten die nachfolgenden besonderen Bestimmungen.

Nov. 98. [1]) BGB. §§ 13—17.

§ 961. Zuständig ist das Gericht, in dessen Bezirke der Verschollene den letzten inländischen Wohnsitz[1]) hatte. In Ermangelung eines solchen Wohnsitzes wird das zuständige Gericht für Angehörige eines Bundesstaates von der Landesjustizverwaltung durch allgemeine Anordnung, für andere Verschollene von dem Reichskanzler durch allgemeine Anordnung bestimmt.

Nov. 98. [1]) BGB. §§ 7—11.

§ 962. Antragsberechtigt ist der gesetzliche Vertreter des Verschollenen sowie jeder, der an der Todeserklärung ein rechtliches Interesse hat.

Der gesetzliche Vertreter bedarf zu dem Antrage der Genehmigung des Vormundschaftsgerichts.

Nov. 98.

§ 963. Der Antragsteller hat die zur Begründung des Antrags erforderlichen Tatsachen[1]) vor der Einleitung des Verfahrens glaubhaft zu machen.[2])

Nov. 98. [1]) BGB. §§ 14—17. [2]) § 294.

§ 964. In das Aufgebot ist aufzunehmen:

1. die Aufforderung an den Verschollenen, sich spätestens im Aufgebotstermine zu melden, widrigenfalls die Todeserklärung erfolgen werde;
2. die Aufforderung an alle, welche Auskunft über Leben oder Tod des Verschollenen zu erteilen vermögen, spätestens im Aufgebotstermine dem Gericht Anzeige zu machen.

Nov. 98.

§ 965. Die Aufgebotsfrist[1]) muß mindestens sechs Monate betragen.

Nov. 98. [1]) § 950.

§ 966. In den Fällen der §§ 15—17 des Bürgerlichen Gesetzbuchs kann die Bekanntmachung des Aufgebots durch öffentliche Blätter[1]) unterbleiben. Das gleiche gilt, wenn seit der Geburt des Verschollenen hundert Jahre verstrichen sind.

Unterbleibt die Bekanntmachung durch öffentliche Blätter, so muß die Aufgebotsfrist[2]) mindestens sechs Wochen betragen; sie beginnt in diesem Falle mit der Anheftung des Aufgebots an die Gerichtstafel.

Nov. 98. [1]) § 948. [2]) § 950.

§ 967. Jeder Antragsberechtigte kann neben dem Antragsteller oder statt des Antragstellers in das Verfahren eintreten. Durch den Eintritt erlangt er die rechtliche Stellung eines Antragstellers.

Nov. 98.

§ 968. Das Gericht hat unter Benutzung der in dem Antrag angegebenen Tatsachen und Beweismittel von

Amts wegen die zur Feststellung des Sachverhalts erforderlichen Ermittelungen zu veranstalten und die geeignet erscheinenden Beweise aufzunehmen.
Nov. 98.

§ 969. Wird derjenige, welcher sich als der angeblich Verschollene meldet, als solcher von dem Antragsteller nicht anerkannt, so ist das Verfahren auszusetzen.[1])
Nov. 98. [1]) § 249.

§ 970. Das Gericht hat die Todeserklärung nur auszusprechen, wenn die zur Begründung derselben erforderlichen Tatsachen[1]) für erwiesen erachtet werden.

In dem Urteil ist der Zeitpunkt des Todes nach Maßgabe des § 18 Abs. 2 des Bürgerlichen Gesetzbuchs festzustellen.
Nov. 98. [1]) BGB. §§ 14—17.

§ 971. Die dem Antragsteller erwachsenen Kosten, welche zur zweckentsprechenden Durchführung des Verfahrens notwendig waren, fallen, wenn die Todeserklärung erfolgt, dem Nachlasse zur Last.
Nov. 98.

§ 972. Die Erledigung der Aufgebotsanträge kann von der Landesjustizverwaltung für mehrere Amtsgerichtsbezirke einem Amtsgericht übertragen werden. Auf Verlangen des Antragstellers erfolgt die Erledigung durch das nach § 961 zuständige Gericht.

Wird das Aufgebot durch ein anderes als das nach § 961 zuständige Gericht erlassen, so ist das Aufgebot auch durch Anheftung an die Gerichtstafel des letzteren Gerichts öffentlich bekannt zu machen.
Nov. 98.

§ 973. Die Anfechtungsklage[1]) findet außer den Fällen des § 957 Abs. 2 auch dann statt, wenn die Todeserklärung mit Unrecht erfolgt oder der Zeitpunkt des Todes des Verschollenen unrichtig festgestellt ist.[2])
Nov. 98. [1]) § 957. [2]) § 970 Abs. 2.

§ 974. Zur Erhebung der Anfechtungsklage[1]) ist jeder berechtigt, der an der Aufhebung der Todeserklärung oder an der Berichtigung des Zeitpunkts des Todes ein rechtliches Interesse hat.

Die Anfechtungsklage ist gegen denjenigen zu richten, welcher die Todeserklärung erwirkt hat, falls aber dieser die Klage erhebt oder falls er verstorben oder sein Aufenthalt unbekannt oder im Ausland ist, gegen den Staatsanwalt.

Nov. 98. [1]) § 957.

§ 975. Auf das Verfahren über die Anfechtungsklage[1]) finden die Vorschriften der §§ 667, 669, 670 des § 673 Abs. 1 und des § 956 entsprechende Anwendung.

Nov. 98. [1]) § 957.

§ 976. Die Anfechtungsklage[1]) ist, sofern sie nicht auf einen der im § 957 Abs. 2 bezeichneten Gründe gestützt wird, nur innerhalb der Frist von einem Monate zulässig. Die Frist beginnt mit der Erlassung des die Todeserklärung aussprechenden Urteils. Die mündliche Verhandlung erfolgt nicht vor Ablauf dieser Frist.

Mehrere Anfechtungsprozesse sind zum Zwecke gleichzeitiger Verhandlung und Entscheidung zu verbinden. Die Vorschrift des § 62 findet Anwendung.

Wird infolge einer Anfechtungsklage die Todeserklärung aufgehoben oder eine andere Todeszeit festgestellt,[2]) so wirkt das Urteil für und gegen alle.

Nov. 98. [1]) § 957. [2]) § 970 Abs. 2.

§ 977. Für das Aufgebotsverfahren zum Zwecke der Ausschließung des Eigentümers eines Grundstücks nach § 927 des Bürgerlichen Gesetzbuchs gelten die nachfolgenden besonderen Bestimmungen.

Nov. 98.

§ 978. Zuständig ist das Gericht, in dessen Bezirke das Grundstück belegen ist.

Nov. 98.

§ 979. Antragsberechtigt ist derjenige, welcher das Grundstück seit der im § 927 des Bürgerlichen Gesetzbuchs bestimmten Zeit im Eigenbesitze[1]) hat.

Nov. 98. [1]) BGB. § 872.

§ 980. Der Antragsteller hat die zur Begründung des Antrags erforderlichen Tatsachen vor der Einleitung des Verfahrens glaubhaft zu machen.[1])

Nov. 98. [1]) § 294.

§ 981. In dem Aufgebot ist der bisherige Eigentümer aufzufordern, sein Recht spätestens im Aufgebotstermin anzumelden, widrigenfalls seine Ausschließung erfolgen werde.

Nov. 98.

§ 982. Für das Aufgebotsverfahren zum Zwecke der Ausschließung eines Hypotheken-, Grundschuld- oder Rentenschuldgläubigers auf Grund der §§ 1170, 1171 des Bürgerlichen Gesetzbuchs gelten die nachfolgenden besonderen Bestimmungen.

Nov. 98.

§ 983. Zuständig ist das Gericht, in dessen Bezirke das belastete Grundstück belegen ist.

Nov. 98.

§ 984. Antragsberechtigt ist der Eigentümer des belasteten Grundstücks.

Im Falle des § 1170 des Bürgerlichen Gesetzbuchs ist auch ein im Range gleich- oder nachstehender Gläubiger, zu dessen Gunsten eine Vormerkung nach § 1179 des Bürgerlichen Gesetzbuchs eingetragen ist, und bei einer Gesamthypothek, Gesamtgrundschuld oder Gesamtrentenschuld außerdem derjenige antragsberechtigt, welcher auf Grund eines im Range gleich- oder nachstehenden Rechts Befriedigung aus einem der belasteten Grundstücke verlangen kann, sofern der Gläubiger oder der sonstige Berechtigte für seinen Anspruch einen vollstreckbaren Schuldtitel erlangt hat.

Nov. 98.

§ 985. Der Antragsteller hat vor der Einleitung des Verfahrens glaubhaft zu machen,[1]) daß der Gläubiger unbekannt ist.

Nov. 98. [1]) § 294.

§ 986. Im Falle des § 1170 des Bürgerlichen Gesetzbuchs hat der Antragsteller vor der Einleitung des Verfahrens auch glaubhaft zu machen,[1]) daß nicht eine das Aufgebot ausschließende Anerkennung des Rechts des Gläubigers erfolgt ist.

Ist die Hypothek für die Forderung aus einer Schuldverschreibung auf den Inhaber bestellt[2]) oder der Grundschuld- oder Rentenschuldbrief auf den Inhaber ausgestellt,[3]) so hat der Antragsteller glaubhaft zu machen,[1]) daß die Schuldverschreibung oder der Brief bis zum Ablaufe der im § 801 des Bürgerlichen Gesetzbuchs bezeichneten Frist nicht vorgelegt und der Anspruch nicht gerichtlich geltend gemacht worden ist. Ist die Vorlegung oder die gerichtliche Geltendmachung erfolgt, so ist die im Abs. 1 vorgeschriebene Glaubhaftmachung erforderlich.

Zur Glaubhaftmachung genügt in den Fällen der Abs. 1, 2 die Versicherung des Antragstellers an Eides Statt, unbeschadet der Befugnis des Gerichts, anderweitige Ermittelungen anzuordnen.

In dem Aufgebot ist als Rechtsnachteil anzudrohen, daß die Ausschließung des Gläubigers mit seinem Rechte erfolgen werde.

Wird das Aufgebot auf Antrag eines nach § 984 Abs. 2 Antragsberechtigten erlassen, so ist es dem Eigentümer des Grundstücks von Amts wegen mitzuteilen.

Nov. 98. [1]) § 294. [2]) BGB. § 1187. [3]) BGB. §§ 1195, 1199.

§ 987. Im Falle des § 1171 des Bürgerlichen Gesetzbuchs hat der Antragsteller sich vor der Einleitung des Verfahrens zur Hinterlegung des dem Gläubiger gebührenden Betrags zu erbieten.

In dem Aufgebot ist als Rechtsnachteil anzudrohen, daß der Gläubiger nach der Hinterlegung des ihm gebührenden Betrags seine Befriedigung statt aus dem Grundstücke nur noch aus dem hinterlegten Betrage verlangen könne und sein Recht auf diesen erlösche, wenn er sich nicht vor dem Ablaufe von dreißig Jahren nach der Erlassung des Ausschlußurteils bei der Hinterlegungsstelle melde.

Hängt die Fälligkeit der Forderung von einer Kündigung ab, so erweitert sich die Aufgebotsfrist[1]) um die Kündigungsfrist.

Das Ausschlußurteil darf erst dann erlassen werden, wenn die Hinterlegung erfolgt ist.

Nov. 98.

[1]) § 950.

§ 988. Die Vorschriften des § 983, des § 984 Abs. 1, des § 985, des § 986 Abs. 1—4 und des § 987 finden auf das Aufgebotsverfahren zum Zwecke der in den §§ 887, 1104, 1112, 1269 des Bürgerlichen Gesetzbuchs für die Vormerkung, das Vorkaufsrecht, die Reallast und für das Pfandrecht an Schiffen bestimmten Ausschließung des Berechtigten entsprechende Anwendung.

In den Fällen der §§ 887, 1104, 1112 des Bürgerlichen Gesetzbuchs ist auch derjenige antragsberechtigt, welcher auf Grund eines im Range gleich- oder nachstehenden Rechts Befriedigung aus dem Grundstücke verlangen kann, sofern er für seinen Anspruch einen vollstreckbaren Schuldtitel erlangt hat. Das Aufgebot ist dem Eigentümer des Grundstücks von Amts wegen mitzuteilen.

Nov. 98.

§ 989. Für das Aufgebotsverfahren zum Zwecke der Ausschließung von Nachlaßgläubigern auf Grund des § 1970 des Bürgerlichen Gesetzbuchs gelten die nachfolgenden besonderen Bestimmungen.

Nov. 98.

§ 990. Zuständig ist das Amtsgericht, dem die Verrichtungen des Nachlaßgerichts obliegen.[1]) Sind diese Verrichtungen einer anderen Behörde als einem

Amtsgericht übertragen,[2]) so ist das Amtsgericht zuständig, in dessen Bezirke die Nachlaßbehörde ihren Sitz hat.

Nov. 98. [1]) FGG. § 73. [2]) EG. z. BGB. Art. 147 Abs. 1.

§ 991. Antragsberechtigt ist jeder Erbe, sofern er nicht für die Nachlaßverbindlichkeiten unbeschränkt haftet.[1])

Zu dem Antrage sind auch ein Nachlaßpfleger[2]) und ein Testamentsvollstrecker[3]) berechtigt, wenn ihnen die Verwaltung des Nachlasses zusteht.

Der Erbe und der Testamentsvollstrecker können den Antrag erst nach der Annahme der Erbschaft[4]) stellen.

Nov. 98. [1]) BGB. § 1994 Abs. 1 Satz 2, § 2005. [2]) BGB. §§ 1960, 1961, 1975. [3]) BGB. §§ 2205, 2208. [4]) BGB. § 1943.

§ 992. Dem Antrag ist ein Verzeichnis der bekannten Nachlaßgläubiger[1]) mit Angabe ihres Wohnorts beizufügen.

Nov. 98. [1]) BGB. § 1967.

§ 993. Das Aufgebot soll nicht erlassen werden, wenn die Eröffnung des Nachlaßkonkurses beantragt ist.

Durch die Eröffnung des Nachlaßkonkurses wird das Aufgebotsverfahren beendigt.

Nov. 98.

§ 994. Die Aufgebotsfrist[1]) soll höchstens sechs Monate betragen.

Das Aufgebot soll den Nachlaßgläubigern, welche dem Nachlaßgericht angezeigt sind und deren Wohnort bekannt ist, von Amts wegen zugestellt werden.[2]) Die Zustellung kann durch Aufgabe zur Post[3]) erfolgen.

Nov. 98. [1]) § 950. [2]) §§ 208 ff. [3]) § 175.

§ 995. In dem Aufgebot ist den Nachlaßgläubigern, welche sich nicht melden, als Rechtsnachteil anzudrohen, daß sie, unbeschadet des Rechts, vor den

Verbindlichkeiten aus Pflichtteilsrechten, Vermächtnissen und Auflagen berücksichtigt zu werden, von dem Erben nur insoweit Befriedigung verlangen können, als sich nach Befriedigung der nicht ausgeschlossenen Gläubiger noch ein Ueberschuß ergibt.[1])

Nov. 98. [1]) BGB. § 1973.

§ 996. Die Anmeldung einer Forderung hat die Angabe des Gegenstandes und des Grundes der Forderung zu enthalten. Urkundliche Beweisstücke sind in Urschrift oder in Abschrift beizufügen.

Das Gericht hat die Einsicht der Anmeldungen jedem zu gestatten, der ein rechtliches Interesse glaubhaft macht.[1])

Nov. 98. [1]) § 294.

§ 997. Sind mehrere Erben vorhanden, so kommen der von einem Erben gestellte Antrag und das von ihm erwirkte Ausschlußurteil, unbeschadet der Vorschriften des Bürgerlichen Gesetzbuchs über die unbeschränkte Haftung,[1]) auch den anderen Erben zustatten. Als Rechtsnachteil ist den Nachlaßgläubigern, welche sich nicht melden, auch anzudrohen, daß jeder Erbe nach der Teilung des Nachlasses nur für den seinem Erbteil entsprechenden Teil der Verbindlichkeit haftet.[2])

Die Erlassung des Aufgebots mit Androhung des im Abs. 1 Satz 2 bestimmten Rechtsnachteils kann von jedem Erben auch dann beantragt werden, wenn er für die Nachlaßverbindlichkeiten unbeschränkt haftet.[1])

Nov. 98. [1]) Anm. 1 zu § 991. [2]) BGB. § 2060 Nr. 1.

§ 998. Im Falle der Nacherbfolge[1]) findet die Vorschrift des § 997 Abs. 1 Satz 1 auf den Vorerben und den Nacherben entsprechende Anwendung.

Nov. 98. [1]) BGB. §§ 2100 ff.

§ 999. Ist eine Ehefrau die Erbin und gehört der Nachlaß zum eingebrachten Gute oder zum Gesamtgute, so kann sowohl die Ehefrau als der

Ehemann das Aufgebot beantragen, ohne daß die Zustimmung des anderen Teiles erforderlich ist. Das gleiche gilt, wenn der Nachlaß zum Gesamtgute gehört, auch nach der Beendigung der Gemeinschaft. Der von dem einen Ehegatten gestellte Antrag und das von ihm erwirkte Ausschlußurteil kommen auch dem anderen Ehegatten zustatten.

Nov. 98.

§ 1000. Hat der Erbe die Erbschaft verkauft,[1]) so kann sowohl der Käufer als der Erbe das Aufgebot beantragen. Der von dem einen Teile gestellte Antrag und das von ihm erwirkte Ausschlußurteil kommen, unbeschadet der Vorschriften des Bürgerlichen Gesetzbuchs über die unbeschränkte Haftung,[2]) auch dem anderen Teile zustatten.

Diese Bestimmungen finden entsprechende Anwendung, wenn jemand eine durch Vertrag erworbene Erbschaft verkauft oder sich zur Veräußerung einer ihm angefallenen oder anderweit von ihm erworbenen Erbschaft in sonstiger Weise verpflichtet hat.[3])

Nov. 98. 1) BGB. §§ 2371 ff. 2) Anm. 1 zu § 991. 3) BGB. § 2385.

§ 1001. Die Bestimmungen der §§ 990—996, 999, 1000 finden im Falle der fortgesetzten Gütergemeinschaft[1]) auf das Aufgebotsverfahren zum Zwecke der nach dem § 1489 Abs. 2 und dem § 1970 des Bürgerlichen Gesetzbuchs zulässigen Ausschließung von Gesamtgutsgläubigern entsprechende Anwendung.

Nov. 98. 1) BGB. §§ 1483 ff.

§ 1002. Für das Aufgebotsverfahren zum Zwecke der Ausschließung von Schiffsgläubigern auf Grund des § 765 des Handelsgesetzbuchs und des § 110 des Gesetzes, betreffend die privatrechtlichen Verhältnisse der Binnenschiffahrt, gelten die nachfolgenden besonderen Bestimmungen.

Zuständig ist das Gericht, in dessen Bezirke sich der Heimatshafen oder der Heimatsort des Schiffes befindet.

Unterliegt das Schiff der Eintragung in das Schiffsregister, so kann der Antrag erst nach der Eintragung der Veräußerung des Schiffes gestellt werden.

Der Antragsteller hat die ihm bekannten Forderungen von Schiffsgläubigern anzugeben.

Die Aufgebotsfrist[1]) muß mindestens drei Monate betragen.

In dem Aufgebot ist den Schiffsgläubigern, welche sich nicht melden, als Rechtsnachteil anzudrohen, daß ihre Pfandrechte erlöschen, sofern nicht ihre Forderungen dem Antragsteller bekannt sind.

Nov. 98. [1]) § 950.

§ 1003. Für das Aufgebotsverfahren zum Zwecke der Kraftloserklärung einer Urkunde gelten die nachfolgenden besonderen Bestimmungen.

(§ 837). Nov. 98.

§ 1004. Bei Papieren, welche auf den Inhaber lauten[1]) oder welche durch Indossament übertragen werden können und mit einem Blankoindossamente versehen sind, ist der bisherige Inhaber des abhanden gekommenen oder vernichteten Papiers berechtigt, das Aufgebotsverfahren zu beantragen.

Bei anderen Urkunden ist derjenige zu dem Antrage berechtigt, welcher das Recht aus der Urkunde geltend machen kann.

(§ 838). Abs. 1 Nov. 98. [1]) BGB. §§ 793 ff.

§ 1005. Für das Aufgebotsverfahren ist das Gericht des Orts zuständig, welchen die Urkunde als den Erfüllungsort bezeichnet. Enthält die Urkunde eine solche Bezeichnung nicht, so ist das Gericht zuständig, bei welchem der Aussteller seinen allgemeinen Gerichtsstand[1]) hat, und in Ermangelung eines solchen Gerichts dasjenige, bei welchem der Aussteller zur Zeit der Ausstellung seinen allgemeinen Gerichtsstand[1]) gehabt hat.

Ist die Urkunde über ein im Grundbuch eingetragenes Recht ausgestellt, so ist das Gericht der belegenen Sache ausschließlich zuständig.

(§ 839). Abs. 2 Nov. 98. [1]) §§ 13—19.

§ 1006. Die Erledigung der Anträge auf Erlassung des Aufgebots zum Zwecke der Kraftloserklärung eines auf den Inhaber lautenden Papiers kann von der Landesjustizverwaltung für mehrere Amtsgerichtsbezirke einem Amtsgericht übertragen werden. Auf Verlangen des Antragstellers erfolgt die Erledigung durch das nach § 1005 zuständige Gericht.

Wird das Aufgebot durch ein anderes als das nach § 1005 zuständige Gericht erlassen, so ist das Aufgebot auch durch Anheftung an die Gerichtstafel des letzteren Gerichts öffentlich bekannt zu machen.

Unberührt bleiben die landesgesetzlichen Vorschriften, durch welche für das Aufgebotsverfahren zum Zwecke der Kraftloserklärung von Schuldverschreibungen auf den Inhaber, die ein Bundesstaat oder eine ihm angehörende Körperschaft, Stiftung oder Anstalt des öffentlichen Rechts ausgestellt oder für deren Bezahlung ein Bundesstaat die Haftung übernommen hat, ein bestimmtes Amtsgericht für ausschließlich zuständig erklärt wird.

Nov. 98.

§ 1007. Der Antragsteller hat zur Begründung des Antrags:

1. entweder eine Abschrift der Urkunde beizubringen, oder den wesentlichen Inhalt der Urkunde und alles anzugeben, was zur vollständigen Erkennbarkeit derselben erforderlich ist;
2. den Verlust der Urkunde sowie diejenigen Tatsachen glaubhaft zu machen,[1]) von welchen seine Berechtigung abhängt, das Aufgebotsverfahren zu beantragen;[2])
3. sich zur Versicherung der Wahrheit seiner Angaben an Eides Statt zu erbieten.

(§ 840). Nr. 3 Nov. 98. [1]) § 294. [2]) § 1004.

§ 1008. In dem Aufgebot ist der Inhaber der Urkunde aufzufordern, spätestens im Aufgebotstermine seine Rechte bei dem Gericht anzumelden und die Urkunde vorzulegen. Als Rechtsnachteil ist anzudrohen, daß die Kraftloserklärung der Urkunde erfolgen werde.
(§ 841).

§ 1009. Die öffentliche Bekanntmachung des Aufgebots erfolgt durch Anheftung an die Gerichtstafel und in dem Lokale der Börse, wenn eine solche am Sitze des Aufgebotsgerichts besteht, sowie durch dreimalige Einrückung in die im § 204 Abs. 2 bezeichneten Blätter.

Das Gericht kann anordnen, daß die Einrückung noch in andere Blätter und zu mehreren Malen erfolge.

Betrifft das Aufgebot ein auf den Inhaber lautendes Papier [1]) und ist in der Urkunde vermerkt oder in den Bestimmungen, unter denen die erforderliche staatliche Genehmigung [2]) erteilt worden ist, vorgeschrieben, daß die öffentliche Bekanntmachung durch bestimmte andere Blätter zu erfolgen habe, so muß die Bekanntmachung auch durch Einrückung in diese Blätter erfolgen. Das gleiche gilt bei Schuldverschreibungen, die von einem Bundesstaat ausgegeben sind, wenn die öffentliche Bekanntmachung durch bestimmte Blätter landesgesetzlich vorgeschrieben ist.
(§ 842). Abs. 3 Nov. 98. [1]) BGB. §§ 793 ff. [2]) BGB. § 795

§ 1010. Bei Wertpapieren, für welche von Zeit zu Zeit Zins-, Renten- oder Gewinnanteilscheine ausgegeben werden, ist der Aufgebotstermin so zu bestimmen, daß bis zu demselben der erste einer seit der Zeit des glaubhaft gemachten Verlustes ausgegebenen Reihe von Zins-, Renten- oder Gewinnanteilscheinen fällig geworden ist und seit der Fälligkeit desselben sechs Monate abgelaufen sind.

Vor Erlassung des Ausschlußurteils hat der Antragsteller ein nach Ablauf dieser sechsmonatigen Frist ausgestelltes Zeugnis der betreffenden Behörde, Kasse oder Anstalt beizubringen, daß die Urkunde seit der

Zeit des glaubhaft gemachten Verlustes ihr zur Ausgabe neuer Scheine nicht vorgelegt sei und daß die neuen Scheine an einen anderen als den Antragsteller nicht ausgegeben seien.

(§ 843). Abs. 1 Nov. 98.

§ 1011. Bei Wertpapieren, für welche Zins-, Renten- oder Gewinnanteilscheine zuletzt für einen längeren Zeitraum als vier Jahre ausgegeben sind, genügt es, wenn der Aufgebotstermin so bestimmt wird, daß bis zu demselben seit der Zeit des glaubhaft gemachten Verlustes von den zuletzt ausgegebenen Scheinen solche für vier Jahre fällig geworden und seit der Fälligkeit des letzten derselben sechs Monate abgelaufen sind. Scheine für Zeitabschnitte, für welche keine Zinsen, Renten oder Gewinnanteile gezahlt werden, kommen nicht in Betracht.

Vor Erlassung des Ausschlußurteils hat der Antragsteller ein nach Ablauf dieser sechsmonatigen Frist ausgestelltes Zeugnis der betreffenden Behörde, Kasse oder Anstalt beizubringen, daß die für die bezeichneten vier Jahre und später etwa fällig gewordenen Scheine ihr von einem anderen als dem Antragsteller nicht vorgelegt seien. Hat in der Zeit seit dem Erlasse des Aufgebots eine Ausgabe neuer Scheine stattgefunden, so muß das Zeugnis auch die im § 1010 Abs. 2 bezeichneten Angaben enthalten.

(§ 844). Nov. 98.

§ 1012. Die Vorschriften der §§ 1010, 1011 finden insoweit keine Anwendung, als die Zins-, Renten- oder Gewinnanteilscheine, deren Fälligkeit nach diesen Vorschriften eingetreten sein muß, von dem Antragsteller vorgelegt werden. Der Vorlegung der Scheine steht es gleich, wenn das Zeugnis der betreffenden Behörde, Kasse oder Anstalt beigebracht wird, daß die fällig gewordenen Scheine ihr von dem Antragsteller vorgelegt worden seien.

Nov. 98.

§ 1013. Bei Wertpapieren, für welche Zins-, Renten- oder Gewinnanteilscheine ausgegeben sind, aber nicht

mehr ausgegeben werden, ist, wenn nicht die Voraussetzungen der §§ 1010, 1011 vorhanden sind, der Aufgebotstermin so zu bestimmen, daß bis zu demselben seit der Fälligkeit des letzten ausgegebenen Scheines sechs Monate abgelaufen sind.
(§ 845).

§ 1014. Ist in einer Schuldurkunde eine Verfallzeit angegeben, welche zur Zeit der ersten Einrückung des Aufgebots in den Deutschen Reichsanzeiger noch nicht eingetreten ist, und sind die Voraussetzungen der §§ 1010—1013 nicht vorhanden, so ist der Aufgebotstermin so zu bestimmen, daß seit dem Verfalltage sechs Monate abgelaufen sind.
(§ 846). Nov. 98.

§ 1015. Die Aufgebotsfrist[1]) muß mindestens sechs Monate betragen. Der Aufgebotstermin darf nicht über ein Jahr hinaus bestimmt werden; solange ein so naher Termin nicht bestimmt werden kann, ist das Aufgebot nicht zulässig.
(§ 847). Nov. 98.

[1]) § 950.

§ 1016. Meldet der Inhaber der Urkunde vor dem Aufgebotstermine seine Rechte unter Vorlegung der Urkunde an, so hat das Gericht den Antragsteller hiervon zu benachrichtigen und ihm die Einsicht der Urkunde innerhalb einer zu bestimmenden Frist zu gestatten. Auf Antrag des Inhabers der Urkunde ist zur Vorlegung derselben ein Termin zu bestimmen.
Nov. 98.

§ 1017. In dem Ausschlußurteil ist die Urkunde für kraftlos zu erklären.

Das Ausschlußurteil ist seinem wesentlichen Inhalte nach durch den Deutschen Reichsanzeiger bekannt zu machen. Die Vorschriften des § 1009 Abs. 3 finden entsprechende Anwendung.

In gleicher Weise hat nach eingetretener Rechtskraft die Bekanntmachung des auf die Anfechtungsklage[1]) ergangenen Urteils, soweit dadurch die Kraftloserklärung aufgehoben wird, zu erfolgen.
(§ 848). Abs. 2 Satz 2 Nov. 98.

[1]) § 957.

§ 1018. Derjenige, welcher das Ausschlußurteil erwirkt hat, ist dem durch die Urkunde Verpflichteten gegenüber berechtigt, die Rechte aus der Urkunde geltend zu machen.

Wird das Ausschlußurteil infolge einer Anfechtungsklage[1]) aufgehoben, so bleiben die auf Grund des Urteils von dem Verpflichteten bewirkten Leistungen auch Dritten, insbesondere dem Anfechtungskläger, gegenüber wirksam, es sei denn, daß der Verpflichtete zur Zeit der Leistung die Aufhebung des Ausschlußurteils gekannt hat.

(§ 850). Abs. 2 Nov. 98. [1]) § 957.

§ 1019. Bezweckt das Aufgebotsverfahren die Kraftloserklärung eines auf den Inhaber lautenden Papiers,[1]) so hat das Gericht auf Antrag an den Aussteller sowie an die in dem Papier und die von dem Antragsteller bezeichneten Zahlstellen das Verbot zu erlassen, an den Inhaber des Papiers eine Leistung zu bewirken, insbesondere neue Zins-, Renten- oder Gewinnanteilscheine oder einen Erneuerungsschein auszugeben (Zahlungssperre); mit dem Verbot ist die Benachrichtigung von der Einleitung des Aufgebotsverfahrens zu verbinden. Das Verbot ist in gleicher Weise wie das Aufgebot öffentlich bekannt zu machen.

Das an den Aussteller erlassene Verbot ist auch den Zahlstellen gegenüber wirksam, welche nicht in dem Papiere bezeichnet sind.

Die Einlösung der vor dem Verbot ausgegebenen Zins-, Renten- oder Gewinnanteilscheine wird von dem Verbote nicht betroffen.

Nov. 98. [1]) BGB. §§ 793 ff.

§ 1020. Ist die sofortige Einleitung des Aufgebotsverfahrens nach § 1015 Satz 2 unzulässig, so hat das Gericht die Zahlungssperre auf Antrag schon vor der Einleitung des Verfahrens zu verfügen, sofern die übrigen Erfordernisse für die Einleitung vorhanden sind. Auf den Antrag finden die Vorschriften

des § 947 Abs. 1 Anwendung. Das Verbot ist nach Maßgabe des § 948 öffentlich bekannt zu machen.
Nov. 98.

§ 1021. Wird die Zahlungssperre angeordnet, bevor seit der Zeit des glaubhaft gemachten Verlustes Zins-, Renten- oder Gewinnanteilscheine ausgegeben worden sind, so ist die Beibringung des im § 1010 Abs. 2 vorgeschriebenen Zeugnisses nicht erforderlich.
Nov. 98.

§ 1022. Wird das in Verlust gekommene Papier dem Gerichte vorgelegt oder wird das Aufgebotsverfahren in anderer Weise ohne Erlassung eines Ausschlußurteils erledigt, so ist die Zahlungssperre von Amts wegen aufzuheben. Das gleiche gilt, wenn die Zahlungssperre vor der Einleitung des Aufgebotsverfahrens angeordnet worden ist und die Einleitung nicht binnen sechs Monaten nach der Beseitigung des ihr entgegenstehenden Hindernisses beantragt wird. Ist das Aufgebot oder die Zahlungssperre öffentlich bekannt gemacht worden, so ist die Erledigung des Verfahrens oder die Aufhebung der Zahlungssperre von Amts wegen durch den Deutschen Reichsanzeiger bekannt zu machen.

Im Falle der Vorlegung des Papiers ist die Zahlungssperre erst aufzuheben, nachdem dem Antragsteller die Einsicht nach Maßgabe des § 1016 gestattet worden ist.

Gegen den Beschluß, durch welchen die Zahlungssperre aufgehoben wird, findet sofortige Beschwerde[1]) statt.
Nov. 98.

[1]) § 577.

§ 1023. Bezweckt das Aufgebotsverfahren die Kraftloserklärung einer Urkunde der im § 808 des Bürgerlichen Gesetzbuchs bezeichneten Art, so finden die Vorschriften des § 1006, des § 1009 Abs. 3, des § 1017 Abs. 2 Satz 2 und der §§ 1019—1022 entsprechende Anwendung. Die Landesgesetze können über die Veröffentlichung des Aufgebots[1]) und der im § 1017

Abs. 2, 3 und in den §§ 1019, 1020, 1022 vorgeschriebenen Bekanntmachungen sowie über die Aufgebotsfrist[2]) abweichende Vorschriften erlassen.
Nov. 98. [1]) § 948. [2]) § 950.

§ 1024. Bei Aufgeboten, welche auf Grund der §§ 887, 927, 1104, 1112, 1162, 1170, 1171, 1269 des Bürgerlichen Gesetzbuchs sowie auf Grund des § 765 des Handelsgesetzbuchs und des § 110 des Gesetzes, betreffend die privatrechtlichen Verhältnisse der Binnenschiffahrt, ergehen, können die Landesgesetze die Art der Veröffentlichung des Aufgebots und des Ausschlußurteils sowie die Aufgebotsfrist anders bestimmen, als in den §§ 948, 950, 956 vorgeschrieben ist.

Bei Aufgeboten, welche auf Grund des § 1162 des Bürgerlichen Gesetzbuchs ergehen, können die Landesgesetze die Art der Veröffentlichung des Aufgebots, des Ausschlußurteils und des im § 1017 Abs. 3 bezeichneten Urteils sowie die Aufgebotsfrist auch anders bestimmen, als in den §§ 1009, 1014, 1015, 1017 vorgeschrieben ist.
Nov. 98.

Zehntes Buch.

Schiedsrichterliches Verfahren.

§ 1025. Die Vereinbarung, daß die Entscheidung einer Rechtsstreitigkeit durch einen oder mehrere Schiedsrichter erfolgen solle, hat insoweit rechtliche Wirkung, als die Parteien berechtigt sind, über den Gegenstand des Streits einen Vergleich zu schließen.
(§ 851).

§ 1026. Ein Schiedsvertrag über künftige Rechtsstreitigkeiten hat keine rechtliche Wirkung, wenn er nicht auf ein bestimmtes Rechtsverhältnis und die aus demselben entspringenden Rechtsstreitigkeiten sich bezieht.
(§ 852).

§ 1027. Ist nach den Bestimmungen des bürgerlichen Rechts ein mündlich geschlossener Schiedsvertrag gül-

tig, so kann jede Partei die Errichtung einer schriftlichen Urkunde über den Vertrag verlangen.
(§ 853).

§ 1028. Ist in dem Schiedsvertrag eine Bestimmung über die Ernennung der Schiedsrichter nicht enthalten, so wird von jeder Partei ein Schiedsrichter ernannt.
(§ 854).

§ 1029. Steht beiden Parteien die Ernennung von Schiedsrichtern zu, so hat die betreibende Partei dem Gegner den Schiedsrichter schriftlich mit der Aufforderung zu bezeichnen, binnen einer einwöchigen Frist seinerseits ein Gleiches zu tun.

Nach fruchtlosem Ablaufe der Frist wird auf Antrag der betreibenden Partei der Schiedsrichter von dem zuständigen Gericht[1]) ernannt.
(§ 855).

[1]) § 1045 Abs. 1.

§ 1030. Eine Partei ist an die durch sie erfolgte Ernennung eines Schiedsrichters dem Gegner gegenüber gebunden, sobald derselbe die Anzeige von der Ernennung[1]) erhalten hat.
(§ 856).

[1]) § 1029.

§ 1031. Wenn ein nicht in dem Schiedsvertrag ernannter Schiedsrichter stirbt oder aus einem anderen Grunde wegfällt oder die Uebernahme oder die Ausführung des Schiedsrichteramts verweigert, so hat die Partei, welche ihn ernannt hat, auf Aufforderung des Gegners binnen einer einwöchigen Frist einen anderen Schiedsrichter zu bestellen. Nach fruchtlosem Ablaufe der Frist wird auf Antrag der betreibenden Partei der Schiedsrichter von dem zuständigen Gericht[1]) ernannt.
(§ 857).

[1]) § 1045 Abs. 1.

§ 1032. Ein Schiedsrichter kann aus denselben Gründen und unter denselben Voraussetzungen abgelehnt[1]) werden, welche zur Ablehnung eines Richters berechtigen.[2])

Die Ablehnung kann außerdem erfolgen, wenn

ein nicht in dem Schiedsvertrag ernannter Schiedsrichter die Erfüllung seiner Pflichten ungebührlich verzögert.

Frauen, Minderjährige,[3]) Taube, Stumme und Personen, welchen die bürgerlichen Ehrenrechte aberkannt sind, können abgelehnt werden.

(§ 858). [1]) § 1045 Abs. 1. [2]) §§ 42, 43. [3]) BGB. § 2.

§ 1033. Der Schiedsvertrag tritt außer Kraft, sofern nicht für den betreffenden Fall durch eine Vereinbarung der Parteien Vorsorge getroffen ist:

1. wenn bestimmte Personen in dem Vertrage zu Schiedsrichtern ernannt sind und ein Schiedsrichter stirbt oder aus einem anderen Grunde wegfällt oder die Uebernahme des Schiedsrichteramts verweigert oder von dem mit ihm geschlossenen Vertrage zurücktritt oder die Erfüllung seiner Pflichten ungebührlich verzögert;
2. wenn die Schiedsrichter den Parteien anzeigen, daß unter ihnen Stimmengleichheit sich ergeben habe.

(§ 859).

§ 1034. Die Schiedsrichter haben vor Erlassung des Schiedsspruchs die Parteien zu hören und das dem Streite zu Grunde liegende Sachverhältnis zu ermitteln, soweit sie die Ermittelung für erforderlich erachten.

In Ermangelung einer Vereinbarung der Parteien über das Verfahren wird dasselbe von den Schiedsrichtern nach freiem Ermessen bestimmt.

(§ 860).

§ 1035. Die Schiedsrichter können Zeugen und Sachverständige vernehmen, welche freiwillig vor ihnen erscheinen.

Zur Beeidigung eines Zeugen oder eines Sachverständigen und zur Abnahme eines Parteieides sind die Schiedsrichter nicht befugt.

(§ 861).

§ 1036. Eine von den Schiedsrichtern für erforderlich erachtete richterliche Handlung, zu deren Vornahme dieselben nicht befugt sind,[1]) ist auf Antrag einer Partei, sofern der Antrag für zulässig erachtet wird, von dem zuständigen[2]) Gerichte vorzunehmen.

Dem Gerichte, welches die Vernehmung oder Beeidigung eines Zeugen oder eines Sachverständigen angeordnet hat, stehen auch die Entscheidungen zu, welche im Falle der Verweigerung des Zeugnisses oder des Gutachtens[3]) erforderlich werden.

(§ 862). [1]) § 1035 Abs. 2. [2]) § 1045 Abs. 1. [3]) §§ 390, 409.

§ 1037. Die Schiedsrichter können das Verfahren fortsetzen und den Schiedsspruch erlassen, auch wenn die Unzulässigkeit des schiedsrichterlichen Verfahrens behauptet, insbesondere wenn geltend gemacht wird, daß ein rechtsgültiger Schiedsvertrag nicht bestehe, daß der Schiedsvertrag sich auf den zu entscheidenden Streit nicht beziehe oder daß ein Schiedsrichter zu den schiedsrichterlichen Verrichtungen nicht befugt sei.

(§ 863).

§ 1038. Ist der Schiedsspruch von mehreren Schiedsrichtern zu erlassen, so ist die absolute Mehrheit der Stimmen entscheidend, sofern nicht der Schiedsvertrag ein anderes bestimmt.

(§ 864).

§ 1039. Der Schiedsspruch ist unter Angabe des Tages der Abfassung von den Schiedsrichtern zu unterschreiben, den Parteien in einer von den Schiedsrichtern unterschriebenen Ausfertigung zuzustellen und unter Beifügung der Beurkundung der Zustellung auf der Gerichtsschreiberei des zuständigen Gerichts[1]) niederzulegen.

(§ 865). [1]) § 1045 Abs. 1.

§ 1040. Der Schiedsspruch hat unter den Parteien die Wirkungen eines rechtskräftigen gerichtlichen Urteils.

(§ 866).

§ 1041. Die Aufhebung des Schiedsspruchs kann beantragt werden:

1. wenn das Verfahren unzulässig war;
2. wenn der Schiedsspruch eine Partei zu einer Handlung verurteilt, deren Vornahme verboten ist;

3. wenn die Partei in dem Verfahren nicht nach Vorschrift der Gesetze vertreten war, sofern sie nicht die Prozeßführung ausdrücklich oder stillschweigend genehmigt hat;
4. wenn der Partei in dem Verfahren das rechtliche Gehör nicht gewährt war;
5. wenn der Schiedsspruch nicht mit Gründen versehen ist;
6. wenn die Voraussetzungen vorliegen, unter welchen in den Fällen der Nr. 1—6 des § 580 die Restitutionsklage stattfindet.

Die Aufhebung des Schiedsspruchs findet aus den unter Nr. 4, 5 erwähnten Gründen nicht statt, wenn die Parteien ein anderes vereinbart haben.

(§ 867). Abs. 1 Nr. 6 Nov. 98.

§ 1042. Aus dem Schiedsspruche findet die Zwangsvollstreckung nur statt, wenn ihre Zulässigkeit durch ein Vollstreckungsurteil[1]) ausgesprochen ist.

Das Vollstreckungsurteil ist nicht zu erlassen, wenn ein Grund vorliegt, aus welchem die Aufhebung des Schiedsspruchs[2]) beantragt werden kann.

(§ 868). [1]) § 1046. [2]) § 1041.

§ 1043. Nach Erlassung des Vollstreckungsurteils kann die Aufhebung des Schiedsspruchs nur aus den im § 1041 Nr. 6 bezeichneten Gründen und nur dann beantragt werden, wenn glaubhaft gemacht wird,[1]) daß die Partei ohne ihr Verschulden außerstande gewesen sei, den Aufhebungsgrund in dem früheren Verfahren geltend zu machen.

(§ 869). Nov. 98. [1]) § 294.

§ 1044. Die Klage auf Aufhebung des Schiedsspruchs ist im Falle des vorstehenden Paragraphen binnen der Notfrist[1]) eines Monats zu erheben.

Die Frist beginnt mit dem Tage, an welchem die Partei von dem Aufhebungsgrunde Kenntnis erhalten hat, jedoch nicht vor eingetretener Rechtskraft des Vollstreckungsurteils. Nach Ablauf von zehn Jahren, von dem Tage der Rechtskraft des Urteils an gerechnet, ist die Klage unstatthaft.

Wird der Schiedsspruch aufgehoben, so ist zugleich die Aufhebung des Vollstreckungsurteils auszusprechen.

(§ 870). [1]) § 223 Abs. 2, § 224 Abs. 1, § 251 Abs. 1 Satz 2.

§ 1045. Für die gerichtlichen Entscheidungen über die Ernennung[1]) oder die Ablehnung eines Schiedsrichters[2]) oder über das Erlöschen eines Schiedsvertrags oder über die Anordnung der von den Schiedsrichtern für erforderlich erachteten richterlichen Handlungen[3]) ist das Amtsgericht oder das Landgericht zuständig, welches in einem schriftlichen Schiedsvertrag als solches bezeichnet ist, und in Ermangelung einer derartigen Bezeichnung das Amtsgericht oder das Landgericht, welches für die gerichtliche Geltendmachung des Anspruchs zuständig sein würde.

Die Entscheidung kann ohne vorgängige mündliche Verhandlung erfolgen. Vor der Entscheidung ist der Gegner zu hören.

Gegen die Entscheidung findet sofortige Beschwerde[4]) statt.

(§ 871). Nov. 98. [1]) § 1029 Abs. 2, § 1031 Satz 2. [2]) § 1032. [3]) § 1036. [4]) § 577.

§ 1046. Das im § 1045 Abs. 1 bezeichnete Gericht ist auch für die Klagen zuständig, welche die Unzulässigkeit des schiedsrichterlichen Verfahrens, die Aufhebung eines Schiedsspruchs[1]) oder die Erlassung des Vollstreckungsurteils[2]) zum Gegenstande haben.

Nov. 98. [1]) § 1041. [2]) § 1042.

§ 1047. Unter mehreren nach den §§ 1045, 1046 zuständigen Gerichten ist und bleibt dasjenige Gericht zuständig, an welches sich zuerst eine Partei oder das Schiedsgericht (§ 1039) gewendet hat.

Nov. 98.

§ 1048. Auf Schiedsgerichte, welche in gesetzlich statthafter Weise durch letztwillige[1]) oder andere nicht auf Vereinbarung beruhende Verfügungen angeordnet werden, finden die Bestimmungen dieses Buchs entsprechende Anwendung.

(§ 872). [1]) BGB. § 2048.

II. Einführungsgesetz zur Zivilprozeßordnung

vom 30. Januar 1877.

Wir Wilhelm, von Gottes Gnaden Deutscher Kaiser, König von Preußen etc.

verordnen im Namen des Deutschen Reichs, nach erfolgter Zustimmung des Bundesrats und des Reichstags, was folgt:

§ 1. Die Zivilprozeßordnung tritt im ganzen Umfange des Reichs gleichzeitig mit dem Gerichtsverfassungsgesetz[1]) in Kraft.

[1]) EG. z. GVG. § 1.

§ 2. Das Kostenwesen in bürgerlichen Rechtsstreitigkeiten wird für den ganzen Umfang des Reichs durch eine Gebührenordnung geregelt.

§ 3. Die Zivilprozeßordnung findet auf alle bürgerlichen Rechtsstreitigkeiten Anwendung, welche vor die ordentlichen Gerichte gehören.[1])

Insoweit die Gerichtsbarkeit in bürgerlichen Rechtsstreitigkeiten, für welche besondere Gerichte zugelassen sind,[2]) durch die Landesgesetzgebung den ordentlichen Gerichten übertragen wird, kann dieselbe ein abweichendes Verfahren gestatten.

[1]) GVG. § 13. [2]) GVG. § 14.

§ 4. Für bürgerliche Rechtsstreitigkeiten, für welche nach dem Gegenstand oder der Art des Anspruchs der Rechtsweg zulässig ist, darf aus dem Grunde, weil als Partei der Fiskus, eine Gemeinde oder eine andere öffentliche Korporation beteiligt ist, der Rechtsweg durch die Landesgesetzgebung nicht ausgeschlossen werden.

§ 5. In Ansehung der Landesherren und der Mitglieder der landesherrlichen Familien sowie der Mitglieder der Fürstlichen Familie Hohenzollern finden die Bestimmungen der Zivilprozeßordnung nur insoweit Anwendung, als nicht besondere Vorschriften der Hausverfassungen oder der Landesgesetze abweichende Bestimmungen enthalten. Für vermögensrechtliche Ansprüche Dritter darf jedoch die Zulässigkeit des Rechtswegs nicht von der Einwilligung des Landesherrn abhängig gemacht werden.

Das gleiche gilt in Ansehung der Mitglieder des vormaligen Hannoverschen Königshauses, des vormaligen Kurhessischen und des vormaligen Herzoglich Nassauischen Fürstenhauses.

Abs. 2 Nov. 98.

§ 6. Mit Zustimmung des Bundesrats kann durch Kaiserliche Verordnung bestimmt werden:

1. daß die Verletzung von Gesetzen, obgleich deren Geltungsbereich sich über den Bezirk des Berufungsgerichts hinaus erstreckt, die Revision nicht begründe;
2. daß die Verletzung von Gesetzen, obgleich deren Geltungsbereich sich nicht über den Bezirk des Berufungsgerichts hinaus erstreckt, die Revision begründe.

Die auf Grund der vorstehenden Bestimmungen erlassenen Verordnungen sind dem Reichstage bei dessen nächstem Zusammentreten zur Genehmigung vorzulegen. Dieselben treten, soweit der Reichstag die Genehmigung versagt, für die am Tage des Reichstagsbeschlusses noch nicht anhängigen Prozesse außer Kraft.

Die genehmigten Verordnungen können nur durch Reichsgesetz geändert oder aufgehoben werden.[1])

[1]) VO. v. 28. Sept. 1879 (RGBl. S. 299, s. a. RGBl. 1880 S. 102); RG. v. 15. März 1881 (RGBl. S. 38), v. 24. Juni 1886 (RGBl. S. 207), v. 30. März 1893 (RGBl. S. 139).

§ 7. Ist in einem Bundesstaat auf Grund der Bestimmung des Einführungsgesetzes zum Gerichtsverfassungsgesetze § 8 für bürgerliche Rechtsstreitigkeiten ein oberstes Landesgericht errichtet, so wird das Rechtsmittel der Revision bei diesem Gerichte eingelegt. Die Einlegung erfolgt durch Einreichung der Revisionsschrift.[1]) Eine Abschrift derselben ist der Gegenpartei von Amts wegen zuzustellen.[2])

Das oberste Landesgericht entscheidet ohne vorgängige mündliche Verhandlung endgültig über die Zuständigkeit für die Verhandlung und Entscheidung der Revision. Erklärt es sich für zuständig, so ist der Termin zur mündlichen Verhandlung von Amts wegen zu bestimmen und den Parteien bekannt zu machen. Erklärt es sich dagegen für unzuständig, weil das Reichsgericht zuständig sei, so sind dem letzteren die Prozeßakten zu übersenden.

Die Entscheidung des obersten Landesgerichts über die Zuständigkeit ist auch für das Reichsgericht bindend. Der Termin zur mündlichen Verhandlung vor dem Reichsgericht ist von Amts wegen zu bestimmen und den Parteien bekannt zu machen.

Die Fristbestimmungen in § 555 der Zivilprozeßordnung bemessen sich nach dem Zeitpunkte der Bekanntmachung des Termins zur mündlichen Verhandlung an den Revisionsbeklagten.

Abs. 2 Nov 98, Abs 5 gestrichen (Nov 10)

[1]) ZPO § 553. [2]) ZPO §§ 208 ff

§ 8. Der Bestellung eines bei dem obersten Landesgericht oder bei dem Reichsgerichte zugelassenen Rechtsanwalts bedarf es erst, nachdem das oberste Landesgericht über die Zuständigkeit Entscheidung getroffen hat. Für die dieser Entscheidung vorgängigen Handlungen können die Parteien sich auch durch jeden bei einem Land- oder Oberlandesgerichte zugelassenen Rechtsanwalt vertreten lassen.

Die Zustellung der Abschrift der Revisionsschrift an den Revisionsbeklagten und die Bekanntmachung des Termins zur mündlichen Verhandlung an die Parteien erfolgt in Gemäßheit des § 164[1]) der Zivilprozeßordnung.

Abs. 2 Nov. 98.

[1]) jetzt 210 a.

§ 9. Die Bestimmung des zuständigen Gerichts[1]) erfolgt, falls es sich um die Zuständigkeit solcher Gerichte handelt, welche verschiedenen Bundesstaaten angehören und nicht im Bezirk eines gemeinschaftlichen Oberlandesgerichts ihren Sitz haben, durch das Reichsgericht auch dann, wenn in einem dieser Bundesstaaten ein oberstes Landesgericht für bürgerliche Rechtsstreitigkeiten errichtet ist.

ZPO. § 36.

§ 10. Die Bestimmungen der Zivilprozeßordnung über das Verfahren in Entmündigungssachen finden auf die Bestellung eines Beistandes für einen Geistesschwachen oder für einen Verschwender, insofern diese Bestellung nach den Vorschriften des bürgerlichen Rechts erforderlich ist, entsprechende Anwendung.

§ 11. Die Landesgesetze können bei Aufgeboten, deren Zulässigkeit auf landesgesetzlichen Vorschriften beruht, die Anwendung der Bestimmungen der Zivilprozeßordnung über das Aufgebotsverfahren ausschließen oder diese Bestimmungen durch andere Vorschriften ersetzen.

Nov. 98.

§ 12. Gesetz im Sinne der Zivilprozeßordnung und dieses Gesetzes ist jede Rechtsnorm.

§ 13. Die prozeßrechtlichen Vorschriften der Reichsgesetze werden durch die Zivilprozeßordnung nicht berührt.

Aufgehoben werden:

1. § 2 des Gesetzes, betreffend die Aufhebung der Schuldhaft, vom 29. Mai 1868;
2. Artikel 34—36, 37 Satz 2, 39, 77, 78, 79 Abs. 2, 488, 494, 889 des Handelsgesetzbuchs;
3. § 6 des Gesetzes, betreffend die Verbindlichkeit zum Schadensersatze für die bei dem Betriebe von Eisenbahnen, Bergwerken usw. herbeigeführten Tötungen und Körperverletzungen, vom 7. Juni 1871;
4. § 14 des Gesetzes über das Postwesen des Deutschen Reichs vom 28. Oktober 1871, insoweit diese Vorschrift die Unterbrechung der Verjährung an die Anmeldung der Klage knüpft;
5. § 144 Abs. 4 des Gesetzes, betreffend die Rechtsverhältnisse der Reichsbeamten, vom 31. März 1873;
6. § 78 Abs. 3 des Gesetzes über Beurkundung des Personenstandes und die Eheschließung vom 6. Februar 1875.

Der Artikel 80 der Wechselordnung wird dahin abgeändert, daß die Verjährung auch nach Maßgabe der §§ 190, 254, 461 Abs. 2, 471 Abs. 2 der Zivilprozeßordnung unterbrochen wird.[1])

In den Fällen der Artikel 348, 365, 407 des Handelsgesetzbuchs ist das im § 448 der Zivilprozeßordnung bezeichnete Amtsgericht zuständig; auf die Ernennung, Beeidigung und Vernehmung der Sachverständigen finden die Vorschriften der Zivilprozeßordnung in dem achten Titel des ersten Abschnitts des zweiten Buchs entsprechende Anwendung.[2])

[1]) Gegenstandslos (Art. 8 Nr. 2 EG. z. HGB. v. 10. Mai 1897).

[2]) Gegenstandslos infolge der Aenderung des HGB. (s. § 488 ZPO.).

§ 14. Die prozeßrechtlichen Vorschriften der Landesgesetze treten für alle bürgerlichen Rechtsstreitigkeiten, deren Entscheidung in Gemäßheit des § 3 nach den Vorschriften der Zivilprozeßordnung zu erfolgen hat, außer Kraft, soweit nicht in der Zivilprozeßordnung auf sie verwiesen[1]) oder soweit nicht bestimmt ist, daß sie nicht berührt werden.[2])

Außer Kraft treten insbesondere:

1. die Vorschriften über die bindende Kraft des strafgerichtlichen Urteils für den Zivilrichter;
2. die Vorschriften, welche in Ansehung gewisser Rechtsverhältnisse einzelne Arten von Beweismitteln ausschließen oder nur unter Beschränkungen zulassen;
3. die Vorschriften, nach welchen unter bestimmten Voraussetzungen eine Tatsache als mehr oder minder wahrscheinlich anzunehmen ist;
4. die Vorschriften über die Bewilligung von Moratorien, über die Urteilsfristen und über die Befugnisse des Gerichts, dem Schuldner bei der Verurteilung Zahlungsfristen zu gewähren;
5. die Vorschriften, nach welchen eine Nebenforderung als aberkannt gilt, wenn über dieselbe nicht entschieden ist.

[1]) ZPO § 418 Abs. 2, 3, § 680 Abs. 5, §§ 801, 871, § 1006 Abs. 3, § 1009 Abs. 3 Satz 2, §§ 1023, 1024. [2]) § 15.

§ 15. Unberührt bleiben:

1. die landesgesetzlichen Vorschriften über die Einstellung des Verfahrens für den Fall, daß ein Kompetenzkonflikt zwischen den Gerichten und den Verwaltungsbehörden oder Verwaltungsgerichten entsteht;
2. die landesgesetzlichen Vorschriften über das Verfahren bei Streitigkeiten, welche die Zwangsenteignung und die Entschädigung wegen derselben betreffen;
3. die landesgesetzlichen Vorschriften über die Zwangsvollstreckung wegen Geldforderungen gegen den

Fiskus, eine Körperschaft, Stiftung oder Anstalt des öffentlichen Rechts oder eine unter der Verwaltung einer öffentlichen Behörde stehende Körperschaft oder Stiftung, soweit nicht dingliche Rechte verfolgt werden;

4. die landesgesetzlichen Vorschriften, nach welchen auf die Zwangsvollstreckung gegen einen Rechtsnachfolger des Schuldners, soweit sie in das zu einem Lehen, mit Einschluß eines allodifizierten Lehens, zu einem Stammgute, Familienfideikommiß oder Anerbengute gehörende Vermögen stattfinden soll, die Vorschriften über die Zwangsvollstreckung gegen einen Erben des Schuldners entsprechende Anwendung finden.

Nr. 2—4 Nov. 98, Abs. 2 gestrichen (Nov. 98).

§ 16. Unberührt bleiben:

1. die Vorschriften des bürgerlichen Rechts über die Beweiskraft der Beurkundung des bürgerlichen Standes in Ansehung der Erklärungen, welche über Geburten und Sterbefälle von den zur Anzeige gesetzlich verpflichteten Personen abgegeben werden;
2. die Vorschriften des bürgerlichen Rechts über die Verpflichtung zur Leistung des Offenbarungseides;
3. die Vorschriften des bürgerlichen Rechts, nach welchen in bestimmten Fällen einstweilige Verfügungen erlassen werden können.

Nov. 98.

§ 17. Die Beweiskraft eines Schuldscheins oder einer Quittung ist an den Ablauf einer Zeitfrist nicht gebunden.

Abweichende Vorschriften des bürgerlichen Rechts über die zur Eintragung in das Grund- oder Hypothekenbuch bestimmten Schuldurkunden bleiben unberührt, soweit sie die Verfolgung des dinglichen Rechts betreffen.

§ 18. Auf die Erledigung der vor dem Inkrafttreten der Zivilprozeßordnung[1]) anhängig gewordenen Prozesse finden bis zur rechtskräftigen Entscheidung die bisherigen Prozeßgesetze Anwendung.

Der Landesgesetzgebung bleibt vorbehalten, die Zivilprozeßordnung auf die vor dem Inkrafttreten derselben anhängig gewordenen Prozesse für anwendbar zu erklären und zu dem Zwecke Uebergangsbestimmungen zu erlassen.

1) § 1.

§ 19. Rechtskräftig im Sinne dieses Gesetzes sind Endurteile, welche mit einem ordentlichen Rechtsmittel nicht mehr angefochten werden können.

Als ordentliche Rechtsmittel im Sinne des vorstehenden Absatzes sind diejenigen Rechtsmittel anzusehen, welche an eine von dem Tage der Verkündung oder Zustellung des Urteils laufende Notfrist gebunden sind.

§ 20. Gegen Endurteile, welche vor dem Tage des Inkrafttretens der Zivilprozeßordnung[1]) die Rechtskraft erlangt haben, sowie gegen Endurteile, welche in den vor diesem Tage anhängig gewordenen Prozessen nach demselben die Rechtskraft erlangen, finden als außerordentliche Rechtsmittel nur die Nichtigkeitsklage und die Restitutionsklage nach den Bestimmungen der Zivilprozeßordnung[2]) statt.

Der Landesgesetzgebung bleibt vorbehalten, zu bestimmen, in welcher Instanz die Klagen gegen solche Endurteile zu erheben sind.

1) § 1. 2) ZPO. §§ 578 ff.

§ 21. Eine vor dem Inkrafttreten der Zivilprozeßordnung[1]) anhängig gewordene Zwangsvollstreckung ist nach den bisherigen Prozeßgesetzen zu erledigen.

Der Landesgesetzgebung bleibt vorbehalten, die Zivilprozeßordnung auf die vor dem Inkrafttreten derselben anhängig gewordenen Zwangsvollstreckungen für anwendbar zu erklären und zu dem Zwecke Uebergangsbestimmungen zu erlassen.

1) § 1.

§ 22. Aus einer vor dem Inkrafttreten der Zivilprozeßordnung[1]) aufgenommenen Urkunde, aus welcher nach den bisherigen Gesetzen die Zwangsvollstreckung zulässig ist, findet dieselbe auch nach dem Inkrafttreten der Zivilprozeßordnung statt, jedoch nur innerhalb des Rechtsgebietes, in welchem die ihre Zulässigkeit bedingenden Gesetze gegolten haben, sofern nicht die Urkunde den Erfordernissen der Zivilprozeßordnung[2]) entspricht.

[1]) § 1. [2]) ZPO. § 794 Abs. 1 Nr. 5.

§ 23. Insoweit Pfand- oder Vorzugsrechte, welche vor dem Inkrafttreten der Zivilprozeßordnung[1]) auf Grund eines Vertrags, einer letztwilligen Anordnung oder einer richterlichen Verfügung erworben oder in Bankstatuten den Banknoteninhabern rechtsgültig zugesichert sind, gegenüber einem Pfandrechte, welches durch eine nach dem Inkrafttreten der Zivilprozeßordnung bewirkte Pfändung begründet wird, zufolge des § 804 Abs. 2 der Zivilprozeßordnung ihre Wirksamkeit verlieren würden, kann die Landesgesetzgebung für die Forderung des Berechtigten das bisherige Vorrecht gewähren.

Das Vorrecht kann nicht gewährt werden gegen eine zwei Jahre nach dem Inkrafttreten der Zivilprozeßordnung bewirkte Pfändung, wenn nicht das Vorrecht dadurch erhalten wird, daß dasselbe bis zum Ablaufe der zwei Jahre zur Eintragung in ein öffentliches Register vorschriftsmäßig angemeldet ist. Der Erlaß von Vorschriften über die Einrichtung solcher Register, sowie über die Anmeldung und Eintragung der Forderungen bleibt der Landesgesetzgebung vorbehalten.

Die vorstehenden Bestimmungen finden auf ein gesetzliches Pfand- oder Vorzugsrecht der Ehefrau des Schuldners für Forderungen, welche vor dem Inkrafttreten der Zivilprozeßordnung entstanden sind, entsprechende Anwendung.

Abs. 1 Nov. 98. [1]) § 1.

§ 24. Unter Zustimmung des Bundesrats kann durch Anordnung des Reichskanzlers bestimmt werden, daß gegen einen ausländischen Staat sowie dessen Angehörige und ihre Rechtsnachfolger ein Vergeltungsrecht zur Anwendung gebracht wird.
Nov. 98.

Urkundlich unter Unserer Höchsteigenhändigen Unterschrift und beigedrucktem Kaiserlichen Insiegel.

Gegeben Berlin, 30. Januar 1877.

(L. S.) Wilhelm.

Fürst von Bismarck.

III. Einführungsgesetz

zu dem Gesetze, betr. Aenderungen der Zivilprozeßordnung,

vom 17. Mai 1898.

Wir Wilhelm, von Gottes Gnaden Deutscher Kaiser, König von Preußen ꝛc.

verordnen im Namen des Reichs, nach erfolgter Zustimmung des Bundesrats und des Reichstags, was folgt:

Art. I. Das Gesetz, betreffend Aenderungen der Zivilprozeßordnung, tritt gleichzeitig mit dem Bürgerlichen Gesetzbuch in Kraft.[1])

[1]) **EG. z. BGB. Art.** 1.

Art. II. enthält Aenderungen des Einführungsgesetzes zur Zivilprozeßordnung.

Art. III. enthält eine Aenderung des Gesetzes, betreffend die Beschlagnahme des Arbeits- oder Dienstlohnes, vom 21. Juni 1869.

Art. IV. enthält Aenderungen des Gerichtskostengesetzes.

Art. V. enthält Aenderungen der Gebührenordnung für Gerichtsvollzieher.

Art. VI. enthält eine Aenderung der Gebührenordnung für Zeugen und Sachverständige.

Art. VII. enthält Aenderungen der Gebührenordnung für Rechtsanwälte.

Art. VIII. Die landesgesetzlichen Vorschriften über die Vollstreckbarkeit von Hypothekenurkunden bleiben in Ansehung der Hypotheken in Kraft, welche schon zu der Zeit bestehen, zu welcher das Grundbuch als angelegt anzusehen ist.[1])

[1]) EG. z. BGB. Art. 186.

Art. IX. Eine Frist, die zur Zeit des Inkrafttretens des Gesetzes, betreffend Aenderungen der Zivilprozeßordnung,[1]) läuft, wird nach den bisherigen Vorschriften berechnet.

Die Frist zur Erhebung des Widerspruchs gegen einen Zahlungsbefehl richtet sich nach den bisherigen Vorschriften, wenn der Zahlungsbefehl vor dem Inkrafttreten des im Abs. 1 bezeichneten Gesetzes erlassen ist.

[1]) Art. I.

Art. X. Für die zur Zeit des Inkrafttretens des Bürgerlichen Gesetzbuchs gemäß § 114 der Rechtsanwaltsordnung bei einem Oberlandesgerichte zugelassenen Rechtsanwälte kann diese Zulassung mit Zustimmung des Bundesrats von der Landesjustizverwaltung über den bezeichneten Zeitpunkt hinaus erstreckt werden.

Urkundlich unter Unserer Höchsteigenhändigen Unterschrift und beigedrucktem Kaiserlichen Insiegel.

Gegeben Straßburg i. E., den 17. Mai 1898.

(L.S.) Wilhelm.

Fürst zu Hohenlohe.

IV. Gesetz vom 5. Juni 1905,

betr. Aenderungen der Zivilprozeßordnung.

Wir Wilhelm, von Gottes Gnaden Deutscher Kaiser, König von Preußen ꝛc.

verordnen im Namen des Reichs, nach erfolgter Zustimmung des Bundesrats und des Reichstags, was folgt:

Art. I. enthält Aenderungen der Zivilprozeßordnung.

Art. II. Soweit in Reichsgesetzen auf Vorschriften der Zivilprozeßordnung verwiesen ist, welche durch den Artikel I dieses Gesetzes geändert werden, treten die entsprechenden Vorschriften dieses Gesetzes an ihre Stelle.

Art. III. Dieses Gesetz tritt mit dem Tage der Verkündigung in Kraft.[1]) In Ansehung der Rechtsmittel gegen die vor diesem Zeitpunkte bereits verkündeten oder von Amts wegen zugestellten Entscheidungen der Oberlandesgerichte finden jedoch die bisherigen Vorschriften Anwendung.

[1]) 9. Juni 1905.

Urkundlich unter Unserer Höchsteigenhändigen Unterschrift und beigedrucktem Kaiserlichen Insiegel.

Gegeben Berlin im Schloß, den 5. Juni 1905.

(L.S.) Wilhelm.

Graf von Bülow.

V. Gesetz vom 1. Juni 1909,

betr. Aenderungen des Gerichtsverfassungsgesetzes, der Zivilprozeßordnung, des Gerichtskostengesetzes und der Gebührenordnung für Rechtsanwälte.

Wir Wilhelm, von Gottes Gnaden Deutscher Kaiser, König von Preußen rc.

verordnen im Namen des Reichs, nach erfolgter Zustimmung des Bundesrats und des Reichstags was folgt:

Art. I. enthält Aenderungen des Gerichtsverfassungsgesetzes.

Art. II. enthält Aenderungen der Zivilprozeßordnung.

Art. III. enthält Aenderungen des Gerichtskostengesetzes.

Art. IV. enthält Aenderungen der Gebührenordnung für Rechtsanwälte.

Art. V. Der Bundesrat kann bestimmen, daß benachbarte Orte im Sinne der §§ 499, 604 der Zivilprozeßordnung als Ein Ort anzusehen sind; die Bestimmung ist im Reichs-Gesetzblatte bekannt zu machen.

Art. VI. Soweit in Reichsgesetzen oder in Landesgesetzen auf Vorschriften der in den Artikeln I bis IV bezeichneten Gesetze verwiesen ist, welche durch dieses Gesetz geändert werden, treten die entsprechenden Vorschriften dieses Gesetzes an ihre Stelle.

Art. VII. Dieses Gesetz tritt am 1. April 1910 in Kraft.

Art. VIII. Innerhalb eines Jahres nach dem Inkrafttreten dieses Gesetzes[1]) findet bei notwendiger Einziehung von Richterstellen die Vorschrift des § 8 Abs. 3 des Gerichtsverfassungsgesetzes mit der Maßgabe Anwendung, daß Mitglieder eines Landgerichts an das am Sitze des Landgerichts befindliche Amtsgericht versetzt werden können.

[1]) Art. VII.

Art. IX. Eine Frist, die zur Zeit des Inkrafttretens dieses Gesetzes[1]) läuft, wird nach den bisherigen Vorschriften berechnet.

Die Frist zur Erhebung des Einspruchs gegen ein Versäumnisurteil[2]) oder einen Vollstreckungsbefehl[3]) richtet sich nach den bisherigen Vorschriften, wenn das Versäumnisurteil oder der Vollstreckungsbefehl vor dem Inkrafttreten dieses Gesetzes erlassen ist.

[1]) Art. VII. [2]) ZPO. § 339. [3]) ZPO. § 700.

Art. X. Die Schreib- und Postgebühren sind in den vor dem Inkrafttreten dieses Gesetzes anhängig gewordenen Rechtssachen bis zur Beendigung der Instanz nach den bisherigen Vorschriften des Gerichtskostengesetzes und der Gebührenordnung für Rechtsanwälte in Ansatz zu bringen.

Urkundlich unter Unserer Höchsteigenhändigen Unterschrift und beigedrucktem Kaiserlichen Insiegel.

Gegeben Neues Palais, den 1. Juni 1909.

(L.S.) **Wilhelm.**

Fürst von Bülow.

VI. Gesetz,

betr. die Beschlagnahme des Arbeits- oder Dienstlohnes vom 21. Juni 1869.

Wir Wilhelm, von Gottes Gnaden König von Preußen ꝛc.

verordnen im Namen des Norddeutschen Bundes, nach erfolgter Zustimmung des Bundesrats und des Reichstags, was folgt:

§ 1. Die Vergütung (Lohn, Gehalt, Honorar usw.) für Arbeiten oder Dienste, welche auf Grund eines Arbeits- oder Dienstverhältnisses geleistet werden, darf, sofern dieses Verhältnis die Erwerbstätigkeit des Vergütungsberechtigten vollständig oder hauptsächlich in Anspruch nimmt, zum Zwecke der Sicherstellung oder Befriedigung eines Gläubigers erst dann mit Beschlag belegt werden, nachdem die Leistung der Arbeiten oder Dienste erfolgt und nachdem der Tag, an welchem die Vergütung gesetzlich, vertrags- oder gewohnheitsmäßig zu entrichten war, abgelaufen ist, ohne daß der Vergütungsberechtigte dieselbe eingefordert hat.

§ 2. Die Bestimmungen des § 1 können nicht mit rechtlicher Wirkung durch Vertrag ausgeschlossen oder beschränkt werden.

Soweit nach diesen Bestimmungen die Beschlagnahme unzulässig ist, ist auch jede Verfügung durch Zession, Anweisung, Verpfändung oder durch ein anderes Rechtsgeschäft ohne rechtliche Wirkung.

§ 3. Als Vergütung ist jeder dem Berechtigten gebührende Vermögensvorteil anzusehen. Auch macht es keinen Unterschied, ob dieselbe nach Zeit oder Stück berechnet wird.

Ist die Vergütung mit dem Preise oder Wert für Material oder mit dem Ersatz anderer Auslagen in ungetrennter Summe bedungen, so gilt als Vergütung im Sinne dieses Gesetzes der Betrag, welcher nach Abzug des Preises oder des Wertes der Materialien und nach Abzug der Auslagen übrig bleibt.

§ 4. Das gegenwärtige Gesetz findet keine Anwendung:

1. auf den Gehalt und die Dienstbezüge der öffentlichen Beamten;
2. auf die Beitreibung der direkten persönlichen Staatssteuern und Kommunalabgaben (die derartigen Abgaben an Kreis-, Kirchen-, Schul- und sonstige Kommunalverbände mit eingeschlossen), sofern diese Steuern und Abgaben nicht seit länger als drei Monaten fällig geworden sind;
3. auf die Beitreibung der den Verwandten, dem Ehegatten und dem früheren Ehegatten für die Zeit nach Erhebung der Klage und für das diesem Zeitpunkte vorausgehende letzte Vierteljahr kraft Gesetzes zu entrichtenden Unterhaltsbeiträge;
4. insoweit der Gesamtbetrag der Vergütung (§§ 1, 3) die Summe von fünfzehnhundert Mark für das Jahr übersteigt.

Nr. 4 Nov. 98, Nr. 3 RG. vom 29. März 1897 (RGBl. S. 159).

§ 4a. Auf die Beitreibung der zugunsten eines unehelichen Kindes von dem Vater für den im § 4 Nr. 3 bezeichneten Zeitraum kraft Gesetzes zu entrichtenden Unterhaltsbeiträge findet dieses Gesetz nur insoweit Anwendung, als der Schuldner zur Bestreitung seines notdürftigen Unterhalts und zur Erfüllung der ihm seinen Verwandten, seiner Ehefrau oder seiner früheren Ehefrau gegenüber gesetzlich obliegenden Unterhaltspflicht der Vergütung (§§ 1, 3) bedarf. Hierbei werden ausschließlich die Leistungen berücksichtigt, welche vermöge einer solchen Unterhaltspflicht für den nämlichen Zeitraum oder, falls die Klage zugunsten des unehelichen Kindes nach der Klage eines Unterhaltsberechtigten erhoben ist, für die Zeit von dem Beginne des der Klage dieses Berechtigten vorausgehenden letzten Vierteljahrs ab zu entrichten sind. RG. v. 29. März 1897 (RGBl. S. 159).

§ 5. Dieses Gesetz tritt am 1. August 1869 in Kraft.

Die bis dahin verfügten, mit den Vorschriften dieses Gesetzes nicht vereinbarten Beschlagnahmen sind auf Antrag des Schuldners aufzuheben oder einzuschränken.

Dagegen finden die Bestimmungen des zweiten Absatzes des § 2 auf frühere Fälle keine Anwendung.

Urkundlich unter Unserer Höchsteigenhändigen Unterschrift und beigedrucktem Bundes-Insiegel.

Gegeben Berlin, den 21. Juni 1869.

(L.S.) Wilhelm.

Gr. v. Bismarck-Schönhausen.

VII. Gerichtsverfassungsgesetz

vom 27. Januar 1877.

Erster Titel.

Richteramt.

§ 1. Die richterliche Gewalt wird durch unabhängige, nur dem Gesetze unterworfene Gerichte ausgeübt.

§ 2. Die Fähigkeit zum Richteramte wird durch die Ablegung zweier Prüfungen erlangt.

Der ersten Prüfung muß ein dreijähriges Studium der Rechtswissenschaft auf einer Universität vorangehen. Von dem dreijährigen Zeitraume sind mindestens drei Halbjahre dem Studium auf einer deutschen Universität zu widmen.

Zwischen der ersten und zweiten Prüfung muß ein Zeitraum von drei Jahren liegen, welcher im Dienste bei den Gerichten und bei den Rechtsanwälten zu verwenden ist, auch zum Teil bei der Staatsanwaltschaft verwendet werden kann.

In den einzelnen Bundesstaaten kann bestimmt werden, daß der für das Universitätsstudium oder für den Vorbereitungsdienst bezeichnete Zeitraum verlängert wird, oder daß ein Teil des letzteren Zeitraums, jedoch höchstens ein Jahr, im Dienste bei Verwaltungsbehörden zu verwenden ist oder verwendet werden darf.

§ 3. Wer in einem Bundesstaate die erste Prüfung bestanden hat, kann in jedem anderen Bundesstaate zur Vorbereitung für den Justizdienst und zur zweiten Prüfung zugelassen werden.

Die in einem Bundesstaate auf die Vorbereitung verwendete Zeit kann in jedem anderen Bundesstaate angerechnet werden.

§ 4. Zum Richteramte befähigt ist ferner jeder ordentliche öffentliche Lehrer des Rechts an einer deutschen Universität.

§ 5. Wer in einem Bundesstaate die Fähigkeit zum Richteramte erlangt hat, ist, soweit dieses Gesetz keine Ausnahme bestimmt,[1]) zu jedem Richteramte innerhalb des Deutschen Reichs befähigt.

[1]) § 127 Abs. 2.

§ 6. Die Ernennung der Richter erfolgt auf Lebenszeit.

§ 7. Die Richter beziehen in ihrer richterlichen Eigenschaft ein festes Gehalt mit Ausschluß von Gebühren.

§ 8. Richter können wider ihren Willen nur kraft richterlicher Entscheidung und nur aus den Gründen und unter den Formen, welche die Gesetze bestimmen, dauernd oder zeitweise ihres Amts enthoben oder an eine andere Stelle oder in Ruhestand versetzt werden.

Die vorläufige Amtsenthebung, welche kraft Gesetzes eintritt, wird hierdurch nicht berührt.

Bei einer Veränderung in der Organisation der Gerichte oder ihrer Bezirke können unfreiwillige Versetzungen an ein anderes Gericht oder Entfernungen vom Amte unter Belassung des vollen Gehalts durch die Landesjustizverwaltung verfügt werden.[1])

[1]) s. Art. VIII des Ges. v. 1. Juni 1909 (V).

§ 9. Wegen vermögensrechtlicher Ansprüche der Richter aus ihrem Dienstverhältnisse, insbesondere auf Gehalt, Wartegeld oder Ruhegehalt darf der Rechtsweg nicht ausgeschlossen werden.

§ 10. Die landesgesetzlichen Bestimmungen über die Befähigung zur zeitweiligen Wahrnehmung richterlicher Geschäfte bleiben unberührt.[1])

[1]) §§ 122, 134.

§ 11. Auf Handelsrichter,[1]) Schöffen[2]) und Geschworene[3]) finden die Bestimmungen der §§ 2—9 keine Anwendung.

[1]) §§ 111 ff. [2]) §§ 30 ff. [3]) §§ 84 ff.

Zweiter Titel.

Gerichtsbarkeit.

§ 12. Die ordentliche streitige Gerichtsbarkeit wird durch Amtsgerichte[1]) und Landgerichte,[2]) durch Oberlandesgerichte[3]) und durch das Reichsgericht[4]) ausgeübt.

[1]) § 22 ff. [2]) §§ 58 ff. [3]) §§ 119 ff. [4]) §§ 125 ff.

§ 13. Vor die ordentlichen Gerichte gehören alle bürgerlichen Rechtsstreitigkeiten und Strafsachen, für welche nicht entweder die Zuständigkeit von Verwaltungsbehörden oder Verwaltungsgerichten begründet ist oder reichsgesetzlich besondere Gerichte bestellt oder zugelassen sind.

§ 14. Als besondere Gerichte werden zugelassen:

1. die auf Staatsverträgen beruhenden Rheinschiffahrts- und Elbzollgerichte;
2. Gerichte, welchen die Entscheidung von bürgerlichen Rechtsstreitigkeiten bei der Ablösung von Gerechtigkeiten oder Reallasten, bei Separationen, Konsolidationen, Verkoppelungen, gutsherrlich-bäuerlichen Auseinandersetzungen und dergleichen obliegt;
3. Gemeindegerichte, insoweit denselben die Entscheidung über vermögensrechtliche Ansprüche obliegt, deren Gegenstand in Geld oder Geldeswert die Summe von sechzig Mark nicht übersteigt, jedoch mit der Maßgabe, daß gegen die Entscheidung der

Gemeindegerichte innerhalb einer gesetzlich zu bestimmenden Frist sowohl dem Kläger wie dem Beklagten die Berufung auf den ordentlichen Rechtsweg zusteht, und daß der Gerichtsbarkeit des Gemeindegerichts, als Kläger oder Beklagter, nur Personen unterworfen werden dürfen, welche in der Gemeinde den Wohnsitz,[1] eine Niederlassung oder im Sinne der §§ 16, 20 der Zivilprozeßordnung den Aufenthalt haben;

4. Gewerbegerichte.[2])

Nr. 3 Nov. 98.

[1]) BGB. §§ 7—11. [2]) Gesetz v. 29. Juli 1890 (RGBl. S. 141), Ges. v. 30. Juni 1901 (RGBl. S. 249), Bek. v. 29. Sept. 1901 (RGBl. S. 353).

§ 15. Die Gerichte sind Staatsgerichte.

Die Privatgerichtsbarkeit ist aufgehoben; an ihre Stelle tritt die Gerichtsbarkeit desjenigen Bundesstaates, in welchem sie ausgeübt wurde. Präsentationen für Anstellungen bei den Gerichten finden nicht statt.

Die Ausübung einer geistlichen Gerichtsbarkeit in weltlichen Angelegenheiten ist ohne bürgerliche Wirkung. Dies gilt insbesondere bei Ehe- und Verlöbnissachen.

§ 16. Ausnahmegerichte sind unstatthaft. Niemand darf seinem gesetzlichen Richter entzogen werden. Die gesetzlichen Bestimmungen über Kriegsgerichte und Standrechte werden hiervon nicht berührt.

§ 17. Die Gerichte entscheiden über die Zulässigkeit des Rechtswegs.

Die Landesgesetzgebung kann jedoch die Entscheidung von Streitigkeiten zwischen den Gerichten und den Verwaltungsbehörden oder Verwaltungsgerichten über die Zulässigkeit des Rechtswegs besonderen Behörden nach Maßgabe der folgenden Bestimmungen übertragen:

1. Die Mitglieder werden für die Dauer des zur

Zeit ihrer Ernennung von ihnen bekleideten Amts oder, falls sie zu dieser Zeit ein Amt nicht bekleiden, auf Lebenszeit ernannt. Eine Enthebung vom Amte kann nur unter denselben Voraussetzungen wie bei den Mitgliedern des Reichsgerichts[1]) stattfinden.

2. Mindestens die Hälfte der Mitglieder muß dem Reichsgerichte oder dem obersten Landesgerichte[2]) oder einem Oberlandesgerichte angehören. Bei Entscheidungen dürfen Mitglieder nur in der gesetzlich bestimmten Anzahl mitwirken. Diese Anzahl muß eine ungerade sein und mindestens fünf betragen.

3. Das Verfahren ist gesetzlich zu regeln. Die Entscheidung erfolgt in öffentlicher Sitzung nach Ladung der Parteien.

4. Sofern die Zulässigkeit des Rechtswegs durch rechtskräftiges Urteil des Gerichts feststeht, ohne daß zuvor auf die Entscheidung der besonderen Behörde angetragen war, bleibt die Entscheidung des Gerichts maßgebend.

[1]) §§ 128—131. [2]) EG. z. GVG. §§ 8 ff.

§ 18. Die inländische Gerichtsbarkeit erstreckt sich nicht auf die Chefs und Mitglieder der bei dem Deutschen Reiche beglaubigten Missionen. Sind diese Personen Staatsangehörige eines der Bundesstaaten, so sind sie nur insofern von der inländischen Gerichtsbarkeit befreit, als der Staat, dem sie angehören, sich der Gerichtsbarkeit über sie begeben hat.

Die Chefs und Mitglieder der bei einem Bundesstaate beglaubigten Missionen sind der Gerichtsbarkeit dieses Staates nicht unterworfen. Dasselbe gilt von den Mitgliedern des Bundesrats, welche nicht von demjenigen Staate abgeordnet sind, in dessen Gebiete der Bundesrat seinen Sitz hat.

§ 19. Auf die Familienglieder, das Geschäftspersonal der im § 18 erwähnten Personen und auf solche

Bedienstete derselben, welche nicht Deutsche sind, finden die vorstehenden Bestimmungen Anwendung.

§ 20. Durch die Bestimmungen der §§ 18, 19 werden die Vorschriften über den ausschließlichen dinglichen Gerichtsstand in bürgerlichen Rechtsstreitigkeiten[1]) nicht berührt.

[1]) ZPO. § 24.

§ 21. Die im Deutschen Reiche angestellten Konsuln sind der inländischen Gerichtsbarkeit unterworfen, sofern nicht in Verträgen des Deutschen Reichs mit anderen Mächten Vereinbarungen über die Befreiung der Konsuln von der inländischen Gerichtsbarkeit getroffen sind.

Dritter Titel.

Amtsgerichte.

§ 22. Den Amtsgerichten stehen Einzelrichter vor.

Ist ein Amtsgericht mit mehreren Richtern besetzt, so wird einem derselben von der Landesjustizverwaltung die allgemeine Dienstaufsicht übertragen; ist die Zahl der Richter höher als fünfzehn, so kann die Dienstaufsicht zwischen mehreren von ihnen geteilt werden. Jeder Amtsrichter erledigt die ihm obliegenden Geschäfte als Einzelrichter.

Abs. 2 Nov. 98.

§ 23. Die Zuständigkeit der Amtsgerichte umfaßt in bürgerlichen Rechtsstreitigkeiten, soweit dieselben nicht ohne Rücksicht auf den Wert des Streitgegenstandes den Landgerichten zugewiesen sind:[1])

1. Streitigkeiten über vermögensrechtliche Ansprüche, deren Gegenstand an Geld oder Geldeswert die Summe von sechshundert Mark nicht übersteigt;[2])
2. ohne Rücksicht auf den Wert des Streitgegenstandes:
   Streitigkeiten zwischen dem Vermieter und dem Mieter oder Untermieter von Wohnräumen oder anderen Räumen oder zwischen dem Mieter und dem Untermieter solcher Räume wegen Ueberlassung, Benutzung oder Räumung, sowie wegen Zu-

rückhaltung der von dem Mieter oder dem Untermieter in die Mietsräume eingebrachten Sachen;

Streitigkeiten zwischen Dienstherrschaft und Gesinde, zwischen Arbeitgebern und Arbeitern hinsichtlich des Dienst- oder Arbeitsverhältnisses, sowie die im § 3 Abs. 1 des Gesetzes, betreffend die Gewerbegerichte, vom 29. Juli 1890 bezeichneten Streitigkeiten, insofern dieselben während der Dauer des Dienst-, Arbeits- oder Lehrverhältnisses entstehen;

Streitigkeiten zwischen Reisenden und Wirten, Fuhrleuten, Schiffern, Flößern oder Auswanderungsexpedienten in den Einschiffungshäfen, welche über Wirtszechen, Fuhrlohn, Ueberfahrtsgelder, Beförderung der Reisenden und ihrer Habe und über Verlust und Beschädigung der letzteren, sowie Streitigkeiten zwischen Reisenden und Handwerkern, welche aus Anlaß der Reise entstanden sind;

Streitigkeiten wegen Viehmängel;

Streitigkeiten wegen Wildschadens;

Ansprüche aus einem außerehelichen Beischlafe;

das Aufgebotsverfahren.[3])

Nr. 2 Abs. 1 und 2 Nov. 98, Nr. 1 Nov. 09.

[1]) § 70 Abs. 2, 3.

[2]) ZPO. §§ 2—9.

[3]) ZPO. §§ 946 ff.

§ 24. Im Uebrigen wird die Zuständigkeit und der Geschäftskreis der Amtsgerichte durch die Vorschriften dieses Gesetzes und der Prozeßordnungen bestimmt.

Vierter Titel.

Schöffengerichte.

§ 25. Für die Verhandlung und Entscheidung von Strafsachen werden bei den Amtsgerichten Schöffengerichte gebildet.

§ 26. Die Schöffengerichte bestehen aus dem Amtsrichter als Vorsitzenden und zwei Schöffen.

§ 27. Die Schöffengerichte sind zuständig:

1. für alle Uebertretungen;

2. für diejenigen Vergehen, welche nur mit Gefängnis von höchstens drei Monaten oder Geldstrafe von höchstens sechshundert Mark, allein oder neben Haft oder in Verbindung miteinander oder in Verbindung mit Einziehung bedroht sind, mit Ausnahme der im § 320 des Strafgesetzbuchs und der im § 74 dieses Gesetzes bezeichneten Vergehen;
3. für die nur auf Antrag zu verfolgenden Beleidigungen, wenn die Verfolgung im Wege der Privatklage geschieht;
3. a) für die nur auf Antrag zu verfolgenden Körperverletzungen;
3. b) für das Vergehen des Hausfriedensbruchs im Falle des § 123 Abs. 3 des Strafgesetzbuchs;
3. c) für das Vergehen der Bedrohung mit der Begehung eines Verbrechens im Falle des § 241 des Strafgesetzbuchs;
3. d) für das Vergehen des strafbaren Eigennutzes in den Fällen des § 286 Abs. 2, der §§ 290, 291 und 298 des Strafgesetzbuchs sowie des § 93 Abs. 3 der Seemannsordnung vom 2. Juni 1902 (Reichs-Gesetzbl. S. 175);
4. für das Vergehen des Diebstahls im Falle des § 242 des Strafgesetzbuchs, wenn der Wert des Gestohlenen einhundertundfünfzig Mark nicht übersteigt;
5. für das Vergehen der Unterschlagung im Falle des § 246 des Strafgesetzbuchs, wenn der Wert des Unterschlagenen einhundertundfünfzig Mark nicht übersteigt;
6. für das Vergehen des Betruges im Falle des § 263 des Strafgesetzbuchs, wenn der Schaden einhundertundfünfzig Mark nicht übersteigt;
7. für das Vergehen der Sachbeschädigung im Falle des § 303 des Strafgesetzbuchs, wenn der Schaden einhundertundfünfzig Mark nicht übersteigt;
8. für das Vergehen der Begünstigung und für das Vergehen der Hehlerei in den Fällen des § 258 Nr. 1 und des § 259 des Strafgesetzbuchs, wenn

die Handlung, auf welche sich die Begünstigung oder die Hehlerei bezieht, zur Zuständigkeit der Schöffengerichte gehört.

Gesetz vom 5. Juni 1905 (RGBl. S. 533).

§ 28. Ist die Zuständigkeit des Schöffengerichts durch den Wert einer Sache oder den Betrag eines Schadens bedingt und stellt sich in der Hauptverhandlung heraus, daß der Wert oder Schaden mehr als einhundertundfünfzig Mark beträgt, so hat das Gericht seine Unzuständigkeit nur dann auszusprechen, wenn aus anderen Gründen die Aussetzung der Verhandlung geboten erscheint.

Gesetz vom 5. Juni 1905 (RGBl. S. 533).

§ 29. Vor die Schöffengerichte gehören auch diejenigen Strafsachen, deren Verhandlung und Entscheidung ihnen nach den Bestimmungen des fünften Titels von den Strafkammern der Landgerichte überwiesen wird.[1])

[1]) § 75.

§ 30. Insoweit das Gesetz nicht Ausnahmen bestimmt, üben die Schöffen während der Hauptverhandlung das Richteramt im vollen Umfange und mit gleichem Stimmrechte wie die Amtsrichter aus und nehmen auch an denjenigen, im Laufe einer Hauptverhandlung zu erlassenden Entscheidungen teil, welche in keiner Beziehung zu der Urteilsfällung stehen, und welche auch ohne vorgängige mündliche Verhandlung erlassen werden können.

Die außerhalb der Hauptverhandlung erforderlichen Entscheidungen werden von dem Amtsrichter erlassen.

§ 31. Das Amt eines Schöffen ist ein Ehrenamt. Dasselbe kann nur von einem Deutschen versehen werden.

§ 32. Unfähig zu dem Amte eines Schöffen sind:
1. Personen, welche die Befähigung infolge strafgerichtlicher Verurteilung verloren haben;
2. Personen, gegen welche das Hauptverfahren wegen eines Verbrechens oder Vergehens eröffnet ist, das die Aberkennung der bürgerlichen Ehrenrechte oder

der Fähigkeit zur Bekleidung öffentlicher Aemter zur Folge haben kann;

3. Personen, welche infolge gerichtlicher Anordnung in der Verfügung über ihr Vermögen beschränkt sind.

§ 33. Zu dem Amte eines Schöffen sollen nicht berufen werden:

1. Personen, welche zur Zeit der Aufstellung der Urliste das dreißigste Lebensjahr noch nicht vollendet haben;
2. Personen, welche zur Zeit der Aufstellung der Urliste den Wohnsitz in der Gemeinde noch nicht zwei volle Jahre haben;
3. Personen, welche für sich oder ihre Familie Armenunterstützung aus öffentlichen Mitteln empfangen oder in den drei letzten Jahren, von Aufstellung der Urliste zurückgerechnet, empfangen haben;
4. Personen, welche wegen geistiger oder körperlicher Gebrechen zu dem Amte nicht geeignet sind;
5. Dienstboten.

§ 34. Zu dem Amte eines Schöffen sollen ferner nicht berufen werden:

1. Minister;
2. Mitglieder der Senate der freien Hansestädte;
3. Reichsbeamte, welche jederzeit einstweilig in den Ruhestand versetzt werden können;
4. Staatsbeamte, welche auf Grund der Landesgesetze jederzeit einstweilig in den Ruhestand versetzt werden können;
5. richterliche Beamte und Beamte der Staatsanwaltschaft;
6. gerichtliche und polizeiliche Vollstreckungsbeamte;
7. Religionsdiener;
8. Volksschullehrer;
9. dem aktiven Heere oder der aktiven Marine angehörende Militärpersonen.

Die Landesgesetze können außer den vorbezeichneten Beamten höhere Verwaltungsbeamte bezeichnen, welche zu dem Amte eines Schöffen nicht berufen werden sollen.

§ 35. Die Berufung zum Amte eines Schöffen dürfen ablehnen:

1. Mitglieder einer deutschen gesetzgebenden Versammlung;
2. Personen, welche im letzten Geschäftsjahre die Verpflichtung eines Geschworenen, oder an wenigstens fünf Sitzungstagen die Verpflichtung eines Schöffen erfüllt haben;
3. Aerzte;
4. Apotheker, welche keine Gehilfen haben;
5. Personen, welche das fünfundsechzigste Lebensjahr zur Zeit der Aufstellung der Urliste vollendet haben oder dasselbe bis zum Ablaufe des Geschäftsjahres vollenden würden;
6. Personen, welche glaubhaft machen, daß sie den mit der Ausübung des Amts verbundenen Aufwand zu tragen nicht vermögen.

§ 36. Der Vorsteher einer jeden Gemeinde oder eines landesgesetzlich der Gemeinde gleichstehenden Verbandes hat alljährlich ein Verzeichnis der in der Gemeinde wohnhaften Personen, welche zu dem Schöffenamte berufen werden können, aufzustellen (Urliste).

Die Urliste ist in der Gemeinde eine Woche lang zu jedermanns Einsicht auszulegen. Der Zeitpunkt der Auslegung ist vorher öffentlich bekannt zu machen.

§ 37. Gegen die Richtigkeit oder Vollständigkeit der Urliste kann innerhalb der einwöchigen Frist schriftlich oder zu Protokoll Einsprache erhoben werden.

§ 38. Der Gemeindevorsteher sendet die Urliste nebst den erhobenen Einsprachen und den ihm erforderlich erscheinenden Bemerkungen an den Amtsrichter des Bezirks.

Wird nach Absendung der Urliste die Berichtigung derselben erforderlich, so hat der Gemeindevorsteher hiervon dem Amtsrichter Anzeige zu machen.

§ 39. Der Amtsrichter stellt die Urlisten des Bezirks zusammen und bereitet den Beschluß über die Einsprachen gegen dieselben vor. Er hat die Beachtung der

Vorschriften des § 36 Abs. 2 zu prüfen und die Abstellung etwaiger Mängel zu veranlassen.

§ 40. Bei dem Amtsgerichte tritt alljährlich ein Ausschuß zusammen.

Der Ausschuß besteht aus dem Amtsrichter als Vorsitzenden und einem von der Landesregierung zu bestimmenden Staatsverwaltungsbeamten, sowie sieben Vertrauensmännern als Beisitzern.

Die Vertrauensmänner werden aus den Einwohnern des Amtsgerichtsbezirks gewählt.

Die Wahl erfolgt nach näherer Bestimmung der Landesgesetze durch die Vertretungen der Kreise, Aemter, Gemeinden oder dergleichen Verbände; wenn solche Vertretungen nicht vorhanden sind, durch den Amtsrichter. Letzterer hat die Vertrauensmänner vornehmlich aus den Vorstehern der vorbezeichneten Verbände zu wählen.

Zur Beschlußfähigkeit des Ausschusses genügt die Anwesenheit des Vorsitzenden, des Staatsverwaltungsbeamten und dreier Vertrauensmänner. Der Ausschuß faßt seine Beschlüsse nach der absoluten Mehrheit der Stimmen. Bei Stimmengleichheit entscheidet die Stimme des Vorsitzenden.

§ 41. Der Ausschuß entscheidet über die gegen die Urliste erhobenen Einsprachen. Die Entscheidungen sind zu Protokoll zu vermerken. Beschwerde findet nicht statt.

§ 42. Aus der berichtigten Urliste wählt der Ausschuß für das nächste Geschäftsjahr:

1. die erforderliche Zahl von Schöffen;
2. die erforderliche Zahl derjenigen Personen, welche in der von dem Ausschusse festzusetzenden Reihenfolge an die Stelle wegfallender Schöffen treten (Hilfsschöffen). Die Wahl ist auf Personen zu richten, welche am Sitze des Amtsgerichts oder in dessen nächster Umgebung wohnen.

§ 43. Die für jedes Amtsgericht erforderliche Zahl von Hauptschöffen und Hilfsschöffen wird durch die Landesjustizverwaltung bestimmt.

Die Bestimmung der Zahl der Hauptschöffen erfolgt

in der Art, daß voraussichtlich jeder höchstens zu fünf ordentlichen Sitzungstagen im Jahre herangezogen wird.

§ 44. Die Namen der erwählten Hauptschöffen und Hilfsschöffen werden bei jedem Amtsgerichte in gesonderte Verzeichnisse aufgenommen (Jahreslisten).

§ 45. Die Tage der ordentlichen Sitzungen des Schöffengerichts werden für das ganze Jahr im voraus festgestellt.

Die Reihenfolge, in welcher die Hauptschöffen an den einzelnen ordentlichen Sitzungen des Jahres teilnehmen, wird durch Auslosung in öffentlicher Sitzung des Amtsgerichts bestimmt. Das Los zieht der Amtsrichter.

Ueber die Auslosung wird von dem Gerichtsschreiber ein Protokoll aufgenommen.

§ 46. Der Amtsrichter setzt die Schöffen von ihrer Auslosung und von den Sitzungstagen, an welchen sie in Tätigkeit zu treten haben, unter Hinweis auf die gesetzlichen Folgen des Ausbleibens in Kenntnis.

In gleicher Weise werden die im Laufe des Geschäftsjahres einzuberufenden Schöffen benachrichtigt.

§ 47. Eine Aenderung in der bestimmten Reihenfolge kann auf übereinstimmenden Antrag der beteiligten Schöffen von dem Amtsrichter bewilligt werden, sofern die in den betreffenden Sitzungen zu verhandelnden Sachen noch nicht bestimmt sind. Der Antrag und die Bewilligung sind aktenkundig zu machen.

§ 48. Wenn die Geschäfte die Anberaumung außerordentlicher Sitzungen erforderlich machen, so werden die einzuberufenden Schöffen vor dem Sitzungstage in Gemäßheit des § 45 ausgelost.

Erscheint dies wegen Dringlichkeit untunlich, so erfolgt die Auslosung durch den Amtsrichter lediglich aus der Zahl der am Sitze des Gerichts wohnenden Hilfsschöffen. Die Umstände, welche den Amtsrichter hierzu veranlaßt haben, sind aktenkundig zu machen.

§ 49. Wird zu einzelnen Sitzungen die Zuziehung

anderer als der zunächst berufenen Schöffen erforderlich, so erfolgt dieselbe aus der Zahl der Hilfsschöffen nach der Reihenfolge der Jahresliste.

Würde durch die Berufung der letzteren eine Vertagung der Verhandlung oder eine erhebliche Verzögerung ihres Beginnes notwendig, so sind die nicht am Sitze des Gerichts wohnenden Hilfsschöffen zu übergehen.

§ 50. Erstreckt sich die Dauer einer Sitzung über die Zeit hinaus, für welche der Schöffe zunächst einberufen ist, so hat er bis zur Beendigung der Sitzung seine Amtstätigkeit fortzusetzen.

§ 51. Die Beeidigung der Schöffen erfolgt bei ihrer ersten Dienstleistung in öffentlicher Sitzung. Sie gilt für die Dauer des Geschäftsjahres.

Der Vorsitzende richtet an die zu Beeidigenden die Worte:

„Sie schwören bei Gott dem Allmächtigen und Allwissenden, die Pflichten eines Schöffen getreulich zu erfüllen und Ihre Stimmen nach bestem Wissen und Gewissen abzugeben."

Die Schöffen leisten den Eid, indem jeder einzeln die Worte spricht:

„ich schwöre es, so wahr mir Gott helfe."

Der Schwörende soll bei der Eidesleistung die rechte Hand erheben.

Ist ein Schöffe Mitglied einer Religionsgesellschaft, welcher das Gesetz den Gebrauch gewisser Beteuerungsformeln an Stelle des Eides gestattet, so wird die Abgabe einer Erklärung unter der Beteuerungsformel dieser Religionsgemeinschaft der Eidesleistung gleich geachtet.

Ueber die Beeidigung wird von dem Gerichtsschreiber ein Protokoll aufgenommen.

§ 52. Wenn die Unfähigkeit einer als Schöffe in die Jahresliste aufgenommenen Person eintritt oder bekannt wird, so ist der Name derselben von der Liste zu streichen.

Ein Schöffe, hinsichtlich dessen nach seiner Aufnahme in die Jahresliste andere Umstände eintreten oder bekannt werden, bei deren Vorhandensein eine Berufung zum Schöffenamte nicht erfolgen soll, ist zur Dienstleistung ferner nicht heranzuziehen.

Die Entscheidung erfolgt durch den Amtsrichter nach Anhörung der Staatsanwaltschaft und des beteiligten Schöffen.

Beschwerde findet nicht statt.

§ 53. Ablehnungsgründe sind nur zu berücksichtigen, wenn sie innerhalb einer Woche, nachdem der beteiligte Schöffe von seiner Einberufung in Kenntnis gesetzt worden ist, von demselben geltend gemacht werden. Fällt ihre Entstehung oder Bekanntwerdung in eine spätere Zeit, so ist die Frist erst von diesem Zeitpunkte zu berechnen.

Der Amtsrichter entscheidet über das Gesuch nach Anhörung der Staatsanwaltschaft. Beschwerde findet nicht statt.

§ 54. Der Amtsrichter kann einen Schöffen auf dessen Antrag wegen eingetretener Hinderungsgründe von der Dienstleistung an bestimmten Sitzungstagen entbinden.

Die Entbindung des Schöffen von der Dienstleistung kann davon abhängig gemacht werden, daß ein anderer für das Dienstjahr bestimmter Schöffe für ihn eintritt.

Der Antrag und die Bewilligung sind aktenkundig zu machen.

§ 55. Die Schöffen und die Vertrauensmänner des Ausschusses erhalten Vergütung der Reisekosten.

§ 56. Schöffen und Vertrauensmänner des Ausschusses, welche ohne genügende Entschuldigung zu den Sitzungen nicht rechtzeitig sich einfinden oder ihren Obliegenheiten in anderer Weise sich entziehen, sind zu einer Ordnungsstrafe von fünf bis zu eintausend Mark, sowie in die verursachten Kosten zu verurteilen.

Die Verurteilung wird durch den Amtsrichter nach Anhörung der Staatsanwaltschaft ausgesprochen. Erfolgt nachträglich genügende Entschuldigung, so kann die Verurteilung ganz oder teilweise zurückgenommen werden. Gegen die Entscheidungen findet Beschwerde von seiten des Verurteilten nach den Vorschriften der Strafprozeßordnung statt.

§ 57. Bis zu welchem Tage die Urlisten aufzustellen und dem Amtsrichter einzureichen sind, der Ausschuß zu berufen und die Auslosung der Schöffen zu bewirken ist, wird durch die Landesjustizverwaltung bestimmt.

Fünfter Titel.

Landgerichte.

§ 58. Die Landgerichte werden mit einem Präsidenten und der erforderlichen Anzahl von Direktoren und Mitgliedern besetzt.

Die Mitglieder können gleichzeitig Amtsrichter im Bezirke des Landgerichts sein.

Abs. 2 Nov. 09.

§ 59. Bei den Landgerichten werden Zivil- und Strafkammern gebildet.

§ 60. Bei den Landgerichten sind Untersuchungsrichter nach Bedürfnis zu bestellen.

Die Bestellung erfolgt durch die Landesjustizverwaltung auf die Dauer eines Geschäftsjahres.

§ 61. Den Vorsitz im Plenum führt der Präsident, den Vorsitz in den Kammern führen der Präsident und die Direktoren. Vor Beginn des Geschäftsjahres bestimmt der Präsident die Kammer, welcher er sich anschließt. Ueber die Verteilung des Vorsitzes in den übrigen Kammern entscheiden der Präsident und die Direktoren nach Stimmenmehrheit; im Falle der Stimmengleichheit gibt die Stimme des Präsidenten den Ausschlag.

§ 62. Vor Beginn des Geschäftsjahres werden auf die Dauer desselben die Geschäfte unter die Kammern derselben Art verteilt und die ständigen Mitglieder der einzelnen Kammern sowie für den Fall ihrer Verhinderung die regelmäßigen Vertreter bestimmt. Jeder Richter kann zum Mitgliede mehrerer Kammern bestimmt werden.

Die getroffene Anordnung kann im Laufe des Geschäftsjahres nur geändert werden, wenn dies wegen eingetretener Ueberlastung einer Kammer oder infolge Wechsels oder dauernder Verhinderung einzelner Mitglieder des Gerichts erforderlich wird.

§ 63. Die im vorstehenden Paragraphen bezeichneten Anordnungen erfolgen durch das Präsidium.

Das Präsidium wird durch den Präsidenten als Vorsitzenden, die Direktoren und das dem Dienstalter nach, bei gleichem Dienstalter das der Geburt nach älteste Mitglied gebildet. Das Präsidium entscheidet nach Stimmenmehrheit; im Falle der Stimmengleichheit gibt die Stimme des Präsidenten den Ausschlag.

§ 64. Der Präsident kann bestimmen, daß einzelne Untersuchungen von dem Untersuchungsrichter, dessen Bestellung mit dem Ablaufe des Geschäftsjahres erlischt, zu Ende geführt werden, sowie daß in einzelnen Sachen, in welchen während des Geschäftsjahres eine Verhandlung bereits stattgefunden hat, die Kammer in ihrer früheren Zusammensetzung auch nach Ablauf des Geschäftsjahres verhandle und entscheide.

§ 65. Im Falle der Verhinderung des ordentlichen Vorsitzenden führt den Vorsitz in der Kammer dasjenige Mitglied der Kammer, welches dem Dienstalter nach und bei gleichem Dienstalter der Geburt nach das älteste ist.

Der Präsident wird in seinen übrigen durch dieses Gesetz bestimmten Geschäften durch denjenigen Direktor vertreten, welcher dem Dienstalter nach und bei gleichem Dienstalter der Geburt nach der älteste ist.

§ 66. Im Falle der Verhinderung des regelmäßigen Vertreters eines Mitgliedes wird ein zeitweiliger Vertreter durch den Präsidenten bestimmt.

§ 67. Die Bestimmungen der §§ 61—66 finden auf die Kammern für Handelssachen keine Anwendung.

§ 68. Innerhalb der Kammer verteilt der Vorsitzende die Geschäfte auf die Mitglieder.

§ 69. Soweit die Vertretung eines Mitgliedes nicht durch ein Mitglied desselben Gerichts möglich ist, erfolgt die Anordnung derselben auf den Antrag des Präsidiums durch die Landesjustizverwaltung.

Die Beiordnung eines nicht ständigen Richters darf, wenn sie auf eine bestimmte Zeit erfolgte, vor Ablauf dieser Zeit, wenn sie auf unbestimmte Zeit erfolgte, solange das Bedürfnis, durch welches sie veranlaßt wurde, fortdauert, nicht widerrufen werden. Ist mit der Vertretung eine Entschädigung verbunden, so ist diese für die ganze Dauer im voraus festzustellen.

Unberührt bleiben diejenigen landesgesetzlichen Bestimmungen, nach welchen richterliche Geschäfte nur von ständig angestellten Richtern wahrgenommen werden können, sowie diejenigen, welche die Vertretung durch ständig angestellte Richter regeln.

§ 70. Vor die Zivilkammern, einschließlich der Kammern für Handelssachen, gehören alle bürgerlichen Rechtsstreitigkeiten, welche nicht den Amtsgerichten zugewiesen sind.[1])

Die Landgerichte sind ohne Rücksicht auf den Wert des Streitgegenstandes ausschließlich zuständig:

1. für die Ansprüche, welche auf Grund des Gesetzes vom 1. Juni 1870 über die Abgaben von der Flößerei oder auf Grund des Gesetzes über die Rechtsverhältnisse der Reichsbeamten vom 31. März 1873 gegen den Reichsfiskus erhoben werden;
2. für die Ansprüche gegen Reichsbeamte wegen Ueberschreitung ihrer amtlichen Befugnisse oder wegen pflichtwidriger Unterlassung von Amtshandlungen.

Der Landesgesetzgebung bleibt überlassen, Ansprüche der Staatsbeamten gegen den Staat aus ihrem Dienstverhältnisse, Ansprüche gegen den Staat wegen Verfügungen der Verwaltungsbehörden, wegen Verschuldung von Staatsbeamten und wegen Aufhebung von Privilegien, Ansprüche gegen Beamte wegen Ueberschreitung ihrer amtlichen Befugnisse oder wegen pflichtwidriger Unterlassung von Amtshandlungen, sowie Ansprüche in betreff öffentlicher Abgaben ohne Rücksicht auf den Wert des Streitgegenstandes den Landgerichten ausschließlich zuzuweisen.

[1]) § 23.

§ 71. Die Zivilkammern, einschließlich der Kammern für Handelssachen, sind die Berufungs- und Beschwerdegerichte in den vor den Amtsgerichten verhandelten bürgerlichen Rechtsstreitigkeiten.

§ 72. Die Strafkammern sind zuständig für diejenigen die Voruntersuchung und deren Ergebnisse betreffenden Entscheidungen, welche nach den Vorschriften der Strafprozeßordnung von dem Gerichte zu erlassen sind; sie entscheiden über Beschwerden gegen Verfügungen des Untersuchungsrichters und des Amtsrichters, sowie gegen Entscheidungen der Schöffengerichte. Die Bestimmungen über die Zuständigkeit des Reichsgerichts werden hierdurch nicht berührt.

Die Strafkammern erledigen außerdem die in der Strafprozeßordnung den Landgerichten zugewiesenen Geschäfte.

§ 73. Die Strafkammern sind als erkennende Gerichte zuständig:

1. für die Vergehen, welche nicht zur Zuständigkeit der Schöffengerichte gehören;
2. für diejenigen Verbrechen, welche mit Zuchthaus von höchstens fünf Jahren, allein oder in Verbindung mit anderen Strafen bedroht sind. Diese Bestimmung findet nicht Anwendung in den Fällen der §§ 86, 100 und 106 des Strafgesetzbuchs;
3. für die Verbrechen der Personen, welche zur Zeit der Tat das achtzehnte Lebensjahr noch nicht vollendet hatten;
4. für das Verbrechen der Unzucht im Falle des § 176 Nr. 3 des Strafgesetzbuchs;

5. für die Verbrechen des Diebstahls in den Fällen der §§ 243 und 244 des Strafgesetzbuchs;
6. für das Verbrechen der Hehlerei in den Fällen der §§ 260 und 261 des Strafgesetzbuchs;
7. für das Verbrechen des Betruges im Falle des § 264 des Strafgesetzbuchs.

§ 74. Die Strafkammern sind als erkennende Gerichte ausschließlich zuständig:
1. für die nach § 145a des Strafgesetzbuchs strafbaren Handlungen;
2. [1])
3. für Zuwiderhandlungen gegen die Bestimmungen der §§ 1, 2 und 3 des Gesetzes vom 8. Juni 1871, betreffend die Inhaberpapiere mit Prämien;
4. für die nach § 67 und § 69 des Gesetzes vom 6. Februar 1875, betreffend die Beurkundung des Personenstandes 2c., strafbaren Handlungen;
5. für die nach § 59 des Bankgesetzes vom 14. März 1875 strafbaren Handlungen.

[1]) Aufgehoben durch § 29 Abs. 2 des Gesetzes vom 22. Juni 1899 (RGBl. S. 325).

§ 75. Die Strafkammer kann bei Eröffnung des Hauptverfahrens wegen der Vergehen:
1. des Widerstandes gegen die Staatsgewalt in den Fällen der §§ 113, 114, 117 Abs. 1 und des § 120 des Strafgesetzbuchs;
2. wider die öffentliche Ordnung im Falle des § 137 des Strafgesetzbuchs;
3. wider die Sittlichkeit in den Fällen der §§ 180 und 183 des Strafgesetzbuchs;
4. der Beleidigung in den Fällen der nur auf Antrag eintretenden Verfolgung;
5. der Körperverletzung in den Fällen des § 223a und des § 230 Abs. 2 des Strafgesetzbuchs;
5\. a) der Nötigung im Falle des § 240 des Strafgesetzbuchs;
6. des Diebstahls im Falle des § 242 des Strafgesetzbuchs;

7. der Unterschlagung im Falle des § 246 des Strafgesetzbuchs;
8. der Begünstigung;
9. der Hehlerei in den Fällen des § 258 Nr. 1 und des § 259 des Strafgesetzbuchs;
10. des Betrugs im Falle des § 263 des Strafgesetzbuchs;
11. des strafbaren Eigennutzes in den Fällen des § 286 Abs. 1 und der §§ 288 und 289 des Strafgesetzbuchs;
12. der Sachbeschädigung in den Fällen der §§ 303 und 304 des Strafgesetzbuchs;
12. a) der Bestechung im Falle des § 333 des Strafgesetzbuchs

und

13. wegen der gemeingefährlichen Vergehen in den Fällen der §§ 309, 316, 318, 318 a, des § 327 Abs. 1 und des § 328 Abs. 1 des Strafgesetzbuchs;

ferner

14. wegen derjenigen Vergehen, welche nur mit Gefängnisstrafe von höchstens sechs Monaten oder Geldstrafe von höchstens eintausendfünfhundert Mark, allein oder neben Haft oder in Verbindung miteinander oder in Verbindung mit Einziehung bedroht sind, mit Ausnahme der in den §§ 128, 271, 296 a, 301, 320, 331 und 347 des Strafgesetzbuchs und der im § 74 dieses Gesetzes bezeichneten Vergehen;
14. a) wegen der Vergehen derjenigen Personen, welche zur Zeit der Tat das achtzehnte Lebensjahr noch nicht vollendet hatten;

sowie

15. wegen solcher Zuwiderhandlungen gegen die Vorschriften über die Erhebung öffentlicher Abgaben und Gefälle, deren Strafe in dem mehrfachen Betrag einer hinterzogenen Abgabe oder einer anderen Leistung besteht;

auf Antrag der Staatsanwaltschaft die Verhandlung und Entscheidung dem Schöffengerichte, soweit dieses nicht schon zuständig ist, überweisen, wenn nach den Umständen des Falles anzunehmen ist, daß wegen des Vergehens auf keine andere und höhere Strafe als auf eine Gefängnisstrafe von höchstens sechs Monaten oder eine Geldstrafe von höchstens eintausendfünfhundert Mark allein oder neben Haft oder in Verbindung miteinander oder in Verbindung mit Einziehung und auf keine höhere Buße als eintausendfünfhundert Mark zu erkennen sein werde.

Beschwerde findet nicht statt.

Hat im Falle der Nr. 15 die Verwaltungsbehörde die öffentliche Klage erhoben, so steht ihr der Antrag auf Ueberweisung an das Schöffengericht in gleicher Weise wie der Staatsanwaltschaft zu.

Abs. 1 Gesetz vom 5. Juni 1905 (RGBl. S. 533).

§ 76. Die Strafkammern sind als erkennende Gerichte ferner zuständig für die Verhandlung und Entscheidung über das Rechtsmittel der Berufung gegen die Urteile der Schöffengerichte.

§ 77. Die Kammern entscheiden in der Besetzung von drei Mitgliedern mit Einschluß des Vorsitzenden. Die Strafkammern sind in der Hauptverhandlung mit fünf Mitgliedern, in der Berufungsinstanz bei Uebertretungen und in den Fällen der Privatklage aber mit drei Mitgliedern einschließlich des Vorsitzenden zu besetzen.

§ 78. Durch Anordnung der Landesjustizverwaltung kann wegen großer Entfernung des Landgerichtssitzes bei einem Amtsgerichte für den Bezirk eines oder mehrerer Amtsgerichte eine Strafkammer gebildet und derselben für diesen Bezirk die gesamte Tätigkeit der Strafkammer des Landgerichts oder ein Teil dieser Tätigkeit zugewiesen werden.

Die Besetzung einer solchen Strafkammer erfolgt aus Mitgliedern des Landgerichts oder Amtsrichtern des Bezirks, für welchen die Kammer gebildet wird. Der Vorsitzende wird ständig, die Amtsrichter werden auf die Dauer des Geschäftsjahres durch die Landesjustizverwaltung berufen, die übrigen Mitglieder werden nach Maßgabe des § 62 durch das Präsidium des Landgerichts bezeichnet.

Sechster Titel.

Schwurgerichte.

§ 79. Für die Verhandlung und Entscheidung von Strafsachen treten bei den Landgerichten periodisch Schwurgerichte zusammen.

§ 80. Die Schwurgerichte sind zuständig für die Verbrechen, welche nicht zur Zuständigkeit der Strafkammern oder des Reichsgerichts gehören.

§ 81. Die Schwurgerichte bestehen aus drei richterlichen Mitgliedern mit Einschluß des Vorsitzenden und aus zwölf zur Entscheidung der Schuldfrage berufenen Geschworenen.

§ 82. Die Entscheidungen, welche nach den Vorschriften dieses Gesetzes oder der Strafprozeßordnung von dem erkennenden Gerichte zu erlassen sind, erfolgen in den bei den Schwurgerichten anhängigen Sachen durch die richterlichen Mitglieder des Schwurgerichts. Werden diese Entscheidungen außerhalb der Dauer der Sitzungsperiode erforderlich, so erfolgen sie durch die Strafkammern der Landgerichte.

§ 83. Der Vorsitzende des Schwurgerichts wird für jede Sitzungsperiode von dem Präsidenten des Oberlandesgerichts ernannt. Die Ernennung erfolgt aus der Zahl der Mitglieder des Oberlandesgerichts oder der zu dem Bezirke des Oberlandesgerichts gehörigen Landgerichte.

Der Stellvertreter des Vorsitzenden und die übrigen richterlichen Mitglieder werden von dem Präsidenten des Landgerichts aus der Zahl der Mitglieder des Landgerichts bestimmt.

Solange die Ernennung des Vorsitzenden nicht erfolgt ist, erledigt der Vorsitzende der Strafkammer des Landgerichts die in der Strafprozeßordnung dem Vorsitzenden des Gerichts zugewiesenen Geschäfte.

§ 84. Das Amt eines Geschworenen ist ein Ehrenamt. Dasselbe kann nur von einem Deutschen versehen werden.

§ 85. Die Urliste für die Auswahl der Schöffen dient zugleich als Urliste für die Auswahl der Geschworenen.

Die Vorschriften der §§ 32—35 über die Berufung zum Schöffenamte finden auch auf das Geschworenenamt Anwendung.

§ 86. Die Zahl der für jedes Schwurgericht erforderlichen Geschworenen und die Verteilung dieser Zahl auf die einzelnen Amtsgerichtsbezirke wird durch die Landesjustizverwaltung bestimmt.

§ 87. Der alljährlich bei dem Amtsgerichte für die Wahl der Schöffen zusammentretende Ausschuß (§ 40) hat gleichzeitig diejenigen Personen aus der Urliste auszuwählen, welche er zu Geschworenen für das nächste Geschäftsjahr vorschlägt. Die Vorschläge sind nach dem dreifachen Betrage der auf den Amtsgerichtsbezirk verteilten Zahl der Geschworenen zu bemessen.

§ 88. Die Namen der zu Geschworenen vorgeschlagenen Personen werden in ein Verzeichnis aufgenommen (Vorschlagsliste).

§ 89. Die Vorschlagsliste wird nebst den Einsprachen, welche sich auf die in dieselbe aufgenommenen Personen beziehen, dem Präsidenten des Landgerichts übersendet.

Der Präsident bestimmt eine Sitzung des Landgerichts, an welcher fünf Mitglieder mit Einschluß des Präsidenten und der Direktoren teilnehmen. Das Landgericht entscheidet endgültig über die Einsprachen und wählt sodann aus der Vorschlagsliste die für das Schwurgericht bestimmte Zahl von Hauptgeschworenen und Hilfsgeschworenen.

Als Hilfsgeschworene sind solche Personen zu wählen, welche an dem Sitzungsorte des Schwurgerichts oder in dessen nächster Umgebung wohnen.

§ 90. Die Namen der Haupt- und Hilfsgeschworenen werden in gesonderte Jahreslisten aufgenommen.

§ 91. Spätestens zwei Wochen vor Beginn der Sitzungen des Schwurgerichts werden in öffentlicher Sitzung des Landgerichts, an welcher der Präsident und zwei Mitglieder teilnehmen, in Gegenwart der Staatsanwaltschaft dreißig Hauptgeschworene ausgelost. Das Los wird von dem Präsidenten gezogen.

Auf Geschworene, welche in einer früheren Sitzungsperiode desselben Geschäftsjahres ihre Verpflichtung erfüllt haben, erstreckt die Auslosung sich nur dann, wenn dies von ihnen beantragt wird.

Ueber die Auslosung wird von dem Gerichtsschreiber ein Protokoll aufgenommen.

§ 92. Das Landgericht übersendet das Verzeichnis der ausgelosten Hauptgeschworenen (Spruchliste) dem ernannten Vorsitzenden des Schwurgerichts.

§ 93. Die in der Spruchliste verzeichneten Geschworenen werden auf Anordnung des für das Schwurgericht ernannten Vorsitzenden zur Eröffnungssitzung des Schwurgerichts unter Hinweis auf die gesetzlichen Folgen des Ausbleibens geladen.

Zwischen der Zustellung der Ladung und der Eröffnungssitzung soll tunlichst die Frist von einer Woche, jedoch mindestens von drei Tagen liegen.

§ 94. Ueber die von Geschworenen geltend gemachten Ablehnungs- und Hinderungsgründe erfolgt die Entscheidung nach Anhörung der Staatsanwaltschaft durch die richterlichen Mitglieder und, solange das Schwurgericht nicht zusammengetreten ist, durch den ernannten Vorsitzenden des Schwurgerichts. Beschwerde findet nicht statt.

An Stelle der wegfallenden Geschworenen hat der Vorsitzende, wenn es noch geschehen kann, aus der Jahresliste durch Auslosung andere Geschworene auf die Spruchliste zu bringen und deren Ladung anzuordnen. Ueber die Auslosung wird von dem Gerichtsschreiber ein Protokoll aufgenommen.

§ 95. Erstreckt sich eine Sitzungsperiode des Schwurgerichts über den Endtermin des Geschäftsjahres hinaus, so bleiben die Geschworenen, welche zu derselben einberufen sind, bis zum Schlusse der Sitzungen zur Mitwirkung verpflichtet.

§ 96. Die Bestimmungen der §§ 55, 56 finden auch auf Geschworene Anwendung.

Die im § 56 bezeichneten Entscheidungen werden in bezug auf Geschworene von den richterlichen Mitgliedern des Schwurgerichts erlassen.

§ 97. Niemand soll für dasselbe Geschäftsjahr als Geschworener und als Schöffe bestimmt werden.

Ist dies dennoch geschehen, oder ist jemand für dasselbe Geschäftsjahr in mehreren Bezirken zu diesen Aemtern bestimmt worden, so hat der Einberufene dasjenige Amt zu übernehmen, zu welchem er zuerst einberufen wird.

§ 98. Die Strafkammer des Landgerichts kann bestimmen, daß einzelne Sitzungen des Schwurgerichts nicht am Sitze des Landgerichts, sondern an einem anderen Orte innerhalb des Schwurgerichtsbezirks abzuhalten seien.

In diesem Falle wird für diese Sitzungen von dem Landgerichte eine besondere Liste von Hilfsgeschworenen gebildet.

§ 99. Die Landesjustizverwaltung kann bestimmen, daß die Bezirke mehrerer Landgerichte zu einem Schwurgerichtsbezirke zusammengelegt und die Sitzungen des Schwurgerichts bei einem der Landgerichte abgehalten werden.

In diesem Falle hat das Landgericht, bei welchem die Sitzungen des Schwurgerichts abgehalten werden, und der Präsident desselben die ihnen in den §§ 82—98 zugewiesenen Geschäfte für den Umfang des Schwurgerichtsbezirks wahrzunehmen.

Die Mitglieder des Schwurgerichts mit Einschluß des Stellvertreters des Vorsitzenden können aus der Zahl der Mitglieder der im Bezirke des Schwurgerichts belegenen Landgerichte bestimmt werden.

Siebenter Titel.

Kammern für Handelssachen.

§ 100. Soweit die Landesjustizverwaltung ein Bedürfnis als vorhanden annimmt, können bei den Landgerichten für deren Bezirke oder für örtlich abgegrenzte Teile derselben Kammern für Handelssachen gebildet werden.

Solche Kammern können ihren Sitz innerhalb des Landgerichtsbezirks auch an Orten haben, an welchen das Landgericht seinen Sitz nicht hat.[1])

[1]) § 110.

§ 100a. Ist bei einem Landgericht eine Kammer für Handelssachen gebildet, so tritt für Handelssachen[1]) diese Kammer an die Stelle der Zivilkammern nach Maßgabe der folgenden Vorschriften.

Nov. 09.

[1]) § 101.

§ 101. Handelssachen im Sinne dieses Gesetzes sind diejenigen bürgerlichen Rechtsstreitigkeiten, in welchen durch die Klage ein Anspruch geltend gemacht wird:

1. gegen einen Kaufmann im Sinne des Handelsgesetzbuchs aus Geschäften, welche für beide Teile Handelsgeschäfte sind;
2. aus einem Wechsel im Sinne der Wechselordnung oder aus einer der im § 363 des Handelsgesetzbuchs bezeichneten Urkunden;
3. aus einem der nachstehend bezeichneten Rechtsverhältnisse:
   a) aus dem Rechtsverhältnisse zwischen den Mitgliedern einer Handelsgesellschaft oder zwischen dieser und ihren Mitgliedern oder zwischen dem stillen Gesellschafter und dem Inhaber des Handelsgeschäfts, sowohl während des Bestehens als auch nach Auflösung des Gesellschaftsverhältnisses, ingleichen aus dem Rechtsverhältnisse zwischen den Vorstehern oder den Liquidatoren einer Handelsgesellschaft und der Gesellschaft oder deren Mitgliedern;

b) aus dem Rechtsverhältnisse, welches das Recht zum Gebrauche der Handelsfirma betrifft;
c) aus den Rechtsverhältnissen, welche sich auf den Schutz der Warenbezeichnungen, Muster und Modelle beziehen;
d) aus dem Rechtsverhältnisse, welches durch den Erwerb eines bestehenden Handelsgeschäfts unter Lebenden zwischen dem bisherigen Inhaber und dem Erwerber entsteht;
e) aus dem Rechtsverhältnisse zwischen einem Dritten und demjenigen, welcher wegen mangelnden Nachweises der Prokura oder Handlungsvollmacht haftet;
f) aus den Rechtsverhältnissen des Seerechts oder des Rechts der Binnenschiffahrt, insbesondere aus denjenigen, welche sich auf die Rhederei, auf die Rechte und Pflichten des Rheders oder Schiffseigners, des Korrespondentrheders und der Schiffsbesatzung, auf die Bodmerei und die Haverei, auf den Schadensersatz im Falle des Zusammenstoßes von Schiffen, auf die Bergung und Hilfeleistung und auf die Ansprüche der Schiffsgläubiger beziehen.

4. auf Grund des Gesetzes zur Bekämpfung des unlauteren Wettbewerbes vom 27. Mai 1896 (Reichs-Gesetzbl. S. 145);
5. aus den §§ 45 bis 48 des Börsengesetzes (Reichs-Gesetzbl. 1908 S. 215);
6. aus dem Reichsstempelgesetze (Reichs-Gesetzbl. 1906 S. 695) in Beziehung auf die Verpflichtung zur Entrichtung der in diesem Gesetze festgestellten Abgaben.

Eingang, Nr. 1 bis 3 Nov. 09; Eingang, Nr. 3 e, Nr. 4 bis 6 Nov. 09.

§ 102. Die Verhandlung des Rechtsstreits erfolgt vor der Kammer für Handelssachen, wenn der Kläger dies in der Klageschrift beantragt hat.

In den Fällen der §§ 505, 506 der Zivilprozeßordnung hat der Kläger den Antrag auf Verhandlung vor der Kammer für Handelssachen in der mündlichen Verhandlung vor dem Amtsgerichte zu stellen.

Abs. 2 Nov. 98.

§ 103. Wird vor der Kammer für Handelssachen eine vor dieselbe nicht gehörige Klage zur Verhandlung gebracht, so ist der Rechtsstreit auf Antrag des Beklagten an die Zivilkammer zu verweisen.

Gehört die Klage oder die im Falle des § 506 der Zivilprozeßordnung erhobene Widerklage als Klage nicht vor die Kammer für Handelssachen, so ist diese auch von Amts wegen befugt, den Rechtsstreit an die Zivilkammer zu verweisen, solange nicht eine Verhandlung zur Hauptsache erfolgt und auf dieselbe ein Beschluß verkündet ist. Die Verweisung von Amts wegen kann nicht aus dem Grunde erfolgen, daß der Beklagte nicht Kaufmann ist.

Abs. 2 Nov. 98.

§ 104. Wird vor der Zivilkammer eine vor die Kammer für Handelssachen gehörige Klage zur Verhandlung gebracht, so ist der Rechtsstreit auf Antrag des Beklagten an die Kammer für Handelssachen zu verweisen. Ein Beklagter, welcher nicht in das Handelsregister eingetragen ist, kann den Antrag nicht darauf stützen, daß er Kaufmann ist.

Der Antrag ist zurückzuweisen, wenn die im Falle des § 506 der Zivilprozeßordnung erhobene Widerklage als Klage vor die Kammer für Handelssachen nicht gehören würde.

Zu einer Verweisung von Amts wegen ist die Zivilkammer nicht befugt.

Die Zivilkammer ist zur Verwerfung des Antrags auch dann befugt, wenn der Kläger demselben zugestimmt hat.

Abs. 2 Nov. 98.

§ 105. Wird in einem bei der Kammer für Handelssachen anhängigen Rechtsstreite die Klage in Gemäßheit des § 280 der Zivilprozeßordnung durch den Antrag auf Feststellung eines Rechtsverhältnisses erweitert oder eine Widerklage erhoben[1]) und gehört die erweiterte Klage oder die Widerklage als Klage nicht vor die Kammer für Handelssachen, so ist der Rechtsstreit auf Antrag des Gegners an die Zivilkammer zu verweisen.

Unter der Beschränkung des § 103 Abs. 2 ist die Kammer zu der Verweisung auch von Amts wegen befugt. Diese Befugnis tritt auch dann ein, wenn durch eine Klagänderung[2]) ein Anspruch geltend gemacht wird, welcher nicht vor die Kammer für Handelssachen gehört.

Abs. 1 Nov. 98. [1]) ZPO. § 33. [2]) ZPO. §§ 264, 268.

§ 105 a. Die §§ 102 bis 105 finden auf das Verfahren in der Berufungsinstanz vor den Kammern für Handelssachen entsprechende Anwendung.

Nov. 09.

§ 106. Der Antrag auf Verweisung des Rechtsstreits an eine andere Kammer ist nur vor der Verhandlung des Antragstellers zur Sache zulässig.

Ueber den Antrag ist vorab zu verhandeln und zu entscheiden.

§ 107. Gegen die Entscheidung über Verweisung eines Rechtsstreits an die Zivilkammer oder an die Kammer für Handelssachen findet kein Rechtsmittel statt. Erfolgt die Verweisung an eine andere Kammer, so ist diese Entscheidung für die Kammer, an welche der Rechtsstreit verwiesen wird, bindend. Der Termin zur weiteren mündlichen Verhandlung wird von Amts wegen bestimmt und den Parteien bekannt gemacht.

§ 108. Bei der Kammer für Handelssachen kann ein Anspruch in Gemäßheit des § 64 der Zivilprozeßordnung nur dann geltend gemacht werden, wenn der Rechtsstreit nach den Bestimmungen der §§ 100 a, 101 vor die Kammer für Handelssachen gehört.

Nov. 98, Nov. 09.

§ 108 a. Wird die Kammer für Handelssachen als Beschwerdegericht mit einer vor diese nicht gehörigen

Beschwerde befaßt, so ist die Beschwerde von Amts wegen an die Zivilkammer zu verweisen. Ebenso hat die Zivilkammer, wenn sie als Beschwerdegericht in einer Handelssache mit einer Beschwerde befaßt wird, diese von Amts wegen an die Kammer für Handelssachen zu verweisen. Die Vorschriften des § 107 Satz 1, 2 finden entsprechende Anwendung.

Eine Verweisung der Beschwerde an eine andere Kammer findet nicht statt, wenn bei der Kammer, welche mit der Beschwerde befaßt wird, die Hauptsache anhängig ist, oder diese Kammer bereits eine Entscheidung in der Hauptsache erlassen hat.
Nov. 09.

§ 109. Die Kammern für Handelssachen entscheiden in der Besetzung mit einem Mitgliede des Landgerichts als Vorsitzenden und zwei Handelsrichtern.

Sämtliche Mitglieder der Kammer für Handelssachen haben gleiches Stimmrecht.

In Streitigkeiten, welche sich auf das Rechtsverhältnis zwischen Rheder oder Schiffer und Schiffsmannschaft beziehen, kann die Entscheidung in erster Instanz durch den Vorsitzenden allein erfolgen.
Abs. 3 Nov. 09.

§ 110. Im Falle des § 100 Abs. 2 kann ein Amtsrichter Vorsitzender der Kammer für Handelssachen sein.

§ 111. Das Amt der Handelsrichter ist ein Ehrenamt.

§ 112. Die Handelsrichter werden auf gutachtlichen Vorschlag des zur Vertretung des Handelsstandes berufenen Organs für die Dauer von drei Jahren ernannt; eine wiederholte Ernennung ist nicht ausgeschlossen.

§ 113. Zum Handelsrichter kann jeder Deutsche ernannt werden, welcher das dreißigste Lebensjahr vollendet hat und als Kaufmann, als Vorstand einer Aktiengesellschaft, als Geschäftsführer einer Gesellschaft mit beschränkter Haftung oder als Vorstand einer sonstigen juristischen Person in das Handelsregister eingetragen ist oder eingetragen war.

Zum Handelsrichter soll nur ernannt werden, wer in dem Bezirke der Kammer für Handelssachen wohnt oder, wenn er als Kaufmann in das Handelsregister eingetragen ist, dort eine Handelsniederlassung hat; bei Personen, die als Vorstand einer Aktiengesellschaft, als Geschäftsführer einer Gesellschaft mit beschränkter Haftung oder als Vorstand einer sonstigen juristischen Person in das Handelsregister eingetragen sind, genügt es, wenn die Gesellschaft oder juristische Person eine Niederlassung in dem Bezirke hat.

Personen, welche infolge gerichtlicher Anordnung in der Verfügung über ihr Vermögen beschränkt sind, können nicht zu Handelsrichtern ernannt werden.

Abs. 1, 2 Gesetz betr. Aenderung des § 113 GVG. v. 20. März 1905 (RGBl. S. 179).

§ 114. An Seeplätzen können Handelsrichter auch aus dem Kreise der Schiffahrtskundigen ernannt werden.

§ 115. Die Handelsrichter sind vor ihrem Amtsantritte auf die Erfüllung der Obliegenheiten des ihnen übertragenen Amts eidlich zu verpflichten.

§ 116. Die Handelsrichter haben während der Dauer ihres Amts in Beziehung auf dasselbe alle Rechte und Pflichten richterlicher Beamten.

§ 117. Ein Handelsrichter ist seines Amtes zu entheben, wenn er eine der für die Ernennung erforderlichen Eigenschaften nachträglich verliert.

Die Enthebung erfolgt durch den ersten Zivilsenat des Oberlandesgerichts nach Anhörung des Beteiligten.

§ 118. Ueber Gegenstände, zu deren Beurteilung eine kaufmännische Begutachtung genügt, sowie über das Bestehen von Handelsgebräuchen kann die Kammer für Handelssachen auf Grund eigener Sachkunde und Wissenschaft entscheiden.

Achter Titel.

Oberlandesgerichte.

§ 119. Die Oberlandesgerichte werden mit einem Präsidenten und der erforderlichen Anzahl von Senatspräsidenten und Räten besetzt.

§ 120. Bei den Oberlandesgerichten werden Zivil- und Strafsenate gebildet.

§ 121. Die Bestimmungen der §§ 61 bis 68 finden mit der Maßgabe Anwendung, daß zu dem Präsidium stets die beiden ältesten Mitglieder des Gerichts zuzuziehen sind.

§ 122. Zu Hilfsrichtern[1]) dürfen nur ständig angestellte Richter berufen werden.

[1]) § 10.

§ 123. Die Oberlandesgerichte sind zuständig für die Verhandlung und Entscheidung über die Rechtsmittel:

1. der Berufung gegen die Endurteile der Landgerichte in bürgerlichen Rechtsstreitigkeiten;
2. der Revision gegen Urteile der Strafkammern in der Berufungsinstanz;
3. der Revision gegen Urteile der Strafkammern in erster Instanz, sofern die Revision ausschließlich auf die Verletzung einer in den Landesgesetzen enthaltenen Rechtsnorm gestützt wird;
4. der Beschwerde gegen Entscheidungen der Landgerichte in bürgerlichen Rechtsstreitigkeiten;
5. der Beschwerde gegen strafrichterliche Entscheidungen erster Instanz, soweit nicht die Zuständigkeit der Strafkammer begründet ist, und gegen Entscheidungen der Strafkammern in der Beschwerdeinstanz und Berufungsinstanz.

§ 124. Die Senate der Oberlandesgerichte entscheiden in der Besetzung von fünf Mitgliedern mit Einschluß des Vorsitzenden.

Neunter Titel.

Reichsgericht.

§ 125. Der Sitz des Reichsgerichts wird durch Gesetz bestimmt.[1])

[1]) Gesetz v. 11. April 1877 (RGBl. S. 415).

§ 126. Das Reichsgericht wird mit einem Präsidenten und der erforderlichen Anzahl von Senatspräsidenten und Räten besetzt.

§ 127. Der Präsident, die Senatspräsidenten und Räte werden auf Vorschlag des Bundesrats von dem Kaiser ernannt.

Zum Mitgliede des Reichsgerichts kann nur ernannt werden, wer die Fähigkeit zum Richteramte in einem Bundesstaate erlangt[1]) und das fünfunddreißigste Lebensjahr vollendet hat.

[1]) §§ 2—4.

§ 128. Ist ein Mitglied zu einer Strafe wegen einer entehrenden Handlung oder zu einer Freiheitsstrafe von längerer als einjähriger Dauer rechtskräftig verurteilt, so kann dasselbe durch Plenarbeschluß des Reichsgerichts seines Amts und seines Gehalts für verlustig erklärt werden.

Vor der Beschlußfassung sind das Mitglied und der Ober-Reichsanwalt zu hören.

§ 129. Ist wegen eines Verbrechens oder Vergehens das Hauptverfahren gegen ein Mitglied eröffnet, so kann die vorläufige Enthebung desselben von seinem Amte nach Anhörung des Ober-Reichsanwalts durch Plenarbeschluß des Reichsgerichts ausgesprochen werden.

Wird gegen ein Mitglied die Untersuchungshaft verhängt, so tritt für die Dauer derselben die vorläufige Enthebung von Rechts wegen ein.

Durch die vorläufige Enthebung wird das Recht auf den Genuß des Gehalts nicht berührt.

§ 130. Wenn ein Mitglied durch ein körperliches Gebrechen oder durch Schwäche seiner körperlichen oder geistigen Kräfte zur Erfüllung seiner Amtspflichten dauernd unfähig wird, so tritt seine Versetzung in den Ruhestand gegen Gewährung eines Ruhegehaltes ein. Dienstunfähigkeit ist nicht Vorbedingung des Anspruchs auf Ruhegehalt, wenn das aus dem Dienste scheidende Mitglied das fünfundsechzigste Lebensjahr vollendet hat.

Das jährliche Ruhegehalt beträgt bis zur Vollendung des zehnten Dienstjahres $^{20}/_{60}$ des Gehalts; es erhöht sich mit der Vollendung eines jeden folgenden Dienstjahres und bis zur Vollendung des fünfzigsten Dienstjahres um je $^{1}/_{60}$ des Gehalts.

Bei Berechnung der Dienstzeit wird die Zeit mitgerechnet, während welcher das Mitglied sich im Dienste des Reichs oder im Staats- oder Gemeindedienste eines Bundesstaates befunden oder in einem Bundesstaate als Anwalt, Advokat, Notar, Patrimonialrichter oder als öffentlicher Lehrer des Rechts an einer deutschen Universität fungiert hat.

Abs. 1 Satz 2 Nov. 10.

§ 131. Wird die Versetzung eines Mitgliedes in den Ruhestand nicht beantragt, obgleich die Voraussetzungen derselben vorliegen, so hat der Präsident die Aufforderung zu erlassen, binnen einer bestimmten Frist den Antrag zu stellen. Wird dieser Aufforderung nicht Folge geleistet, so ist die Versetzung in den Ruhestand durch Plenarbeschluß des Reichsgerichts auszusprechen.

Vor der Beschlußfassung sind das Mitglied und der Ober-Reichsanwalt zu hören.

§ 132. Bei dem Reichsgerichte werden Zivil- und Strafsenate gebildet. Die Zahl derselben bestimmt der Reichskanzler.

§ 133. Die Bestimmungen der §§ 61 bis 68 finden mit der Maßgabe Anwendung, daß zu dem Präsidium die vier ältesten Mitglieder des Gerichts zuzuziehen sind.

§ 134. Die Zuziehung von Hilfsrichtern[1]) ist unzulässig.[2])

[1]) § 10. [2]) Art. XII des Gesetzes betr. die Zuständigkeit des Reichsgerichts v. 22. Mai 1910.

§ 135. In bürgerlichen Rechtsstreitigkeiten ist das Reichsgericht zuständig für die Verhandlung und Entscheidung über das Rechtsmittel der Revision gegen die Endurteile der Oberlandesgerichte.

Nov. 10.

§ 136. In Strafsachen ist das Reichsgericht zuständig:

1. für die Untersuchung und Entscheidung in erster und letzter Instanz in den Fällen des Hochverrats und des Landesverrats, insofern diese Verbrechen gegen den Kaiser oder das Reich gerichtet sind;
2. für die Verhandlung und Entscheidung über die Rechtsmittel der Revision gegen Urteile der Strafkammern in erster Instanz, insoweit nicht die Zuständigkeit der Oberlandesgerichte begründet ist, und gegen Urteile der Schwurgerichte.

In Strafsachen wegen Zuwiderhandlungen gegen die Vorschriften über die Erhebung öffentlicher in die Reichskasse fließender Abgaben und Gefälle ist das Reichsgericht auch für die Verhandlung und Entscheidung über das Rechtsmittel der Revision gegen Urteile der Strafkammern in der Berufungsinstanz zuständig, sofern die Entscheidung des Reichsgerichts von der Staatsanwaltschaft bei der Einsendung der Akten an das Revisionsgericht beantragt wird.

§ 137. Will in einer Rechtsfrage ein Zivilsenat von der Entscheidung eines anderen Zivilsenats oder der vereinigten Zivilsenate, oder ein Strafsenat von der Entscheidung eines anderen Strafsenats oder der vereinigten Strafsenate abweichen, so ist über die streitige Rechtsfrage im ersteren Falle eine Entscheidung der vereinigten Zivilsenate, im letzteren Falle eine solche der vereinigten Strafsenate einzuholen.

Einer Entscheidung der Rechtsfrage durch das Plenum bedarf es, wenn ein Zivilsenat von der Entscheidung eines Strafsenats oder der vereinigten Strafsenate, oder ein Strafsenat von der Entscheidung eines Zivilsenats oder der vereinigten Zivilsenate, oder ein Senat von der früher eingeholten Entscheidung des Plenums abweichen will.

Die Entscheidung der Rechtsfrage durch die vereinigten Senate oder das Plenum ist in der zu entscheidenden Sache bindend. Sie erfolgt in allen Fällen ohne vorgängige mündliche Verhandlung.

Vor der Entscheidung der vereinigten Strafsenate oder derjenigen des Plenums, sowie in Ehe- und Entmündigungssachen und in Rechtsstreitigkeiten, welche die Feststellung des Rechtsverhältnisses zwischen Eltern und Kindern oder die Anfechtung einer Todeserklärung zum Gegenstande haben, ist der Ober-Reichsanwalt mit seinen schriftlichen Anträgen zu hören.

Soweit die Entscheidung der Sache eine vorgängige mündliche Verhandlung erfordert, erfolgt dieselbe durch den erkennenden Senat auf Grund einer erneuten mündlichen Verhandlung, zu welcher die Prozeßbeteiligten von Amts wegen unter Mitteilung der ergangenen Entscheidung der Rechtsfrage zu laden sind.
Gesetz betr. die Aenderung des § 137 GVG. vom 17. März 1886 (RGBl. S. 61); Abs. 4 Nov. 98.

§ 138. Der erste Strafsenat des Reichsgerichts hat bei den im § 136 Nr. 1 bezeichneten Verbrechen diejenigen Geschäfte zu erledigen, welche im § 72 Abs. 1 der Strafkammer des Landgerichts zugewiesen sind.

Das Hauptverfahren findet vor dem vereinigten zweiten und dritten Strafsenate statt.

§ 139. Zur Fassung von Plenarentscheidungen und von Entscheidungen der vereinigten Zivil- oder Strafsenate, sowie der beiden vereinigten Strafsenate ist die Teilnahme von mindestens zwei Dritteilen aller Mitglieder mit Einschluß des Vorsitzenden erforderlich.

Die Zahl der Mitglieder, welche eine entscheidende Stimme führen, muß eine ungerade sein. Ist die Zahl der anwesenden Mitglieder eine gerade, so hat derjenige Rat, welcher zuletzt ernannt ist, und bei gleichem Dienstalter derjenige, welcher der Geburt nach der jüngere ist, oder, wenn dieser Berichterstatter ist, der nächst ältere kein Stimmrecht.

§ 140. Die Senate des Reichsgerichts entscheiden in

der Besetzung von sieben Mitgliedern mit Einschluß des Vorsitzenden.

§ 141. Der Geschäftsgang wird durch eine Geschäftsordnung geregelt, welche das Plenum auszuarbeiten und dem Bundesrat zur Bestätigung vorzulegen hat.

Zehnter Titel.

Staatsanwaltschaft.

§ 142. Bei jedem Gerichte soll eine Staatsanwaltschaft bestehen.

§ 143. Das Amt der Staatsanwaltschaft wird ausgeübt:

1. bei dem Reichsgerichte durch einen Ober-Reichsanwalt und durch einen oder mehrere Reichsanwälte;
2. bei den Oberlandesgerichten, den Landgerichten und den Schwurgerichten durch einen oder mehrere Staatsanwälte;
3. bei den Amtsgerichten und den Schöffengerichten durch einen oder mehrere Amtsanwälte.

Die Zuständigkeit der Amtsanwälte erstreckt sich nicht auf das amtsrichterliche Verfahren zur Vorbereitung der öffentlichen Klage in denjenigen Strafsachen, welche zur Zuständigkeit anderer Gerichte als der Schöffengerichte gehören.

§ 144. Die örtliche Zuständigkeit der Beamten der Staatsanwaltschaft wird durch die örtliche Zuständigkeit des Gerichts bestimmt, für welches sie bestellt sind.

Ein unzuständiger Beamter der Staatsanwaltschaft hat sich denjenigen innerhalb seines Bezirks vorzunehmenden Amtshandlungen zu unterziehen, in Ansehung welcher Gefahr im Verzuge obwaltet.

Können die Beamten der Staatsanwaltschaft verschiedener Bundesstaaten sich nicht darüber einigen, wer von ihnen die Verfolgung zu übernehmen hat, so entscheidet der ihnen gemeinsam vorgesetzte Beamte der Staatsanwaltschaft und in Ermangelung eines solchen der Ober-Reichsanwalt.

§ 145. Besteht die Staatsanwaltschaft eines Gerichts aus mehreren Beamten, so handeln die dem ersten Beamten beigeordneten Personen als dessen Vertreter; sie sind, wenn sie für ihn auftreten, zu allen Amtsverrichtungen desselben ohne den Nachweis eines besonderen Auftrags berechtigt.

§ 146. Die ersten Beamten der Staatsanwaltschaft bei den Oberlandesgerichten und den Landgerichten sind befugt, bei allen Gerichten ihres Bezirks die Amtsverrichtungen der Staatsanwaltschaft selbst zu übernehmen oder mit Wahrnehmung derselben einen anderen als den zunächst zuständigen Beamten zu beauftragen.

Amtsanwälte können das Amt der Staatsanwaltschaft nur bei den Amtsgerichten und den Schöffengerichten versehen.

§ 147. Die Beamten der Staatsanwaltschaft haben den dienstlichen Anweisungen ihres Vorgesetzten nachzukommen.

In denjenigen Sachen, für welche das Reichsgericht in erster und letzter Instanz zuständig ist, haben alle Beamte der Staatsanwaltschaft den Anweisungen des Ober-Reichsanwalts Folge zu leisten.

§ 148. Das Recht der Aufsicht und Leitung steht zu:

1. dem Reichskanzler hinsichtlich des Ober-Reichsanwalts und der Reichsanwälte;
2. der Landesjustizverwaltung hinsichtlich aller staatsanwaltlichen Beamten des betreffenden Bundesstaates;
3. den ersten Beamten der Staatsanwaltschaft bei den Oberlandesgerichten und den Landgerichten hinsichtlich aller Beamten der Staatsanwaltschaft ihres Bezirks.

§ 149. Der Ober-Reichsanwalt und die Reichsanwälte sind nicht richterliche Beamte.

Zu diesen Aemtern sowie den Aemtern der Staatsanwaltschaft bei den Oberlandesgerichten und den

Landgerichten können nur zum Richteramte befähigte Beamte[1]) ernannt werden.

[1]) §§ 2—4.

§ 150. Der Ober-Reichsanwalt und die Reichsanwälte werden auf Vorschlag des Bundesrats vom Kaiser ernannt.

Dieselben können durch kaiserliche Verfügung jederzeit mit Gewährung des gesetzlichen Wartegeldes einstweilig in den Ruhestand versetzt werden.

§ 151. Die Staatsanwaltschaft ist in ihren Amtsverrichtungen von den Gerichten unabhängig.

§ 152. Die Staatsanwälte dürfen richterliche Geschäfte nicht wahrnehmen. Auch darf ihnen eine Dienstaufsicht über die Richter nicht übertragen werden.

§ 153. Die Beamten des Polizei- und Sicherheitsdienstes sind Hilfsbeamte der Staatsanwaltschaft und sind in dieser Eigenschaft verpflichtet, den Anordnungen der Staatsanwälte bei dem Landgerichte ihres Bezirks und der diesen vorgesetzten Beamten Folge zu leisten.

Die nähere Bezeichnung derjenigen Beamtenklassen, auf welche diese Bestimmung Anwendung findet, erfolgt durch die Landesregierungen.

Elfter Titel.

Gerichtsschreiber.

§ 154. Bei jedem Gerichte wird eine Gerichtsschreiberei eingerichtet. Die Geschäftseinrichtung bei dem Reichsgerichte wird durch den Reichskanzler, bei den Landesgerichten durch die Landesjustizverwaltung bestimmt.

Zwölfter Titel.

Zustellungs- und Vollstreckungsbeamte.

§ 155. Die Dienst- und Geschäftsverhältnisse der mit den Zustellungen, Ladungen und Vollstreckungen zu betrauenden Beamten (Gerichtsvollzieher) werden bei dem Reichsgerichte durch den Reichskanzler, bei den Landesgerichten durch die Landesjustizverwaltung bestimmt.

§ 156. Der Gerichtsvollzieher ist von der Ausübung seines Amts kraft Gesetzes ausgeschlossen:

I. in bürgerlichen Rechtsstreitigkeiten:

1. wenn er selbst Partei oder gesetzlicher Vertreter einer Partei ist, oder zu einer Partei in dem Verhältnisse eines Mitberechtigten, Mitverpflichteten oder Schadensersatzpflichtigen steht;
2. wenn seine Ehefrau Partei ist, auch wenn die Ehe nicht mehr besteht;
3. wenn eine Person Partei ist, mit welcher er in gerader Linie verwandt,[1]) verschwägert[2]) oder durch Adoption verbunden, in der Seitenlinie bis zum dritten Grade verwandt oder bis zum zweiten Grade verschwägert ist, auch wenn die Ehe, durch welche die Schwägerschaft begründet ist, nicht mehr besteht.

II. in Strafsachen:

1. wenn er selbst durch die strafbare Handlung verletzt ist;
2. wenn er der Ehemann der Beschuldigten oder Verletzten ist oder gewesen ist;
3. wenn er mit dem Beschuldigten oder Verletzten in dem vorstehend unter Nr. I 3 bezeichneten Verwandtschafts- oder Schwägerschaftsverhältnisse steht.

[1]) BGB. § 1589. [2]) BGB. § 1590.

Dreizehnter Titel.

Rechtshilfe.

§ 157. Die Gerichte haben sich in bürgerlichen Rechtsstreitigkeiten und in Strafsachen Rechtshilfe zu leisten.

§ 158. Das Ersuchen um Rechtshilfe ist an das Amtsgericht zu richten, in dessen Bezirke die Amtshandlung vorgenommen werden soll.

§ 159. Das Ersuchen darf nicht abgelehnt werden.

Das Ersuchen eines nicht im Instanzenzuge vorgesetzten Gerichts ist jedoch abzulehnen, wenn dem ersuchten Gerichte die örtliche Zuständigkeit mangelt, oder die vorzunehmende Handlung nach dem Rechte des ersuchten Gerichts verboten ist.

§ 160. Wird das Ersuchen abgelehnt, oder wird der Vorschrift des § 159 Abs. 2 zuwider dem Ersuchen stattgegeben, so entscheidet das Oberlandesgericht, zu dessen Bezirke das ersuchte Gericht gehört. Eine Anfechtung dieser Entscheidung findet nur statt, wenn dieselbe die Rechtshilfe für unzulässig erklärt, und das ersuchende und das ersuchte Gericht den Bezirken verschiedener Oberlandesgerichte angehören. Ueber die Beschwerde entscheidet das Reichsgericht.

Die Entscheidungen erfolgen auf Antrag der Beteiligten oder des ersuchenden Gerichts ohne vorgängige mündliche Verhandlung.

§ 161. Die Herbeiführung der zum Zwecke von Vollstreckungen, Ladungen und Zustellungen erforderlichen Handlungen erfolgt nach Vorschrift der Prozeßordnungen ohne Rücksicht darauf, ob die Handlungen in dem Bundesstaate, welchem das Prozeßgericht angehört, oder in einem anderen Bundesstaate vorzunehmen sind.

§ 162. Gerichte, Staatsanwaltschaften und Gerichtsschreiber können wegen Erteilung eines Auftrags an einen Gerichtsvollzieher die Mitwirkung des Gerichtsschreibers des Amtsgerichts in Anspruch nehmen, in dessen Bezirke der Auftrag ausgeführt werden soll. Der von dem Gerichtsschreiber beauftragte Gerichtsvollzieher gilt als unmittelbar beauftragt.

§ 163. Eine Freiheitsstrafe, welche die Dauer von sechs Wochen nicht übersteigt, ist in demjenigen Bundesstaate zu vollstrecken, in welchem der Verurteilte sich befindet.

§ 164. Soll eine Freiheitsstrafe in dem Bezirke eines

anderen Gerichts vollstreckt oder ein in dem Bezirke eines anderen Gerichts befindlicher Verurteilter zum Zwecke der Strafverbüßung ergriffen und abgeliefert werden, so ist die Staatsanwaltschaft bei dem Landgerichte des Bezirks um die Ausführung zu ersuchen.

§ 165. Im Falle der Rechtshilfe unter den Behörden verschiedener Bundesstaaten sind die baren Auslagen, welche durch eine Ablieferung oder Strafvollstreckung entstehen, der ersuchten Behörde von der ersuchenden zu erstatten.

Im übrigen werden Kosten der Rechtshilfe von der ersuchenden Behörde nicht erstattet.

Ist eine zahlungspflichtige Partei vorhanden, so sind die Kosten von derselben durch die ersuchende Behörde einzuziehen und der eingezogene Betrag der ersuchten Behörde zu übersenden.

Stempel-, Einregistrierungsgebühren oder andere öffentliche Abgaben, welchen die von der ersuchenden Behörde übersendeten Schriftstücke (Urkunden, Protokolle) nach dem Rechte der ersuchten Behörde unterliegen, bleiben außer Ansatz.

§ 166. Für die Höhe der den geladenen Zeugen und Sachverständigen gebührenden Beträge sind die Bestimmungen maßgebend, welche bei dem Gerichte gelten, vor welches die Ladung erfolgt.

Sind die Beträge nach dem Rechte des Aufenthaltsorts der geladenen Personen höher, so können die höheren Beträge gefordert werden.

Bei weiterer Entfernung des Aufenthaltsorts der geladenen Personen ist denselben auf Antrag ein Vorschuß zu bewilligen.

§ 167. Ein Gericht darf Amtshandlungen außerhalb seines Bezirks ohne Zustimmung des Amtsgerichts des Orts nur vornehmen, wenn Gefahr im Verzuge obwaltet. In diesem Falle ist dem Amtsgerichte des Orts Anzeige zu machen.

§ 168. Die Sicherheitsbeamten eines Bundesstaates sind ermächtigt, die Verfolgung eines Flüchtigen auf das Gebiet eines anderen Bundesstaates fortzusetzen und den Flüchtigen daselbst zu ergreifen.

Der Ergriffene ist unverzüglich an das nächste Gericht oder die nächste Polizeibehörde des Bundesstaates, in welchem er ergriffen wurde, abzuführen.

§ 169. Die in einem Bundesstaate bestehenden Vorschriften über die Mitteilung von Akten einer öffentlichen Behörde an ein Gericht dieses Bundesstaates kommen auch dann zur Anwendung, wenn das ersuchende Gericht einem anderen Bundesstaate angehört.

Vierzehnter Titel.

Oeffentlichkeit und Sitzungspolizei.

§ 170. Die Verhandlung vor dem erkennenden Gerichte, einschließlich der Verkündung der Urteile und Beschlüsse desselben, erfolgt öffentlich.

§ 171. In Ehesachen[1]) ist die Oeffentlichkeit auszuschließen, wenn eine der Parteien es beantragt.

[1]) ZPO. §§ 606 ff.

§ 172. In dem auf die Klage wegen Anfechtung oder Wiederaufhebung der Entmündigung einer Person wegen Geisteskrankheit oder wegen Geistesschwäche eingeleiteten Verfahren (§§ 664, 679 der Zivilprozeßordnung) ist die Oeffentlichkeit während der Vernehmung des Entmündigten auszuschließen, auch kann auf Antrag einer der Parteien die Oeffentlichkeit der Verhandlung überhaupt ausgeschlossen werden.

Das Verfahren wegen Entmündigung oder Wiederaufhebung der Entmündigung (§§ 645 bis 663, 675 bis 678 der Zivilprozeßordnung) ist nicht öffentlich.
Nov. 98.

§ 173. In allen Sachen kann durch das Gericht für die Verhandlung oder für einen Teil derselben die Oeffentlichkeit ausgeschlossen werden, wenn sie eine Gefährdung der öffentlichen Ordnung, insbesondere der Staatssicherheit, oder eine Gefährdung der Sittlichkeit besorgen läßt.
Ges. v. 5. April 1888 (RGBl. S. 133).

§ 174. Die Verkündung des Urteils erfolgt in jedem Falle öffentlich.

Durch einen besonderen Beschluß des Gerichts kann für die Verkündung der Urteilsgründe oder eines Teiles derselben die Oeffentlichkeit ausgeschlossen werden, wenn sie eine Gefährdung der Staatssicherheit oder eine Gefährdung der Sittlichkeit besorgen läßt.
Ges. v. 5. April 1888 (RGBl. S. 133).

§ 175. Die Verhandlung über die Ausschließung der Oeffentlichkeit findet in nicht öffentlicher Sitzung statt, wenn ein Beteiligter es beantragt oder das Gericht es für angemessen erachtet. Der Beschluß, welcher die Oeffentlichkeit ausschließt, muß öffentlich verkündet werden. Bei der Verkündung ist anzugeben, ob die Ausschließung wegen Gefährdung der öffentlichen Ordnung, insbesondere wegen Gefährdung der Staatssicherheit, oder ob sie wegen Gefährdung der Sittlichkeit erfolgt.

Ist die Oeffentlichkeit wegen Gefährdung der Staatssicherheit ausgeschlossen, so kann das Gericht den anwesenden Personen die Geheimhaltung von Tatsachen, welche durch die Verhandlung, durch die Anklageschrift oder durch andere amtliche Schriftstücke des Prozesses zu ihrer Kenntnis gelangen, zur Pflicht machen. Der Beschluß ist in das Sitzungsprotokoll aufzunehmen. Gegen denselben findet Beschwerde statt. Die Beschwerde hat keine aufschiebende Wirkung.
Ges. v. 5. April 1888 (RGBl. S. 133).

§ 176. Der Zutritt zu öffentlichen Verhandlungen kann unerwachsenen und solchen Personen versagt werden, welche sich nicht im Besitze der bürgerlichen Ehrenrechte befinden, oder welche in einer der Würde des Gerichts nicht entsprechenden Weise erscheinen.

Zu nicht öffentlichen Verhandlungen kann der Zutritt einzelnen Personen vom Gerichte gestattet werden. Einer Anhörung der Beteiligten bedarf es nicht.

Die Ausschließung der Oeffentlichkeit steht der Anwesenheit der die Dienstaufsicht führenden Beamten der Justizverwaltung bei den Verhandlungen vor dem erkennenden Gerichte nicht entgegen.

Gesetz vom 5. April 1888 (RGBl. S. 133).

§ 177. Die Aufrechthaltung der Ordnung in der Sitzung liegt dem Vorsitzenden ob.

§ 178. Parteien, Beschuldigte, Zeugen, Sachverständige oder bei der Verhandlung nicht beteiligte Personen, welche den zur Aufrechthaltung der Ordnung erlassenen Befehlen nicht gehorchen, können auf Beschluß des Gerichts aus dem Sitzungszimmer entfernt, auch zur Haft abgeführt und während einer in dem Beschlusse zu bestimmenden Zeit, welche vierundzwanzig Stunden nicht übersteigen darf, festgehalten werden.

§ 179. Das Gericht kann gegen Parteien, Beschuldigte, Zeugen, Sachverständige oder bei der Verhandlung nicht beteiligte Personen, welche sich in der Sitzung einer Ungebühr schuldig machen, vorbehaltlich der strafgerichtlichen Verfolgung, eine Ordnungsstrafe bis zu einhundert Mark oder bis zu drei Tagen Haft festsetzen und sofort vollstrecken lassen.

§ 180. Das Gericht kann gegen einen bei der Verhandlung beteiligten Rechtsanwalt oder Verteidiger, der sich in der Sitzung einer Ungebühr schuldig macht, vorbehaltlich der strafgerichtlichen oder disziplinaren Verfolgung, eine Ordnungsstrafe bis zu einhundert Mark festsetzen.

§ 181. Die Vollstreckung der vorstehend bezeichneten Ordnungsstrafen hat der Vorsitzende unmittelbar zu veranlassen.

§ 182. Die in den §§ 177 bis 181 bezeichneten Befugnisse stehen auch einem einzelnen Richter bei der Vornahme von Amtshandlungen außerhalb der Sitzung zu.

§ 183. Ist in den Fällen der §§ 179, 180, 182 eine Ordnungsstrafe festgesetzt, so findet binnen der Frist von einer Woche nach der Bekanntmachung der

Entscheidung Beschwerde statt, sofern die Entscheidung nicht von dem Reichsgerichte oder einem Oberlandesgerichte getroffen ist.

Die Beschwerde hat in dem Falle des § 179 keine aufschiebende Wirkung, in den Fällen des § 180 und des § 182 aufschiebende Wirkung.

Ueber die Beschwerde entscheidet das Oberlandesgericht.

§ 184. Ist eine Ordnungsstrafe wegen Ungebühr festgesetzt, oder eine Person zur Haft abgeführt, oder eine bei der Verhandlung beteiligte Person entfernt worden, so ist der Beschluß des Gerichts und dessen Veranlassung in das Protokoll aufzunehmen.

§ 185. Wird eine strafbare Handlung in der Sitzung begangen, so hat das Gericht den Tatbestand festzustellen und der zuständigen Behörde das darüber aufgenommene Protokoll mitzuteilen. In geeigneten Fällen ist die vorläufige Festnahme des Täters zu verfügen.

Fünfzehnter Titel.

Gerichtssprache.

§ 186. Die Gerichtssprache ist die deutsche.

§ 187. Wird unter Beteiligung von Personen verhandelt, welche der deutschen Sprache nicht mächtig sind, so ist ein Dolmetscher zuzuziehen. Die Führung eines Nebenprotokolls in der fremden Sprache findet nicht statt; jedoch sollen Aussagen und Erklärungen in fremder Sprache, wenn und soweit der Richter dies mit Rücksicht auf die Wichtigkeit der Sache für erforderlich erachtet, auch in der fremden Sprache in das Protokoll oder in eine Anlage niedergeschrieben werden. In den dazu geeigneten Fällen soll dem Protokolle eine durch den Dolmetscher zu beglaubigende Uebersetzung beigefügt werden.

Die Zuziehung eines Dolmetschers kann unterbleiben, wenn die beteiligten Personen sämtlich der fremden Sprache mächtig sind.

§ 188. Zur Verhandlung mit tauben oder stummen Personen ist, sofern nicht eine schriftliche Verständigung erfolgt, eine Person als Dolmetscher zuzuziehen, mit deren Hilfe die Verständigung in anderer Weise erfolgen kann.

§ 189. Ob einer Partei, welche taub ist, bei der mündlichen Verhandlung der Vortrag zu gestatten sei, bleibt dem Ermessen des Gerichts überlassen.

Dasselbe gilt in Anwaltsprozessen [1]) von einer Partei, die der deutschen Sprache nicht mächtig ist.

[1]) ZPO. § 78.

§ 190. Personen, welche der deutschen Sprache nicht mächtig sind, leisten Eide in der ihnen geläufigen Sprache.

§ 191. Der Dolmetscher hat einen Eid dahin zu leisten:

daß er treu und gewissenhaft übertragen werde.

Ist der Dolmetscher für Uebertragungen der betreffenden Art im allgemeinen beeidigt, so genügt die Berufung auf den geleisteten Eid.

§ 192. Der Dienst des Dolmetschers kann von dem Gerichtsschreiber wahrgenommen werden. Einer besonderen Beeidigung bedarf es nicht.

§ 193. Auf den Dolmetscher finden die Bestimmungen über Ausschließung und Ablehnung der Sachverständigen [1]) entsprechende Anwendung. Die Entscheidung erfolgt durch das Gericht oder den Richter, von welchem der Dolmetscher zugezogen ist.

[1]) ZPO. § 406.

Sechzehnter Titel.

Beratung und Abstimmung.

§ 194. Bei Entscheidungen dürfen Richter nur in der gesetzlich bestimmten Anzahl mitwirken.

Bei Verhandlungen von längerer Dauer kann der Vorsitzende die Zuziehung von Ergänzungsrichtern anordnen, welche der Verhandlung beizuwohnen und im Falle der Verhinderung eines Richters für denselben einzutreten haben.

Die vorstehenden Bestimmungen finden auch auf Schöffen und Geschworene Anwendung.

§ 195. Bei der Beratung und Abstimmung dürfen außer den zur Entscheidung berufenen Richtern nur die bei demselben Gerichte zu ihrer juristischen Ausbildung beschäftigten Personen zugegen sein, soweit der Vorsitzende deren Anwesenheit gestattet.

Gesetz vom 5. April 1888 (RGBl. S. 133).

§ 196. Der Vorsitzende leitet die Beratung, stellt die Fragen und sammelt die Stimmen.

Meinungsverschiedenheiten über den Gegenstand, die Fassung und die Reihenfolge der Fragen oder über das Ergebnis der Abstimmung entscheidet das Gericht.

§ 197. Kein Richter, Schöffe oder Geschworener darf die Abstimmung über eine Frage verweigern, weil er bei der Abstimmung über eine vorhergegangene Frage in der Minderheit geblieben ist.

§ 198. Die Entscheidungen erfolgen, soweit das Gesetz nicht ein anderes bestimmt, nach der absoluten Mehrheit der Stimmen.

Bilden sich in Beziehung auf Summen, über welche zu entscheiden ist, mehr als zwei Meinungen, deren keine die Mehrheit für sich hat, so werden die für die größte Summe abgegebenen Stimmen den für die zunächst geringere abgegebenen so lange hinzugerechnet, bis sich eine Mehrheit ergibt.

Bilden sich in einer Strafsache, von der Schuldfrage abgesehen, mehr als zwei Meinungen, deren keine die Mehrheit für sich hat, so werden die dem Beschuldigten nachteiligsten Stimmen den zunächst minder nachteiligen so lange hinzugerechnet, bis sich eine Mehrheit ergibt.

§ 199. Die Reihenfolge bei der Abstimmung richtet sich nach dem Dienstalter, bei den Schöffengerichten und den Kammern für Handelssachen nach dem Lebensalter; der Jüngste stimmt zuerst, der Vorsitzende zuletzt. Wenn ein Berichterstatter ernannt ist, so gibt dieser seine Stimme zuerst ab.

Bei der Abstimmung der Geschworenen richtet sich die Reihenfolge nach der Auslosung. Der Obmann stimmt zuletzt.

§ 200. Schöffen und Geschworene sind verpflichtet, über den Hergang bei der Beratung und Abstimmung Stillschweigen zu beobachten.

Siebenzehnter Titel.

Gerichtsferien.

§ 201. Die Gerichtsferien beginnen am 15. Juli und endigen am 15. September.

§ 202. Während der Ferien werden nur in Feriensachen Termine abgehalten und Entscheidungen erlassen.

Feriensachen sind:

1. Strafsachen;
2. Arrestsachen und die eine einstweilige Verfügung betreffenden Sachen;[1])
3. Meß- und Marktsachen;[2])
4. Streitigkeiten zwischen dem Vermieter und dem Mieter oder Untermieter von Wohnräumen oder anderen Räumen oder zwischen dem Mieter und dem Untermieter solcher Räume wegen Ueberlassung, Benutzung oder Räumung, sowie wegen Zurückhaltung der von dem Mieter oder dem Untermieter in die Mietsräume eingebrachten Sachen;

4 a. Streitigkeiten zwischen Dienstherrschaft und Gesinde, zwischen Arbeitgebern und Arbeitern hinsichtlich des Dienst- oder Arbeitsverhältnisses, sowie die im § 4 Abs. 1 Nr. 1—4 des Gewerbegerichtsgesetzes (Reichs-Gesetzbl. 1901 S. 353) und im § 5 Nr. 1—4 des Gesetzes, betreffend Kaufmannsgerichte, vom 6. Juli 1904 (Reichs-Gesetzbl. S. 266) bezeichneten Streitigkeiten;

4 b. Ansprüche aus dem außerehelichen Beischlafe;

5. Wechselsachen;
6. Bausachen, wenn über Fortsetzung eines angefangenen Baues gestritten wird.

In dem Verfahren vor den Amtsgerichten hat das Gericht auf Antrag auch andere Sachen als Feriensachen zu bezeichnen. Werden in einer Sache, die durch Beschluß des Gerichts als Feriensache bezeichnet ist, in einem Termine zur mündlichen Verhandlung einander widersprechende Anträge gestellt, so ist der Beschluß aufzuheben, sofern die Sache nicht besonderer Beschleunigung bedarf.

In dem Verfahren vor den Landgerichten sowie in dem Verfahren in den höheren Instanzen soll das Gericht auf Antrag auch solche Sachen, welche nicht unter die Vorschrift des Abs. 1 fallen, soweit sie besonderer Beschleunigung bedürfen, als Feriensachen bezeichnen. Die Bezeichnung kann vorbehaltlich der Entscheidung des Gerichts durch den Vorsitzenden erfolgen.

Abs. 2 Nr. 4, 4a, Nov. 98; Abs. 2 Nr. 4a, 4b und Abs. 3 Nov. 09.

[1]) ZPO. §§ 916 ff. [2]) ZPO. § 30.

§ 203. Zur Erledigung der Feriensachen können bei den Landgerichten Ferienkammern, bei den Oberlandesgerichten und dem Reichsgerichte Feriensenate gebildet werden.

§ 204. Auf das Kostenfestsetzungsverfahren,[1]) das Mahnverfahren,[2]) das Zwangsvollstreckungsverfahren[3]) und das Konkursverfahren sind die Ferien ohne Einfluß.

Nov. 09.

[1]) ZPO. §§ 91 ff. [2]) ZPO. §§ 688 ff. [3]) ZPO. §§ 704 ff.

VIII. Einführungsgesetz zum Gerichtsverfassungsgesetze.

vom 27. Januar 1877.

Wir Wilhelm, von Gottes Gnaden Deutscher Kaiser, König von Preußen ꝛc.

verordnen im Namen des Deutschen Reichs, nach erfolgter Zustimmung des Bundesrats und des Reichstags, was folgt:

§ 1. Das Gerichtsverfassungsgesetz tritt im ganzen Umfange des Reichs an einem durch Kaiserliche Verordnung mit Zustimmung des Bundesrats festzusetzenden Tage, spätestens am 1. Oktober 1879, gleichzeitig mit der im § 2 des Einführungsgesetzes der Zivilprozeßordnung vorgesehenen Gebührenordnung in Kraft.

§ 2. Die Vorschriften des Gerichtsverfassungsgesetzes finden nur auf die ordentliche streitige Gerichtsbarkeit und deren Ausübung Anwendung.

§ 3. Die Gerichtsbarkeit in bürgerlichen Rechtsstreitigkeiten und Strafsachen, für welche besondere Gerichte zugelassen sind,[1]) kann den ordentlichen Landesgerichten durch die Landesgesetzgebung übertragen werden. Die Uebertragung darf nach anderen als den durch das Gerichtsverfassungsgesetz vorgeschriebenen Zuständigkeitsnormen erfolgen.

Auch kann die Gerichtsbarkeit letzter Instanz in den vorerwähnten Sachen auf Antrag des betreffenden Bundesstaates mit Zustimmung des Bundesrats durch

Kaiserliche Verordnung dem Reichsgerichte übertragen werden.

Insoweit für bürgerliche Rechtsstreitigkeiten ein von den Vorschriften der Zivilprozeßordnung abweichendes Verfahren gestattet ist,[2]) kann die Zuständigkeit der ordentlichen Landesgerichte durch die Landesgesetzgebung nach anderen als den durch das Gerichtsverfassungsgesetz vorgeschriebenen Normen bestimmt werden.

[1]) GVG. § 14. [2]) EG. z. ZPO. § 3 Abs. 2.

§ 4. Durch die Vorschriften des Gerichtsverfassungsgesetzes über die Zuständigkeit der Behörden wird die Landesgesetzgebung nicht gehindert, den betreffenden Landesbehörden jede andere Art der Gerichtsbarkeit, sowie Geschäfte der Justizverwaltung zu übertragen. Andere Gegenstände der Verwaltung dürfen den ordentlichen Gerichten nicht übertragen werden.

§ 5. In Ansehung der Landesherren und der Mitglieder der landesherrlichen Familien, sowie der Mitglieder der Fürstlichen Familie Hohenzollern finden die Bestimmungen des Gerichtsverfassungsgesetzes nur insoweit Anwendung, als nicht besondere Vorschriften der Hausverfassungen oder der Landesgesetze abweichende Bestimmungen enthalten. Das gleiche gilt in Ansehung der Mitglieder des vormaligen Hannoverschen Königshauses, des vormaligen Kurhessischen und des vormaligen Herzoglich Nassauischen Fürstenhauses.

Satz 2 Nov. 98.

§ 6. Unberührt bleiben die bestehenden landesgesetzlichen Vorschriften über die Zuständigkeit der Schwurgerichte für die durch die Presse begangenen strafbaren Handlungen.

§ 7. Die Militärgerichtsbarkeit, sowie das landesgesetzlich den Standesherren gewährte Recht auf Austräge werden durch das Gerichtsverfassungsgesetz nicht berührt.

§ 8. Durch die Gesetzgebung eines Bundesstaates, in welchem mehrere Oberlandesgerichte errichtet werden, kann die Verhandlung und Entscheidung der zur Zuständigkeit des Reichsgerichts gehörenden Revisionen in bürgerlichen Rechtsstreitigkeiten[1]) einem obersten Landesgerichte zugewiesen werden.

Diese Vorschrift findet jedoch auf bürgerliche Rechtsstreitigkeiten, welche zur Zuständigkeit des Reichs-Oberhandelsgerichts gehören oder durch besondere Reichsgesetze dem Reichsgerichte zugewiesen werden, keine Anwendung.

Abs. 1 Nov. 10. [1]) GVG. § 135.

§ 9. Durch die Gesetzgebung eines Bundesstaates, in welchem mehrere Oberlandesgerichte errichtet werden, kann die Verhandlung und Entscheidung der zur Zuständigkeit der Oberlandesgerichte gehörenden Revisionen und Beschwerden in Strafsachen[1]) ausschließlich einem der mehreren Oberlandesgerichte oder an Stelle eines solchen Oberlandesgerichts dem obersten Landesgerichte zugewiesen werden.

Nov. 98. [1]) GVG. § 123 Nr. 2, 3, 5.

§ 10. Die allgemeinen, sowie die in den §§ 126, 132, 133, 134, 183 Abs. 1 enthaltenen besonderen Vorschriften des Gerichtsverfassungsgesetzes finden auf die obersten Landesgerichte als Behörden der ordentlichen streitigen Gerichtsbarkeit entsprechende Anwendung. Das gleiche gilt, sofern ein Zivilsenat des obersten Landesgerichts von der Entscheidung eines anderen Zivilsenats oder der vereinigten Zivilsenate abweichen will, in Ansehung der Vorschriften der §§ 137, 139 des Gerichtsverfassungsgesetzes.

Die Besetzung der Senate bestimmt sich in Strafsachen nach § 124, in bürgerlichen Rechtsstreitigkeiten nach § 140 des Gerichtsverfassungsgesetzes.

Auf die Besetzung der Zivilsenate des obersten Landesgerichts findet in Grundbuchsachen, sowie in den nach § 199 des Gesetzes über die Angelegenheiten der freiwilligen Gerichtsbarkeit dem obersten Landesgerichte zugewiesenen Angelegenheiten der § 124 des Gerichtsverfassungsgesetzes Anwendung.

Abs. 1 Satz 2, Abs. 2, 3 Nov. 98.

§ 11. Die landesgesetzlichen Bestimmungen, durch welche die strafrechtliche oder zivilrechtliche Verfolgung öffentlicher Beamten wegen der in Ausübung oder in Veranlassung der Ausübung ihres Amts vorgenommenen Handlungen an besondere Voraussetzungen gebunden ist, treten außer Kraft.

Unberührt bleiben die landesgesetzlichen Vorschriften, durch welche die Verfolgung der Beamten entweder im Falle des Verlangens einer vorgesetzten Behörde oder unbedingt an die Vorentscheidung einer besonderen Behörde gebunden ist, mit der Maßgabe:

1. daß die Vorentscheidung auf die Feststellung beschränkt ist, ob der Beamte sich einer Ueberschreitung seiner Amtsbefugnisse oder der Unterlassung einer ihm obliegenden Amtshandlung schuldig gemacht habe;
2. daß in den Bundesstaaten, in welchen ein oberster Verwaltungsgerichtshof besteht, die Vorentscheidung diesem, in den anderen Bundesstaaten dem Reichsgerichte zusteht.

§ 12. (Aufgehoben; § 1 des Ges. v. 12. Juni 1889, RGBl. S. 95).

§ 13. Die Bestimmungen über das Richteramt im § 8 des Gerichtsverfassungsgesetzes treten in denjenigen Staaten, in welchen Vorschriften für die richterliche Entscheidung über die Enthebung eines Richters vom Amte oder über die Versetzung eines Richters an eine andere Stelle oder in Ruhestand nicht bestehen, nur gleichzeitig mit der landesgesetzlichen Regelung der Disziplinarverhältnisse der Richter in Wirksamkeit.

§ 14. Die am Tage des Inkrafttretens des Gerichtsverfassungsgesetzes[1]) bei dem Reichs-Oberhandelsgerichte anhängigen Sachen gehen in der prozessualischen Lage, in welcher sie sich befinden, auf das Reichsgericht über.

[1]) § 1.

§ 15. Durch Kaiserliche Verordnung kann auf Antrag eines Bundesstaates und mit Zustimmung des Bundesrats die Verhandlung und Entscheidung derjenigen Sachen, welche nach den bisherigen Prozeßgesetzen von dem obersten Landesgerichte zu erledigen gewesen wären, dem Reichsgerichte zugewiesen werden.

§ 16. Behufs Erledigung der nach Vorschrift des vorstehenden Paragraphen dem Reichsgerichte zugewiesenen Sachen können mit Zustimmung des Bundesrats durch Kaiserliche Verordnung bei dem Reichsgerichte Hilfssenate eingerichtet werden.

Der Reichskanzler bestimmt die Zusammensetzung der Hilfssenate und die Verteilung der Geschäfte derselben.

Mit der Wahrnehmung der richterlichen Geschäfte in den Hilfssenaten können nur Mitglieder des Reichsgerichts und Mitglieder der früheren obersten Gerichte oder der Oberlandesgerichte beauftragt werden.

Die Anordnung ist für ein nicht zum Reichsgerichte gehörendes Mitglied bis zu dem Zeitpunkte unwiderruflich, in welchem die Wahrnehmung seiner Tätigkeit in dem Hilfssenate nicht mehr erforderlich ist.

§ 17. Auf Antrag eines Bundesstaates und mit Zustimmung des Bundesrats kann durch Kaiserliche Verordnung die Verhandlung und Entscheidung der im § 17 des Gerichtsverfassungsgesetzes bezeichneten Streitigkeiten dem Reichsgerichte zugewiesen werden.

Für diejenigen Bundesstaaten, in denen die im § 17 des Gerichtsverfassungsgesetzes bezeichneten Behörden bestehen und nach Maßgabe der Vorschriften im § 17 Nr. 1—4 einer Veränderung ihrer Einrichtung und des Verfahrens bedürfen, kann die Veränderung, sofern sie nicht bis zum Inkrafttreten dieses Gesetzes landesgesetzlich getroffen ist, durch landesherrliche Verordnung eingeführt werden.

§ 18. Die am Tage des Inkrafttretens des Gerichtsverfassungsgesetzes bei den Landesgerichten anhängigen Sachen[1]) können den ordentlichen Landesgerichten ohne Rücksicht auf die im Gerichtsverfassungsgesetze bestimmten Grenzen der Zuständigkeit durch die Landesgesetzgebung zugewiesen werden.

1) § 1.

§ 19. Die Mitglieder des Reichs-Oberhandelsgerichts werden durch Kaiserliche Verfügung mit Beibehaltung ihrer Besoldung entweder bei dem Reichsgerichte angestellt oder in den Ruhestand versetzt.

§ 20. Bei der ersten Einrichtung der Landgerichte, der Oberlandesgerichte und der bei einem Amtsgerichte gebildeten Strafkammern und während der Dauer des ersten Geschäftsjahres erfolgen die Geschäftsverteilung und die Bestimmung der Mitglieder der Kammern und Senate sowie der regelmäßigen Vertreter der Mitglieder durch die Landesjustizverwaltung.

Bei der ersten Einrichtung des Reichsgerichts und während der Dauer des ersten Geschäftsjahres erfolgen die Geschäftsverteilung und die Bestimmung der Mitglieder der Senate sowie der regelmäßigen Vertreter derselben durch den Reichskanzler.

§ 21. Innerhalb zwei Jahren nach dem Inkrafttreten des Gerichtsverfassungsgesetzes[1]) kann die Landesjustizverwaltung bei notwendiger Einziehung von Richterstellen die unfreiwillige Versetzung eines Richters an ein anderes Gericht von gleicher Ordnung unter Belassung des vollen Gehalts und Erstattung der Umzugskosten verfügen.

[1]) § 1.

§ 22. Die Bestimmungen des § 2 des Gerichtsverfassungsgesetzes über die Fähigkeit zum Richteramte finden auf diejenigen, welche vor dem Inkrafttreten des Gesetzes die erste Prüfung in einem Bundesstaate zurückgelegt haben, nur insoweit Anwendung, als nicht in dem Bundesstaate abweichende Vorschriften bestehen.

Der für den Vorbereitungsdienst vorgeschriebene Zeitraum kann für die ersten vier Jahre nach dem Inkrafttreten des Gesetzes in den einzelnen Bundesstaaten bis auf zwei Jahre abgekürzt werden.

Urkundlich unter Unserer Höchsteigenhändigen Unterschrift und beigedrucktem Kaiserlichen Insiegel.

Gegeben Berlin, den 27. Januar 1877.

(L. S.) Wilhelm.

Fürst v. Bismarck.

IX. Gesetz,

betr. Aenderungen des Gerichtsverfassungsgesetzes und der Strafprozeßordnung.

Vom 17. Mai 1898.

Wir Wilhelm, von Gottes Gnaden Deutscher Kaiser, König von Preußen rc.

verordnen im Namen des Reichs, nach erfolgter Zustimmung des Bundesrats und des Reichstags, was folgt:

Art. I. enthält Aenderungen des Gerichtsverfassungsgesetzes.

Art. II. enthält Aenderungen des Einführungsgesetzes zum Gerichtsverfassungsgesetze, der Strafprozeßordnung und des Einführungsgesetzes zur Strafprozeßordnung.

Art. III. enthält Aenderungen des Einführungsgesetzes zum Gerichtsverfassungsgesetze.

Art. IV. Wird gemäß § 79 Abs. 2 der Grundbuchordnung oder gemäß § 28 Abs. 2 des Gesetzes über die Angelegenheiten der freiwilligen Gerichtsbarkeit die weitere Beschwerde von dem Landesgerichte dem Reichsgerichte vorgelegt, so bleiben in Ansehung der Gerichtskosten die Vorschriften maßgebend, welche Anwendung finden, wenn eine solche Beschwerde bei dem Landesgericht erledigt wird; die erhobenen Kosten fließen jedoch in die Reichskasse.

Art. V. Dieses Gesetz tritt gleichzeitig mit dem Bürgerlichen Gesetzbuch in Kraft.[1])

[1]) **EG. z. BGB.** Art. 1.

Urkundlich unter Unserer Höchsteigenhändigen Unterschrift und beigedrucktem Kaiserlichen Insiegel.

Gegeben Straßburg i. E., den 17. Mai 1898.

(L. S.) Wilhelm.

Fürst zu Hohenlohe.

X. Gesetz,

betreffend die Zuständigkeit des Reichsgerichts vom 22. Mai 1910.

Wir Wilhelm, von Gottes Gnaden Deutscher Kaiser, König von Preußen ꝛc.

verordnen im Namen des Reichs, nach erfolgter Zustimmung des Bundesrats und des Reichstags, was folgt:

Art. I. enthält Aenderungen des Gerichtsverfassungsgesetzes.

Art. II. enthält eine Aenderung des Einführungsgesetzes zum Gerichtsverfassungsgesetze.

Art. III. enthält Aenderungen der Zivilprozeßordnung.

Art. IV. enthält eine Aenderung des Einführungsgesetzes zur Zivilprozeßordnung.

Art. V. In einem Bundesstaat, in welchem mehrere Oberlandesgerichte errichtet sind, ein oberstes Landesgericht für bürgerliche Rechtsstreitigkeiten [1]) aber nicht besteht, können die Bestimmung des zuständigen Gerichts nach § 36 der Zivilprozeßordnung, die Entscheidung nach § 650 Abs. 3 der Zivilprozeßordnung und die Bestellung zum Vollstreckungsgerichte nach § 2 des Gesetzes über die Zwangsversteigerung und die Zwangsverwaltung für alle Gerichte des Bundesstaats an Stelle des Reichsgerichts einem der Oberlandesgerichte übertragen werden.

Die Uebertragung erfolgt durch die Landesjustizverwaltung.

[1]) EG. z. GVG. § 8.

Art. VI. und **VII.** enthalten Aenderungen und Zusätze zu dem Gesetz über die Angelegenheiten der freiwilligen Gerichtsbarkeit.

Art. VIII. enthält eine Aenderung des Gerichtskostengesetzes.

Art. IX. enthält eine Aenderung der Gebührenordnung für Rechtsanwälte.

Art. X. Soweit in Reichsgesetzen auf Vorschriften verwiesen ist, welche durch dieses Gesetz geändert werden, treten die entsprechenden Vorschriften dieses Gesetzes an ihre Stelle.

Art. XI. Dieses Gesetz tritt am 1. Juni 1910 in Kraft. In Ansehung der Rechtsmittel gegen die Entscheidungen der Oberlandesgerichte, die bereits verkündet oder von Amts wegen zugestellt sind, bevor dieses Gesetz in Kraft getreten ist, finden die bisherigen Vorschriften Anwendung.

Art. XII. Der Reichskanzler wird ermächtigt, für die Zeit bis längstens zum 31. Dezember 1913 Hilfsrichter aus der Zahl der Mitglieder der Oberlandesgerichte und Landgerichte sowie der Amtsrichter zum Zwecke der Erledigung der Geschäfte der Zivilsenate einzuberufen. Die Abordnung eines jeden Hilfsrichters ist bis zu dem Zeitpunkt unwiderruflich, in welchem die Wahrnehmung seiner Tätigkeit nicht mehr erforderlich ist.

Urkundlich unter Unserer Höchsteigenhändigen Unterschrift und beigedrucktem Kaiserlichen Insiegel.

Gegeben Buckingham Palace London, den 22. Mai 1910.

(L. S.) Wilhelm.

von Bethmann Hollweg.

Gesetz vom 20. Februar 1911, betreffend die bei einem obersten Landesgericht einzulegenden Revisionen in bürgerlichen Rechtsstreitigkeiten.

RGBl. 1911 Nr. 8 S. 59. — Ausgegeben 24. Februar 1911.

Wir **Wilhelm**, von Gottes Gnaden Deutscher Kaiser, König von Preußen rc.,

verordnen im Namen des Reichs, nach erfolgter Zustimmung des Bundesrats und des Reichstags, was folgt:

Artikel 1.

Dem § 8 Abs. 2 des Einführungsgesetzes zum Gerichtsverfassungsgesetze wird folgender Halbsatz angefügt:

„es sei denn, daß für die Entscheidung im wesentlichen Rechtsnormen in Betracht kommen, die in Landesgesetzen enthalten sind."

Artikel 2.

Der § 7 des Gesetzes, betreffend die Einführung der Zivilprozeßordnung, erhält folgenden weiteren Absatz:

„Wird der Beschluß des obersten Landesgerichts, durch welchen das Reichsgericht für zuständig erklärt wird, dem Revisionskläger erst nach dem Ablauf der Revisionsfrist zugestellt, so beginnt mit der Zustellung des Beschlusses der Lauf der Frist für die Revisionsbegründung von neuem.

Artikel 3.

Die Vorschriften dieses Gesetzes finden auf die vor dem Inkrafttreten eingelegten Revisionen keine Anwendung.

Urkundlich unter Unserer Höchsteigenhändigen Unterschrift und beigedrucktem Kaiserlichen Insiegel.

Gegeben Berlin im Schloß, den 20. Februar 1911.

(L. S.) **Wilhelm.**

von Bethmann Hollweg.

XI. Gerichtskostengesetz

vom 18. Juni 1878.

Wir Wilhelm, von Gottes Gnaden Deutscher Kaiser, König von Preußen rc.

verordnen im Namen des Reichs, nach erfolgter Zustimmung des Bundesrats und des Reichstags, was folgt:

Erster Abschnitt.

Allgemeine Bestimmungen.

§ 1. In den vor die ordentlichen Gerichte[1]) gehörigen Rechtssachen, auf welche die Zivilprozeßordnung, die Strafprozeßordnung oder die Konkursordnung Anwendung findet, werden Gebühren und Auslagen der Gerichte nur nach Maßgabe dieses Gesetzes erhoben.

[1]) GVG. § 12.

§ 2. Eine Erhebung von Stempeln und anderen Abgaben neben den Gebühren findet nicht statt.

Urkunden, von denen im Verfahren Gebrauch gemacht wird, sind nur insoweit einem Stempel oder einer anderen Abgabe unterworfen, als sie es ohne diesen Gebrauch sein würden.

Urkunden, welche im Verfahren errichtet werden, bleiben, soweit ihr Inhalt über den Gegenstand des Verfahrens hinausgeht, den allgemeinen Vorschriften über Erhebung von Stempeln oder anderen Abgaben unterworfen.

§ 3. In einem weiteren Umfange, als die Prozeßordnungen[1]) und dieses Gesetz[2]) es gestatten, darf die Tätigkeit der Gerichte von der Sicherstellung oder Zahlung der Gebühren oder Auslagen nicht abhängig gemacht werden.

[1]) ZPO. §§ 379, 402, 911. [2]) §§ 81 ff.

§ 4. Ueber Erinnerungen des Zahlungspflichtigen oder der Staatskasse gegen den Ansatz von Gebühren oder Auslagen entscheidet das Gericht der Instanz gebührenfrei. Die Entscheidung kann von dem Gerichte, welches dieselbe getroffen hat, sowie von dem Gerichte der höheren Instanz von Amts wegen geändert werden.

Gegen die Entscheidung findet Beschwerde nach Maßgabe des § 567 Abs. 2 und der §§ 568 bis 575 der Zivilprozeßordnung statt.

Die Einlegung von Erinnerungen oder Beschwerden kann durch Erklärung zum Protokolle des Gerichtsschreibers oder schriftlich ohne Mitwirkung eines Anwalts erfolgen.

Abs. 2 Nov. 98.

§ 5. Eine Nachforderung von Gerichtskosten wegen irrigen Ansatzes ist nur zulässig, wenn der berichtigte Ansatz vor Ablauf des nächsten Kalenderjahres nach rechtskräftiger oder endgültiger Erledigung des Verfahrens dem Zahlungspflichtigen eröffnet ist.

§ 6. Die Gerichte sind befugt, Gebühren, welche durch eine unrichtige Behandlung der Sache ohne Schuld der Beteiligten entstanden sind, niederzuschlagen, und für abweisende Bescheide, wenn der Antrag auf nicht anzurechnender Unkenntnis der Verhältnisse oder auf Unwissenheit beruht, Gebührenfreiheit zu gewähren.

§ 7. Der Mindestbetrag einer Gebühr ist zwanzig Pfennig.

Pfennigbeträge, welche ohne Bruch nicht durch zehn teilbar sind, werden auf den nächst höheren durch zehn teilbaren Betrag abgerundet.

Zweiter Abschnitt.

Gebühren in bürgerlichen Rechtsstreitigkeiten.

§ 8. In bürgerlichen Rechtsstreitigkeiten werden die Gebühren nach dem Werte des Streitgegenstandes[1]) erhoben.

Die volle Gebühr beträgt bei Gegenständen im Werte:

1.	bis 20 Mark einschließlich			. . . . . .	1 Mark,	
2.	von mehr als	20 bis	60 Mark einschl.		2 „	40 Pf.,
3.	„ „ „	60 „	120 „ „		4 „	60 „
4.	„ „ „	120 „	200 „ „		7 „	50 „
5.	„ „ „	200 „	300 „ „		11 „	
6.	„ „ „	300 „	450 „ „		15 „	
7.	„ „ „	450 „	650 „ „		20 „	
8.	„ „ „	650 „	900 „ „		26 „	
9.	„ „ „	900 „	1200 „ „		32 „	
10.	„ „ „	1200 „	1600 „ „		38 „	
11.	„ „ „	1600 „	2100 „ „		44 „	
12.	„ „ „	2100 „	2700 „ „		50 „	
13.	„ „ „	2700 „	3400 „ „		56 „	
14.	„ „ „	3400 „	4300 „ „		62 „	
15.	„ „ „	4300 „	5400 „ „		68 „	
16.	„ „ „	5400 „	6700 „ „		74 „	
17.	„ „ „	6700 „	8200 „ „		81 „	
18.	„ „ „	8200 „	10000 „ „		90 „	

Die ferneren Wertsklassen steigen um je 2000 Mark und die Gebühren um je 10 Mark.

[1]) § 9.

§ 9. Für die Wertsberechnung sind die Vorschriften der Zivilprozeßordnung §§ 3 bis 9 und der Konkursordnung § 148 mit den nachstehenden Bestimmungen maßgebend.

§ 9a. Ist das Bestehen oder die Dauer eines Pacht- oder Mietverhältnisses für einen längeren als einjährigen Zeitraum streitig, so wird der Wert auf den Betrag des einjährigen Zinses berechnet.

Bei Ansprüchen auf Alimente, welche auf gesetzlicher Vorschrift beruhen, wird der Wert des Rechts auf die wiederkehrenden Leistungen, falls nicht der Gesamtbetrag der geforderten Leistungen geringer ist, auf den fünffachen Betrag des einjährigen Bezugs berechnet. Das gleiche gilt bei Ansprüchen auf Entrichtung einer Geldrente, welche nach den §§ 843, 844 des Bürgerlichen Gesetzbuchs oder nach den §§ 3, 3a, 7 des Gesetzes, betreffend die Verbindlichkeit zum Schadenersatze für die bei dem Betriebe von Eisenbahnen, Bergwerken usw. herbeigeführten Tötungen und Körperverletzungen, vom 7. Juni 1871 erhoben werden.

Ist für die Dauer des Rechtsstreits, welcher eine Ehesache[1]) betrifft, über die Unterhaltspflicht der Ehegatten zu entscheiden, so wird der Wert des Rechts auf Entrichtung einer Geldrente auf den einjährigen Betrag derselben berechnet.

Nov. 98.

[1]) ZPO. § 606 Abs. 1.

§ 10. Bei nicht vermögensrechtlichen Ansprüchen wird der Wert des Streitgegenstandes zu 2000 Mark, ausnahmsweise niedriger oder höher, jedoch nicht unter 200 Mark und nicht über 50000 Mark angenommen.

Ist mit einem nicht vermögensrechtlichen Anspruch ein aus ihm hergeleiteter vermögensrechtlicher verbunden, so ist nur Ein Anspruch, und zwar der höhere maßgebend.

§ 10a. Im Falle des § 254 der Zivilprozeßordnung ist für die Wertsberechnung nur einer der verbundenen Ansprüche, und zwar der höhere maßgebend.

Nov. 98.

§ 11. Soweit Klage und Widerklage,[1]) welche nicht in getrennten Prozessen verhandelt werden,[2]) denselben Streitgegenstand betreffen, sind die Gebühren nach dem einfachen Werte dieses Gegenstandes zu berechnen. Soweit beide Klagen nicht denselben Streitgegenstand betreffen, sind die Gegenstände zusammenzurechnen.

Das gleiche gilt für wechselseitig eingelegte Rechtsmittel, welche nicht in getrennten Prozessen verhandelt werden.

[1]) ZPO. § 33. [2]) ZPO. § 145 Abs. 2.

§ 12. Für Akte, welche einen Teil des Streitgegenstands betreffen, sind die Gebühren nur nach dem Werte dieses Teils zu berechnen.

Sind von einzelnen Wertsteilen in derselben Instanz für gleiche Akte Gebühren zu berechnen, so darf nicht mehr erhoben werden, als wenn die Gebühr von dem Gesamtbetrage der Wertsteile zu berechnen wäre; treten für die Akte verschiedene Gebührensätze ein, so ist der höchste Satz maßgebend.

§ 13. Für Akte, welche Früchte, Nutzungen, Zinsen, Schäden oder Kosten als Nebenforderungen ohne den Hauptanspruch betreffen, ist der Wert der Nebenforderungen insoweit maßgebend, als er den Wert des Hauptanspruchs nicht übersteigt.

Für Akte der Zwangsvollstreckung wegen einer Geldforderung[1]) werden die einzuziehenden Zinsen mitberechnet.

Für Akte, welche die Kosten des Rechtsstreits ohne den Hauptanspruch betreffen, ist der Betrag der Kosten maßgebend.

[1]) ZPO. §§ 803 bis 882.

§ 14. Bei jedem Antrag ist der Wert des Streitgegenstandes, sofern derselbe nicht in einer bestimmten Geldsumme besteht oder aus früheren Anträgen erhellt, und auf Erfordern auch der Wert eines Teils desselben schriftlich oder zum Protokolle des Gerichtsschreibers anzugeben.

Die Angabe kann jederzeit berichtigt werden.

§ 15. Die zum Zwecke der Entscheidung über die Zuständigkeit des Prozeßgerichts oder die Zulässigkeit des Rechtsmittels erfolgte Festsetzung des Wertes[1]) ist, unbeschadet der Vorschrift des § 9a, für die Berechnung der Gebühren maßgebend.

Nov. 98. [1]) GVG. § 23, ZPO. § 546.

§ 16. Soweit eine Entscheidung in Gemäßheit des § 15 nicht stattfindet, und nach der Natur des Streitgegenstandes oder durch den Antrag einer Partei die Festsetzung des Wertes erforderlich wird, erfolgt dieselbe gebührenfrei durch Beschluß des Prozeßgerichts, bei der Zwangsvollstreckung, falls der Wert noch nicht festgesetzt ist, durch Beschluß des Vollstreckungsgerichts.[1]) Die Festsetzung kann von dem Gerichte, welches dieselbe getroffen hat, sowie von dem Gerichte der höheren Instanz im Laufe des Verfahrens von Amts wegen geändert werden.

Gegen den Beschluß findet Beschwerde nach Maßgabe des § 567 Abs. 2 und der §§ 568 bis 575 der Zivilprozeßordnung sowie des § 4 Abs. 3 dieses Gesetzes statt.

Abs. 2 Nov. 98.

[1]) ZPO. § 764.

§ 17. Wird eine Abschätzung durch Sachverständige erforderlich, so ist in dem Beschlusse, durch welchen der Wert festgesetzt wird (§ 16), über die Kosten der Abschätzung zu entscheiden. Dieselben können ganz oder teilweise der Partei zur Last gelegt werden, welche durch Unterlassung der ihr obliegenden Wertsangabe oder durch unrichtige Wertsangabe,[1]) unbegründetes Bestreiten der Wertsangabe oder unbegründete Beschwerde die Abschätzung veranlaßt hat.

[1]) § 14.

§ 18. Die volle Gebühr (§ 8) wird erhoben:

1. für die kontradiktorische mündliche Verhandlung (Verhandlungsgebühr);
2. für die Anordnung einer Beweisaufnahme (Beweisgebühr);
3. für eine andere Entscheidung (Entscheidungsgebühr).

§ 19. Die Verhandlung gilt als kontradiktorisch im Sinne des § 18 Nr. 1, soweit in derselben von beiden Parteien einander widersprechende Anträge gestellt werden.

§ 20. Die Verhandlungsgebühr kommt auch zur Erhebung:

1. für eine nicht kontradiktorisch mündliche Verhandlung in Ehesachen [1]), in Rechtsstreitigkeiten, welche die Feststellung des Rechtsverhältnisses zwischen Eltern und Kindern zum Gegenstande haben [2]), in den vor die Landgerichte gehörigen Entmündigungssachen [3]) und in dem Verfahren über die gegen eine Todeserklärung erhobene Anfechtungsklage [4]), sofern der Kläger verhandelt;
2. für die Verhandlung im vorbereitenden Verfahren (Zivilprozeßordnung §§ 348 bis 354).

Nr. 1 Nov. 98. [1]) ZPO. §§ 606 ff. [2]) ZPO. §§ 640 ff. [3]) ZPO. §§ 664, 679. [4]) ZPO. §§ 957, 973 ff.

§ 21. Die Verhandlungsgebühr wird nicht erhoben, soweit ein zur Beilegung des Rechtsstreits abgeschlossener Vergleich [1]) aufgenommen oder auf Grund eines Anerkenntnisses [2]) oder Verzichts [3]) eine Entscheidung erlassen wird, ohne daß die Anordnung einer Beweisaufnahme oder eine andere gebührenpflichtige Entscheidung vorhergegangen ist.

[1]) BGB. § 779. [2]) ZPO. § 307. [3]) ZPO. § 306.

§ 22. Die Beweisgebühr (§ 18 Nr. 2) wird nur zur Hälfte erhoben, wenn die angeordnete Beweisaufnahme weder ganz noch teilweise stattgefunden hat.

Dasselbe findet statt, soweit bezüglich des durch die Beweisanordnung betroffenen Gegenstandes ein zur Beilegung des Rechtsstreits abgeschlossener Vergleich [1]) aufgenommen oder auf Grund eines Anerkenntnisses [2]) oder Verzichts [3]) eine Entscheidung erlassen wird.

Nov. 81. [1]) BGB. § 779. [2]) ZPO. § 307. [3]) ZPO. § 306.

§ 22a. Für eine auf Grund des § 501 der Zivilprozeßordnung getroffene Anordnung des Gerichts wird die Beweisgebühr nur dann erhoben, wenn auf Grund der Anordnung vor der mündlichen Verhandlung eine Beweisaufnahme stattgefunden hat.

Nov. 09.

§ 23. Nur drei Zehnteile der Entscheidungsgebühr werden erhoben für die auf Grund eines Anerkenntnisses[1]) oder Verzichts[2]) erlassene Entscheidung.

Die Entscheidungsgebühr wird zu drei Zehnteilen auch für die Aufnahme eines zur Beilegung des Rechtsstreits abgeschlossenen Vergleichs[3]) erhoben.

Nov. 81. [1]) ZPO. § 307. [2]) ZPO. § 306. [3]) BGB. § 779.

§ 24. Ein bedingtes Urteil (Zivilprozeßordnung § 460) gilt für die Gebührenerhebung als Beweisanordnung; das Urteil, durch welches das bedingte Urteil erledigt wird (Zivilprozeßordnung § 462 Abs. 2) als Entscheidung im Sinne des § 18 Nr. 3.

Ist jedoch das bedingte Urteil in der Instanz, in welcher es ergangen ist, bis zum Eintritt der Fälligkeit der Gebühren nicht erledigt, so wird für dasselbe die Entscheidungsgebühr erhoben, vorbehaltlich der Berichtigung des Gebührenansatzes nach Maßgabe der Vorschriften des ersten Absatzes für den Fall einer nachträglichen Erledigung des Urteils in derselben Instanz.

§ 25. Sechs Zehnteile der Gebühr (§§ 18 bis 24) werden erhoben, wenn der Akt im Urkunden- oder Wechselprozesse (Zivilprozeßordnung §§ 592 bis 605) erfolgt.

§ 26. Fünf Zehnteile der Gebühr (§§ 18 bis 24) werden erhoben, wenn der Akt ausschließlich betrifft:

1. prozeßhindernde Einreden (Zivilprozeßordnung § 274);
2. die Unzuständigkeit des Gerichts, die Unzulässigkeit des Rechtsweges, den Mangel der Parteifähigkeit, der Prozeßfähigkeit, der Legitimation eines gesetzlichen Vertreters oder der erforderlichen Ermächtigung zur Prozeßführung, sofern dieselben von Amts wegen berücksichtigt sind (Gerichtsverfassungsgesetz § 17 Abs. 1, Zivilprozeßordnung §§ 40, 56);
3. die Entlassung des Beklagten aus dem Rechtsstreite (Zivilprozeßordnung §§ 75 bis 77), oder

die Uebernahme des Rechtsstreites durch den Rechtsnachfolger (Zivilprozeßordnung § 266);

4. die Aufnahme eines unterbrochenen oder ausgesetzten Verfahrens (Zivilprozeßordnung §§ 239 bis 250);
5. die Zulässigkeit der Wiedereinsetzung in den vorigen Stand, der Berufung, Revision oder der Wiederaufnahme des Verfahrens oder die Zurücknahme eines Rechtsmittels (Zivilprozeßordnung §§ 238, 515 Abs. 3, §§ 535, 566, 589);
6. den Einspruch (Zivilprozeßordnung §§ 341, 345, 346, 700), sowie die gegen ein Versäumnisurteil eingelegten Rechtsmittel (Zivilprozeßordnung § 513 Abs. 2, § 566);
7. die vorläufige Vollstreckbarkeit eines Urteils;
8. die Erteilung der Vollstreckungsklausel, sofern sie im Wege der Klage beantragt oder angefochten wird (Zivilprozeßordnung §§ 731, 738, 742, 744, 745 Abs. 2, §§ 749, 768), oder Einwendungen gegen die Zwangsvollstreckung, welche den Anspruch selbst betreffen, sofern der § 767 Abs. 2 oder § 796 Abs. 2 der Zivilprozeßordnung Anwendung findet, oder die Zulassung der Zwangsvollstreckung aus dem Urteil eines ausländischen Gerichts oder aus einem Schiedsspruche (Zivilprozeßordnung §§ 722, 1042);
9. die Anordnung, Abänderung oder Aufhebung eines Arrestes oder einer einstweiligen Verfügung, sofern die Entscheidung durch Endurteil zu treffen ist (Zivilprozeßordnung § 922 Abs. 1, §§ 925, 926 Abs. 2, §§ 927, 936);
10. die Unzulässigkeit des schiedsrichterlichen Verfahrens oder die Aufhebung eines Schiedsspruchs (Zivilprozeßordnung § 1046).

Ist in den Fällen der Nr. 1, 2 der Kläger abgewiesen, oder in den Fällen der Nr. 5, 6 die Wiedereinsetzung, Berufung, Revision, Wiederaufnahme oder der Einspruch als unzulässig verworfen, so werden auch für eine Verhandlung zur Hauptsache nur fünf Zehnteile

der Gebühr erhoben, sofern die Entscheidung auf diese Verhandlung ergangen ist.
Abs. 1 Nr. 2, 3, 8 und 10 Nov. 98.

§ 27. Drei Zehnteile der Gebühr (§§ 18 bis 24) werden erhoben, wenn der Akt betrifft:
1. die Zulässigkeit einer Nebenintervention (Zivilprozeßordnung § 71);
2. die Zwangsvollstreckung zur Erwirkung von Handlungen oder Unterlassungen (Zivilprozeßordnung §§ 887 bis 891).

§ 28. Jede der in § 18 bezeichneten Gebühren wird in jeder Instanz rücksichtlich eines jeden Teils des Streitgegenstands nur einmal erhoben. Treffen für gleiche Akte die volle Gebühr und die Gebühr des § 26 rücksichtlich desselben Streitgegenstandes zusammen, so kommt nur die volle Gebühr zur Erhebung.

§ 29. Wird die Ergänzung eines Urteils beantragt (Zivilprozeßordnung § 321), so findet, soweit der Antrag nicht zurückgewiesen wird, die Bestimmung des § 12 Anwendung; soweit der Antrag zurückgewiesen wird, kommen fünf Zehnteile der Gebühr (§§ 18 bis 24) zur Erhebung.

§ 30. Verweist das Amtsgericht einen Rechtsstreit an ein anderes Gericht (Zivilprozeßordnung §§ 505, 506, 697), so bildet das weitere Verfahren vor dem anderen Gerichte mit dem Verfahren vor dem Amtsgericht im Sinne des § 28 eine Instanz.
Nov. 09.

§ 31. Wird eine Sache zur anderweiten Verhandlung an das Gericht unterer Instanz zurückverwiesen (Zivilprozeßordnung §§ 538, 539, 565), so bildet das weitere Verfahren mit dem früheren Verfahren vor diesem Gericht im Sinne des § 28 Eine Instanz.

§ 32. Das Verfahren infolge des Einspruchs gegen ein Versäumnisurteil gilt im Sinne des § 28 als neue Instanz, insoweit der Einspruch verworfen, zurückgenommen oder nicht verhandelt wird (Zivilprozeßordnung §§ 341, 345, 346).

Gilt das Verfahren als Fortsetzung der Instanz, so wird durch die Gebühr für das Versäumnisurteil eine andere Entscheidungsgebühr derselben Instanz nicht ausgeschlossen.

§ 33. Das ordentliche Verfahren, welches nach der Abstandnahme vom Urkunden- oder Wechselprozesse, sowie nach dem mit Vorbehalt in demselben erlassenen Urteil anhängig bleibt (Zivilprozeßordnung §§ 596, 600), gilt für die Gebührenerhebung als besonderer Rechtsstreit.

§ 34. Drei Zehnteile der Gebühr (§ 8) werden erhoben für die Entscheidung einschließlich des Verfahrens:

1. über Anträge auf Entmündigung oder Wiederaufhebung einer Entmündigung, soweit die Amtsgerichte zuständig sind (Zivilprozeßordnung §§ 645 bis 662, 675 bis 678, 680 bis 683, 685);
2. über die Ernennung oder Ablehnung eines Schiedsrichters, das Erlöschen eines Schiedsvertrags oder die Anordnung der von Schiedsrichtern für erforderlich erachteten richterlichen Handlungen (Zivilprozeßordnung § 1045).

Nov. 81, Nov. 98.

§ 35. Zwei Zehnteile der Gebühr (§ 8) werden erhoben für die Entscheidung, einschließlich des vorangegangenen Verfahrens, über Anträge:

1. auf vorläufige Einstellung, Beschränkung oder Aufhebung einer Zwangsvollstreckung (Zivilprozeßordnung §§ 707, 719, 769, 771 Abs. 3, §§ 785, 786, 805 Abs. 4, § 810 Abs. 2);
2. auf gerichtliche Handlungen der Zwangsvollstreckung (Zivilprozeßordnung §§ 764, 791, 822, 823, 825, 828, 829 Abs. 1, §§ 835, 839, 844, 846 bis 848, 857, 858, 885 Abs. 4, §§ 886, 900 Abs. 3. §§ 901, 930 Abs. 3);

3. auf Anordnung oder Aufhebung eines Arrestes oder einer einstweiligen Verfügung (Zivilprozeßordnung §§ 921, 922, 934, 936 bis 944), soweit nicht nachträglich eine Gebühr des § 26 Nr. 9 zur Erhebung kommt;

sowie

4. über Anträge, Einwendungen oder Erinnerungen, welche die Art und Weise der Zwangsvollstreckung oder das bei derselben vom Gerichtsvollzieher zu beobachtende Verfahren oder die von ihm in Ansatz gebrachten Kosten oder die Weigerung desselben betreffen, einen Vollstreckungsauftrag zu übernehmen oder eine Vollstreckungshandlung dem Auftrage gemäß auszuführen (Zivilprozeßordnung § 766).

Nov. 81, Nr. 1, 2 Nov. 98.

§ 36. Für die Entscheidung, einschließlich des Verfahrens, über Anträge auf Sicherung des Beweises (Zivilprozeßordnung §§ 485 bis 494) werden drei Zehnteile der Gebühr (§ 8) und, wenn eine Beweisaufnahme stattfindet, fünf Zehnteile der Gebühr erhoben.

Nov. 81.

§ 37. Im Mahnverfahren werden erhoben:

1. zwei Zehnteile der Gebühr (§ 8) für die Entscheidung über das Gesuch um Erlassung des Zahlungsbefehls (Zivilprozeßordnung §§ 691, 692);
2. ein Zehnteil der Gebühr (§ 8) für die Entscheidung über das Gesuch um Erlassung des Vollstreckungsbefehls (Zivilprozeßordnung § 699).

Wird ein Gesuch um Erlassung des Zahlungsbefehls zurückgewiesen, weil der Zahlungsbefehl in Ansehung eines Teils des Anspruchs nicht erlassen werden kann (Zivilprozeßordnung § 691 Abs. 2), so ist die Gebühr nur nach dem Werte dieses Teils zu berechnen.

Soweit die Kosten des Mahnverfahrens als Teil der Kosten eines entstehenden Rechtsstreits anzusehen sind (Zivilprozeßordnung § 698), wird die im Falle der Nr. 1 erhobene Gebühr auf die Gebühr des entstehenden Rechtsstreits angerechnet.

Nov. 81.

§ 38. Ein Zehnteil der Gebühr (§ 8) wird erhoben für die Entscheidung, einschließlich des vorangegangenen Verfahrens, über Anträge:

1. auf Festsetzung der vom Gegner zu erstattenden Prozeßkosten, oder auf Abänderung der Kostenfestsetzung (Zivilprozeßordnung § 107);
2. auf Bestimmung einer Frist zur Rückgabe und auf Anordnung der Rückgabe einer Sicherheit in den Fällen des § 109 Abs. 1, 2 der Zivilprozeßordnung;
3. auf Erteilung der Vollstreckungsklausel in den Fällen, in welchen dieselbe auf Anordnung des Vorsitzenden zu erfolgen hat, oder auf Zurücknahme der Vollstreckungsklausel, sofern diese Anträge nicht im Wege der Klage gestellt werden (Zivilprozeßordnung §§ 726 bis 730, 732, 738, 742, 744, 745 Abs. 2, §§ 749, 795, 796 Abs. 1, § 797 Abs. 3, § 929), oder auf Erteilung einer weiteren vollstreckbaren Ausfertigung (Zivilprozeßordnung § 733).

Nov. 81, Nov. 98; Nr. 1 Nov. 09.

§ 39. Jede der im § 27 bezeichneten Streitigkeiten, sowie jedes Verfahren über die in den §§ 34 bis 38 bezeichneten Anträge, Einwendungen oder Erinnerungen gilt für die Gebührenerhebung als besonderer Rechtsstreit.

Betreffen mehrere gerichtliche Handlungen der Zwangsvollstreckung (§ 35 Nr. 2) wegen desselben Anspruchs denselben Gegenstand, so kommt die Gebühr nur einmal zur Erhebung.

Die Festsetzung der Kosten und die Abänderung der Kostenfestsetzung (§ 38 Nr. 1) gelten als Ein Rechtsstreit. Das gleiche gilt von dem Verfahren über die im § 38 Nr. 2 bezeichneten Anträge.

Abs. 2 Nov. 81, Abs. 3 Nov. 98, Nov. 09.

§ 40. Für das durch den Gerichtsschreiber an die Post gerichtete Ersuchen um Bewirkung einer Zustellung (Zivilprozeßordnung § 196) ist die einem Gerichtsvollzieher für den gleichen Akt zustehende Gebühr[1]) als Gerichtsgebühr zu erheben, sofern nicht die Zustellung von Amts wegen[2]) bewirkt wird.

Nov. 81.

[1]) GerVollzGebO. § 2. [2]) ZPO. §§ 208 ff.

§ 41. Für einen in Gemäßheit des § 510c der Zivilprozeßordnung stattgehabten Sühnetermin, einschließlich des in demselben etwa aufgenommenen Vergleichs, werden drei Zehnteile der Gebühr (§ 8) erhoben.

Die Gebühr wird, wenn der Gegner desjenigen, welcher zum Sühnetermin geladen hat, nicht erschienen oder der Sühneversuch erfolglos geblieben ist, auf die Gebühren eines entstehenden Rechtsstreits angerechnet.

Nov. 81, Abs. 1 Nov. 09.

§ 42. Für das Verteilungsverfahren (Zivilprozeßordnung § 858 Abs. 6, §§ 872 bis 877, 882) werden fünf Zehnteile und, wenn das Verfahren vor dem Termine zur Ausführung der Verteilung erledigt wird, drei Zehnteile der Gebühr (§ 8) erhoben.

Nov. 98.

§ 43. Für die Verhandlung in dem zur Abnahme des Offenbarungseides bestimmten Termine werden im Falle des § 889 der Zivilprozeßordnung zwei Zehnteile der Gebühr (§ 8) erhoben.

Das gleiche gilt für die Fälle der §§ 900, 901 der Zivilprozeßordnung, sofern nicht über einen Widerspruch des Schuldners oder über einen spätestens im Termine gestellten Antrag auf Erzwingung der Eidesleistung zu entscheiden ist.

Nov. 98.

§ 44. Im Aufgebotsverfahren (Zivilprozeßordnung §§ 946 bis 956, 959 bis 972, 977 bis 1024) wird ein Zehnteil der Gebühr (§ 8) erhoben:

1. für die Entscheidung über die Zulässigkeit des Antrags auf Erlassung des Aufgebots;
2. für die vor der Einleitung des Aufgebotsverfahrens erfolgende Entscheidung über den Antrag auf Anordnung der Zahlungssperre;
3. für die Verhandlung im Aufgebotstermine;
4. für die Endentscheidung.

Nov. 81, Nov. 98.

§ 45. Drei Zehnteile der Gebühr (§ 8) werden erhoben für die Entscheidung, einschließlich des vorangegangenen

Verfahrens, in der Beschwerdeinstanz, soweit die Beschwerde als unzulässig verworfen oder zurückgewiesen wird oder die Kosten des Verfahrens einem Gegner zur Last fallen. Insoweit dies nicht der Fall ist, werden Gebühren nicht erhoben.

Diese Vorschrift kommt bei Anträgen auf Aenderung einer Entscheidung des beauftragten oder ersuchten Richters oder des Gerichtsschreibers (Zivilprozeßordnung § 576) zur entsprechenden Anwendung.

§ 46. Wird eine Klage, ein Antrag, ein Einspruch oder ein Rechtsmittel zurückgenommen, bevor ein gebührenpflichtiger Akt stattgefunden hat, so wird ein Zehnteil der Gebühr erhoben, welche für die beantragte Entscheidung oder im Falle des § 43 für die beantragte Verhandlung zu erheben sein würde.

Diese Gebühr wird nicht erhoben, wenn ein zur Terminsbestimmung eingereichter Schriftsatz vor Bestimmung des Termins zurückgezogen ist.

Betrifft die Zurücknahme nur einen Teil des Streitgegenstandes, während über einen anderen Teil verhandelt, entschieden oder ein Vergleich aufgenommen wird, so ist die Gebühr für die Zurücknahme nur insoweit zu erheben, als die Verhandlungsgebühr oder die Entscheidungsgebühr sich erhöht haben würde, wenn die Verhandlung, die Entscheidung oder der Vergleich auf den zurückgenommenen Teil erstreckt worden wäre.

Abs. 1 Nov. 81.

§ 47. Gebühren werden nicht erhoben für die Verhandlung und Entscheidung:

1. über die Prozeß- oder Sachleitung, einschließlich der Bestimmung oder Aenderung von Terminen und Fristen;
2. über die Bewilligung oder Entziehung des Armenrechts, sowie die Verpflichtung zur Nachzahlung von Kosten (Zivilprozeßordnung § 126);
3. über die Zuständigkeit des obersten Landesgerichts (§ 7 des Einführungsgesetzes zur Zivilprozeßordnung) oder der Kammer für Handelssachen (Gerichtsverfassungsgesetz §§ 103 bis 106), über die

Bestimmung des zuständigen Gerichts (Zivilprozeßordnung § 36), die Uebernahme eines Entmündigungsverfahrens (Zivilprozeßordnung § 650 Abs. 3, § 651 Abs. 2), die Bestimmung eines Gerichtsvollziehers (Zivilprozeßordnung § 827 Abs. 1, § 854 Abs. 1) oder eines Sequesters (Zivilprozeßordnung §§ 848, 855);

4. über die Ablehnung eines Richters, eines Gerichtsschreibers oder eines Sachverständigen (Zivilprozeßordnung §§ 42 bis 49, 406);

5. über die Verpflichtung eines Gerichtsschreibers, gesetzlichen Vertreters, Rechtsanwalts oder anderen Bevollmächtigten, sowie eines Gerichtsvollziehers zur Tragung der durch Verschulden derselben veranlaßten Kosten (Zivilprozeßordnung § 102);

5a. über Erinnerungen gegen den Kostenfestsetzungsbeschluß (Zivilprozeßordnung § 104 Abs. 3);

6. über die Verpflichtung eines Rechtsanwalts zur Zurückgabe einer vom Gegner ihm mitgeteilten Urkunde (Zivilprozeßordnung § 135);

7. über die Verpflichtung zur Abgabe eines Zeugnisses oder Gutachtens (Zivilprozeßordnung §§ 386 bis 389, 408);

8. über die Zwangsmaßregeln gegen einen Zeugen oder Sachverständigen, sowie die Verurteilung derselben zu Kosten und Strafe (Zivilprozeßordnung §§ 380, 381, 390, 409);

9. über die Bestellung eines Vertreters für eine nicht prozeßfähige oder unbekannte Partei, für ein von dem Eigentümer aufgegebenes Grundstück oder für einen Erben, der die Erbschaft noch nicht angenommen hat (Zivilprozeßordnung §§ 57, 58, 494, 668, 679, 686, 779, 787);

10. über die Berichtigung eines Urteils oder des Tatbestandes desselben (Zivilprozeßordnung §§ 319, 320);

11. über die Vollstreckbarkeit der durch Rechtsmittelanträge nicht angefochtenen Teile eines Urteils (Zivilprozeßordnung §§ 534, 560);

12. über die Zulassung einer Zustellung oder eines Aktes der Zwangsvollstreckung zur Nachtzeit oder an einem Sonntag oder allgemeinen Feiertage (Zivilprozeßordnung §§ 188, 761);
13. über die Mitwirkung des Gerichts bei Handlungen der Zwangsvollstreckung in den Fällen des § 758 Abs. 3, der §§ 789, 790 Abs. 1, § 912 der Zivilprozeßordnung;
14. über die in § 35 Nr. 4 bezeichneten Anträge, Einwendungen oder Erinnerungen, soweit dieselben für begründet befunden werden und die Kosten des Verfahrens nicht dem Gegner, sondern dem Gerichtsvollzieher zur Last fallen;
15. über Anträge auf Erteilung der Vollstreckungsklausel (Zivilprozeßordnung §§ 724, 725, 796, 797 Abs. 1), sofern nicht Gebühren nach den Vorschriften des § 26 Nr. 8 oder des § 38 zu erheben sind;
16. über Anträge auf Anordnung der Rückgabe einer Sicherheit im Falle des § 715 der Zivilprozeßordnung, sowie über Gesuche um Erteilung des Zeugnisses der Rechtskraft oder um Erteilung des Zeugnisses, daß innerhalb der Notfrist ein Rechtsmittelschriftsatz nicht eingereicht sei (Zivilprozeßordnung § 706).

Ist in den Fällen der Nr. 2, 4, 5, 5a, 6, 7, 10 das Verfahren nach freier richterlicher Ueberzeugung mutwillig veranlaßt, so hat das Gericht von Amts wegen die besondere Erhebung von drei Zehnteilen der Gebühr (§ 8) zu beschließen. Gegen den Beschluß findet Beschwerde nach Maßgabe des § 567 Abs. 2 und der §§ 568 bis 575 der Zivilprozeßordnung sowie des § 4 Abs. 3 dieses Gesetzes statt.

In der Beschwerdeinstanz findet die Bestimmung des ersten Absatzes keine Anwendung, wenn die Beschwerde als unzulässig verworfen oder zurückgewiesen wird.

Abs. 1 Nr. 14 bis 16 Nov. 81, Abs. 1 Nr. 3, 9, 12, 16, Abs. 2 Satz 2 Nov. 98; Abs. 1 Nr. 5a und 16, Abs. 2 Nov. 09.

§ 48. Ist außer dem Falle des § 335 der Zivilprozeßordnung durch Verschulden einer Partei oder eines

Vertreters derselben die Vertagung einer mündlichen Verhandlung oder die Anberaumung eines Termines zur Fortsetzung der mündlichen Verhandlung veranlaßt, oder ist durch nachträgliches Vorbringen von Angriffs- oder Verteidigungsmitteln, Beweismitteln oder Beweiseinreden, welches zeitiger erfolgen konnte, die Erledigung des Rechtsstreits verzögert worden, so kann das Gericht von Amts wegen die besondere Erhebung einer Gebühr für die verursachte weitere Verhandlung, sowie einer Gebühr für die durch das neue Vorbringen veranlaßte nochmalige Beweisanordnung beschließen. Die Gebühr besteht in der vollen Gebühr (§ 8); sie kann jedoch bis zu zwei Zehnteilen herabgesetzt werden.

Gegen den Beschluß findet Beschwerde nach Maßgabe des § 567 Abs. 2 und der §§ 568 bis 575 der Zivilprozeßordnung sowie des § 4 Abs. 3 dieses Gesetzes statt.

Abs. 2 Nov. 98.

§ 49. In der Berufungsinstanz erhöhen sich die Gebührensätze um ein Viertel, in der Revisionsinstanz auf das Doppelte.

Für eine Beweisanordnung sowie Beweisaufnahme in der Berufungsinstanz, welche nur auf Grund der in der ersten Instanz vorgebrachten Tatsachen und Beweismittel erfolgt, kommt eine Beweisgebühr nicht zur Erhebung, soweit eine solche rücksichtlich desselben Streitgegenstandes schon in der ersten Instanz zu erheben war.

Abs. 1 Nov. 10.

Dritter Abschnitt.

Gebühren im Konkursverfahren.

§ 50. Auf die Gebühren im Konkursverfahren finden die Vorschriften des § 8 über die Wertsklassen und den Gebührensatz, sowie der §§ 14, 16, 17 dieses Gesetzes und des § 3 der Zivilprozeßordnung über die Wertsfestsetzung entsprechende Anwendung.

§ 51. Für das Konkursverfahren, einschließlich des der

Eröffnung vorangegangenen Verfahrens, werden erhoben:

1. wenn auf Grund der Schlußverteilung die Aufhebung des Konkursverfahrens erfolgt, mit Einschluß von Nachtragsverteilungen, das Zweifache der Gebühr (§ 8);
2. wenn auf Grund eines Zwangsvergleichs die Aufhebung erfolgt, die volle Gebühr (§ 8) und acht Zehnteile derselben;
3. wenn nach dem Beginne des Vollzugs einer Abschlagsverteilung (Konkursordnung § 159 Abs. 2) oder nach dem Beginn eines Vergleichstermins eine Einstellung des Verfahrens (Konkursordnung §§ 202, 204) erfolgt, die volle Gebühr (§ 8) und fünf Zehnteile derselben;
4. wenn nach dem Ablaufe der Anmeldefrist und vor den unter Nr. 3 bezeichneten Zeitpunkten eine Einstellung erfolgt, die volle Gebühr (§ 8) und drei Zehnteile derselben;
5. wenn vor dem Ablaufe der Anmeldefrist eine Einstellung erfolgt, acht Zehnteile der Gebühr (§ 8).

§ 52. Die im § 51 bestimmte Gebühr wird nach dem Betrage der Aktivmasse erhoben. Massekosten, mit Ausnahme der Gebühren des Konkursgerichts, des Konkursverwalters und des Gläubigerausschusses, sowie Masseschulden werden abgesetzt. Gegenstände, welche zur abgesonderten Befriedigung dienen, werden nur in Höhe des für diese nicht erforderlichen Betrags angesetzt.

Ist die Aktivmasse höher als die Schuldenmasse, so wird die Gebühr nach dem Betrage der letzteren erhoben.

Für die Berechnung der Masse ist die Zeit der Beendigung des Verfahrens maßgebend.

§ 53. Für den Beschluß, durch welchen der Antrag auf Eröffnung des Konkursverfahrens abgewiesen wird, einschließlich des vorangegangenen Verfahrens, werden drei Zehnteile der Gebühr (§ 8) erhoben.

Wird das Verfahren durch Versagung der Zulassung des Antrags (Konkursordnung § 105 Abs. 1, § 208

Abs. 2, § 210 Abs. 2, §§ 213, 217 Abs. 2, § 218 Abs. 2, § 236, Gesetz, betreffend die Erwerbs- und Wirtschaftsgenossenschaften, § 100 Abs. 2) oder durch Zurücknahme des zugelassenen Antrags erledigt, so wird nur ein Zehnteil der Gebühr (§ 8) erhoben.

Die Vorschrift des § 52 findet Anwendung; sofern jedoch der Antrag von einem Gläubiger gestellt wird und die Forderung desselben nicht höher ist, als der Betrag der Aktivmasse, wird die Gebühr nach dem Betrage dieser Forderung erhoben.

Nov. 81.

§ 54. Für jeden besonderen Prüfungstermin (Konkursordnung § 142) werden nach dem Betrage der einzelnen Forderungen, zu deren Prüfung der Termin dient, die volle Gebühr (§ 8) und, soweit Anmeldungen vor der Prüfung zurückgenommen werden, drei Zehnteile der Gebühr (§ 8) erhoben. Auf die Wertsberechnung findet die Vorschrift des § 148 der Konkursordnung entsprechende Anwendung.

§ 55. Für die auf Betreiben des Konkursverwalters erfolgende Zwangsverwaltung oder Zwangsversteigerung eines zur Konkursmasse gehörigen Gegenstandes (Konkursordnung §§ 126, 127) wird die Gebühr nach den Vorschriften über die Gebührenerhebung für Zwangsvollstreckungen besonders erhoben.

§ 56. Für die in Gemäßheit des § 125 der Konkursordnung erfolgende Abhaltung des zur Abnahme des Offenbarungseides bestimmten Termins (§ 43), sowie für das Verfahren und die Entscheidung über Anträge auf Erzwingung der Eidesleistung (Zivilprozeßordnung § 901) werden Gebühren nicht erhoben.

§ 57. Für die Beschwerdeinstanz wird die in den §§ 45, 46 bestimmte Gebühr besonders erhoben.

Im Falle der Beschwerde gegen den Beschluß über Eröffnung des Konkursverfahrens (Konkursordnung § 109) oder den Beschluß über Bestätigung eines Zwangsvergleichs (Konkursordnung §§ 189, 230 Abs. 2, § 236) finden die Vorschriften des § 52 Anwendung.

§ 58. Für ein wiederaufgenommenes Konkursverfahren wird einschließlich der Wiederaufnahme die volle Gebühr (§ 8) besonders erhoben. Die Vorschriften der §§ 52, 54 bis 57 finden Anwendung.

Wird vor der Wiederaufnahme die Anordnung von Sicherheitsmaßregeln beantragt (Konkursordnung § 197 Abs. 2), so wird die Gebühr in Gemäßheit des § 35 nach dem Werte des Gegenstandes, durch welchen die Sicherung erfolgen soll, besonders erhoben.

Die Gebühr für die Anordnung einer Sicherheitsmaßregel wird im Falle der Wiederaufnahme auf die im ersten Absatze bezeichnete Gebühr angerechnet.

Vierter Abschnitt.

Gebühren in Strafsachen.

§ 59. In Strafsachen gibt die rechtskräftig erkannte Strafe den Maßstab für die Höhe der Gerichtsgebühren aller Instanzen.

Ist neben einer Freiheitsstrafe auf Geldstrafe erkannt, so wird der ersteren die für den Fall, daß die Geldstrafe nicht beigetrieben werden kann, festgesetzte Freiheitsstrafe hinzugerechnet. Ist die bedingte Festsetzung der Freiheitsstrafe unterlassen worden, so wird für jeden angefangenen Betrag von zehn Mark der Geldstrafe ein Tag Freiheitsstrafe zugerechnet.

Ist nur auf Geldstrafe und für den Fall, daß dieselbe nicht beigetrieben werden kann, auf Freiheitsstrafe erkannt, so bestimmt sich die Gebühr nach der Höhe der ersteren. In diesem Falle, sowie wenn nur auf Geldstrafe erkannt ist, darf die Gebühr den Betrag der Geldstrafe nicht übersteigen.

§ 60. Im Falle des § 79 des Strafgesetzbuchs bestimmt sich die Gebühr für das neue Verfahren durch den Betrag, um welchen die Gesamtstrafe die früher erkannte Strafe übersteigt.

Im Falle des § 492 der Strafprozeßordnung ist eine besondere Gebühr nicht zu erheben.

§ 61. Betrifft eine Strafsache mehrere Angeschuldigte, so ist die Gebühr von jedem Verurteilten besonders nach Maßgabe der gegen ihn erkannten Strafe zu erheben.

§ 62. Für das Verfahren in erster Instanz werden erhoben:

im Falle einer Geldstrafe oder Freiheitsstrafe von:

1.	1 bis 20 Mark einschl. oder 1 bis 10 Tage einschl.	5 Mark
2.	mehr als 20 bis 30 Mark einschl. oder mehr als 10 Tage bis 14 Tage einschl.	10 „
3.	mehr als 30 bis 60 Mark einschl. oder mehr als 14 Tage bis 4 Wochen einschl.	20 „
4.	mehr als 60 bis 150 Mark einschl. oder mehr als 4 Wochen bis 6 Wochen einschl.	30 „
5.	mehr als 150 bis 350 Mark einschl. oder mehr als 6 Wochen bis 3 Monate einschl.	45 „
6.	mehr als 300 bis 500 Mark einschl. oder mehr als 3 Monate bis 6 Monate einschl.	60 „
7.	mehr als 500 bis 1000 Mark einschl. oder mehr als 6 Monate bis 1 Jahr einschl.	75 „
8.	mehr als 1000 bis 1500 Mark einschl. oder mehr als 1 Jahr bis 2 Jahre einschl.	100 „
9.	mehr als 1500 bis 3000 Mark einschl. oder mehr als 2 Jahre bis 3 Jahre einschl.	130 „
10.	mehr als 3000 Mark oder mehr als 3 Jahre bis 10 Jahre einschl.	180 „
11.	im Falle einer schwereren Strafe	300 „
	Ist auf Verweis erkannt, so beträgt die Gebühr	5 „
	und ist ausschließlich auf Verlust der bürgerlichen Ehrenrechte überhaupt oder einzelner bürgerlichen Ehrenrechte erkannt	45 „

§ 63. Zwei Zehnteile der Sätze des § 62 werden erhoben in dem Verfahren bei amtsrichterlichen Strafbefehlen, wenn die Strafe ohne Hauptverhandlung rechtskräftig festgesetzt ist (Strafprozeßordnung § 450).

Wird der gegen einen Strafbefehl erhobene Einspruch wegen Ausbleibens des Angeklagten in der

Hauptverhandlung durch Urteil verworfen (Strafprozeßordnung § 452), so sind für das ganze Verfahren vier Zehnteile der Sätze des § 62 zu erheben.

§ 64. Hat weder eine Voruntersuchung, noch in dem Hauptverfahren eine Beweisaufnahme stattgefunden, so kann das Gericht die Sätze des § 62 bis auf fünf Zehnteile ermäßigen.

Das gleiche gilt in den Fällen des § 211 der Strafprozeßordnung.

§ 65. Die Sätze des § 62 sind für die Berufungsinstanz, sowie für die Revisionsinstanz zu erheben, wenn in derselben eine Hauptverhandlung stattgefunden hat und das Rechtsmittel nicht als unzulässig verworfen wird.

Hat eine Beweisaufnahme in der Berufungsinstanz nicht stattgefunden, so kann das Gericht die Sätze bis auf fünf Zehnteile ermäßigen.

Wird die Berufung wegen Ausbleibens des Angeklagten in der Hauptverhandlung verworfen (Strafprozeßordnung § 370), oder betrifft die Berufung die Verwerfung des gegen einen Strafbefehl erhobenen Einspruchs (Strafprozeßordnung § 452), so sind vier Zehnteile zu erheben.

§ 66. Ein Zehnteil der Sätze des § 62 wird besonders erhoben:

1. für Verwerfung eines Gesuchs um Wiedereinsetzung in den vorigen Stand (Strafprozeßordnung §§ 46, 234, 370 Abs. 2);
2. für die Entscheidung, durch welche eine Berufung oder Revision als unzulässig verworfen wird (Strafprozeßordnung §§ 360, 363, 386, 389);
3. für die Entscheidung, durch welche ein Antrag auf Wiederaufnahme des Verfahrens als unzulässig verworfen wird (Strafprozeßordnung § 408);
4. für die Entscheidung, durch welche ein Einspruch gegen einen amtsrichterlichen Strafbefehl (Strafprozeßordnung § 449) oder ein Antrag auf ge-

richtliche Entscheidung nach vorangegangener polizeilicher Strafverfügung (Strafprozeßordnung § 454) oder nach Erlaß eines Strafbescheides einer Verwaltungsbehörde (Strafprozeßordnung § 460) als unzulässig verworfen wird;

5. für Zurückweisung von Beschwerden gegen die unter Nr. 1 bis 4 bezeichneten Entscheidungen.

§ 67. Wird ein Antrag auf Wiederaufnahme des Verfahrens als unbegründet verworfen (Strafprozeßordnung §§ 410, 411 Abs. 1), so werden zwei Zehnteile und, wenn eine Beweisaufnahme stattgefunden hat (Strafprozeßordnung § 409), vier Zehnteile der Sätze des § 62 erhoben.

Für Zurückweisung von Beschwerden gegen die im vorstehenden Absatze bezeichneten Entscheidungen wird ein Zehnteil der Sätze des § 62 erhoben.

§ 68. Für die Zurückweisung anderer als der in § 66 Nr. 5, § 67 Abs. 2 bezeichneten Beschwerden wird eine Gebühr von 1 Mark erhoben.

Die Gebühr ist von dem Beschuldigten nur zu erheben, wenn er zur Strafe rechtskräftig verurteilt wird.

§ 69. Werden in den Fällen der §§ 172 und 173 der Strafprozeßordnung nach Maßgabe der §§ 175 und 504 derselben dem Antragsteller die Kosten auferlegt, so beträgt die Gebühr:

wenn es sich um eine Uebertretung handelt	20	Mark,
wenn es sich um ein Vergehen handelt	50	„
wenn es sich um ein Verbrechen handelt	100	„

Das gleiche gilt im Falle des § 501 der Strafprozeßordnung.

Im Falle des § 174 Abs. 2 der Strafprozeßordnung ist die Hälfte der vorstehenden Sätze zu erheben. Das gleiche gilt, wenn nach eröffnetem Hauptverfahren die Einstellung des Verfahrens wegen Zurücknahme desjenigen Antrags erfolgt, durch welchen dasselbe bedingt war.

§ 70. Für das Verfahren auf erhobene Privatklage werden in erster Instanz erhoben:

1.	wenn nach Beginn der Hauptverhandlung Einstellung des Verfahrens erfolgt	5 Mark
2.	wenn außer dem Falle der Nr. 1 die Instanz oder Beweisaufnahme durch Urteil beendigt wird	15 „
3.	wenn außer dem Falle der Nr. 1 die Instanz nach stattgehabter Beweisaufnahme durch Urteil beendigt wird	20 „ .

Dieselben Sätze sind für die Berufungsinstanz sowie für die Revisionsinstanz zu erheben.

Für die Widerklage wird ein besonderer Satz nicht erhoben.

Die von der Verwaltungsbehörde erhobene Klage (Strafprozeßordnung § 464) ist nicht als Privatklage im Sinne dieses Gesetzes zu erachten.

Nov. 81.

§ 71. In dem Verfahren auf erhobene Privatklage sind:

1.	in den Fällen des § 66 Nr. 1, 2, 3, sowie bei Zurückweisung von Beschwerden gegen die ebendaselbst bezeichneten Entscheidungen	2 Mark
2.	im Falle des § 67 Abs. 1	4 „
	und, wenn eine Beweisaufnahme stattgefunden hat	8 „
3.	im Falle des § 67 Abs. 2	2 „
4.	in den Fällen des § 68	1 „
5.	für Zurückweisung einer Privatklage	3 „
6.	für Verwerfung einer Beschwerde über Zurückweisung einer Privatklage	3 „

zu erheben.

§ 72. Bei Zurücknahme einer Privatklage vor Beginn der Hauptverhandlung werden 2 Mark erhoben.

§ 73. Sind in einer Sache mehrere Personen als Privatkläger oder als Beschuldigte in derselben Instanz beteiligt, so wird ohne Rücksicht auf die Zahl der Personen das Doppelte der in den §§ 70 bis 72 bestimmten Gebühren erhoben.

§ 74. Werden dem Nebenkläger die Kosten eines von ihm eingelegten Rechtsmittels auferlegt (Strafprozeßordnung § 441), so sind die Sätze zu erheben, welche nach Maßgabe der §§ 70, 71, 73 zu erheben sein würden, wenn er als Privatkläger das Rechtsmittel eingelegt hätte.

§ 75. Für das Verfahren in den Fällen der §§ 477 bis 479 der Strafprozeßordnung beträgt die Gebühr in jeder Instanz 5 Mark.

§ 76. Wird ein Gesuch, ein Antrag, ein Einspruch oder eine Beschwerde vor der Entscheidung über dieselben, oder wird eine Berufung oder eine Revision vor Beginn der Hauptverhandlung durch Zurücknahme oder Einstellung des Verfahrens erledigt, so werden drei Zehnteile der Gebühr erhoben, welche nach Maßgabe der §§ 66 bis 68, 69 Abs. 1, §§ 71, 73 bis 75 für eine zurückweisende Entscheidung zu erheben sein würde.

§ 77. Wird die Wiederaufnahme des Verfahrens angeordnet (Strafprozeßordnung § 410), so werden, wenn das frühere Urteil aufrecht erhalten wird, die Gebühren für das neue Verfahren nach denselben Bestimmungen, wie für das erste Verfahren erhoben. Führt die Wiederaufnahme zu einer Aufhebung des früheren Urteils, so gilt für die Gebührenerhebung das neue Verfahren mit dem früheren Verfahren zusammen als ein Verfahren der Instanz.

§ 78. Nach Maßgabe der Vorschriften des zweiten Abschnittes werden besonders erhoben:

1. die Gebühren für Akte, welche die Verpflichtung eines Verteidigers zur Tragung der durch Verschulden desselben veranlaßten Kosten (Strafprozeßordnung § 145) betreffen;
2. die Gebühren für Entscheidungen, welche betreffen:
   a) Anträge auf Festsetzung der zu erstattenden Kosten (Strafprozeßordnung § 496 Abs. 2);

b) die Vollstreckung einer über eine Vermögensstrafe, eine Buße oder über Erstattung von Kosten ergangenen Entscheidung (Strafprozeßordnung §§ 495, 496);

c) die Beschwerde gegen eine Entscheidung, durch welche der Verfall einer zur Abwendung einer Untersuchungshaft oder zur Erlangung eines Strafaufschubs bestellten Sicherheit ausgesprochen wird (Strafprozeßordnung §§ 122, 488).

Nov. 81.

Fünfter Abschnitt.

Auslagen.

§ 79. An baren Auslagen werden erhoben:

1. Schreibgebühren für solche Ausfertigungen und Abschriften, welche nur auf Antrag erteilt werden, oder welche angefertigt werden, weil die Partei es unterläßt, einem von Amts wegen zuzustellenden Schriftsatze die erforderliche Zahl von Abschriften beizufügen;
2. Telegraphengebühren und die im Fernverkehre zu entrichtenden Fernsprechgebühren;
3. die durch Einrückung einer Bekanntmachung in öffentliche Blätter entstehenden Kosten;
4. die an Zeugen und Sachverständige zu zahlenden Gebühren;
5. die bei Geschäften außerhalb der Gerichtsstelle den Gerichtsbeamten zustehenden Tagegelder und Reisekosten;
6. die an andere Behörden oder Beamte oder an Rechtsanwälte für deren Tätigkeit zu zahlenden Beträge;
7. die Kosten eines Transports von Personen;
8. die Haftkosten nach Maßgabe der für die Strafhaft geltenden landesgesetzlichen Vorschriften.

Wird ein Urteil nach § 317 Abs. 3 unter Benutzung einer dem Gerichte vorgelegten beglaubigten Abschrift der Klageschrift oder des Zahlungsbefehls ausgefertigt, so sind für die Ausfertigung keine Schreibgebühren zu entrichten.

Abs. 1 Nr. 1, 2 und Abs. 2 Nov. 09.

§ 80. Die Schreibgebühr beträgt für die Seite, welche mindestens zwanzig Zeilen von durchschnittlich zwölf Silben enthält, zwanzig Pfennig, auch wenn die Herstellung auf mechanischem Wege stattgefunden hat. Jede angefangene Seite wird als voll berechnet. Für Schriftstücke, die in fremden Sprachen abgefaßt sind, für Schriftstücke in tabellarischer Form sowie für Verzeichnisse, Listen, Rechnungen, Handzeichnungen und dergleichen kann die Höhe der Schreibgebühr von der Landesjustizverwaltung anderweit bestimmt werden.

Nov. 09.

§ 80a. Für die von Amts wegen bewirkten Zustellungen[1]) werden nur diejenigen baren Auslagen erhoben, welche durch die Zustellung im Ausland[2]) oder bei der öffentlichen Zustellung durch Bekanntmachung in öffentlichen Blättern[3]) entstehen.

Nov. 81, Nov. 09. [1]) ZPO. §§ 208 ff. [2]) ZPO. §§ 199 ff. [3]) ZPO. §§ 203 ff.

§ 80b. Zur Deckung der von den Parteien nicht zu ersetzenden baren Auslagen werden Pauschsätze erhoben. Der einzelne Pauschsatz beträgt zehn vom Hundert der zum Ansatze gelangenden Gebühr, jedoch nicht mehr als fünfzig Mark. Die Vorschrift des § 7 Abs. 2 findet Anwendung.

In bürgerlichen Rechtsstreitigkeiten beträgt im Falle der Erhebung einer Klage die Summe der in einer Instanz anzusetzenden Pauschsätze mindestens fünfzig Pfennig und höchstens einhundert Mark; die Vorschriften des § 32 Abs. 1 und des § 33 sowie die Vorschrift des § 39 Abs. 1, soweit sie sich auf die in den §§ 36, 38 Nr. 1, 2 bestimmten Gebühren bezieht, finden keine Anwendung. Der Erhebung einer Klage steht es gleich, wenn nach Erhebung des Widerspruchs gegen einen Zahlungsbefehl zur mündlichen Verhandlung geladen wird[1]) oder wenn gegen einen Vollstreckungsbefehl Einspruch eingelegt wird;[2]) in diesem Falle gelten das Mahnverfahren und der entstehende Rechtsstreit als eine Instanz.

Nov. 81, Nov. 09. [1]) ZPO. § 696. [2]) ZPO. § 700 Abs. 2.

Sechster Abschnitt.

Kostenvorschuß und Kostenzahlung.

§ 81. In bürgerlichen Rechtsstreitigkeiten ist ein Gebührenvorschuß für jede Instanz von dem Antragsteller zu zahlen. Der Vorschuß beträgt soviel wie die höchste Gebühr, welche für einen Akt der Instanz zum Ansatze kommen kann.

Diese Verpflichtung besteht auch für den Widerkläger[1]) und im Falle wechselseitig eingelegter Rechtsmittel für jede Partei, in beiden Fällen unter getrennter Berechnung der Streitgegenstände.

Bei Erweiterung der Anträge ist der Vorschuß nach Maßgabe der Erweiterung zu erhöhen.

[1]) ZPO. § 33.

§ 82. Im Konkursverfahren ist ein Gebührenvorschuß

1. bei dem Antrag auf Eröffnung des Konkursverfahrens,
2. bei der Anmeldung einer Konkursforderung nach dem Ablaufe der Anmeldefrist,
3. bei dem Antrag auf Anordnung einer Sicherheitsmaßregel in Gemäßheit des § 197 Abs. 2 der Konkursordnung

von dem Antragsteller zu zahlen.

Der Vorschuß beträgt ebensoviel wie die zu erhebende Gebühr, im Falle der Nr. 1 soviel wie die im § 53 Abs. 1 bestimmte Gebühr.

§ 83. In Strafsachen ist von dem Privatkläger oder demjenigen, welcher als Privatkläger eine Berufung oder Revision einlegt oder eine Wiederaufnahme des Verfahrens beantragt, sowie von dem Nebenkläger, welcher eine Berufung oder Revision einlegt, ein Gebührenvorschuß von 10 M. für die Instanz zu zahlen.

Im Falle des § 75 beträgt der Vorschuß 5 M.

§ 84. Außer dem Gebührenvorschuß (§§ 81 bis 83) ist bei jedem Antrag auf Vornahme einer Handlung, mit welcher bare Auslagen verbunden sind, ein zur Deckung derselben hinreichender Vorschuß von dem Antragsteller zu zahlen.

Diese Vorschußpflicht besteht in Strafsachen nur in dem Verfahren auf erhobene Privatklage und für den Nebenkläger, welcher sich eines Rechtsmittels bedient.

Die Ladung und Vernehmung von Zeugen oder Sachverständigen auf Antrag des Privatklägers oder des Nebenklägers kann von der vorgängigen Zahlung eines zur Deckung der erwachsenden Auslagen hinreichenden Vorschusses abhängig gemacht werden.

§ 85. Ausländer, welche als Kläger auftreten, haben das Dreifache des im § 81 bestimmten Betrags als Vorschuß zu zahlen.

Diese Verpflichtung tritt nicht ein:

1. wenn nach den Gesetzen des Staates, welchem der Kläger angehört, ein Deutscher in gleichem Falle zu einer besonderen Vorauszahlung oder zu einer Sicherstellung der Gerichtskosten nicht verpflichtet ist;
2. im Urkunden- oder Wechselprozesse;[1])
3. bei Widerklagen;[2])
4. bei Klagen, welche infolge einer öffentlichen Aufforderung angestellt werden;
5. bei Klagen aus Ansprüchen, welche in das Grund- oder Hypothekenbuch einer deutschen Behörde eingetragen sind;
6. wenn dem Kläger das Armenrecht bewilligt ist.[3])

Die Verpflichtung besteht auch dann, wenn im Laufe des Rechtsstreits der Kläger die Eigenschaften eines Deutschen verliert, oder die Voraussetzung, unter welcher der Ausländer von der Verpflichtung befreit war, wegfällt.

Unter den gleichen Voraussetzungen haben Ausländer in den Fällen des § 83 Abs. 1 einen Gebührenvorschuß von 30 M. zu zahlen.

Vor Zahlung des von einem Ausländer nach den vorstehenden Bestimmungen oder den Bestimmungen der § 83 Abs. 2, § 84 zu zahlenden Vorschusses ist die Vornahme jeder gerichtlichen Handlung abzulehnen, sofern nicht glaubhaft gemacht wird,[4]) daß die Verzögerung dem Ausländer einen nicht zu ersetzenden Nachteil bringen würde.

[1]) ZPO. §§ 592 ff. [2]) ZPO. § 33. [3]) ZPO. §§ 114 ff. [4]) ZPO. § 294.

§ 86. Schuldner der entstandenen Gebühren und Auslagen ist derjenige, welchem durch gerichtliche Entscheidung die Kosten des Verfahrens auferlegt sind,[1]) oder welcher dieselben durch eine vor dem Gericht abgegebene oder demselben mitgeteilte Erklärung übernommen hat.

Schuldner der Schreibgebühr ist der Antragsteller oder die Partei, welche es unterläßt, einem von Amts wegen zuzustellenden Schriftsatze die erforderliche Zahl von Abschriften beizufügen.

Abs. 2 Nov. 09. [1]) ZPO. §§ 91 ff.

§ 87. Die durch gerichtliche Entscheidung begründete Verpflichtung zur Zahlung der Gebühren und Auslagen (§ 86) erlischt, insoweit eine Aufhebung oder Abänderung der Entscheidung erfolgt.

Die Zurückzahlung bereits bezahlter Beträge findet, soweit der Gebührenansatz bestehen bleibt, nicht statt.

§ 88. Sind die entstandenen Gebühren und Auslagen von der einen oder der anderen Partei durch Uebereinkunft beider Parteien übernommen (§ 86), so haftet jede Partei wenigstens für die Hälfte derselben.

Diese Haftbarkeit kann erst geltend gemacht werden, wenn eine Zwangsvollstreckung in das bewegliche Vermögen der nach § 86 zahlungspflichtigen Partei erfolglos geblieben ist.

§ 89. In Ermangelung eines anderen Schuldners (§ 86) ist derjenige, welcher das Verfahren der Instanz beantragt hat, Schuldner der entstandenen Gebühren und Auslagen. Soweit es sich jedoch um Auslagen handelt, für welche der Gegner in Gemäßheit des § 84 Vorschuß zu leisten verpflichtet war, sind diese Auslagen vom Gegner zu erheben.

§ 90. Die Verpflichtung zur Zahlung der vorzuschießenden Beträge (§§ 81 bis 85) bleibt bestehen, wenn auch die Kosten des Verfahrens einem anderen auferlegt oder von einem anderen übernommen sind.

§ 91. Besteht die Partei aus mehreren Personen, so haften dieselben in Ermangelung einer gerichtlichen Entscheidung über die Kostenverteilung[1]) nach Kopfteilen.

[1]) ZPO. § 100 Abs. 2.

§ 92. Durch die Bestimmungen der §§ 81 bis 91 wird eine nach den Vorschriften des bürgerlichen Rechts oder den Vorschriften der Zivilprozeßordnung § 100 Abs. 4, § 788, der Konkursordnung §§ 57 bis 60, 142 oder der Strafprozeßordnung § 498 Abs. 2, § 503 Abs. 4, § 504 begründete Verpflichtung zur Zahlung der entstandenen Gebühren und Auslagen nicht berührt.

Nov. 98.

§ 93. Die Gebühren und Auslagen werden fällig, sobald das Verfahren oder die Instanz durch unbedingte Entscheidung über die Kosten, durch Vergleich oder Zurücknahme oder anderweite Erledigung beendigt ist.

§ 94. In bürgerlichen Rechtsstreitigkeiten kommen folgende besondere Vorschriften zur Anwendung:

1. Schon vor der Beendigung der Instanz werden mit dem Ablaufe je eines Jahres seit Bestimmung des ersten Termins oder Stellung des ersten Antrags die bis dahin entstandenen Gebühren und Auslagen fällig. Die einjährigen Fristen können auf Antrag von dem Gerichte verlängert werden. Der Ablauf der Fristen begründet nicht die Zurückforderung eines nicht verbrauchten Vorschusses.

2. In den Fällen einer Widerklage[1]) oder wechselseitig eingelegter Rechtsmittel kann jede Partei, wenn sie das von ihr beantragte Verfahren zurücknimmt, die getrennte Berechnung der Gebühren und Auslagen für dasselbe und die Zurückzahlung des von ihr gezahlten nicht verbrauchten Vorschusses fordern.
3. Eine nach § 47 Abs. 2, § 48 beschlossene Gebühr kann sofort nach dem Beschlusse von der in diesem bezeichneten Partei ohne Anrechnung eines derselben obliegenden Vorschusses erhoben werden.

1) ZPO. § 33.

§ 95. Im Konkursverfahren können auf die im § 51 und § 58 Abs. 1 bestimmte Gebühr je nach dem Fortgange des Verfahrens Abschlagszahlungen erhoben werden.

Die Erhebung der Gebühren und Auslagen kann im Falle des § 54 sofort nach Abhaltung des Prüfungstermins oder Zurücknahme der Anmeldung, im Falle des § 58 Abs. 2 sofort nach Erledigung des Antrags erfolgen.

§ 96. In Strafsachen werden die Gebühren und Auslagen, welche dem verurteilten Beschuldigten zur Last fallen, erst mit der Rechtskraft des Urteils fällig.

§ 97. Die Schreibgebühren werden sofort nach Anfertigung der Schriftstücke fällig.

Die Anfertigung kann von vorgängiger Zahlung eines die Gebühr deckenden Betrags abhängig gemacht werden.

Abs. 1 Nov. 09.

§ 97 a. Die Entrichtung von Kosten kann nach näherer Anordnung der Landesjustizverwaltung durch Verwendung von Marken erfolgen.

Beträge bis zu zwanzig Mark können durch Postnachnahme eingezogen werden. Im Falle der Einlösung der Nachnahmesendung trägt die Staatskasse die Kosten des Portos für den Nachnahmebrief und

die Vorzeigegebühr. Durch die Einlösung wird das Recht der Erinnerung gegen den Kostenansatz nicht berührt; zuviel gezahlte Beträge sind portofrei zu erstatten.
Nov. 09.

Siebenter Abschnitt.

Schlußbestimmungen.

§ 98. Von Zahlung der Gebühren sind befreit:
das Reich in dem Verfahren vor den Landesgerichten,
die Bundesstaaten in dem Verfahren vor dem Reichsgerichte.

Die landesgesetzlichen Vorschriften, welche für gewisse Rechtssachen oder gewisse Personen in dem Verfahren vor den Landesgerichten Gebührenfreiheit gewähren, werden durch dieses Gesetz nicht berührt.

Für das Verfahren vor dem Reichsgerichte kann die Befreiung von Gebühren durch Kaiserliche Verordnung mit Zustimmung des Bundesrats gewährt werden.

Soweit demjenigen, welchem die Gebührenfreiheit zusteht, Kosten des Verfahrens auferlegt werden (§ 86), sind Gebühren überhaupt nicht zu erheben und erhobene zurückzuzahlen.

§ 99. Die Behörden haben einander zum Zwecke der Einziehung von Gebühren und Auslagen nach näherer Bestimmung der vom Bundesrat zu erlassenden Anweisung Beistand zu leisten.

§ 100. Unberührt bleiben die bestehenden Landesgesetze, nach welchen neben der für ein Urteil zu erhebenden Entscheidungsgebühr die Registrierungsgebühr für das im Urteil festgestellte Rechtsverhältnis zu erheben ist.

§ 101. Beträgt die Gebühr für die Aufnahme eines Vergleichs oder die auf Grund eines Anerkenntnisses[1] oder Verzichts[2]) erlassene Entscheidung (§§ 23, 41) weniger als die Gebühr oder Abgabe, welche nach den Landesgesetzen für einen außerhalb des Rechtsstreits abgeschlossenen Vergleich zur Staatskasse zu erheben sein würde, so ist der Mehrbetrag der letzteren neben der Entscheidungsgebühr zu erheben.

Nov. 81. [1]) ZPO. § 307. [2]) ZPO. § 306.

Urkundlich unter Unserer Höchsteigenhändigen Unterschrift und beigedrucktem Kaiserlichen Insiegel.

Gegeben Berlin, den 27. Januar 1877.

(L. S.) Wilhelm.

Fürst v. Bismarck

XII. Gebührenordnung
für
Rechtsanwälte
vom 7. Juli 1879.

Wir Wilhelm, von Gottes Gnaden Deutscher Kaiser, König von Preußen ꝛc.

verordnen im Namen des Reichs, nach erfolgter Zustimmung des Bundesrats und des Reichstags, was folgt:

Erster Abschnitt.
Allgemeine Bestimmungen.

§ 1. Die Vergütung für die Berufstätigkeit des Rechtsanwalts in einem Verfahren vor den ordentlichen Gerichten,[1]) auf welches die Zivilprozeßordnung, die Strafprozeßordnung oder die Konkursordnung Anwendung findet, sowie für die beratende Berufstätigkeit des Rechtsanwalts, welche den Beginn oder die Fortsetzung eines solchen Verfahrens betrifft, bestimmt sich nach den Vorschriften dieses Gesetzes.

[1]) GVG. § 12

§ 2. Für die Ausführung eines Auftrags, dessen gemeinschaftliche Erledigung mehreren Rechtsanwälten übertragen ist, steht jedem derselben die volle Vergütung zu.

§ 3. Bei Ausführung von Aufträgen mehrerer Auftraggeber durch dieselbe Tätigkeit haftet jeder Auftraggeber dem Rechtsanwalte für denjenigen Betrag an Gebühren und Auslagen, welcher bei abgesonderter Ausführung seines Auftrags erwachsen sein würde. Die Mitverhaftung der anderen Auftraggeber kann dem Rechtsanwalte gegenüber nicht geltend gemacht werden.

§ 4. Für die Tätigkeit als Beistand[1]) stehen dem Rechtsanwalte die gleichen Gebühren zu wie für die Vertretung.

[1]) ZPO. § 90.

§ 5. Für Unterzeichnung eines Schriftsatzes erhält der Rechtsanwalt die gleichen Gebühren wie für Anfertigung desselben.

§ 6. Für Anfertigung und Uebersendung von Rechnungen über Gebühren und Auslagen und für Zahlungsaufforderungen wegen derselben kann der Rechtsanwalt eine Gebühr nicht beanspruchen.

§ 7. Bei dem Betrieb eigener Angelegenheiten kann der Rechtsanwalt von dem zur Erstattung der Kosten des Verfahrens verpflichteten Gegner Gebühren und Auslagen bis zu dem Betrage fordern, in welchem er Gebühren und Auslagen eines bevollmächtigten Rechtsanwalts erstattet verlangen könnte.

§ 8. Der niedrigste Betrag einer jeden nach den Vorschriften der Abschnitte zwei bis vier zu berechnenden Gebühr wird auf eine Mark bestimmt.

Zweiter Abschnitt.

Gebühren in bürgerlichen Rechtsstreitigkeiten.

§ 9. In bürgerlichen Rechtsstreitigkeiten werden die Gebühren nach dem Werte des Streitgegenstandes[1]) erhoben.

Der Gebührensatz beträgt bei Gegenständen im Werte:

1.	bis 20 Mark einschließlich		. . . . .	2 Mark
2.	von mehr als 20	bis 60	Mark einschl.	3 „
3.	„ „ „ 60	„ 120	„ „	4 „
4.	„ „ „ 120	„ 200	„ „	7 „
5.	„ „ „ 200	„ 300	„ „	10 „
6.	„ „ „ 300	„ 450	„ „	14 „
7.	„ „ „ 450	„ 650	„ „	19 „
8.	„ „ „ 650	„ 900	„ „	24 „
9.	„ „ „ 900	„ 1200	„ „	28 „
10.	„ „ „ 1200	„ 1600	„ „	32 „
11.	„ „ „ 1600	„ 2100	„ „	36 „
12.	„ „ „ 2100	„ 2700	„ „	40 „
13.	„ „ „ 2700	„ 3400	„ „	44 „
14.	„ „ „ 3400	„ 4300	„ „	48 „
15.	„ „ „ 4300	„ 5400	„ „	52 „
16.	„ „ „ 5400	„ 6700	„ „	56 „
17.	„ „ „ 6700	„ 8200	„ „	60 „
18.	„ „ „ 8200	„ 10000	„ „	64 „

Die ferneren Wertsklassen steigen um je 2000 Mark und die Gebührensätze in den Klassen bis 50000 Mark einschließlich um je 4 Mark, bis 100000 Mark einschließlich um je 3 Mark und darüber hinaus um je 2 Mark.

[1]) § 10.

§ 10. Auf die Wertsberechnung finden die Vorschriften der §§ 9 bis 13 des Gerichtskostengesetzes Anwendung.

§ 11. Die für die Berechnung der Gerichtsgebühren maßgebende Festsetzung des Wertes ist für die Berechnung der Gebühren der Rechtsanwälte maßgebend.

§ 12. Gegen den im § 16 des Gerichtskostengesetzes bezeichneten Beschluß steht dem Rechtsanwalte die Beschwerde nach Maßgabe des § 567 Abs. 2 und der §§ 568 bis 575 der Zivilprozeßordnung zu.
Nov. 98.

§ 13. Die Sätze des § 9 stehen dem als Prozeßbevollmächtigten bestellten Rechtsanwalte zu:

1. für den Geschäftsbetrieb, einschließlich der Information (Prozeßgebühr);
2. für die mündliche Verhandlung (Verhandlungsgebühr);
3. für die Mitwirkung bei einem zur Beilegung des Rechtsstreits abgeschlossenen Vergleiche (Vergleichsgebühr).

Die Sätze des § 9 stehen demselben zu fünf Zehnteilen zu:

4. für die Vertretung in dem Termine zur Leistung des durch ein Urteil auferlegten Eides,[1]) sowie in einem Beweisaufnahmeverfahren, wenn die Beweisaufnahme nicht bloß in Vorlegung der in den Händen des Beweisführers oder des Gegners befindlichen Urkunden[2]) besteht (Beweisgebühr).

[1]) ZPO. § 460, § 477 Abs. 3. [2]) ZPO. §§ 420 ff.

§ 14. Soweit der Auftrag vor der mündlichen Verhandlung erledigt ist, ohne daß der Rechtsanwalt die Klage eingereicht hat oder einen Schriftsatz hat zustellen lassen, steht ihm die Prozeßgebühr nur zu fünf Zehnteilen zu.

In einem Verfahren, für welches eine mündliche Verhandlung durch das Gesetz nicht vorgeschrieben ist, findet die gleiche Ermäßigung statt, soweit der Auftrag erledigt ist, bevor der Antrag an das Gericht eingereicht, der mündliche Antrag gestellt oder der Auftrag an den Gerichtsvollzieher oder den diesen Auftrag vermittelnden Gerichtsschreiber erteilt ist.

§ 15. Die Verhandlungsgebühr steht dem Rechtsanwalte nicht zu, welcher zur mündlichen Verhandlung geladen hat, ohne daß dieselbe durch das Gesetz vorgeschrieben oder durch das Gericht oder den Vorsitzenden angeordnet war.

§ 16. Für eine nicht kontradiktorische Verhandlung (Gerichtskostengesetz § 19) steht dem Rechtsanwalte die Verhandlungsgebühr nur zu fünf Zehnteilen zu. Diese Minderung tritt in den im § 20 Nr. 1 des Gerichtskostengesetzes bezeichneten Rechtsstreitigkeiten nicht ein, sofern der Kläger verhandelt.

Die Verhandlung im vorbereitenden Verfahren (Zivilprozeßordnung §§ 348 bis 351) gilt als kontradiktorische mündliche Verhandlung.

Abs. 1 Satz 2 Nov. 98.

§ 17. Insoweit sich in den Fällen des § 13 Nr. 4 die Vertretung auf die weitere mündliche Verhandlung erstreckt, erhöht sich die dem Rechtsanwalte zustehende Verhandlungsgebühr um fünf Zehnteile und, wenn die weitere mündliche Verhandlung eine nicht kontradiktorische ist, um die Hälfte dieses Betrages.

§ 18. (gestrichen; Nov. 09).

§ 19. Für die Vertretung im Urkunden- oder Wechselprozesse (Zivilprozeßordnung §§ 592 bis 605) erhält der zum Prozeßbevollmächtigten bestellte Rechtsanwalt nur sechs Zehnteile der Prozeßgebühr, wenn eine kontradiktorische Verhandlung nicht stattfindet. Auch steht ihm die im § 16 Abs. 1 Satz 1 bestimmte Gebühr nur zu sechs Zehnteilen zu.

Nov. 09.

§ 20. Fünf Zehnteile der in den §§ 13 bis 17 bestimmten Gebühren erhält der Rechtsanwalt, soweit die durch die Gebühr zu vergütende Tätigkeit ausschließlich die im Gerichtskostengesetze § 26 Nr. 1 bis 8, 10 bezeichneten Gegenstände betrifft.

Nov. 09.

§ 21. Der Rechtsanwalt erhält neben den ihm sonst zustehenden Gebühren die Prozeßgebühr nur zu fünf Zehnteilen, wenn seine Tätigkeit ausschließlich die Erledigung eines bedingten Urteiles [1]) betrifft.

[1]) ZPO. § 462 Abs. 2.

§ 22. Der Rechtsanwalt erhält die Prozeßgebühr und die Verhandlungsgebühr nur zu fünf Zehnteilen, wenn seine Tätigkeit Anträge auf Sicherung des Beweises (Zivilprozeßordnung §§ 485 bis 494) oder eine gerichtliche Entscheidung über die Ernennung oder Ablehnung eines Schiedsrichters, das Erlöschen eines Schiedsvertrags oder die Anordnung der von Schiedsrichtern für erforderlich erachteten richterlichen Handlungen (Zivilprozeßordnung § 1045) betrifft. Für die Vertretung bei der Beweisaufnahme erhält der Rechtsanwalt die Beweisgebühr (§ 13 Nr. 4).

Satz 1 Nov. 98.

§ 23. Drei Zehnteile der in den §§ 13 bis 17 bestimmten Gebühren erhält der Rechtsanwalt, wenn seine Tätigkeit betrifft:

1. die im Gerichtskostengesetze § 27 Nr. 1, § 35 Nr. 1, § 38 Nr. 1, 2, § 47 Nr. 1 bis 12 bezeichneten Angelegenheiten;
2. die Zwangsvollstreckung.

Nr. 1 Nov. 98, Nov. 09.

§ 24. Zwei Zehnteile der in den §§ 13 bis 17 bestimmten Gebühren erhält der Rechtsanwalt, wenn seine Tätigkeit die im Gerichtskostengesetze § 38 Nr. 3, § 47 Nr. 15, 16 bezeichneten Anträge oder Gesuche betrifft.

Nov. 98, Nov. 09.

§ 25. Jede der im § 13 benannten Gebühren kann der Rechtsanwalt in jeder Instanz rücksichtlich eines jeden Teils des Streitgegenstandes nur einmal beanspruchen.

§ 26. Für die Bestimmung des Umfanges einer Instanz im Sinne des § 25 finden die Vorschriften des § 30 des Gerichtskostengesetzes entsprechende Anwendung.

Nov. 09.

§ 27. Im Falle der Zurückverweisung einer Sache an das Gericht unterer Instanz (Zivilprozeßordnung §§ 538, 539, 565) gilt das weitere Verfahren vor diesem Gerichte für die Gebühren der Rechtsanwälte, mit Ausnahme der Prozeßgebühr, als neue Instanz. Das gleiche gilt im Falle der Zurücknahme oder Verwerfung des gegen ein Versäumnisurteil eingelegten Einspruchs für das Verfahren über den Einspruch.[1])

Im Falle der Zulassung des Einspruchs steht dem Rechtsanwalte des Gegners der den Einspruch einlegenden Partei die Gebühr für die mündliche Verhandlung, auf welche das Versäumnisurteil erlassen ist, besonders zu.

Abs. 1 Nov. 09. [1]) ZPO. §§ 330 ff.

§ 28. Das Verfahren über einen Antrag auf Anordnung, Abänderung oder Aufhebung eines Arrestes oder einer einstweiligen Verfügung[1]) gilt, auch wenn es mit dem Verfahren über die Hauptsache verbunden ist, für die Berechnung der Gebühren des Rechtsanwalts als besonderer Rechtsstreit. Das gleiche gilt für das ordentliche Verfahren, welches nach der Abstandnahme vom Urkunden- oder Wechselprozesse sowie nach dem mit Vorbehalt in demselben erlassenen Urteil anhängig bleibt (Zivilprozeßordnung §§ 596, 600). Der Rechtsanwalt muß sich jedoch die in dem Verfahren über einen Arrest oder eine einstweilige Verfügung erwachsenen Gebühren in Höhe von fünf Zehnteilen auf die ihm in dem Verfahren über die Hauptsache zustehenden entsprechenden Gebühren und die Prozeßgebühr des Urkunden- oder Wechselprozesses auf die gleiche Gebühr des ordentlichen Verfahrens anrechnen.

Das Verfahren über einen Antrag auf Abänderung oder Aufhebung eines Arrestes oder einer einstweiligen Verfügung[1]) bildet mit dem Verfahren über den Antrag auf Anordnung des Arrestes oder der einstweiligen Verfügung Eine Instanz.

Nov. 09. [1]) ZPO. §§ 916 ff., 935 ff.

§ 29. Die im § 13 benannten Gebühren umfassen die gesamte Tätigkeit des Rechtsanwalts von dem Auftrage bis zur Beendigung der Instanz.

Zu der Instanz gehören insbesondere:

1. das Verfahren behufs Festsetzung des Wertes des Streitgegenstandes,[1])
2. Zwischenstreite mit Nebenintervenienten[2]) sowie mit Zeugen oder Sachverständigen;[3])

3. das Verfahren zur Sicherung des Beweises (Zivilprozeßordnung §§ 485 bis 494), wenn die Hauptsache anhängig ist;
4. das Verfahren über einen Antrag auf vorläufige Einstellung, Beschränkung oder Aufhebung einer Zwangsvollstreckung (Zivilprozeßordnung §§ 707, 719, 769, 771 Abs. 3, §§ 785, 786, 805 Abs. 4, § 810 Abs. 2), soweit das Verfahren mit dem Verfahren über die Hauptsache verbunden ist;
5. das Verfahren über einen Antrag auf Aenderung einer Entscheidung des beauftragten oder ersuchten Richters oder des Gerichtsschreibers (Zivilprozeßordnung § 576);
6. das Verfahren über die im Gerichtskostengesetze § 47 Nr. 1 bis 12 bezeichneten Streitpunkte und Anträge;
7. die Zustellung und Empfangnahme der Entscheidungen und die Mitteilung derselben an den Auftraggeber;
8. die Uebersendung der Handakten an den Bevollmächtigten einer anderen Instanz.

Nr. 4 Nov. 98, Nov. 09.

[1]) ZPO. § 3. [2]) ZPO. §§ 66 ff. [3]) ZPO. §§ 387, 389, 408.

§ 30. Die Gebühren werden besonders erhoben für die Tätigkeit bei Streitigkeiten und Anträgen, welche betreffen:
1. die Sicherung des Beweises (Zivilprozeßordnung §§ 485 bis 494), wenn die Hauptsache noch nicht anhängig ist;
2. das Verfahren über einen Antrag auf vorläufige Einstellung, Beschränkung oder Aufhebung einer Zwangsvollstreckung (Zivilprozeßordnung §§ 769, 771 Abs. 3, §§ 785, 786, 805 Abs. 4, § 810 Abs. 2), sofern das Verfahren von dem Verfahren über die Hauptsache getrennt ist;
3. die im Gerichtskostengesetze § 38 Nr. 1, 2 bezeichneten Angelegenheiten.

Wird die vorläufige Einstellung, Beschränkung oder Aufhebung der Zwangsvollstreckung bei dem

Vollstreckungsgericht und bei dem Prozeßgericht beantragt, so wird die Prozeßgebühr nur einmal erhoben.

Die Festsetzung der Kosten und die Abänderung der Kostenfestsetzung (Gerichtskostengesetz § 38 Nr. 1) bilden Eine Instanz. Das gleiche gilt von dem Verfahren über die im Gerichtskostengesetze § 38 Nr. 2 bezeichneten Anträge.

Abs. 1 Nr. 2, 3, Abs. 3 Nov. 98; Abs. 1 Nr. 2, Abs. 3 Nov. 09.

§ 31. In der Zwangsvollstreckung bildet eine jede Vollstreckungsmaßregel zusammen mit den durch dieselbe vorbereiteten weiteren Vollstreckungshandlungen bis zu der durch die Maßregel zu erlangenden Befriedigung des Gläubigers Eine Instanz.

Die landesgesetzlichen Bestimmungen in betreff der Gebühren für eine den Vorschriften der Zivilprozeßordnung nicht unterliegende Zwangsvollstreckung bleiben unberührt.

Abs. 2 Nov. 98.

§ 32. Das Verfahren über einen Antrag auf Erteilung einer weiteren vollstreckbaren Ausfertigung (Zivilprozeßordnung § 733), das Verfahren zur Abnahme des Offenbarungseides (Zivilprozeßordnung §§ 900, 901) und die Ausführung der Zwangsvollstreckung in ein gepfändetes Vermögensrecht durch Verwaltung (Zivilprozeßordnung § 857 Abs. 4) bilden besondere Instanzen der Zwangsvollstreckung.

§ 33. Die Vollstreckung der Entscheidung, durch welche der Schuldner nach Maßgabe des § 887 Abs. 2 der Zivilprozeßordnung zur Vorauszahlung der Kosten verurteilt wird, scheidet aus der Zwangsvollstreckung zur Erwirkung der Handlung als besonderes Verfahren aus.

Soll die Zwangsvollstreckung auf Unterlassung oder Duldung einer Handlung durch Strafen ausgeführt werden (Zivilprozeßordnung § 890 Abs. 1), so bildet eine jede Verurteilung zu einer Strafe nach Maßgabe der Vorschriften des § 29 den Schluß der Instanz.

Die Erwirkung der einer Verurteilung vorausgehenden Strafandrohung (Zivilprozeßordnung § 890 Abs. 2) gehört zur Instanz der Hauptsache; dem Rechtsanwalte, welcher diese Instanz nicht geführt hat, steht die im § 23 bestimmte Gebühr zu.

§ 34. Bei Ausführung der Zwangsvollstreckung auf Vornahme einer Handlung durch Geldstrafen oder Haft (Zivilprozeßordnung § 888) bildet das gesamte Verfahren eine Instanz.

§ 35. Für die einmalige Erwirkung des Zeugnisses der Rechtskraft (Zivilprozeßordnung § 706) oder der Vollstreckungsklausel (Zivilprozeßordnung §§ 724 bis 730, 738, 742, 744, 745 Abs. 2, §§ 749, 795, 796 Abs. 1, § 797 Abs. 1, 2, § 929) steht weder dem Rechtsanwalte der Instanz, in welcher dieselben zu erteilen, noch dem Rechtsanwalte, welcher mit dem Betriebe der Zwangsvollstreckung beauftragt ist, und für die Aufhebung einer Vollstreckungsmaßregel weder dem Rechtsanwalte, welcher deren Vornahme veranlaßt hat, noch dem Rechtsanwalte, welcher mit dem Betriebe der weiteren Zwangsvollstreckung beauftragt ist, eine Gebühr zu.
Nov. 98.

§ 36. Die Vorschriften der §§ 31 bis 35 finden bei Vollziehung eines Arrestbefehls oder einer einstweiligen Verfügung (Zivilprozeßordnung §§ 928 bis 934, 936) entsprechende Anwendung.

Die Instanz dauert bis zur Aufhebung des Arrestes oder der einstweiligen Verfügung oder bis zum Anfange der Zwangsvollstreckung aus dem in der Hauptsache erlassenen Urteile.

§ 37. Für die Mitwirkung bei einem der Klage vorausgehenden Sühneverfahren (Zivilprozeßordnung §§ 510c, 609, 610) erhält der Rechtsanwalt drei Zehnteile der Sätze des § 9.

Diese Gebühr wird im Falle der Verhandlung des Rechtsstreits vor dem Amtsgericht auf die Prozeßgebühr angerechnet.

Ist in dem Falle des § 510c der Zivilprozeßordnung unter der Mitwirkung des Rechtsanwalts ein Vergleich geschlossen, so erhält er die vollen Sätze des § 9.

Abs. 1 Nov. 98; Abs. 1, 3 Nov. 09.

§ 38. Im Mahnverfahren[1]) erhält der Rechtsanwalt:

1. die Sätze des § 9 für die Vertretung des Gläubigers,
2. zwei Zehnteile der Sätze des § 9 für die Erhebung des Widerspruchs.

Auf die in dem nachfolgenden Rechtsstreite zustehende Prozeßgebühr wird die Gebühr in Nr. 1 zu sieben Zehnteilen, die Gebühr in Nr. 2 voll angerechnet.

Nov. 09.

1) ZPO. §§ 688 ff.

§ 39. Für die Vertretung im Verteilungsverfahren (Zivilprozeßordnung § 858 Abs. 6, §§ 872 bis 877, 882) stehen dem Rechtsanwalte fünf und, falls der Auftrag vor dem Termine zur Ausführung der Verteilung erledigt wird, drei Zehnteile der Sätze des § 9 zu.

Der Wert des Streitgegenstandes wird durch den Betrag der Forderung und, wenn der zu verteilende Geldbetrag geringer ist, durch diesen Betrag bestimmt.

Abs. 1 Nov. 98.

§ 40. Im Aufgebotsverfahren (Zivilprozeßordnung §§ 946 bis 956, 959 bis 972, 977 bis 1024) stehen dem Rechtsanwalt, als Vertreter des Antragstellers (Zivilprozeßordnung § 947), drei Zehnteile der Sätze des § 9 zu:

1. für den Betrieb des Verfahrens, einschließlich der Information;
2. für den Antrag auf Erlaß des Aufgebots;
3. für den Antrag auf Anordnung der Zahlungssperre, sofern derselbe vor dem Antrag auf Erlaß des Aufgebots gestellt wird;
4. für die Wahrnehmung des Aufgebotstermins.

Als Vertreter einer anderen Person erhält der Rechtsanwalt diese Gebühr nur einmal.

Abs. 1 Nov. 98.

§ 41. Drei Zehnteile der in den §§ 13 bis 17 bestimmten Gebühren erhält der Rechtsanwalt:

1. in der Beschwerdeinstanz;
2. wenn seine Tätigkeit sich auf ein Verfahren beschränkt, welches die Aenderung einer Entscheidung des beauftragten oder ersuchten Richters oder des Gerichtsschreibers (Zivilprozeßordnung § 576) betrifft.

In der Instanz der an eine Notfrist nicht gebundenen Beschwerde steht dem Rechtsanwalte die Prozeßgebühr nicht zu, wenn ihm dieselbe oder eine der in den §§ 37 bis 40 bezeichneten Gebühren in der Instanz zustand, in welcher die angefochtene Entscheidung ergangen ist.

Abs. 1 Nov. 09.

§ 42. Der zum Prozeßbevollmächtigten bestellte Rechtsanwalt, welcher auf Verlangen der Partei die Vertretung in der mündlichen Verhandlung einem anderen Rechtsanwalt übertragen hat, erhält neben den ihm zustehenden Gebühren fünf Zehnteile der Verhandlungsgebühr. Diese Gebühr wird auf eine ihm zustehende Verhandlungsgebühr angerechnet.

§ 43. Dem Rechtsanwalte, welchem von der Partei oder auf deren Verlangen von dem Prozeßbevollmächtigten nur die Vertretung in der mündlichen Verhandlung oder die Ausführung der Parteirechte in derselben übertragen ist, steht neben der Verhandlungsgebühr die Prozeßgebühr zu fünf Zehnteilen zu. Letztere Gebühr steht ihm auch dann zu, wenn der Auftrag vor der mündlichen Verhandlung erledigt wird. Erstreckt sich die Vertretung auf eine mit der mündlichen Verhandlung verbundene Beweisaufnahme (§ 13 Nr. 4), so erhält der Rechtsanwalt außerdem die Beweisgebühr.

§ 44. Dem Rechtsanwalte, welcher lediglich den Verkehr der Partei mit dem Prozeßbevollmächtigten führt, steht eine Gebühr in Höhe der Prozeßgebühr zu. Er erhält nur fünf Zehnteile, wenn ihm in unterer Instanz die vorbezeichnete Gebühr oder die Prozeßgebühr zustand.

Die mit der Uebersendung der Akten an den Rechtsanwalt der höheren Instanz verbundenen gutachtlichen Aeußerungen dienen nicht zur Begründung dieser Gebühr, wenn nicht zu denselben Auftrag erteilt war.

§ 45. Der Rechtsanwalt, dessen Tätigkeit sich auf die Vertretung in einem nur zur Leistung des durch ein Urteil auferlegten Eides[1]) oder nur zur Beweisaufnahme bestimmten Termine beschränkt, erhält neben der dem Prozeßbevollmächtigten im gleichen Falle zustehenden Beweisgebühr[2]) eine Gebühr in Höhe von fünf Zehnteilen der Prozeßgebühr. Letztere Gebühr steht ihm auch dann zu, wenn der Auftrag vor dem Termin erledigt wird.

Die Wahrnehmung eines weiteren Termins zur Fortsetzung der Verhandlung begründet nicht eine Erhöhung der Gebühr.

[1]) ZPO. § 460, § 477 Abs. 3. [2]) § 13 Nr. 4.

§ 46. Beschränkt sich die Tätigkeit des Rechtsanwalts auf die Anfertigung eines Schriftsatzes, so erhält er eine Gebühr in Höhe von fünf Zehnteilen der Prozeßgebühr.

§ 47. Für einen erteilten Rat erhält der nicht zum Prozeßbevollmächtigten bestellte Rechtsanwalt eine Gebühr in Höhe von drei Zehnteilen der Prozeßgebühr.

Eine Gebühr in Höhe von fünf Zehnteilen der Prozeßgebühr steht dem mit Einlegung der Berufung oder der Revision beauftragten Rechtsanwalte zu, wenn derselbe von der Einlegung abrät und der Auftraggeber seinen Auftrag zurücknimmt.

§ 48. Der nicht zum Prozeßbevollmächtigten bestellte Rechtsanwalt erhält höchstens die für den Prozeßbevollmächtigten bestimmte Gebühr, falls die ihm aufgetragenen Handlungen in den Kreis derjenigen Tätigkeit fallen, für welche die dem Prozeßbevollmächtigten zustehende Gebühr bestimmt ist.[1])

[1]) §§ 9, 29 ff.

§ 49. Wird ein Rechtsanwalt, nachdem er in einer Rechtssache tätig gewesen, zum Prozeßbevollmächtigten bestellt, so erhält er für die ihm vorher aufgetragenen Handlungen, soweit für dieselben die dem Prozeßbevollmächtigten zustehende Gebühr bestimmt ist,[1] und als Prozeßbevollmächtigter zusammen nicht meh an Gebühren, als ihm zustehen würde, wenn er vorher zum Prozeßbevollmächtigten bestellt worden wäre

[1]) §§ 9, 29 ff.

§ 50. Wird der einem Rechtsanwalt erteilte Auftrag vor Beendigung der Instanz aufgehoben, so stehen dem Rechtsanwalte die Gebühren in gleicher Weise zu, als wenn die Instanz zur Zeit der Aufhebung des Auftrags durch Zurücknahme der gestellten Anträge erledigt wäre, unbeschadet der aus einem Verschulden sich ergebenden zivilrechtlichen Folgen.

§ 51. Bei Vertretung mehrerer Streitgenossen,[1]) einschließlich der Nebenintervenienten,[2]) stehen dem Rechtsanwalte die Gebühren nur einmal zu. Bei nachträglichem Beitritte von Streitgenossen erhöht sich durch jeden Beitritt die Prozeßgebühr um zwei Zehnteile. Die Erhöhung wird nach dem Betrage berechnet, bei welchem die Vollmachtgeber gemeinschaftlich beteiligt sind, mehrere Erhöhungen dürfen den einfachen Betrag der Prozeßgebühr nicht übersteigen.

[1]) ZPO. §§ 59 ff. [2]) ZPO. §§ 66 ff.

§ 52. Die Gebührensätze erhöhen sich in der Berufungsinstanz um drei Zehnteile und in der Revisionsinstanz um fünf Zehnteile.

Nov. 10.

Dritter Abschnitt.

Gebühren im Konkursverfahren.

§ 53. Auf die Gebühren im Konkursverfahren finden die Vorschriften der §§ 9, 11, 12 entsprechende Anwendung.

§ 54. Im Verfahren über einen Antrag auf Eröffnung des Konkursverfahrens (Konkursordnung §§ 104 bis 106) erhält der Rechtsanwalt zwei Zehnteile, oder, wenn er einen Gläubiger vertritt, fünf Zehnteile der Sätze des § 9.

§ 55. Für die Vertretung im Konkursverfahren erhält der Rechtsanwalt sechs Zehnteile, wenn jedoch die Vertretung vor dem allgemeinen Prüfungstermine (Konkursordnung § 138) sich erledigt oder erst nach demselben beginnt, vier Zehnteile der Sätze des § 9.

§ 56. Der Rechtsanwalt erhält die Sätze des § 9 besonders:

1. für die Tätigkeit bei Prüfung der Forderungen;
2. für die Tätigkeit in dem Zwangsvergleichsverfahren;
3. für die Tätigkeit in dem Verteilungsverfahren.

§ 57. Beschränkt sich die Tätigkeit des Rechtsanwalts auf die Anmeldung einer Konkursforderung, so erhält derselbe zwei Zehnteile der Sätze des § 9.

§ 58. Für die Vertretung:

1. in der Beschwerdeinstanz,
2. in dem Verfahren über Anträge auf Anordnung von Sicherheitsmaßregeln im Falle des § 197 Abs. 2 der Konkursordnung

erhält der Rechtsanwalt besonders die im zweiten Abschnitte (§§ 23, 41) bestimmten Gebühren.

§ 59. Die Gebühren der §§ 54 bis 56 sowie des § 58 im Falle der Beschwerde gegen den Beschluß über Eröffnung des Konkursverfahrens (Konkursordnung § 109) oder den Beschluß über Bestätigung eines Zwangsvergleichs (Konkursordnung §§ 189, 230 Abs. 2, § 236) werden, wenn der Auftrag von dem Gemeinschuldner erteilt ist, nach dem Betrage der Aktivmasse (Gerichtskostengesetz § 52) berechnet.

Ist der Auftrag von einem Konkursgläubiger erteilt, so werden die Gebühren der §§ 54, 55, 57 und die Gebühr im Falle der Beschwerde gegen den Beschluß über Eröffnung des Konkursverfahrens nach dem Nennwerte der Forderung, die Gebühren des § 56 und die Gebühr im Falle der Beschwerde gegen den Beschluß über die Bestätigung eines Zwangsvergleichs nach dem Werte der Forderung des Gläubigers unter entsprechender Anwendung des § 148 der Konkursordnung berechnet.

§ 60. In einem wieder aufgenommenen Konkursverfahren erhält der Rechtsanwalt die Gebühren nach den Bestimmungen der §§ 55 bis 59 besonders.

§ 61. Insoweit dem Rechtsanwalte Gebühren für die Vornahme einzelner Handlungen im Konkursverfahren zustehen, darf der Gesamtbetrag derselben die im § 55 bestimmte Gebühr nicht übersteigen.

Wird der Rechtsanwalt, nachdem er einzelne Handlungen im Konkursverfahren vorgenommen hat, mit der Vertretung im Konkursverfahren beauftragt, so erhält er zusammen nicht mehr an Gebühren, als ihm zustehen würde, wenn er vorher mit der Vertretung im Konkursverfahren beauftragt worden wäre.

§ 62. Die Gebühren werden für jeden Auftrag gesondert, ohne Rücksicht auf andere Aufträge, berechnet.

Vierter Abschnitt.

Gebühren in Strafsachen.

§ 63. In Strafsachen erhält der Rechtsanwalt als Verteidiger in der Hauptverhandlung erster Instanz

1. vor dem Schöffengerichte . . . . . 12 Mark
2. vor der Strafkammer . . . . 20 „
3. vor dem Schwurgericht oder dem Reichsgerichte . . . . 40 „

§ 64. Erstreckt sich die Verhandlung auf mehrere Tage, so erhöhen sich die im § 63 bestimmten Gebühren für jeden weiteren Tag der Verteidigung um fünf Zehnteile.

Im Verfahren auf erhobene Privatklage findet diese Bestimmung nicht Anwendung.

§ 65. Findet in den auf Privatklage verhandelten Sachen eine Beweisaufnahme statt, so erhöht sich die im § 63 bestimmte Gebühr um 6 Mark.

§ 66. In der Berufungsinstanz sowie in der Revisionsinstanz stehen dem Rechtsanwalte die in den §§ 63 bis 65 bestimmten Sätze zu. Die Stufe bestimmt sich nach der Ordnung des Gerichts, welches in erster Instanz erkannt hat.

§ 67. Für die Verteidigung im Vorverfahren erhält der Rechtsanwalt:

1. in den zur Zuständigkeit der Schöffengerichte gehörigen Sachen	6 Mark
2. in den zur Zuständigkeit der Strafkammer gehörigen Sachen	10 „
3. in den zur Zuständigkeit der Schwurgerichte oder des Reichsgerichts gehörigen Sachen	20 „

§ 68. Fünf Zehnteile der im § 63 bestimmten Sätze stehen dem Rechtsanwalte zu für Anfertigung:

1. einer Schrift zur Rechtfertigung einer Berufung;
2. einer Schrift zur Begründung einer Revision;
3. eines Antrags auf Wiederaufnahme des Verfahrens;
4. eines Gnadengesuchs.

Die Stufe bestimmt sich nach der Ordnung des Gerichts, welches in erster Instanz erkannt hat.

§ 69. Für Einlegung eines Rechtsmittels sowie für Anfertigung anderer, als der im § 68 bezeichneten Anträge, Gesuche und Erklärungen erhält der Rechtsanwalt je 2 Mark.

§ 70. Die in den §§ 63 bis 66 sowie die im § 67 bestimmten Gebühren umfassen die Anfertigung der zu derselben Instanz oder zu dem Vorverfahren gehörigen Anträge, Gesuche und Erklärungen, sowie die Einlegung von Rechtsmitteln gegen Entscheidungen oder Verfügungen derselben Instanz oder des Vorverfahrens.

§ 71. Auf die Gebühr für Rechtfertigung der Berufung (§ 68 Nr. 1) und auf die Gebühr für Begründung der

Revision (§ 68 Nr. 2) wird die Gebühr für Einlegung des Rechtsmittels (§ 69) angerechnet.

§ 72. Im Falle der Verteidigung mehrerer Beschuldigter durch einen gemeinschaftlichen Verteidiger erhöhen sich die Gebühren um fünf Zehnteile.

§ 73. In Ansehung der Gebühren für Vertretung eines Privatklägers, eines Nebenklägers oder einer Verwaltungsbehörde (Strafprozeßordnung § 464) kommen die Bestimmungen über die Gebühren für die Verteidigung zur entsprechenden Anwendung.

Die Anfertigung einer Privatklage begründet für den Rechtsanwalt die im § 67 Nr. 1 bestimmte Gebühr.

§ 74. Für Anfertigung eines Antrags auf gerichtliche Entscheidung im Falle des § 170 der Strafprozeßordnung erhält der Rechtsanwalt die im § 67 bestimmten Sätze.

§ 75. Nach Maßgabe der Vorschriften des zweiten Abschnitts (§ 23) stehen dem Rechtsanwalte Gebühren besonders zu für die Vertretung:

1. in dem Verfahren behufs Festsetzung der zu erstattenden Kosten (Strafprozeßordnung § 496 Absatz 2);
2. in der Zwangsvollstreckung aus Entscheidungen, welche über eine Buße oder über Erstattung von Kosten ergangen sind (Strafprozeßordnung §§ 495, 496).

Fünfter Abschnitt.

Auslagen.

§ 76. Für die Herstellung des Schreibwerkes sowie zum Ersatze der Postgebühren seiner Sendungen erhält der Rechtsanwalt Pauschsätze, soweit Schreibwerk und Postsendung innerhalb des Rahmens einer gebührenpflichtigen Tätigkeit vorkommen.

Der einzelne Pauschsatz beträgt zwanzig vom Hundert der zum Ansatze gelangenden Gebühr, jedoch höchstens dreißig Mark und mindestens fünfzig Pfennig, in der Zwangsvollstreckungsinstanz mindestens zwei Mark. Die Vorschrift des § 7 Abs. 2 des Gerichtskostengesetzes findet Anwendung.

Steht dem als Prozeßbevollmächtigten bestellten Rechtsanwalte nach § 13 Nr. 1, §§ 19, 52 die Prozeßgebühr zu, so beträgt die Summe der in einer Instanz anzusetzenden Pauschsätze mindestens vier Mark und höchstens fünfzig Mark und, wenn dem Rechtsanwalt auch nach § 13 Nr. 4, §§ 19, 52 die Beweisgebühr oder nach § 13 Nr. 3, §§ 19, 52 die Vergleichsgebühr zusteht, mindestens sechs Mark und höchstens sechzig Mark; die Vorschriften des § 27 Abs. 1, des § 28 und des § 30 Abs. 1 Nr. 3 finden keine Anwendung.

In den Fällen der §§ 43 und 45 der Gebührenordnung für Rechtsanwälte werden die dem Prozeßbevollmächtigten und dem anderen Rechtsanwalte zustehenden Pauschsätze nach der Summe der beiden Anwälten zustehenden Gebühren berechnet. Von dem Betrage dieser Pauschsätze erhält der Prozeßbevollmächtigte zwei Dritteile, der andere Rechtsanwalt ein Drittteil.

Steht dem als Verteidiger oder als Vertreter eines Privatklägers, eines Nebenklägers oder einer Verwaltungsbehörde bestellten Rechtsanwalte die im § 63 bestimmte Gebühr zu, so beträgt der Pauschsatz mindestens vier Mark.

Neben den Pauschsätzen stehen dem Rechtsanwalte Schreibgebühren zu:

1. für die auf besonderes Verlangen gefertigten Abschriften;
2. für eine von ihm gefertigte beglaubigte Abschrift der Klageschrift, falls diese zur Herstellung einer Ausfertigung des Urteils (§ 317 Abs. 3 der Zivilprozeßordnung) benutzt wird;
3. für ein Schreibwerk, soweit es außerhalb des Rahmens einer gebührenpflichtigen Tätigkeit entsteht.

Für die Höhe der im Abs. 5 erwähnten Schreibgebühren sind die Vorschriften des § 80 des Gerichtskostengesetzes maßgebend.

Der Ansatz der im § 79 Nr. 2 des Gerichtskostengesetzes bezeichneten Gebühren wird durch den Pauschsatz nicht ausgeschlossen.

Nov. 09.

§ 77. Für Verpackung von Briefen und Akten dürfen Auslagen nicht berechnet werden.

§ 78. Bei Geschäftsreisen erhält der Rechtsanwalt, vorbehaltlich der Bestimmungen in den §§ 18, 37, 39 Abs. 2 der Rechtsanwaltsordnung:

I. an Tagegeldern	12 Mark — Pf.
II. für ein Nachtquartier	5 Mark — Pf.
III. an Fuhrkosten einschließlich der Kosten der Gepäckbeförderung:	
1. wenn die Reise auf Eisenbahnen oder Dampfschiffen gemacht werden kann, für das Kilometer	— Mark 13 Pf.
und für jeden Zu- und Abgang	3 Mark — Pf.
2. anderenfalls	— Mark 60 Pf.

für das Kilometer der nächsten fahrbaren Straßenverbindung.

Haben höhere Fuhrkosten aufgewendet werden müssen, so werden diese erstattet.

§ 79. Die Fuhrkosten werden für die Hin- und Rückreise besonders berechnet.

Hat ein Rechtsanwalt Geschäfte an verschiedenen Orten unmittelbar nacheinander ausgerichtet, so ist der von Ort zu Ort zurückgelegte Weg ungeteilt der Berechnung der Fuhrkosten zugrunde zu legen.

Bei einer Reise zur Ausführung der Aufträge mehrerer Auftraggeber findet die Vorschrift des § 3 entsprechende Anwendung.

§ 80. Für Geschäfte am Wohnorte stehen dem Rechtsanwalte weder Tagegelder noch Fuhrkosten zu; dasselbe gilt von Geschäften außerhalb des Wohnortes in geringerer Entfernung als zwei Kilometer von demselben.

War der Rechtsanwalt durch außergewöhnliche Umstände genötigt, sich eines Fuhrwerks zu bedienen, oder waren sonstige notwendige Unkosten, wie Brücken- oder Fährgeld aufzuwenden, so sind die Auslagen zu erstatten.

Für einzelne Ortschaften kann durch die Landesjustizverwaltung bestimmt werden, daß den Rechtsanwälten bei den nicht an der Gerichtsstelle vorzunehmenden Geschäften die verauslagten Fuhrkosten zu erstatten sind.

§ 81. Bei Berechnung der Entfernungen wird jedes angefangene Kilometer für ein volles Kilometer gerechnet.

§ 82. Der Rechtsanwalt, welcher seinen Wohnsitz verlegt, kann bei Fortführung eines ihm vorher erteilten Auftrags Tagegelder und Reisekosten nur insoweit verlangen, als sie ihm auch bei Beibehaltung seines Wohnsitzes zugestanden haben würden.

§ 83. Hat ein Rechtsanwalt seinen Wohnsitz an einem Orte, an welchem sich kein Gericht befindet, so kann die Landesjustizverwaltung bestimmen, daß ihm Tagegelder und Reisekosten nur insoweit zustehen, als er solche auch verlangen könnte, wenn er seinen Wohnsitz an dem Orte des Amtsgerichts, in dessen Bezirk er wohnt, genommen hätte.

Sechster Abschnitt.

Einforderung von Gebühren und Auslagen.

§ 84. Der Rechtsanwalt kann von seinem Auftraggeber angemessenen Vorschuß fordern.

§ 85. Dem Auftraggeber gegenüber werden die Gebühren des Rechtsanwalts fällig, sobald über die Verpflichtung, dieselben zu tragen, eine Entscheidung ergangen ist, sowie bei Beendigung der Instanz oder bei Erledigung des Auftrags.

§ 86. Die Einforderung der Gebühren und Auslagen ist nur zulässig, wenn vorher oder gleichzeitig eine von dem Rechtsanwalt unterschriebene Berechnung derselben mit Angabe des Wertes des Streitgegenstandes, sofern der Wert maßgebend, und unter Bezeichnung der zur Anwendung kommenden Bestimmungen dieses Gesetzes mitgeteilt wird.

Die Mitteilung dieser Berechnung kann auch nach erfolgter Zahlung verlangt werden, solange nicht die Handakten zurückgenommen sind oder die Verpflichtung des Rechtsanwalts zur Aufbewahrung derselben erloschen ist (Rechtsanwaltsordnung § 32).

Siebenter Abschnitt.

Schlußbestimmungen.

§ 87. Für Erhebung und Ablieferung von Geldern erhält der Rechtsanwalt eine Gebühr:

von 1 Mark für jedes angefangene Hundert des Betrags bis 1000 Mark;

von 50 Pfennig für jedes angefangene Hundert des weiteren Betrags bis 10,000 Mark;

von 25 Pfennig für jedes angefangene Hundert des Mehrbetrags.

Für Erhebung und Ablieferung von Wertpapieren erhält der Rechtsanwalt nach Maßgabe des Wertes die Hälfte der vorstehenden Gebühren.

Die Gebühr für Erhebung und Ablieferung von Geldern kann von diesen bei der Ablieferung entnommen werden.

§ 88. Für die Ausarbeitung eines Gutachtens mit juristischer Begründung hat der Rechtsanwalt angemessene Vergütung zu beanspruchen. Ueber die Höhe der Vergütung wird im Prozeßwege, nach eingeholtem Gutachten des Vorstandes der Anwaltskammer, entschieden.

§ 89. Ist für das dem Rechtsanwalt übertragene Geschäft der Betrag der Gebühr in diesem Gesetze nicht bestimmt, so erhält er eine unter entsprechender Anwendung der Bestimmungen dieses Gesetzes zu bemessende Gebühr.

§ 90. Insofern in diesem Gesetze für die begonnene

oder vorbereitete Ausführung eines vor der vollständigen Ausführung erledigten Auftrags eine Gebühr nicht vorgesehen ist, erhält der Rechtsanwalt eine nach Maßgabe des § 89 zu bemessende Gebühr.

§ 91. Die Vorschriften dieses Gesetzes finden entsprechende Anwendung:

1. im schiedsrichterlichen Verfahren;
2. im Verfahren wegen Nichtigkeitserklärung oder Zurücknahme eines Patents;
3. im Disziplinarverfahren nach Maßgabe des Gesetzes, betreffend die Rechtsverhältnisse der Reichsbeamten, vom 31. März 1873 (Reichsgesetzbl. S. 61);
4. im ehrengerichtlichen Verfahren gegen Rechtsanwälte;
5. bei der Untersuchung von Seeunfällen.

Für die Berechnung der Gebühren des im schiedsrichterlichen Verfahren als Prozeßbevollmächtigten bestellten Rechtsanwalts gilt das gerichtliche Verfahren im Falle des § 1036 der Zivilprozeßordnung als zum schiedsrichterlichen Verfahren gehörig.

Das Verfahren vor der Disziplinarkammer, vor dem Ehrengericht und vor dem Seeamte steht im Sinne des § 63 dem Verfahren vor der Strafkammer gleich.

§ 92. Fällt eine dem Rechtsanwalt aufgetragene Tätigkeit, für welche ihm nach Vorschrift dieses Gesetzes eine Vergütung zusteht, zugleich in den Kreis derjenigen Angelegenheiten, in welchen die den Rechtsanwälten zustehende Vergütung durch landesgesetzliche Vorschrift geregelt ist, so kommt, soweit die Anwendung beider Vorschriften zu einer zweifachen Vergütung derselben Tätigkeit führen würde, nur eine derselben, und zwar die dem Rechtsanwalte günstigere zur Anwendung.

§ 93. Sofern der Rechtsanwalt nicht einer Partei zur Wahrnehmung ihrer Rechte beigeordnet oder als Verteidiger bestellt ist, kann der Betrag der Vergütung durch Vertrag abweichend von den Vorschriften dieses

Gesetzes festgesetzt werden. Die Festsetzung durch Bezugnahme auf das Ermessen eines Dritten ist ausgeschlossen.

Der Auftraggeber ist an den Vertrag nur gebunden, soweit er denselben schriftlich abgeschlossen hat.

Der Auftraggeber kann eine Berechnung der gesetzlichen Vergütung nach Maßgabe des § 86 verlangen.

Hat der Rechtsanwalt durch den Vertragsschluß die Grenze der Mäßigung überschritten, so kann die durch Vertrag festgesetzte Vergütung im Prozeßwege, nach eingeholtem Gutachten des Vorstandes der Anwaltskammer, bis auf den in diesem Gesetze bestimmten Betrag herabgesetzt werden.

§ 94. Für das Verhältnis des Auftraggebers oder des Rechtsanwalts zu dem Erstattungspflichtigen kommt die vertragsmäßige Festsetzung der Vergütung (§ 93) nicht in Betracht.

XIII. Gebührenordnung
für
Gerichtsvollzieher
vom 24. Juni 1878.

Wir Wilhelm, von Gottes Gnaden Deutscher Kaiser, König von Preußen ꝛc.

verordnen im Namen des Reichs, nach erfolgter Zustimmung des Bundesrats und des Reichstags, was folgt:

§ 1. In den vor die ordentlichen Gerichte[1]) gehörigen Rechtssachen, auf welche die Zivilprozeßordnung, die Strafprozeßordnung oder die Konkursordnung Anwendung findet, werden Gebühren und Auslagen des Gerichtsvollziehers nur nach Maßgabe der folgenden Bestimmungen erhoben.

[1]) GVG. § 12.

§ 2. Die Gebühr für jede Zustellung beträgt . . . . . . 80 Pfennig,

in den amtsgerichtlichen und den schöffengerichtlichen Sachen, soweit diese Sachen nicht durch Einlegung eines Rechtsmittels an ein höheres Gericht gebracht sind . . . . 50 Pfennig,

für die Zustellung durch Aufgabe zur Post (Zivilprozeßordnung § 175), für das an die Post gerichtete Ersuchen um Bewirkung einer Zustellung (Zivilprozeßordnung § 194), sowie für die im Auftrag eines Anwalts an den Gegenanwalt bewirkte Zustellung die Hälfte jener Sätze.

Die Zustellung an den Zustellungsbevollmächtigten mehrerer Beteiligter (Zivilprozeßordnung § 189 Abs. 2) gilt als Eine Zustellung.

Nov. 81.

§ 3. Ist eine Zustellung durch den Gerichtsvollzieher bewirkt, obgleich sie mit geringeren Kosten durch die Post hätte erfolgen können, so erhält derselbe die Mehrkosten nur, wenn er zur Vornahme der Zustellung ohne Benutzung der Post ausdrücklich ermächtigt worden ist.

Nov. 81.

§ 4. Die Gebühr für die Pfändung von beweglichen körperlichen Sachen (Zivilprozeßordnung §§ 808, 809), von Früchten, welche von dem Boden noch nicht getrennt sind (Zivilprozeßordnung § 810), sowie von Forderungen aus Wechseln oder anderen Papieren, welche durch Indossament übertragen werden können (Zivilprozeßordnung § 831), beträgt nach der Höhe der beizutreibenden Forderung:

bei einem Betrage bis	50	Mark einschließlich	1 Mark,
" " " "	100	" "	2 "
" " " "	300	" "	3 "
" " " "	1000	" "	4 "
" " " "	5000	" "	5 "
" " " über	5000	" "	6 "

Erfolgt die Pfändung zur Vollziehung eines Arrestes, so ist der in dem Arrestbefehle nach § 923 der Zivilprozeßordnung festgestellte Geldbetrag maßgebend. Bei der Pfändung eines im Schiffsregister eingetragenen Schiffes (Zivilprozeßordnung § 931) ist der Mindestbetrag der Gebühr 3 Mark.

Nimmt die Pfändung einen Zeitaufwand von mehr als zwei Stunden in Anspruch, so erhöht sich die Gebühr für jede angefangene weitere Stunde um ein Viertel.

Ist eine versuchte Pfändung ohne Erfolg geblieben, weil nach Inhalt des Protokolls pfändbare Gegenstände nicht vorhanden waren oder die Pfändung nach

§ 803 Abs. 2, § 812 der Zivilprozeßordnung zu unterbleiben hatte, so erhält der Gerichtsvollzieher die Hälfte der Gebühr.

Abs. 1 Nov. 81, Abs. 2, 4 Nov. 98.

§ 5. Für die Uebernahme beweglicher Sachen zum Zwecke der Verwertung in den Fällen der §§ 790, 847 854 der Zivilprozeßordnung, sowie im Falle des Ausscheidens des Gerichtsvollziehers, welcher die Pfändung vorgenommen hat, und für die Pfändung bereits gepfändeter Sachen (Zivilprozeßordnung § 826) erhält der Gerichtsvollzieher die Hälfte der in § 4 bestimmten Gebühr.

§ 6. Der Gerichtsvollzieher erhält für die Wegnahme beweglicher Sachen einschließlich der Uebergabe derselben (Zivilprozeßordnung § 883) eine Gebühr von 3 Mark.

Nimmt das Geschäft einen Zeitaufwand von mehr als zwei Stunden in Anspruch, so erhöht sich die Gebühr für jede angefangene weitere Stunde um 1 Mark.

Ist eine versuchte Wegnahme ohne Erfolg geblieben, weil nach Inhalt des Protokolls die herauszugebenden Sachen nicht aufzufinden waren, so erhält der Gerichtsvollzieher die Hälfte der Gebühr, jedoch nicht unter 2 Mark.

§ 7. Für die Versteigerung oder den Verkauf aus freier Hand von beweglichen Sachen, Früchten, welche von dem Boden noch nicht getrennt sind, Forderungen oder anderen Vermögensrechten erhält der Gerichtsvollzieher

von dem Betrage des erzielten Erlöses bis zu 100 Mark 5 vom Hundert,

von dem Betrage über 100 Mark bis 300 Mark 3 vom Hundert,

von dem Betrage über 300 Mark bis 1000 Mark 2 vom Hundert,

von dem Betrage über 1000 Mark bis 5000 Mark 1 vom Hundert,

von dem Betrage über 5000 Mark ½ vom Hundert, jedoch nicht unter 2 Mark.

§ 8. Der Gerichtsvollzieher erhält

1. für die Entsetzung aus dem Besitz unbeweglicher Sachen oder bewohnter Schiffe und die Einweisung in denselben (Zivilprozeßordnung § 885),
2. im Falle der Zuziehung zur Beseitigung des Widerstandes des Schuldners gegen die Vornahme einer Handlung (Zivilprozeßordnung § 892)

eine Gebühr von 3 Mark für jede angefangene Stunde von dem Erscheinen an Ort und Stelle bis zur Beendigung seiner Tätigkeit.

In die Dauer der unter Nr. 1 erwähnten Vollstreckungshandlungen ist auch die Zeit einzurechnen, welche der Gerichtsvollzieher zu verwenden hat, um bewegliche Sachen, welche nicht Gegenstand der Zwangsvollstreckung sind, wegzuschaffen, zu übergeben oder in Verwahrung zu bringen.

§ 9. Der Gerichtsvollzieher erhält für die Verhaftung einer Person, einschließlich der Ablieferung derselben zur Haft, und für die zwangsweise Vorführung einer Person eine Gebühr von 15 Mark, für die Nachverhaftung einer bereits verhafteten Person 2 Mark.

Konnte eine unternommene Verhaftung nicht ausgeführt werden, weil nach Inhalt des Protokolls sich bei derselben das Vorhandensein eines der in den §§ 904, 906 der Zivilprozeßordnung aufgeführten Gründe herausgestellt hat, so erhält der Gerichtsvollzieher eine Gebühr von 5 Mark.

§ 10. Hat eine Vollstreckungshandlung, nachdem der Gerichtsvollzieher sich an Ort und Stelle begeben hatte, zufolge der Vorschrift des § 775 der Zivilprozeßordnung oder infolge der Zurücknahme des Auftrags nicht stattgefunden, so erhält derselbe

in den Fällen der §§ 4, 5 die Hälfte der im § 4 Abs. 1, 2 bestimmten Gebühr, im Falle des § 4 Abs. 2 Satz 2 jedoch nicht unter 2 Mark, im Falle des § 6 die daselbst Abs. 3 bestimmte Gebühr,

im Falle des § 7 eine Gebühr von 2 Mark,

im Falle des § 8 eine Gebühr von 3 Mark,

im Falle des § 9 eine Gebühr von 5 Mark.

Nov. 98.

§ 11. Wird der Auftrag zur Zwangsvollstreckung durch Leistung an den Gerichtsvollzieher erledigt, so erhält derselbe

bei Zahlungen die in § 4 bestimmte, nach dem gezahlten Betrage zu berechnende Gebühr, jedoch wenn eine Pfändung vorausgegangen war, nicht unter 2 Mark,

bei Herausgabe von Sachen die in § 6 bestimmte Gebühr.

Nov. 81.

§ 12. Die in den §§ 4 bis 11 bestimmten Gebühren umfassen die gesamte Tätigkeit des Gerichtsvollziehers bei der Zwangsvollstreckung, insbesondere:

1. die Nachsuchung der Unterstützung der polizeilichen Vollzugsorgane und die Zuziehung der Zeugen und Sachverständigen (Zivilprozeßordnung §§ 758, 759, 813, 814);
2. die zu den Vollstreckungshandlungen gehörenden Mitteilungen, Aufforderungen, Zustellungen und Postsendungen;
3. die Umschreibung eines auf den Namen lautenden Wertpapiers auf den Namen des Käufers und die Wiederinkurssetzung eines gepfändeten Inhaberpapiers (Zivilprozeßordnung §§ 822, 823);
4. die Annahme und Quittierung, Ablieferung oder Hinterlegung der schuldigen Leistungen, sowie des gepfändeten oder erlösten Geldes und die Zurückgabe gepfändeter Gegenstände;
5. die Bekanntmachung der Versteigerung.

Nr. 1 Nov. 98.

§ 13. An baren Auslagen werden dem Gerichtsvollzieher vergütet:

1. die Schreibgebühren;
2. die Post- und Telegraphengebühren;

3. die durch öffentliche Bekanntmachungen, insbesondere durch Einrückung in öffentliche Blätter entstandenen Kosten;
4. die an Zeugen und Sachverständige zu zahlenden Beträge;
5. die Entschädigung der zum Oeffnen von Türen und Behältnissen zugezogenen Personen;
6. die für Umschreibung eines auf Namen lautenden Wertpapiers oder für Wiederinkurssetzung eines Inhaberpapiers zu zahlenden Beträge;
7. die Kosten eines Transports von Personen oder Sachen, die Kosten der Verwahrung und Beaufsichtigung von Gegenständen, die Kosten der Aberntung von Früchten, sowie der Erhaltung von Tieren;
8. die Reisekosten.

§ 14. Schreibgebühren werden dem Gerichtsvollzieher nach Maßgabe des § 80 des Gerichtskostengesetzes vergütet:

1. für alle nach gesetzlicher Vorschrift oder auf Antrag erteilten Abschriften der von demselben aufgenommenen Urkunden und Protokolle, mit Ausnahme der nach gesetzlicher Vorschrift zu erteilenden Abschrift der Zustellungsurkunde; im Falle des § 2 Abs. 2 wird ihm jedoch für jede Abschrift der Zustellungsurkunde die Schreibgebühr vergütet;
2. für die bei einer Hinterlegung zu erstattende Anzeige an das Vollstreckungsgericht (Zivilprozeßordnung §§ 827, 854);
3. für die Aufnahme der von dem Drittschuldner nach Zustellung eines Pfändungsbeschlusses abgegebenen Erklärungen (Zivilprozeßordnung § 840);
4. für die vor der Verhaftung erforderliche Anzeige an die vorgesetzte Dienstbehörde des zu Verhaftenden (Zivilprozeßordnung § 910).

§ 15. Den zu einer Vollstreckungshandlung in Gemäßheit der Vorschrift des § 759 der Zivilprozeßordnung zugezogenen Zeugen kann eine Entschädigung bis zum Betrage von je 1 Mark gewährt werden.

§ 16. Dem in den Fällen der §§ 813, 814 der Zivilprozeßordnung zugezogenen Sachverständigen kann eine Vergütung nach dem ortsüblichen Preise einer solchen Leistung gewährt werden.

Nov. 98.

§ 17. Muß der Gerichtsvollzieher behufs Vornahme einer Amtshandlung außerhalb seines dienstlichen Wohnsitzes einen Weg bis zur Entfernung von mehr als 2 Kilometer zurücklegen, so erhält er an Reisekosten für jedes angefangene Kilometer des Hinweges und des Rückweges eine Entschädigung von 10 Pfg.

Nimmt der Gerichtsvollzieher mehrere Geschäfte auf derselben Reise vor, so erhält er für jedes derselben die volle, nach der Entfernung des Ortes von seinem Amtssitz zu berechnende Entschädigung; dabei gelten jedoch mehrere Geschäfte, welche für denselben Auftraggeber an demselben Orte vorgenommen werden und welche sich auf dieselbe Rechtsangelegenheit beziehen, als Ein Geschäft.

Abs. 2 Nov. 81.

§ 18. Der Gerichtsvollzieher kann die Uebernahme eines Geschäfts von der Zahlung eines zur Deckung der baren Auslagen und des vermutlichen Betrags der Gebühren hinreichenden Vorschusses abhängig machen, sofern nicht das Geschäft von Amts wegen angeordnet oder für eine zum Armenrecht zugelassene Person auszuführen ist.

§ 19. Schuldner der Gebühren und Auslagen des Gerichtsvollziehers ist bei Geschäften, welche von Amts wegen angeordnet werden, die Staatskasse, bei sonstigen Geschäften der Auftraggeber.

§ 20. Die Gebühren und Auslagen sind, unbeschadet der Bestimmung des § 788 der Zivilprozeßordnung, fällig, so bald der Auftrag erledigt ist. Der Gerichtsvollzieher ist berechtigt, dieselben von dem Auftraggeber durch Postvorschuß zu erheben.

§ 21. Im Falle der Bewilligung des Armenrechts werden dem für die arme Partei bestellten Gerichtsvollzieher die baren Auslagen von der Staatskasse ersetzt, falls nicht dieselben von dem Ersatzpflichtigen beigetrieben werden können (Zivilprozeßordnung §§ 124, 788).

§ 22. Bei Erinnerungen gegen den Ansatz von Gebühren oder Auslagen des Gerichtsvollziehers findet, soweit nicht § 766 Abs. 2 der Zivilprozeßordnung Platz greift, § 4 des Gerichtskostengesetzes entsprechende Anwendung.

§ 23. Die Gerichtsvollzieher sind verpflichtet, unter den Urschriften und Abschriften ihrer Akte eine Berechnung der Gebühren und Auslagen aufzustellen, und bei Geschäften, welche nach Verhältnis der verwendeten Zeit vergütet werden, in dem Protokolle die Dauer der letzteren anzugeben. Ist die Zeitangabe unterblieben, so darf nur die für die geringste Zeitdauer bestimmte Gebühr berechnet werden.

§ 24. Den einzelnen Bundesstaaten bleibt vorbehalten:

1. für Zustellungen, für deren Nachweis auf Grund des § 39 der Strafprozeßordnung einfachere Formen zugelassen sind, abweichend von den Vorschriften dieses Gesetzes geringere Gebühren zu bestimmen;
2. an Stelle von Gebühren und Auslagen, welche die Gerichtsvollzieher auf Grund dieses Gesetzes zu beanspruchen haben, denselben eine anderweite Vergütung zu gewähren.

Für die von den ersatzpflichtigen Personen zu erhebenden Beträge bleiben im Falle der Nr. 2 die Bestimmungen dieses Gesetzes maßgebend.

§ 25. Den einzelnen Bundesstaaten bleibt die Feststellung der Vergütung überlassen, wenn den Gerichtsvollziehern in Sachen, auf welche die Zivilprozeßordnung, die Strafprozeßordnung oder die Konkursordnung Anwendung findet, Geschäfte übertragen werden, welche denselben in jenen Gesetzen nicht ausdrücklich zugewiesen sind.

XIV. Gebührenordnung

für

Zeugen und Sachverständige

vom 30. Juni 1878.

Wir Wilhelm, von Gottes Gnaden Deutscher Kaiser, König von Preußen ꝛc.

verordnen im Namen des Reichs, nach erfolgter Zustimmung des Bundesrats und des Reichstags, was folgt:

§ 1. In den vor die ordentlichen Gerichte[1]) gehörigen Rechtssachen, auf welche die Zivilprozeßordnung, die Strafprozeßordnung oder die Konkursordnung Anwendung findet, erhalten die Zeugen und Sachverständigen Gebühren nach Maßgabe der folgenden Bestimmungen.

[1]) GVG. § 12.

§ 2. Der Zeuge erhält eine Entschädigung für die erforderliche Zeitversäumnis im Betrage von zehn Pfennig bis zu einer Mark auf jede angefangene Stunde.

Die Entschädigung ist unter Berücksichtigung des von dem Zeugen versäumten Erwerbes zu bemessen und für jeden Tag auf nicht mehr als zehn Stunden zu gewähren.

Personen, welche durch gemeine Handarbeit, Handwerksarbeit oder geringeren Gewerbebetrieb ihren Unterhalt suchen, oder sich in gleichen Verhältnissen mit solchen Personen befinden, erhalten die nach dem geringsten Satze zu bemessende Entschädigung auch dann, wenn die Versäumnis eines Erwerbes nicht stattgefunden hat.

§ 3. Der Sachverständige erhält für seine Leistungen eine Vergütung nach Maßgabe der erforderlichen Zeitversäumnis im Betrage bis zu zwei Mark auf jede angefangene Stunde.

Die Vergütung ist unter Berücksichtigung der Erwerbsverhältnisse des Sachverständigen zu bemessen und für jeden Tag auf nicht mehr als zehn Stunden zu gewähren.

Außerdem sind dem Sachverständigen die auf die Vorbereitung des Gutachtens verwendeten Kosten, sowie die für eine Untersuchung verbrauchten Stoffe und Werkzeuge zu vergüten.

§ 4. Bei schwierigen Untersuchungen und Sachprüfungen ist dem Sachverständigen auf Verlangen für die aufgetragene Leistung eine Vergütung nach dem üblichen Preise derselben und für die außerdem stattfindende Teilnahme an Terminen die im § 3 bestimmte Vergütung zu gewähren.

§ 5. Als versäumt gilt für den Zeugen oder Sachverständigen auch die Zeit, während welcher er seine gewöhnliche Beschäftigung nicht wieder aufnehmen kann.

§ 6. Mußte der Zeuge oder Sachverständige außerhalb seines Aufenthaltsortes einen Weg bis zur Entfernung von mehr als zwei Kilometer zurücklegen, so ist ihm außer den nach §§ 2 bis 5 zu bestimmenden Beträgen eine Entschädigung für die Reise und für den durch die Abwesenheit von dem Aufenthaltsorte verursachten Aufwand nach Maßgabe der folgenden Bestimmungen zu gewähren.

§ 7. Soweit nach den persönlichen Verhältnissen des Zeugen oder Sachverständigen oder nach äußeren Umständen die Benutzung von Transportmitteln für angemessen zu erachten ist, sind als Reiseentschädigung die nach billigem Ermessen in dem einzelnen Falle erforderlichen Kosten zu gewähren. In anderen Fällen beträgt die Reiseentschädigung für jedes angefangene Kilometer des Hinweges und des Rückweges fünf Pfennig.

§ 8. Die Entschädigung für den durch Abwesenheit von dem Aufenthaltsorte verursachten Aufwand ist nach den persönlichen Verhältnissen des Zeugen oder Sachverständigen zu bemessen, soll jedoch den Betrag von fünf Mark für jeden Tag, an welchem der Zeuge oder Sachverständige abwesend gewesen ist, und von drei Mark für jedes außerhalb genommene Nachtquartier nicht überschreiten.

§ 9. Mußte der Zeuge oder Sachverständige innerhalb seines Aufenthaltsortes einen Weg bis zu einer Entfernung von mehr als zwei Kilometer zurücklegen, so ist ihm für den ganzen zurückgelegten Weg eine Reiseentschädigung nach den Vorschriften des § 7 zu gewähren.

§ 10. Konnte der Zeuge oder Sachverständige den erforderlichen Weg ohne Benützung von Transportmitteln nicht zurücklegen, so sind die nach billigem Ermessen erforderlichen Kosten auch außer den in den §§ 6, 9 bestimmten Fällen zu gewähren.

§ 11. Abgaben für die erforderliche Benutzung eines Weges sind in jedem Falle zu erstatten.

§ 12. Bedarf der Zeuge wegen jugendlichen Alters oder wegen Gebrechen eines Begleiters, so sind die bestimmten Entschädigungen für beide zu gewähren.

§ 13. Soweit für gewisse Arten von Sachverständigen besondere Taxvorschriften bestehen, welche an dem Orte des Gerichts, vor welches die Ladung erfolgt, und an dem Aufenthaltsorte des Sachverständigen gelten, kommen lediglich diese Vorschriften in Anwendung. Gelten solche Taxvorschriften nur an einem dieser Orte, oder gelten an demselben verschiedene Taxvorschriften, so kann der Sachverständige die Anwendung der ihm günstigeren Bestimmungen verlangen.

Dolmetscher erhalten Entschädigung als Sachverständige nach den Vorschriften dieses Gesetzes, sofern nicht ihre Leistungen zu den Pflichten eines von ihnen versehenen **Amtes gehören.**

§ 14. Oeffentliche Beamte erhalten Tagegelder und Erstattung von Reisekosten nach Maßgabe der für Dienstreisen geltenden Vorschriften, falls sie zugezogen werden:

1. als Zeugen über Umstände, von denen sie in Ausübung ihres Amtes Kenntnis erhalten haben;
2. als Sachverständige, wenn sie aus Veranlassung ihres Amtes zugezogen werden und die Ausübung der Wissenschaft, der Kunst oder des Gewerbes, deren Kenntnis Voraussetzung der Begutachtung ist, zu den Pflichten des von ihnen versehenen Amtes gehört.

Werden nach den Vorschriften dieses Paragraphen Tagegelder und Reisekosten gewährt, so findet eine weitere Vergütung an den Zeugen oder Sachverständigen nicht statt.

Die vorstehenden Bestimmungen finden auf Personen des Soldatenstandes entsprechende Anwendung.

Abs. 3 Gesetz vom 11. Juni 1890 (RGBl. S. 73).

§ 15. Ist ein Sachverständiger für die Erstattung von Gutachten im allgemeinen beeidigt, so können die Gebühren für die bei bestimmten Gerichten vorkommenden Geschäfte durch Uebereinkommen bestimmt werden.

§ 16. Die Gebühren der Zeugen und Sachverständigen werden nur auf Verlangen derselben gewährt. Der Anspruch erlischt, wenn das Verlangen binnen drei Monaten nach Beendigung der Zuziehung oder Abgabe des Gutachtens bei dem zuständigen Gerichte nicht angebracht wird.

§ 17. Die einem Zeugen oder Sachverständigen zu gewährenden Beträge werden durch das Gericht oder den Richter, vor welchem die Verhandlung stattfindet, festgesetzt.

Sofern die Beträge aus der Staatskasse gezahlt und dieser nicht erstattet sind, kann die Festsetzung von dem Gericht oder dem Richter, durch welche sie erfolgt ist, sowie von dem Gerichte der höheren Instanz von Amts wegen berichtigt werden.

Gegen die Festsetzung findet Beschwerde nach Maßgabe des § 567 Abs. 2 und der §§ 568 bis 575 der Zivilprozeßordnung sowie des § 4 Abs. 3 des Gerichtskostengesetzes, in Strafsachen nach Maßgabe der §§ 346 bis 352 der Strafprozeßordnung statt.

Abs. 3 Nov. 98.

XV. Bekanntmachung,

betr. das Außerkrafttreten des Abkommens zur Regelung von Fragen des internationalen Privatrechts vom 14. November 1896 und des Zusatzprotokolls vom 22. Mai 1897 sowie das Inkrafttreten des Abkommens über den Zivilprozeß vom 17. Juli 1905.[1])

Vom 24. April 1909.

Das Abkommen zur Regelung von Fragen des internationalen Privatrechts vom 14. November 1896 (Reichs-Gesetzbl. 1899 S. 285) und das Zusatzprotokoll vom 22. Mai 1897 (Reichs-Gesetzbl. 1899 S. 295) werden infolge ihrer Kündigung von seiten des Reichs für dieses am 27. d. M. außer Kraft treten.

An ihrer Stelle wird an demselben Tage das nachstehend abgedruckte Abkommen über den Zivilprozeß vom 17. Juli 1905 gemäß den Bestimmungen seines Artikel 28 in Kraft treten. Das Abkommen ist von Deutschland, Oesterreich, Ungarn, Belgien, Dänemark, Spanien, Frankreich, Italien, Norwegen, den Niederlanden, Portugal, Rumänien, Rußland, Schweden und der Schweiz ratifiziert worden; die Hinterlegung der Ratifikationsurkunden ist am 24. d. M. im Haag erfolgt.

Berlin, den 24. April 1909.

Der Reichskanzler.

In Vertretung:

Freiherr von Schoen.

---

[1]) Wegen ergänzender Vereinbarungen s. RGBl. 1909 S. 907 ff. (Niederlande, Luxemburg und Norwegen), 1910 S. 455 ff. (Schweden), 1910 S. 67 ff. (Schweiz), 1910 S. 871 ff. (Oesterreich und Dänemark).

Abkommen über den Zivilprozeß.

Vom 17. Juli 1905.

Seine Majestät der Deutsche Kaiser, König von Preußen, im Namen des Deutschen Reichs, Seine Majestät der Kaiser von Oesterreich, König von Böhmen usw. und Apostolischer König von Ungarn, für Oesterreich und für Ungarn, Seine Majestät der König der Belgier, Seine Majestät der König von Dänemark, Seine Majestät der König von Spanien, der Präsident der Französischen Republik, Seine Majestät der König von Italien, Seine Königliche Hoheit der Großherzog von Luxemburg, Herzog zu Nassau, Seine Majestät der König von Norwegen, Ihre Majestät die Königin der Niederlande, Seine Majestät der König von Portugal und Algarvien usw., Seine Majestät der König von Rumänien, Seine Majestät der Kaiser aller Reußen, Seine Majestät der König von Schweden und der Schweizerische Bundesrat,

von dem Wunsche geleitet, an dem Abkommen vom 14. November 1896 die durch die Erfahrung eingegebenen Verbesserungen vorzunehmen,

haben beschlossen, zu diesem Zwecke ein neues Abkommen zu treffen.

I. Mitteilung gerichtlicher und außergerichtlicher Urkunden.

Art. 1. In Zivil- oder Handelssachen erfolgt die Zustellung von Schriftstücken, die für eine im Auslande befindliche Person bestimmt sind, innerhalb der Vertragsstaaten auf einen Antrag, der vom Konsul des ersuchenden Staates an die von dem ersuchten Staate zu bezeichnende Behörde gerichtet wird. Der Antrag hat die Behörde, von der das übermittelte Schriftstück ausgeht, den Namen und die Stellung der Parteien, die Adresse des Empfängers sowie die Art des in Rede stehenden Schriftstücks anzugeben und muß in der Sprache der ersuchten Behörde abgefaßt sein. Diese

Behörde hat dem Konsul die Urkunde zu übersenden, welche die Zustellung nachweist oder den die Zustellung hindernden Umstand ergibt.

Alle Schwierigkeiten, die etwa aus Anlaß des Antrags des Konsuls entstehen, werden auf diplomatischem Wege geregelt.

Jeder Vertragsstaat kann in einer an die anderen Vertragsstaaten gerichteten Mitteilung das Verlangen ausdrücken, daß der Antrag auf eine in seinem Gebiete zu bewirkende Zustellung, der die im Abs. 1 bezeichneten Angaben zu enthalten hat, auf diplomatischem Wege an ihn gerichtet werde.

Die vorstehenden Bestimmungen hindern nicht, daß sich zwei Vertragsstaaten über die Zulassung des unmittelbaren Verkehrs zwischen ihren beiderseitigen Behörden verständigen.

Art. 2. Für die Zustellung hat die zuständige Behörde des ersuchten Staates Sorge zu tragen. Diese Behörde kann sich, abgesehen von den im Artikel 3 vorgesehenen Fällen, darauf beschränken, die Zustellung durch Uebergabe des Schriftstücks an den Empfänger zu bewirken, sofern er zur Annahme bereit ist.

Art. 3. Ist das zuzustellende Schriftstück in der Sprache der ersuchten Behörde oder in der zwischen den beiden beteiligten Staaten vereinbarten Sprache abgefaßt oder ist es von einer Uebersetzung in eine dieser Sprachen begleitet, so läßt die ersuchte Behörde, falls in dem Antrag ein dahingehender Wunsch ausgesprochen ist, das Schriftstück in der durch ihre innere Gesetzgebung für die Bewirkung gleichartiger Zustellungen vorgeschriebenen Form oder in einer besonderen Form, sofern diese ihrer Gesetzgebung nicht zuwiderläuft, zustellen. Ist ein solcher Wunsch nicht ausgesprochen, so wird die ersuchte Behörde zunächst die Uebergabe nach den Vorschriften des Artikel 2 zu bewirken suchen.

Vorbehaltlich anderweitiger Uebereinkunft ist die im vorstehenden Absatze vorgesehene Uebersetzung von dem diplomatischen oder konsularischen Vertreter des ersuchenden Staates oder von einem beeidigten Dolmetscher des ersuchten Staates zu beglaubigen.

Art. 4. Die Ausführung der in den Artikeln 1, 2, 3 vorgesehenen Zustellung kann nur abgelehnt werden, wenn der Staat, in dessen Gebiete sie erfolgen soll, sie für geeignet hält, seine Hoheitsrechte oder seine Sicherheit zu gefährden.

Art. 5. Der Nachweis der Zustellung erfolgt entweder durch ein mit Datum versehenes und beglaubigtes Empfangsbekenntnis des Empfängers oder durch ein Zeugnis der Behörde des ersuchten Staates, aus dem sich die Tatsache, die Form und die Zeit der Zustellung ergibt.

Ist das zuzustellende Schriftstück in zwei gleichen Stücken übermittelt worden, so ist das Empfangsbekenntnis oder das Zeugnis auf eins der beiden Stücke zu setzen oder damit zu verbinden.

Art. 6. Die Bestimmungen der vorstehenden Artikel lassen unberührt:

1. die Befugnis, den im Ausland befindlichen Beteiligten Schriftstücke unmittelbar auf dem Postwege zuzusenden;
2. die Befugnis der Beteiligten, die Zustellungen unmittelbar durch die zuständigen Vollziehungsbeamten oder sonst zuständigen Beamten des Bestimmungslandes bewirken zu lassen;
3. die Befugnis jedes Staates, Zustellungen an die im Auslande befindlichen Personen unmittelbar durch seine diplomatischen oder konsularischen Vertreter bewirken zu lassen.

In jedem dieser Fälle besteht die vorgesehene Befugnis nur dann, wenn Abkommen zwischen den beteiligten Staaten sie einräumen oder wenn in Ermangelung von Abkommen der Staat, in dessen Gebiete die Zustellung zu erfolgen hat, nicht widerspricht. Dieser Staat kann nicht widersprechen, wenn im Falle des Abs. 1 Nr. 3 das Schriftstück ohne Anwendung von Zwang einem Angehörigen des ersuchenden Staates zugestellt werden soll.

Art. 7. Für Zustellungen dürfen Gebühren oder Auslagen irgend welcher Art nicht erhoben werden.

Jedoch ist, vorbehaltlich anderweitiger Uebereinkunft der ersuchte Staat berechtigt, von dem ersuchenden Staate die Erstattung der Auslagen zu verlangen, die durch die Mitwirkung eines Vollziehungsbeamten oder durch die Anwendung einer besonderen Form in den Fällen des Art. 3 entstanden sind.

II. Ersuchungsschreiben.

Art. 8. In Zivil- oder Handelssachen kann sich die Gerichtsbehörde eines Vertragsstaats gemäß den Vorschriften ihrer Gesetzgebung mittels Ersuchens an die zuständige Behörde eines andern Vertragsstaats wenden, um die Vornahme einer Prozeßhandlung oder anderer gerichtlicher Handlungen innerhalb des Geschäftskreises dieser Behörde nachzusuchen.

Art. 9. Die Ersuchungsschreiben werden durch den Konsul des ersuchenden Staates der von dem ersuchten Staate zu bezeichnenden Behörde übermittelt. Diese Behörde hat dem Konsul die Urkunde zu übersenden, aus der sich die Erledigung des Ersuchens oder der die Erledigung hindernde Umstand ergibt.

Alle Schwierigkeiten, die etwa aus Anlaß dieser Uebermittelung entstehen, werden auf diplomatischem Wege geregelt.

Jeder Vertragsstaat kann in einer an die anderen Vertragsstaaten gerichteten Mitteilung das Verlangen ausdrücken, daß ihm die in seinem Gebiete zu erledigenden Ersuchungsschreiben auf diplomatischem Wege übermittelt werden.

Die vorstehenden Bestimmungen schließen nicht aus, daß sich zwei Vertragsstaaten über die Zulassung der unmittelbaren Uebermittelung von Ersuchungsschreiben zwischen ihren beiderseitigen Behörden verständigen.

Art. 10. Vorbehaltlich anderweitiger Uebereinkunft muß das Ersuchungsschreiben in der Sprache der ersuchten Behörde oder in der zwischen den beiden beteiligten Staaten vereinbarten Sprache abgefaßt oder doch von einer Uebersetzung in eine dieser Sprachen begleitet sein, die durch einen diplomatischen oder konsularischen Vertreter des ersuchenden Staates oder einen beeidigten Dolmetscher des ersuchten Staates beglaubigt ist.

Art. 11. Die Gerichtsbehörde, an die das Ersuchen gerichtet wird, ist verpflichtet, ihm zu entsprechen und dabei dieselben Zwangsmittel anzuwenden, wie bei der Erledigung eines Ersuchens der Behörden des ersuchten Staates oder eines zum gleichen Zwecke gestellten Antrags einer beteiligten Partei. Diese Zwangsmittel brauchen nicht angewendet zu werden, wenn es sich um das persönliche Erscheinen streitender Parteien handelt.

Die ersuchende Behörde ist auf ihr Verlangen von der Zeit und dem Orte der auf das Ersuchen vorzunehmenden Handlung zu benachrichtigen, damit die beteiligte Partei ihr beizuwohnen in der Lage ist.

Die Erledigung des Ersuchens kann nur abgelehnt werden:

1. wenn die Echtheit der Urkunde nicht feststeht;
2. wenn in dem ersuchten Staate die Erledigung des Ersuchens nicht in den Bereich der Gerichtsgewalt fällt;
3. wenn der Staat, in dessen Gebiete die Erledigung stattfinden soll, sie für geeignet hält, seine Hoheitsrechte oder seine Sicherheit zu gefährden.

Art. 12. Im Falle der Unzuständigkeit der ersuchten Behörde ist das Ersuchen von Amts wegen an die zuständige Gerichtsbehörde desselben Staates nach den von dessen Gesetzgebung aufgestellten Regeln abzugeben.

Art. 13. In allen Fällen, in denen das Ersuchen von der ersuchten Behörde nicht erledigt wird, hat diese die ersuchende Behörde hiervon unverzüglich zu benachrichtigen und zwar im Falle des Artikel 11 unter Angabe der Gründe, aus denen die Erledigung des Ersuchens abgelehnt worden ist, und im Falle des Artikel 12 unter Bezeichnung der Behörde, an die das Ersuchen abgegeben wird.

Art. 14. Die Gerichtsbehörde, die zur Erledigung eines Ersuchens schreitet, hat in Ansehung der zu beobachtenden Formen die Gesetze ihres Landes anzuwenden.

Jedoch ist dem Antrage der ersuchenden Behörde, daß nach einer besonderen Form verfahren werde, zu entsprechen, sofern diese Form der Gesetzgebung des ersuchten Staates nicht zuwiderläuft.

Art. 15. Nicht ausgeschlossen wird durch die Bestimmungen der vorstehenden Artikel die Befugnis jedes Staates, die Ersuchen unmittelbar durch seine diplomatischen oder konsularischen Vertreter erledigen zu lassen, wenn Abkommen zwischen den beteiligten Staaten dies zulassen oder wenn der Staat, in dessen Gebiete das Ersuchen erledigt werden soll, nicht widerspricht.

Art. 16. Für die Erledigung von Ersuchen dürfen Gebühren oder Auslagen irgend welcher Art nicht erhoben werden.

Jedoch ist, vorbehaltlich anderweitiger Uebereinkunft, der ersuchte Staat berechtigt, von dem ersuchenden Staate die Erstattung der an Zeugen oder Sachverständige gezahlten Entschädigungen sowie der Auslagen zu verlangen, welche für die wegen Nichterscheinens der Zeugen erforderlich gewordene Mitwirkung eines Vollziehungsbeamten oder durch die etwaige Anwendung des Art. 14 Abs. 2 entstanden sind.

III. Sicherheitsleistung für die Prozeßkosten.

Art. 17. Keine Sicherheitsleistung oder Hinterlegung, unter welcher Benennung es auch sei, darf den Angehörigen eines der Vertragsstaaten, die in einem dieser Staaten ihren Wohnsitz haben und vor den Gerichten eines anderen dieser Staaten als Kläger oder Intervenienten auftreten, wegen ihrer Eigenschaft als Ausländer oder wegen Mangels eines inländischen Wohnsitzes oder Aufenthalts auferlegt werden.

Die gleiche Regel findet Anwendung auf die Vorauszahlung, die von den Klägern oder Intervenienten zur Deckung der Gerichtskosten einzufordern wäre.

Die Abkommen, wodurch etwa Vertragsstaaten für ihre Angehörigen ohne Rücksicht auf den Wohnsitz Befreiung von der Sicherheitsleistung für die Prozeßkosten oder von der Vorauszahlung der Gerichtskosten vereinbart haben, finden auch weiter Anwendung.

Art. 18. Ergeht in einem der Vertragsstaaten eine Verurteilung in die Prozeßkosten gegen einen Kläger oder Intervenienten, der von Sicherheitsleistung, Hinterlegung oder Vorauszahlung auf Grund des Artikel 17 Abs. 1, 2 oder eines im Staate der Klageerhebung geltenden Gesetzes befreit ist, so ist diese Verurteilung gemäß einem auf diplomatischem Wege zu stellenden Antrag in jedem der anderen Vertragsstaaten durch die zuständige Behörde kostenfrei für vollstreckbar zu erklären.

Die gleiche Regel findet Anwendung auf gerichtliche Entscheidungen, durch die der Betrag der Kosten des Prozesses später festgesetzt wird.

Die vorhergehenden Bestimmungen hindern nicht, daß sich zwei Vertragsstaaten dahin verständigen, auch die Stellung eines Antrags auf Vollstreckbarkeitserklärung unmittelbar durch die beteiligte Partei zu gestatten.

Art. 19. Die Kostenentscheidungen werden ohne Anhörung der Parteien, jedoch unbeschadet eines späteren Rekurses der verurteilten Partei, gemäß der Gesetzgebung des Landes, wo die Vollstreckung betrieben wird, für vollstreckbar erklärt.

Die für die Entscheidung über den Antrag auf Vollstreckbarkeitserklärung zuständige Behörde hat ihre Prüfung darauf zu beschränken:

1. ob nach dem Gesetze des Landes, wo die Verurteilung ausgesprochen ist, die Ausfertigung der Entscheidung die für ihre Beweiskraft erforderlichen Bedingungen erfüllt;
2. ob nach demselben Gesetze die Entscheidung die Rechtskraft erlangt hat;
3. ob der entscheidende Teil der Entscheidung in der Sprache der ersuchten Behörde oder in der zwischen den beiden beteiligten Staaten vereinbarten Sprache abgefaßt ist oder doch von einer Uebersetzung in eine dieser Sprachen begleitet wird, die vorbehaltlich anderweitiger Uebereinkunft durch einen diplomatischen oder konsularischen Vertreter des ersuchenden Staates oder einen beeidigten Dolmetscher des ersuchten Staates beglaubigt ist.

Den Erfordernissen des Abs. 2 Nr. 1, 2 wird genügt durch eine Erklärung der zuständigen Behörde des ersuchenden Staates, daß die Entscheidung die Rechtskraft erlangt hat. Die Zuständigkeit dieser Behörde ist, vorbehaltlich anderweitiger Uebereinkunft, durch den höchsten Justizverwaltungsbeamten des ersuchenden Staates zu bescheinigen. Die Erklärung und die Bescheinigung, die soeben erwähnt sind, müssen nach Maßgabe des Abs. 2 Nr. 3 abgefaßt oder übersetzt sein.

IV. Armenrecht.

Art. 20. Die Angehörigen eines jeden der Vertragsstaaten werden zur Wohltat des Armenrechts in allen anderen Vertragsstaaten ebenso wie die eigenen Staatsangehörigen zugelassen, sofern sie sich nach der Gesetzgebung des Staates richten, wo das Armenrecht nachgesucht wird.

Art. 21. In allen Fällen muß die Bescheinigung oder die Erklärung des Unvermögens von den Behörden des gewöhnlichen Aufenthaltsorts des Ausländers oder, in Ermangelung eines solchen, von den Behörden seines derzeitigen Aufenthaltsorts ausgestellt oder entgegengenommen sein. Gehören diese Behörden keinem Vertragsstaat an und werden von ihnen solche Bescheinigungen oder Erklärungen nicht ausgestellt oder entgegengenommen, so genügt die Ausstellung oder Entgegennahme der Bescheinigung oder der Erklärung durch einen diplomatischen oder konsularischen Vertreter des Landes, dem der Ausländer angehört.

Hält der Antragsteller sich nicht in dem Lande auf, wo das Armenrecht nachgesucht wird, so ist die Bescheinigung oder die Erklärung des Unvermögens kostenfrei von einem diplomatischen oder konsularischen Vertreter des Landes, wo die Urkunde vorgelegt werden soll, zu beglaubigen.

Art. 22. Die zur Ausstellung der Bescheinigung oder zur Entgegennahme der Erklärung über das Unvermögen zuständige Behörde kann bei den Behörden der anderen Vertragsstaaten Auskünfte über die Vermögenslage des Antragstellers einziehen.

Die Behörde, die über den Antrag auf Bewilligung des Armenrechts zu entscheiden hat, behält in den Grenzen ihrer Amtsbefugnisse das Recht, die ihr vorgelegten Bescheinigungen, Erklärungen und Auskünfte einer Nachprüfung zu unterziehen.

Art. 23. Ist die Wohltat des Armenrechts dem Angehörigen eines der Vertragsstaaten bewilligt worden, so werden für Zustellungen, die sich auf denselben Prozeß beziehen und die in einem anderen dieser Staaten zu bewirken sind, von dem ersuchenden Staate dem ersuchten Staate nur die Auslagen erstattet, die durch die Anwendung einer besonderen Form auf Grund des Artikel 3 entstanden sind.

In demselben Falle werden für die Erledigung von Ersuchen dem ersuchten Staate von dem ersuchenden Staate nur die an Zeugen oder Sachverständige gezahlten Entschädigungen sowie die durch die etwaige Anwendung des Artikel 14 Abs. 2 erforderlich gewordenen Auslagen erstattet.

V. Personalhaft.

Art. 24. In Zivil- oder Handelssachen darf die Personalhaft sowohl als Mittel der Zwangsvollstreckung wie auch lediglich als Sicherungsmaßregel gegen die einem der Vertragsstaaten angehörenden Ausländer nur in den Fällen angewendet werden, in denen sie auch gegen Landesangehörige anwendbar sein würde. Eine Tatsache, auf Grund deren ein im Inlande wohnhafter Inländer die Aufhebung der Personalhaft beantragen kann, soll zugunsten des Angehörigen eines Vertragsstaats die gleiche Wirkung auch dann haben, wenn sich diese Tatsache im Ausland ereignet hat.

VI. Schlußbestimmungen.

Art. 25. Dieses Abkommen soll ratifiziert und die Ratifikationsurkunden sollen im Haag hinterlegt werden, sobald sechs der Hohen Vertragsparteien hierzu in der Lage sind.

Ueber jede Hinterlegung von Ratifikationsurkunden soll ein Protokoll aufgenommen werden; von diesem soll eine beglaubigte Abschrift einem jeden der Vertragsstaaten auf diplomatischem Wege mitgeteilt werden.

Art. 26. Dieses Abkommen findet auf die europäischen Gebiete der Vertragsstaaten ohne weiteres Anwendung.

Wünscht ein Vertragsstaat die Inkraftsetzung des Abkommens in seinen außereuropäischen Gebieten, Besitzungen oder Kolonien oder in seinen Konsulargerichtsbezirken, so hat er seine hierauf gerichtete Absicht in einer Urkunde kundzugeben, die im Archive der Regierung der Niederlande hinterlegt wird. Diese wird eine beglaubigte Abschrift davon einem jeden der Vertragsstaaten auf diplomatischem Wege übersenden. Das Abkommen tritt in Kraft für die Beziehungen zwischen den Staaten, die auf diese Kundgebung mit einer zustimmenden Erklärung antworten, und den außereuropäischen Gebieten, Besitzungen oder Kolonien sowie den Konsulargerichtsbezirken, für welche die Kundgebung erfolgt ist. Die zustimmende Erklärung wird gleichfalls im Archive der Regierung der Niederlande hinterlegt, die eine beglaubigte Abschrift davon einem jeden der Vertragsstaaten auf diplomatischem Wege übersenden wird.

Art. 27. Die Staaten, die auf der vierten Konferenz über internationales Privatrecht vertreten waren, werden zur Zeichnung dieses Abkommens bis zu der im Artikel 25 Abs. 1 vorgesehenen Hinterlegung der Ratifikationsurkunden zugelassen.

Nach dieser Hinterlegung soll ihnen der vorbehaltlose Beitritt zu dem Abkommen stets freistehen. Der Staat, der beizutreten wünscht, gibt seine Absicht in einer Urkunde kund, die im Archive der Regierung der Niederlande hinterlegt wird. Diese wird eine beglaubigte Abschrift davon einem jeden der Vertragsstaaten auf diplomatischem Wege übersenden.

Art. 28. Dieses Abkommen tritt an die Stelle des Abkommens über internationales Privatrecht vom 14. November 1896 und des Zusatzprotokolls vom 22. Mai 1897.

Es tritt in Kraft am sechzigsten Tage nach dem Zeitpunkte, wo alle Staaten, die das Abkommen vom 14. November 1896 gezeichnet haben oder ihm beigetreten sind, ihre Ratifikationsurkunden zu dem vorliegenden Abkommen hinterlegt haben werden, spätestens aber am 27. April 1909.

Im Falle des Artikel 26 Abs. 2 tritt es vier Monate nach dem Zeitpunkte der zustimmenden Erklärung und im Falle des Artikel 27 Abs. 2 am sechzigsten Tage nach dem Zeitpunkte der Kundgebung des Beitritts in Kraft.

Es versteht sich, daß die im Artikel 26 Abs. 2 vorgesehenen Kundgebungen erst erfolgen können, nachdem dieses Abkommen gemäß Abs. 2 des vorliegenden Artikels in Kraft gesetzt worden ist.

Art. 29. Dieses Abkommen gilt für die Dauer von fünf Jahren, gerechnet von dem im Artikel 28 Abs. 2 angegebenen Zeitpunkte seiner Inkraftsetzung.

Mit demselben Zeitpunkte beginnt der Lauf dieser Frist auch für die Staaten, welche die Hinterlegung erst nach dem Zeitpunkte bewirken oder erst nachträglich beitreten, und ebenso in Ansehung der auf Grund des Artikel 26 Abs. 2 abgegebenen zustimmenden Erklärungen.

In Ermangelung einer Kündigung gilt das Abkommen als stillschweigend von fünf zu fünf Jahren erneuert.

Die Kündigung muß wenigstens sechs Monate vor dem Ablaufe der im Abs. 2, 3 bezeichneten Frist der Regierung der Niederlande erklärt werden, die hiervon allen anderen Staaten Kenntnis geben wird.

Die Kündigung kann auf die außereuropäischen Gebiete, Besitzungen oder Kolonien oder auch auf die Konsulargerichtsbezirke beschränkt werden, die in einer auf Grund des Art. 26 Abs. 2 erfolgten Kundgebung aufgeführt sind.

Die Kündigung soll nur in Ansehung des Staates wirksam sein, der sie erklärt hat. Für die übrigen Vertragsstaaten bleibt das Abkommen in Kraft.

Zu Urkund dessen haben die Bevollmächtigten dieses Abkommen unterzeichnet und mit ihren Siegeln versehen.

Geschehen im Haag am 17. Juli neunzehnhundertfünf in einer einzigen Ausfertigung, die im Archive der Regierung der Niederlande zu hinterlegen ist und wovon eine beglaubigte Abschrift auf diplomatischem Wege einem jeden der Staaten übergeben werden soll, die auf der vierten Konferenz über internationales Privatrecht vertreten waren.

XVI. Gesetz

zur Ausführung des Abkommens über den Zivilprozeß vom 17. Juli 1905.

Vom 5. April 1909.

Wir Wilhelm, von Gottes Gnaden Deutscher Kaiser, König von Preußen ꝛc.

verordnen im Namen des Reichs, nach erfolgter Zustimmung des Bundesrats und des Reichstags, zur Ausführung des Abkommens über den Zivilprozeß vom 17. Juli 1905 (Reichs-Gesetzbl. 1909 S. 410), was folgt:

I. Mitteilung gerichtlicher und außergerichtlicher Urkunden (Artikel 1 bis 7 des Abkommens).

§ 1. Innerhalb des Reichs ist für die Entgegennahme des im Artikel 1 Abs. 1 des Abkommens vorgesehenen Zustellungsantrags eines ausländischen Konsuls der Präsident des Landgerichts zuständig, in dessen Bezirke die Zustellung erfolgen soll.

Für die Besorgung der gemäß Artikel 2, 3 zu bewirkenden Zustellungen ist innerhalb des Reichs der Gerichtsschreiber des Amtsgerichts zuständig, in dessen Bezirke die Zustellung zu bewirken ist. Der Gerichtsschreiber hat auch das im Artikel 5 bezeichnete Empfangsbekenntnis mit einem Beglaubigungsvermerke zu versehen oder das dort erwähnte Zustellungszeugnis auszustellen; ebenso hat er die im Artikel 1 Abs. 1 vorgesehene Urkunde aufzunehmen, welche den die Zustellung hindernden Umstand ergibt.

§ 2. Für eine Zustellung im Auslande, die von dem darum ersuchten Konsul des Reichs auf dem im Artikel

1 Abs. 1 des Abkommens vorgesehenen Wege bewirkt wird, beträgt die Gebühr 1,50 Mark.

Die gleiche Gebühr wird für eine vom Konsul gemäß Artikel 6 Abs. 1 Nr. 3 unmittelbar bewirkte Zustellung erhoben; diese Vorschrift findet keine Anwendung in den Konsularbezirken, in denen die Zustellungen der Regel nach auf einem der im Artikel 1 Abs. 3, 4 vorgesehenen Wege zu erfolgen haben.

II. Ersuchungsschreiben (Artikel 8 bis 16 des Abkommens).

§ 3. Innerhalb des Reichs ist für die Erledigung der im Artikel 8 des Abkommens vorgesehenen Ersuchen ausländischer Gerichtsbehörden das Amtsgericht zuständig, in dessen Bezirke die Amtshandlung vorgenommen werden soll.

Für die Entgegennahme der gemäß Artikel 9 Abs. 1 durch einen ausländischen Konsul übermittelten Ersuchungsschreiben ist innerhalb des Reichs der Präsident des Landgerichts zuständig, in dessen Bezirke die Erledigung des Ersuchens erfolgen soll.

§ 4. Für die dem Konsul des Reichs gemäß Artikel 9 Abs. 1 des Abkommens in Ansehung eines Ersuchungsschreibens obliegenden Verrichtungen beträgt die Gebühr 1,50 Mark; die Gebühr wird nicht erhoben, wenn das Ersuchen keine Erledigung findet.

III. Sicherheitsleistung für die Prozeßkosten (Artikel 17 bis 19 des Abkommens).

§ 5. Die Vollstreckbarkeitserklärung für die im Artikel 18 des Abkommens bezeichneten Kostenentscheidungen ausländischer Gerichte erfolgt durch Beschluß des Amtsgerichts.

Zuständig ist das Amtsgericht, bei dem der Kostenschuldner seinen allgemeinen Gerichtsstand hat, und in Ermangelung eines solchen das Amtsgericht, bei welchem in Gemäßheit des § 23 der Zivilprozeßordnung gegen den Schuldner Klage erhoben werden kann. Fehlt es auch an diesem Gerichtsstande, so ist, sofern der Kostenschuldner einem Bundesstaat angehört, das Amtsgericht für die Hauptstadt seines Heimatstaats, sofern er keinem Bundesstaat angehört, das Amtsgericht für die Stadt Berlin zuständig; soweit diese Orte in mehrere Amtsgerichtsbezirke geteilt sind, ist das Amtsgericht für den durch allgemeine Anordnung gemäß § 15 Abs. 1 Satz 2, 3 der Zivilprozeßordnung bestimmten Bezirk zuständig.

§ 6. Ist der Antrag auf Vollstreckbarkeitserklärung auf diplomatischem Wege gestellt, so hat das Amtsgericht eine von Amts wegen zu erteilende Ausfertigung seines Beschlusses der Landesjustizverwaltung einzureichen; die Ausfertigung ist, sofern dem Antrage stattgegeben wird, mit der Vollstreckungsklausel zu versehen.

Im Falle des Artikel 18 Abs. 3 des Abkommens ist der Beschluß beiden Teilen von Amts wegen zuzustellen.

§ 7. Gegen Beschlüsse, durch die der Antrag auf Vollstreckbarkeitserklärung abgelehnt wird, findet die Beschwerde nach Maßgabe der §§ 568 bis 571, 573 bis 575 der Zivilprozeßordnung statt. Die Beschwerde steht, sofern der Antrag auf diplomatischem Wege gestellt ist, dem Staatsanwalt, im Falle des Artikel 18 Abs. 3 des Abkommens dem Antragsteller zu.

Gegen Beschlüsse, durch die dem Antrag auf Vollstreckbarkeitserklärung stattgegeben wird, steht dem Kostenschuldner die sofortige Beschwerde nach Maßgabe der §§ 568 bis 575, 577 der Zivilprozeßordnung zu.

§ 8. Aus den für vollstreckbar erklärten Kostenentscheidungen findet die Zwangsvollstreckung gemäß den Vorschriften der Zivilprozeßordnung statt; die Vorschrift des § 798 findet entsprechende Anwendung.

§ 9. Für die gerichtlichen Entscheidungen, die über den Betrag der Gerichtskosten nach Artikel 18 Abs. 2 des Abkommens zur Herbeiführung der Vollstreckbarkeitserklärung im Auslande zu erlassen sind, ist das Gericht der Instanz zuständig; die Entscheidungen ergehen auf Antrag der für die Beitreibung der Gerichtskosten zuständigen Behörde.

Gegen die Entscheidung findet sofortige Beschwerde nach Maßgabe des § 567 Abs. 2 und der §§ 568 bis 575, 577 der Zivilprozeßordnung statt. Die Einlegung kann durch Erklärung zum Protokolle des Gerichtsschreibers oder schriftlich ohne Mitwirkung eines Anwalts erfolgen.

IV. Schlußbestimmung.

§ 10. Dieses Gesetz tritt gleichzeitig mit dem Abkommen über den Zivilprozeß in Kraft.

Urkundlich unter Unserer Höchsteigenhändigen Unterschrift und beigedrucktem Kaiserlichen Insiegel.

Gegeben Neues Palais, den 5. April 1909.

(L. S.) Wilhelm.

Fürst von Bülow.

XVII. Gesetz,

betreffend die Rechtsstellung des Herzoglich Holsteinischen Fürstenhauses.

Vom 25. März 1904.

Wir Wilhelm, von Gottes Gnaden Deutscher Kaiser, König von Preußen 2c.

verordnen im Namen des Reichs, nach erfolgter Zustimmung des Bundesrats und des Reichstags, was folgt:

Die Vorschriften der Reichsgesetze, welche in Ansehung der Mitglieder des vormaligen Hannoverschen Königshauses, des vormaligen Kurhessischen und des vormaligen Herzoglich Nassauischen Fürstenhauses Abweichungen von allgemeinen reichsgesetzlichen Vorschriften zulassen oder vorsehen,[1]) finden auch auf die Mitglieder des Herzoglich Holsteinischen Fürstenhauses Anwendung.

[1]) ZPO. § 219 Abs. II, § 375 Abs. 2, § 479 Abs. 2, § 482; EG. z. ZPO. § 5, EG. z. GVG. § 5.

Urkundlich unter Unserer Höchsteigenhändigen Unterschrift und beigedrucktem Kaiserlichen Insiegel.

Gegeben Neapel, an Bord M. Y. „Hohenzollern", den 25. März 1904.

(L. S.) Wilhelm.

Graf von Bülow.

Sachregister.

(Die arabischen Ziffern bezeichnen die Paragraphen oder Artikel der einzelnen Gesetze, die römischen Ziffern bezeichnen die Gesetze in der Reihenfolge dieser Ausgabe, die Paragraphen der Zivilprozeßordnung stehen jedoch ohne die Ziffer I).

A.

B.

F.

G.

H.

J. (i).

J. (j).

K.

L.

M.

S.

T.

V.

W.

Z.

Zivilprozeßordnung.

Aus dem Gesetz zur weiteren Entlastung der Gerichte. Vom 8. Juli 1922. Art. II.
(RGBl. S. 570).
(In Kraft seit 1. August 1922).

§ 4 Abs. 1 wird dahin geändert:

Für die Wertberechnung ist der Zeitpunkt der Erhebung der Klage **in der Berufungs- und Revisionsinstanz der Zeitpunkt der Einlegung des Rechtsmittels** entscheidend; Früchte, Nutzungen, Zinsen, Schäden und Kosten bleiben unberücksichtigt, wenn sie als Nebenforderungen geltend gemacht werden.

Zivilprozeßordnung.

Aus dem Gesetz über die Zulassung der Frauen zu den Ämtern und Berufen der Rechtspflege. Vom 11. Juli 1922. Art. III.
(RGBl. S. 573).
(In Kraft seit 4. August 1922).

§ 41 Nr. 2. An Stelle der Worte „seiner Ehefrau" treten die Worte „**seines Ehegatten**".

Zivilprozeßordnung.

Aus dem Gesetz zur weiteren Entlastung der Gerichte. Vom 8. Juli 1922. Art. II.
(RGBl. S. 570).
(In Kraft seit 1. August 1922).

§ 546 Abs. 1. An Stelle des Wortes „viertausend" tritt das Wort „**zwanzigtausend**".

Zivilprozeßordnung.

Aus dem Gesetz zur weiteren Entlastung der Gerichte. Vom 8. Juli 1922. Art. II.
(RGBl. S. 570).
(In Kraft seit 1. August 1922).

§ 568 Abs. 3 erhält folgende Fassung:

Entscheidungen der Landgerichte in Betreff der Prozeßkosten unterliegen nicht der weiteren Beschwerde.

Zivilprozeßordnung.

Aus dem Gesetz zur weiteren Entlastung der Gerichte. Vom 8. Juli 1922. Art. II.
(RGBl. S. 570).
(In Kraft seit 1. August 1922).

§ 607 Abs. 2 erhält folgende Fassung:

Der Verhandlung vor dem erkennenden Gerichte sowie vor einem beauftragten oder ersuchten Richter kann der Staatsanwalt beiwohnen. **Er ist von dem ersten zur mündlichen Verhandlung bestimmten Termine von Amts wegen in Kenntnis zu setzen.**

Zivilprozeßordnung.

Aus dem Gesetz zur weiteren Entlastung der Gerichte. Vom 8. Juli 1922. Art. II.
(RGBl. S. 570).
(In Kraft seit 1. August 1922).

§ 709 Nr. 4. An Stelle des Wortes „dreihundert" tritt das Wort „**dreitausend**".

Zivilprozeßordnung.

Aus dem Gesetz, betreffend die Pfändbarkeit von Gehaltsansprüchen. Vom 23. Dezember 1921. Art. I.

(RGBl. S. 1658).

(In Kraft seit 31. Dezember 1921).

§ 850 Abs. 2 erhält folgende Fassung:

Übersteigen in den Fällen Nr. 7 und 8 das Diensteinkommen, die Pension oder die sonstigen Bezüge die Summe von zwölftausend Mark für das Jahr, so ist der dritte Teil des Mehrbetrags der Pfändung unterworfen. **Die Beihilfen und Zulagen, die den im Abs. 1 Nr. 7 bis 9 bezeichneten Personen zur Anpassung ihres Diensteinkommens oder ihrer Pension an die Veränderung der wirtschaftlichen Verhältnisse gewährt werden, sind weder der Pfändung unterworfen noch bei der Ermittlung, ob und zu welchem Betrag ein Bezug der Pfändung unterliegt, zu berechnen. Das gleiche gilt für die Kinderbeihilfen, sowie die Einkünfte, die zur Bestreitung eines Dienstaufwandes bestimmt sind.**

§ 850 Abs. 5 ist zu streichen.

Zivilprozeßordnung.

Aus dem Gesetz zur Vereinfachung des Aufgebotsverfahrens. Vom 8. März 1922. Art. 1.

(RGBl. S. 269).

(In Kraft seit 7. April 1922).

§ 1009 Abs. 1. An Stelle des Wortes „dreimalige“ tritt das Wort „**einmalige**“.

Zivilprozeßordnung.

Aus dem Gesetz zur Vereinfachung des Aufgebotsverfahrens. Vom 8. März 1922. Art. I.
(RGBl. S. 269).
(In Kraft seit 7. April 1922).

§ 1020 erhält folgende Fassung:

Ist die sofortige Einleitung des Aufgebotsverfahrens nach § 1015 Satz 2 unzulässig, so hat das Gericht die Zahlungssperre auf Antrag schon vor der Einleitung des Verfahrens zu verfügen, sofern die übrigen Erfordernisse für die Einleitung vorhanden sind. Auf den Antrag finden die Vorschriften des § 947 Abs. 1 Anwendung. **Das Verbot ist durch Anheftung an die Gerichtstafel und durch einmalige Einrückung in die im § 204 Abs. 2 bezeichneten Blätter öffentlich bekanntzumachen.**

Zivilprozeßordnung.

(Aus dem Gesetz über die Zulassung der Frauen zu den Ämtern und Berufen der Rechtspflege. Vom 11. Juli 1922. Art. III.
(RGBl. S. 573).
(In Kraft seit 4. August 1922).

§ 1032 Abs. 3. Das Wort „Frauen“ ist zu streichen.

FSC
www.fsc.org
MIX
Papier | Fördert
gute Waldnutzung
FSC® C083411

Kolibri 360 GmbH
Ferdinand-Jühlke-Straße 7
99095 Erfurt, Deutschland
produktsicherheit@kolibri360.de